HEYNE BIOGRAPHIEN

Zum Autor

Dr. phil. Franz Herre, geboren 1926 in Fischen im bayerischen Allgäu, promovierte 1949 in München bei Franz Schnabel in Neuer Geschichte. Anschließend war er als Redakteur tätig. Er ist als Autor von Biographien über bedeutende Gestalten des 19. Jahrhunderts hervorgetreten: ›Metternich‹, ›Radetzky‹, ›Kaiser Wilhelm I.‹, ›Kaiser Franz Joseph von Österreich‹, ›Freiherr von Stein‹ und ›Moltke‹.

Franz Herre

LUDWIG II.

Bayerns Märchenkönig – Wahrheit und Legende

Wilhelm Heyne Verlag
München

HEYNE BIOGRAPHIE
12/206

Wilhelm Heyne Verlag GmbH & Co. KG, München
Printed in Germany 1991
Umschlagfoto: Keystone Pressedienst, Hamburg
Umschlaggestaltung: Atelier Ingrid Schütz, München
Gesamtherstellung: Presse-Druck Augsburg

ISBN 3-453-05038-X

Inhalt

Prinzessin von Preußen

1

Das Haus Wittelsbach

Eine halbe Stunde nach Mitternacht kam jener Knabe zur Welt, der als Mann die Nacht mehr als den Tag schätzte. Am 25. August 1845 wurde in Schloß Nymphenburg bei München der Prinz geboren, der als König zu spät kam – Ludwig II. von Bayern, der den Anschluß an die Zeit nicht finden konnte, in sein Jahrhundert sich nicht einfügen wollte.

Die Mutter hatte die Entbindung schon am Tag zuvor erwartet, denn die Wehen hatten am frühen Morgen des 24. August eingesetzt. Zwanzig Stunden hatte es gedauert, dann war es endlich soweit. Zwei Jahre zuvor noch hatte sie eine Fehlgeburt gehabt. Nun schenkte sie dem Kronprinzen Maximilian den Erstgeborenen, dem Hause Wittelsbach einen Thronerben. Nach dreijähriger Ehe war dies höchste Zeit. Es war die Pflicht einer Kronprinzessin, die Dynastie fortzupflanzen. Und eine Schuldigkeit der Preußin und Protestantin, mit einem bayerischen und katholischen Kind den Einheimischen zu beweisen, daß der Kronprinz nicht unbedingt eine Mesalliance eingegangen war.

Die Kronprinzessin von Bayern wurde 1825 als Prinzessin Marie von Preußen geboren. Der Vater, Prinz Wilhelm, war ein Sohn König Friedrich Wilhelms II., Bruder König Friedrich Wilhelms III., Onkel König Friedrich Wilhelms IV. und des späteren Königs und Kaisers Wilhelm I. Der Hohenzoller, der sich mit Maria Anna von Hessen-Homburg vermählt hatte, wurde

1830 Generalgouverneur der Rheinprovinz und Westfalens. Im Jahre der Pariser Julirevolution erhielt er den Auftrag, die königliche Ordnung und Biedermeierruhe vor möglichem Aufruhr zu bewahren.

Auch Kronprinz Maximilian von Bayern war ein Freund von Ruhe und Ordnung. In der napoleonischen, einer Epoche des Umsturzes war er 1811 geboren worden. In einer Ära des Friedens wuchs er auf, hingezogen zu Wissenschaft und Dichtkunst, die in der Nachkriegszeit aufgeblüht waren: »Wäre ich nicht in einer Königswiege geboren, so wäre ich am liebsten Professor geworden.«

Gelehrte, von denen man lernen, Dichter, an denen man sich erbauen konnte, waren damals eher im Norden als im Süden Deutschlands zu finden. Kronprinz Maximilian studierte an der alten Universität Göttingen und an der neuen Universität Berlin, die zu einem Zentrum deutschen Geisteslebens geworden war, lange bevor die Hauptstadt Preußens zu einem Mittelpunkt deutschen Staatslebens wurde.

Dieses suchte Maximilian später zu verhindern, jenes faszinierte ihn zeitlebens. Der König holte »Nordlichter«, Professoren und Poeten aus Norddeutschland, nach München. Der Kronprinz hatte sich seine Frau in Preußen gesucht, hatte Prinzessin Marie gefunden und ihr in das Poesiealbum geschrieben: »Gefunden ist der Frauen Krone, die holde Rosenkönigin.«

Bei der evangelischen Trauung am 5. Oktober 1842 in der Schloßkapelle zu Berlin war der katholische Bräutigam nicht anwesend, er wurde vom Vetter der Braut, Prinz Wilhelm, dem späteren König und Kaiser, vertreten. Damals weilte auch eine Wittelsbacherin unter den Hohenzollern: Königin Elisabeth, die Gemahlin Friedrich Wilhelms IV., eine Tochter des ersten Königs von Bayern, Maximilian I. Joseph. Doch schon bevor Hohenzollern von der Schwäbischen Alb über Nürnberg in die Märkische Heide gekommen waren, hatte es im 14. Jahrhundert wittelsbachische Kurfürsten von Brandenburg gegeben, Ludwig den Brandenburger, Ludwig den Römer, Otto den Faulen.

Bei der katholischen Trauung am 12. Oktober 1842 in der Allerheiligen-Hofkirche zu München tauschten der einunddreißigjährige Maximilian und die siebzehnjährige Marie die Ringe. So kam es, daß ihr Sohn, Ludwig II., der als die Inkarnation bayerischen Wesens erschien, als Kind einer Mischehe, als Halbpreuße zur Welt kam.

Den bayerischen Großvater, König Ludwig I., störte das nicht. Dem Kenner und Verehrer des schönen Geschlechts gefiel die preußische Schwiegertochter: »Sie ist die Gemütlichkeit selbst, recht hübsch, ihre Augen

König Maximilian II. von Bayern mit seiner Gemahlin Marie Friederike von Preußen

sehr schön.« Dieser deutschgesinnte Bayernkönig – er schrieb »teutsch«, als wollte er seine alte, monarchische Nationalgesinnung von einer neuen, demokratischen unterscheiden – begrüßte die Vermählung eines Wittelsbachers mit einer Hohenzollerin als eine Verbindung zweier deutscher Dynastien.

Bevor er das Paar in die Flitterwochen entließ, hatte es mit dem König von Bayern offiziellen Feiern beizuwohnen, welche die gesamtdeutsche Verbundenheit demonstrieren sollten: der Einweihung der Walhalla bei Regensburg, »des Tempels teutscher Ehre«, in dem Büsten süddeutscher wie norddeutscher Größen nebeneinanderstanden. Und der Grundsteinlegung der Befreiungshalle bei Kelheim, die an die preußisch-bayerische Waffenbrüderschaft gegen Napoleon erinnern und darüber vergessen machen sollte, daß diese erst nach der entscheidenden Niederlage des Franzosenkaisers, dem die Wittelsbacher Königskrone und Königreich verdanken, zustande gekommen war.

In diesem Reich wollte Ludwig I. der Erste sein, der König und Herr, 1825 hatte der 1786 geborene Wittelsbacher mit liberalen Grundsätzen und reformerischen Vorsätzen den Thron bestiegen. Doch schon bald war er, wie die Hohenzollern in Berlin und die Habsburger in Wien, auf konservativen, ja reaktionären Kurs gegangen.

Den Autokraten kehrte er auch anläßlich der Geburt des ersten Sohnes des Kronprinzen hervor. Mit seiner Gemahlin Therese, einer geborenen Sachsen-Hildburghausen, war er, von den früh einsetzenden Wehen der Schwiegertochter alarmiert, nach Nymphenburg gekommen, um Zeuge der Entbindung zu werden. Das stundenlange Warten fiel ihm als einzigem nicht allzu schwer, »lebhaft wünschend, daß sie erst nachher (nach Mitternacht), also an meinem Geburtstag stattfände«, am 25. August. »So geschah es nach 20 Minuten gemäß der Nymphenburger, nach 30 gemäß meiner

Uhr (also in der gleichen Stunde, in welche vor 59 Jahren ich geboren war), wurde Marie entbunden von einem Sohn.«

Selbstverständlich wurde die Uhrzeit des Königs zur offiziellen Geburtszeit erklärt. Und selbstredend wurde das Kind nach ihm benannt.

Ludwig II. in seinem ersten Lebensjahr

Die Eltern, Maximilian und Marie, wollten es eigentlich Otto nennen. Das wäre für einen Wittelsbacher ein traditionsreicher Name gewesen. Otto hießen im Hochmittelalter die Grafen von Scheyern, die sich dann – nach ihrer neuen Burg bei Aichach – Grafen von Wittelsbach nannten und zu Pfalzgrafen von Bayern aufstiegen. Der zweite Pfalzgraf wurde im Jahre 1180 vom Stauferkaiser Friedrich Barbarossa mit dem Herzogtum Bayern belehnt – Otto I., der erste Herrscher Bayerns aus dem Hause Wittelsbach.

»Das Kind hieß einige Tage lang Otto«, bemerkte die Mutter König Ludwigs II. »Dann bat der Großvater, daß es Ludwig genannt werde, da es am Ludwigstag, an seinem Geburtstag, geboren ward; nun hieß es Ludwig.«

So hieß auch – im 14. Jahrhundert – ein deutscher König und römischer Kaiser aus dem Hause Wittelsbach, Ludwig der Bayer. Die Erhöhung hatte dem Herzog mehr Bürden als Würden eingetragen, Krieg mit dem Habsburger und Konflikt mit dem Papst. Das war eine Warnung gewesen, den Zaun nicht zu weit zu stecken, auf angestammtem Boden zu bleiben.

Daran dachte König Ludwig I. kaum, als er dem Enkel den Namen gab, der an ihn wie an seinen Namenspatron erinnern sollte. Sankt Ludwig war ein französischer Heiliger und ein Heiliger des Bundes von Thron und Altar. König Ludwig IX. von Frankreich (1214 bis 1270) galt als Ideal eines christlichen Monarchen, wie es in der Restauration nach 1815 wieder – wenn auch mehr in der Theorie als in der Praxis – zu Ehren gekommen war. Louis Neuf barg die Dornenkrone Christi im Schrein der Sainte-Chapelle in Paris und starb als Kreuzfahrer. Ein gekrönter Ritter und königlicher Bauherr – ein solcher Namenspatron imponierte dem Großvater Ludwig I. wie dem Enkel Ludwig II.

Der Großvater hatte den Namen auf Befehl König Ludwig XVI. von Frankreich erhalten. Er war drei Jahre vor Ausbruch der Französischen Revolution in Straßburg zur Welt gekommen, im »Hôtel des Deuxponts«, der Residenz seines Vaters, des Pfalzgrafen Maximilian Joseph von Zweibrücken. Der Wittelsbacher aus der Pfälzer Linie Birkenfeld-Zweibrücken kommandierte das französische Regiment »Royal Alsace«. Eigentlich sollte der erstgeborene Karl heißen, nach seinem Pfälzer Onkel. Doch Ludwig XVI., der die Patenschaft übernahm, bestimmte: »Il s' appellera Louis!«

Der Enkel dieses Louis, Ludwig II., nannte sich mit Vorliebe »Louis de Bavière«, verehrte Ludwig XVI., Ludwig XV. und vornehmlich Ludwig XIV., Louis le Grand, den Sonnenkönig. Die französischen Könige schätzte er mehr als die preußischen. Auf die französische Verwandtschaft wäre er stolzer gewesen, wenn sie zu den Bourbonen und nicht zu den Bonapartes gehört hätte.

Eine Großtante, die einen Franzosen geheiratet hatte, war bei der Geburt Ludwigs II. in Nymphenburg dabei: Auguste Amalia, eine Schwester Ludwigs I., die Eugéne Beauharnais, den Stiefsohn Napoleons I. und Vizekönig von Italien, hatte nehmen müssen. Das war ein Preis, den der Kaiser der Franzosen für die Erhebung des Kurfürsten zum König von Bayern gefordert hatte. Für die Wittelsbacherin war das ein Opfer, für den Beauharnais ein Gewinn. Der Schwiegersohn Maximilians I. Joseph überlebte das französische Kaiserreich als Grande des bayerischen Königreiches. Als Herzog Eugen von Leuchtenberg, Fürst von Eichstätt, erhielt er ein Palais an der Münchner Ludwigstraße und ein Marmorgrabmal in der Michaelskirche.

Unglück in der Familie verdankten die Wittelsbacher den Franzosen, und das Glück der Königskrone. Nur daran wurde am 25. August 1845 gedacht, als ein Prinz geboren wurde, der sie dereinst tragen, die Dynastie fortsetzen sollte.

»101 Kanonenschuß verkündeten in München die Geburt«, schrieb die glückliche Mutter in die Familienchronik. »Der Ort Nymphenburg wurde geziert und beleuchtet.«

Schloß Nymphenburg konnte einiges von der Geschichte der Wittelsbacher erzählen, in die der jüngste Sproß des Hauses hineinwuchs, dem Angestammten verbunden und verhaftet, der Tradition verpflichtet und dem Erbe ausgeliefert.

Im Jahre 1651 heiratete Prinz Ferdinand Maria von Bayern Prinzessin Adelheid Henriette von Savoyen, deren Mutter die Tochter Heinrichs IV., des ersten Bourbonenkönigs, war. »Madame Royal« hätte ihre Tochter lieber Ludwig XIV. als einem Bayern gegeben.

Dieser mußte Schwiegermutter und Gattin beweisen, daß sie nicht einen Hinterwäldler in die Familie bekommen hatten.

Dem Wittelsbacher fiel dies nicht schwer. Frankreich gab ohnehin den Ton der höfischen Kultur des Zeitalters an, das auf den Dreißigjährigen Krieg gefolgt war. Aus ihm war das Herzogtum Bayern als Kurfürstentum hervorgegangen, als eine deutsche Macht.

Das war Maximilian I. zu verdanken, der maßzuhalten verstand, was nicht alle Wittelsbacher vermochten, am wenigsten sein Nachfahre Ludwig II. Der Verteidi-

Schloß Nymphenburg

ger des katholischen Glaubens und der Verbündete der habsburgischen Kaiser wußte die Balance zwischen Prinzipien und Politik zu halten, die Mitte zwischen Hingabe an eine allgemeine Idee und Erlangung eigener Vorteile zu finden.

Seinem Sohn Ferdinand Maria hinterließ er die Macht und die Mittel für eine Demonstration der neuen Würde – à la française, doch zum Glück in italienischem Barockstil, der prachtvoller war als der französische Klassizismus und besser zu Bayern paßte. Von den Architekten Barelli und Zucalli ließ Kurfürst Ferdinand

Maria die Theatinerkirche bauen, ein Stück Rom in München. Nach italienischen Vorbildern wurde vor den Toren der Residenz- und Hauptstadt ein Lusthaus errichtet, Borgo delle Ninfe, Nymphenburg.

Ein richtiges Schloß wurde es erst in der nächsten Generation, unter Kurfürst Max Emanuel. Verheiratet mit Maria Antonia von Österreich, hatte er zunächst an der Seite des Habsburger-Kaisers gestanden – gegen den türkischen Sultan, der den Südosten, und gegen den französischen König, der den Westen des Reiches bedrohte. Dann schwenkte der Wittelsbacher zum Bourbonen Ludwig XIV. um, weil er sich von den Habsburgern um das spanische Erbe seiner Gemahlin betrogen sah. Im Spanischen Erbfolgekrieg stand Bayern an der Seite Frankreichs. Das brachte dem Land Schaden und dem Haus Verluste: Das Kurfürstentum wurde von den Österreichern besetzt, der Kurfürst nach Frankreich vertrieben.

Der Versuch Max Emanuels, Bayern von einer deutschen zu einer europäischen Macht zu erheben, mußte scheitern, weil seine Möglichkeiten wie seine Fähigkeiten dazu nicht ausreichten. Dem Großmachtstreben des Herrschers, nicht der Großmannssucht des Bauherrn, waren Grenzen gesetzt.

Türken hatten ihn wegen seiner blauen Uniform den »Blauen Kurfürsten« genannt, was dann deutschen Romantikern, die nach der »Blauen Blume« suchten, als Attribut eines verwandten Wesens erschien, das wie sie aus der Realität in die Idealität strebte.

Jedenfalls war Max Emanuel der erste Wittelsbacher, der in großem Stil politische Mankos architektonisch zu kompensieren suchte. Der »Blaue Kurfürst« tat dies mit Sinn für Proportionen, der seinem rationalistischen Jahrhundert eigen war. Ludwig I. brachte dann romantische, doch klassizistisch gezügelte Emotionen ins Spiel. Ludwig II. sollte sich in der Irrationalität versteigen und im Irresein verlieren.

Max Emanuel baute Schloß Schleißheim, ein kurfürstlich-bayerisches Versailles, die Apotheose seines Wesens, und gab dem von seinem Vater Ferdinand Maria begonnenen Schloß Nymphenburg im wesentlichen die endgültige Gestalt. Als Gartengestalter holte er sich aus Paris Dominique Girard, der bei Le Nôtre, dem Gartenarchitekten Ludwigs XIV., gelernt hatte. Baumeister Joseph Effner gab dem Mittelbau festliche Fassaden, fügte Nebentrakte hinzu, schuf ein Abbild des Wachstums Bayerns und ein Sinnbild des monarchischen Staates.

Der wittelsbachische Ehrgeiz war nicht mit Max Emanuel im Jahre 1726 begraben worden. Sein Sohn Karl Albrecht griff erneut über die kurbayerischen Grenzen hinaus, ließ sich von den Gegenspielern Maria Theresias, in erster Linie Ludwig XV. von Frankreich und Friedrich II. von Preußen, dazu bewegen, 1742 die deutsche Königskrone und die römische Kaiserwürde anzunehmen. Er trug sie drei Jahre lang, bis er – erst achtundvierzig – starb, erdrückt von der Last, die er sich aufgebürdet, die ihm Exil und Elend eingebracht hatten. Seine tiefen, traurigen Augen konnte das Frankfurter Fräulein Textor, das Frau Rat Goethe wurde, nicht vergessen.

Dabei hatte Karl Albrecht als Fürst des Rokoko begonnen. Im Nymphenburger Park ließ er nach Plänen von François Cuvilliés dem Älteren ein Lustschlößchen bauen, das zu Ehren seiner Gemahlin, der Habsburgerin Amalie Maria, Amalienburg genannt wurde.

Das Rokoko war in Bayern voll erblüht, in Schlössern wie in Dorfkirchen. Kurfürst Maximilian III. Joseph, der 1745 auf seinen Vater folgte, ließ den Festsaal in Nymphenburg im Rokokostil umgestalten und Statuen antiker Götter im Garten aufstellen, als wollte er demonstrieren, daß der Olymp nun in Bayern stand.

Unter dem pastellfarbenen Rokokohimmel regierte Maximilian III. Joseph – und auch das lag im Zug der

Zeit – als aufgeklärter Monarch, pflegte die Kunst und vor allem die Wissenschaft, die eine Besserung des Menschengeschlechts und eine Hebung des Bayernvolks versprach. Er tat es für andere, weniger für sich. 1777 – nach zweiunddreißigjähriger Regierungszeit – starb er an den Pocken. Er hatte zwar seinen Untertanen die Schutzimpfung verordnet, sich selber aber nicht impfen lassen.

Der »Vielgeliebte«, wie Kurfürst Maximilian III. Joseph genannt wurde, hatte keine Kinder. Mit ihm erlosch die bayerische Kurlinie Wittelsbach. Pfälzer Wit-

Schloß Schleißheim

telsbacher gab es noch. Durch sie wurde die Teilung der wittelsbachischen Lande aufgehoben, die über vierhundert Jahre lang gedauert hatte. Sie traten die Herrschaft über ein Gebiet an, zu dem nicht nur München und Ingolstadt, sondern auch Mannheim und Heidelberg gehörten.

Es hatte mehrere pfälzische Linien Wittelsbach gegeben und eine Reihe von pfälzischen Wittelsbachern, die von sich reden gemacht hatten. Ottheinrich, Kurfürst von der Pfalz (aus der alten Kurlinie), ruinierte sich durch seine Bauten im Renaissancestil: das Schloß

in Neuburg an der Donau und den Ottheinrichsbau in Heidelberg. Friedrich V., Kurfürst von der Pfalz (aus der Linie Simmern-Sponheim), stellte sich zu Beginn des Dreißigjährigen Krieges als evangelischer König von Böhmen gegen die katholischen Habsburger. Er blieb nur einen Winter lang König, mußte dann aber die Oberpfalz und die pfälzische Kurwürde an den bayerischen und katholischen Wittelsbacher Maximilian I. abtreten.

Im Westfälischen Frieden wurde für die Pfalz eine achte Kurstimme geschaffen, so daß es nun zwei Wittelsbacher Kurfürsten gab. Johann Wilhelm, Kurfürst von der Pfalz (aus der neuen Kurlinie), residierte als Jan Wellem in Düsseldorf, sammelte Bilder für seine dortige Galerie, errichtete das Neue Schloß in Bensberg und plante ein Super-Versailles in der Rheinebene bei Schwetzingen – ein Baubesessener auch er.

Sein Bruder und Nachfolger, Kurfürst Karl Philipp von der Pfalz, begann mit dem Bau des Mannheimer Schlosses, das nicht so phantastisch wurde wie Jan Wellems Projekt, doch großartiger erstand, als es einem mittleren Fürstentum anstand: mit 450 Zimmern, einer Stadtfront von 600 Metern und 1500 Fenstern.

Deutsche Wittelsbacher bauten Schlösser, ein schwedischer Wittelsbacher errichtete ein Reich, das sich jedoch als Kartenhaus erwies: Karl XII., König von Schweden (aus der pfälzischen Linie Zweibrücken-Kleeburg). Mit achtzehn besiegte er Dänen und Russen, mit neunzehn drang er in Polen ein, mit zwanzig eroberte er Warschau, mit einundzwanzig schlug er die Truppen Augusts des Starken von Sachsen und mit zweiundzwanzig setzte er an dessen Stelle Stanislaus Leszczynski als König von Polen durch.

Der Schwedenkönig, der das Großmachterbe Gustav Adolfs bewahren und vermehren wollte, ließ sich auf eine Kraftprobe mit dem Zaren Peter dem Großen ein, der dabei war, Rußland zur Großmacht zu erheben.

Karl erschöpfte seine Kräfte in den Weiten Rußlands, wurde 1709 bei Poltawa in der Ukraine vernichtend geschlagen und floh in die Türkei, wo man ihn drei Jahre lang gefangenhielt.

Inzwischen wurde sein Polenkönig vertrieben, Peter der Große setzte sich in Livland, Estland, Ingermanland und Karelien fest, die Dänen eroberten die schwedischen Herzogtümer Bremen und Verden, die Preußen besetzten Stettin. Zu spät kehrte der König nach abenteuerlichem Ritt durch Ungarn und Deutschland zurück. Stralsund, der schwedische Brückenkopf am Südufer der Ostsee, war verloren. Mit sechsunddreißig fiel Karl XII. in Norwegen, im Krieg gegen Dänemark – vielleicht durch eine schwedische Kugel.

Voltaire, einer seiner Biographen, bezeichnete den unverheiratet gebliebenen »Helden des Nordens« als den wohl eigenartigsten Menschen, der je gelebt habe. Wenn er schon einen Rationalisten wie den französischen Aufklärer zu faszinieren vermochte, wie mußte er erst die Phantasie eines Romantikers wie Ludwig II. beschäftigen!

Ein Dreivierteljahrhundert vor dessen Geburt, als die bayerische Linie Wittelsbach erlosch, gab es noch zwei pfälzische Linien Wittelsbach: Sulzbach und Birkenfeld-Zweibrücken. Kurfürst von der Pfalz war Karl Theodor, ein Sulzbacher, der im Jahre 1777 auch Kurfürst von Bayern werden sollte, es aber beinahe nicht konnte und auch nicht so recht wollte.

Kaiser Joseph II. erhob Ansprüche auf Bayern, zumindest auf ein Stück davon. Karl Theodor, der in Mannheim das grandiose Schloß vollendet hatte und ein deutsches Nationaltheater gründete, spürte kein Verlangen, sein Versailles mit der mittelalterlich verwinkelten Münchner Residenz oder mit Nymphenburg zu vertauschen, das in seinen Augen ein größeres Gartenhaus war. Er hatte keine Lust, aus dem milden Rheinland in das rauhe Bayern umzuziehen.

Deshalb spielte er mit dem Gedanken, dem Habsburger Niederbayern und Teile der Oberpfalz zu überlassen, im Tausch gegen die österreichischen Niederlande, das heutige Belgien. Dieses große und reiche Gebiet hätte sich mit seinen pfälzischen und niederrheinischen Territorien zu einem Königreich Burgund vereinigen lassen. Karl Theodor als Nachfolger Karls des Kühnen – fürwahr eine verlockende Vorstellung.

Schon besetzten österreichische Truppen Niederbayern. Doch Karl Theodors Hoffnungen wurden durch König Friedrich II. von Preußen und Herzog Karl August von Zweibrücken zunichte gemacht.

Die zweite Pfälzer Linie Wittelsbach, Birkenfeld-Zweibrücken, wollte ihr bayerisches Erbe nicht verlieren, das ihr nach dem Tode des kinderlosen, bereits dreiundfünfzigjährigen Sulzbachers Karl Theodor in Aussicht stand. Der Hohenzoller konnte keine Verschiebung des Mächtegleichgewichtes zwischen Preußen und Österreich, das durch den Siebenjährigen Krieg hergestellt worden war, zugunsten des Habsburgers dulden.

Im Gegenzug zum Einmarsch der Österreicher in Niederbayern rückten die Preußen in Böhmen ein. Der Bayerische Erbfolgekrieg entbrannte – nicht das passende Wort für einen Konflikt, der treffender »Kartoffelkrieg« oder »Zwetschgenrummel« genannt wurde, weil dabei mehr um Feld- und Gartenfrüchte als um Lorbeer gerungen wurde. Von den Früchten des Sieges bekam 1779 jeder etwas ab: Österreich das Innviertel, Preußen die Markgrafschaften Ansbach und Bayreuth; Bayern blieb erhalten.

Ein weiterer Anschlag des Habsburgers auf die Existenz Bayerns wurde 1785 durch den vom Hohenzollern zusammengetrommelten Deutschen Fürstenbund vereitelt. So kam es, daß in bayerischen Herrgottswinkeln neben Jesus, Maria und Joseph auch Friedrich der Große zu sehen war – eine Zeitlang jedenfalls.

Karl Theodor, der Kurfürst der Pfalz und Bayerns, mußte sich in München blicken lassen, was er ungern tat. Münchner wollte er so wenig wie möglich zu Gesicht bekommen. Der Stadtrat ging ihm auf die Nerven, der ihn bat, die kurfürstlich-bayerische Residenz öfter mit seiner Anwesenheit zu beehren.

Schließlich wußte er es doch zu schätzen, daß er in München eine Bleibe hatte – fern von den Schüssen der Französischen Revolution. Sie galten nicht nur dem Kurfürsten wie allen anderen Monarchen, sie waren direkt auf die Pfalz links des Rheins gerichtet, der in Paris zur »natürlichen Grenze« Frankreichs erklärt worden war. Bald griffen die Revolutionstruppen über ihn hinaus, in die rechtsrheinische Kurpfalz, bis nach Bayern hinein. Karl Theodor mußte nun sogar vorübergehend München verlassen.

Sterben durfte er in München, in seiner zweiten Residenz, am 16. Februar 1799. Als Erbe des kinderlosen Sulzbachers Karl Theodor stand der dreiundvierzigjährige Herzog Maximilian Joseph von Zweibrücken bereit. Er war mehr denn je darauf angewiesen. 1789 hatte er durch die Revolution das Kommando des Regiments »Royal Alsace« in Straßburg verloren. Als er 1795 die Nachfolge seines Bruders Karl August als Herzog von Zweibrücken antrat, war er ein Herzog ohne Land: Französische Truppen hatten seine linksrheinischen Territorien besetzt, seine Schlösser zerstört.

Um ein Haar wäre er dann doch nicht Kurfürst von Pfalz-Bayern geworden. Karl Theodor hatte 1794, nach dem Tode seiner kinderlosen Gemahlin Elisabeth Maria, mit siebzig die achtzehnjährige Erzherzogin Maria Leopoldine von Österreich-Este geheiratet, sich der Hoffnung hingebend, doch noch einen Leibeserben zu bekommen. Als er 1799 starb, war die dreiundzwanzigjährige Kurfürstin schwanger.

Würde ein Postumus das väterliche Erbe beanspruchen können? Diese bange Frage der Zweibrücker beantwortete die Sulzbacherin mit dem Geständnis, daß das Kind nicht vom Gatten Karl Theodor, sondern von ihrem Oberhofmeister Graf Ludwig von Arco sei, den sie dann auch heiratete. Die Zweibrücker erwiesen sich als dankbar: Die Kurfürstenwitwe erhielt als Wohnsitz die Maxburg in München. Ihr Ehrgeiz war inzwischen allerdings zu Geiz degeneriert. Bei den seltenen Festlichkeiten, die sie in den kaum geheizten Räumen gab, mußten die Damen in ihren Pelzen tanzen.

Kurfürst Maximilian IV. Joseph bezog die Residenz in München mit seiner zweiten Frau, Karoline Friederike Wilhelmine von Baden, die ihm sechs Töchter schenkte, und den vier Kindern der 1796 verstorbenen ersten Frau, Auguste Wilhelmine Maria von Hessen-Darmstadt: Ludwig (dem nachmaligen König), Auguste Amalia (der späteren Vizekönigin Beauharnais respektive Herzogin von Leuchtenberg), Charlotte Auguste (die Kaiser Franz I. von Österreich heiratete) und Karl Theodor (der königlich bayerische Generalfeldmarschall wurde).

Die Residenz in München war dem Zweibrücker nicht modern genug. Maximilian Joseph richtete sich auf der Hofgartenseite neu ein. Auch in Nymphenburg gestaltete er einiges um. Aus dem französischen Park wurde ein englischer Garten. Die Schloßräume erhielten eine klassizistische Ausstattung, im Stil des Empire, das Napoleon in Europa zu errichten begann und in dem auch ein neues Bayern Platz fand.

In einem Zimmer mit Empire-Möbeln kam Maximilian Josephs Urenkel, der spätere Ludwig II., am 25. August 1845 zur Welt, in einem Raum über dem Schlafzimmer, in dem der Urgroßvater am Morgen des 13. Oktober 1825 tot aufgefunden worden war. Er war im Schlaf hinübergegangen, ein Lächeln im Gesicht, als ob er von Schönem geträumt hätte – vielleicht von seinem Glück, die Erhebung des Kurfürstentums Pfalz-Bayern zum Königreich Bayern erlebt zu haben.

2

Königreich und Beamtenstaat

Das 19. Jahrhundert hatte mit der Ouvertüre der Französischen Revolution und mit den kriegerischen Akten Napoleons begonnen. Auch Kurfürst Maximilian IV. Joseph von Pfalz-Bayern war davon betroffen gewesen. Schon hatte er gezweifelt, ob es ein Glück gewesen sei, daß es nun – nach fast einem halben Jahrtausend – wieder eine einzige regierende Linie Wittelsbach gab.

Im März 1799 war Maximilian Joseph von Mannheim nach München gekommen, im September 1800 mußte er es bereits wieder verlassen. Französische Truppen besetzten seine Residenzstadt, schlugen ihr Hauptquartier in Nymphenburg auf. Östlich von München, bei Hohenlinden, besiegten sie die Österreicher und Bayern. Dieses Bündnis mit dem Habsburger erwies sich für den Wittelsbacher als schlechtes Geschäft: Die Österreicher zogen sich zurück, die Bayern mußten an die Franzosen sechs Millionen Gulden Kontribution zahlen – mehr als die Staatseinkünfte eines Jahres.

Der Kurfürst von Pfalz-Bayern stand vor der wichtigsten Entscheidung seines Lebens. Sollte er es weiter mit dem Kaiser und dem alten Österreich halten oder sollte er auf das neue Frankreich und Napoleon Bonaparte setzen, der 1799 Erster Konsul geworden war und 1800 die Österreicher in Oberitalien geschlagen hatte?

Es war keine nationale Entscheidung. Das Heilige Römische Reich Deutscher Nation, ein mittelalterliches

Monstrum, hatte sich überlebt. Von einem deutschen Nationalreich träumten ein paar deutsche Romantiker. An einen deutschen Nationalstaat nach dem Muster des revolutionären Frankreich dachten ein paar deutsche Jakobiner.

Wie andere deutsche Fürsten war der Kurfürst von Pfalz-Bayern zwar als Reichsstand Stütze des Reiches und Mitträger der Reichsgewalt, gehörte aber zugleich zur Opposition, die das Regime nicht verbessern, sondern das System verändern wollte. Seit Jahrhunderten war es das Ziel deutscher Fürsten gewesen, ihre Territorien zu vergrößern und zu verselbständigen, auf Kosten von Kaiser und Reich. Nun bot eine Zeit des Umsturzes auch dem Kurfürstentum Pfalz-Bayern eine Gelegenheit, das zu werden, was das Kurfürstentum Brandenburg bereits geworden war: ein souveräner Staat.

Loyalität zum Kaiser in Wien war nicht mehr angebracht. Der Habsburger hatte längst die Interessen seiner Hausmacht über die Interessen des Reiches gestellt. Joseph II. hätte Bayern geschluckt, wenn ihn Preußen nicht davon abgehalten hätte. Den Appetit verlor er sowenig wie seine Nachfolger. Franz II., der sich bald Franz I. nennen sollte, war dabei, sich als Kaiser von Österreich im österreichischen Kaiserstaat zu etablieren, den er nur zu gerne arrondiert hätte. Das linke Rheinufer, auf dem der Zweibrücker Hausbesitz lag, trat er an Frankreich ab.

Der Kurfürst von Pfalz-Bayern fand genug Gründe, sich vom Kaiser abzuwenden und sich jener Macht zuzuwenden, die ihn für die Verluste entschädigen und seinem Souveränitätsstreben entgegenkommen könnte – dem Frankreich Napoleon Bonapartes. Das gebot die Wittelsbacher Hausräson wie die bayerische Staatsräson. Vom Zeitalter des Rationalismus geprägt, war Maximilian Joseph willens, demgemäß zu handeln. Die Frage blieb, ob er politisch dazu in der Lage war. Denn noch schien Österreich mächtiger als Frankreich zu sein, lag Bayern mehr in Reichweite der österreichischen als der französischen Truppen. Umsicht war beim »renversement des alliances«, der Umkehr der Bündnisse, vonnöten. Und Geheimdiplomatie.

Politischen Instinkt besaß Maximilian Joseph, doch das diplomatische Instrumentarium beherrschte er nicht. Meister darin war sein Minister Montgelas. Der Kurfürst ließ ihn schalten und walten, nachdem er sich vergewissert hatte, daß sie letztendlich dasselbe wollten, in der Innenpolitik wie in der Außenpolitik.

Maximilian Joseph Freiherr von Montgelas hatte einen savoyischen Vater, eine bayerische Mutter, einen aufgeklärten Geist und eine profranzösische Gesin-

Maximilian Joseph Freiherr von Montgelas

nung. Bereits in Zweibrücken war der Jurist in die Dienste der neuen Kurlinie getreten, hatte einiges dazu getan, daß österreichische Ansprüche zurückgewiesen wurden und Maximilian Joseph ein unversehrtes Bayern übernehmen konnte. Montgelas wurde Außenminister, später auch noch Finanz- und Innenminister – leitender Staatsmann in einer Zeit, in der mit ihm und durch ihn Bayern ein moderner Staat wurde.

Zunächst galt es, die Existenz des Kurfürstentums zu sichern, gegen Österreich, das immer noch an Annexionen dachte, mit Frankreich, das Alliierte in Deutschland suchte. 1801 wurde ein Vertrag geschlossen, in dem Paris dem Kurfürsten volle Entschädigung für seine linksrheinischen Einbußen zusicherte, was er von Wien nicht erwarten konnte.

Für die Verluste der Wittelsbacher wie anderer deutscher Dynastien hatten nach dem von Frankreich und Rußland festgesetzten Entschädigungsplan geistliche und kleinere weltliche Reichsstände aufzukommen. Durch den Reichsdeputationshauptschluß von 1803 – ein Name, so monströs wie das Reichsgebilde, das mit diesem Beschluß faktisch aufgelöst wurde – erhielt Bayern die Hochstifte Freising, Augsburg, Bamberg und Würzburg, Teile der Hochstifte Eichstätt und Passau, dreizehn Reichsabteien und fünfzehn Reichsstädte in Schwaben und Franken.

Diesen Gewinnen standen die Verluste gegenüber: das Herzogtum Zweibrücken, die linksrheinische wie die rechtsrheinische Kurpfalz, das niederrheinische Jülich – insgesamt 200 Quadratmeilen mit 730000 Einwohnern. Dafür erhielt der Kurfürst von Bayern 288 Quadratmeilen mit 843000 Einwohnern – kein besonders gutes Geschäft.

Die Bilanz für Bayern verbesserte sich in den folgenden Jahren. Am 25. August 1805 schloß Montgelas einen Geheimvertrag zwischen dem Kurfürstentum Bayern und Napoleons Kaiserreich. Ein neuer Krieg, zwischen Frankreich einerseits und Österreich und Rußland andererseits, stand bevor. Bayern konnte nicht neutral bleiben, mußte sich auf Frankreichs Seite stellen, weil Österreich nach wie vor seine Existenz bedrohte und weil es mit den stärkeren, den französischen Bataillonen marschieren wollte.

Nach dem Sieg Napoleons bei Austerlitz in Mähren wurden dem Kurfürstentum durch den französisch-bayerischen Vertrag von Brünn weitere Territorien zugesprochen: die Reichsstädte Augsburg und Lindau, die Marktgrafschaft Burgau, die restlichen Teile der Hochstifte Eichstätt und Passau sowie – im Tausch gegen das niederrheinische Herzogtum Berg – die Markgrafschaft Ansbach. Diese Erwerbungen mußte Österreich im Frieden von Preßburg anerkennen, zudem das Land Tirol und die Fürstbistümer Brixen und Trient an den Wittelsbacher abtreten – ein Geschenk, an dem er sich, als ein paar Jahre später der Tiroler Aufstand ausbrach, die Finger verbrannte, das er wieder fallen ließ.

Und Kurfürst Maximilian IV. Joseph von Bayern wurde zum König Maximilian I. Joseph von Bayern erhoben, in einem Königreich, dem im Friedensvertrag von Preßburg die »Plénitude de la souveraineté«, die volle staatliche Souveränität, garantiert wurde. »Ich werde aus Bayern einen großen, zwischen Österreich und mir gelegenen Staat machen«, hatte Napoleon vor Austerlitz versichert. Nach Austerlitz, als der bayerische Reichsherold am 1. Januar 1806 durch München ritt und König und Königreich proklamierte, weilte der Kaiser der Franzosen in der Stadt, deren eigentliche Karriere erst mit diesem Datum begann.

In der Residenz der Wittelsbacher wurde am 14. Januar 1806 Auguste Amalia, die Tochter des neuen Königs, mit Eugène Beauharnais, dem Stiefsohn Napoleons, getraut. Der Kaiser war anwesend, als wollte er sich persönlich überzeugen, daß diese Hochzeit, die er als Gegenleistung für seine Gaben verlangt hatte, auch tatsächlich stattfände. Dann kehrte er nach Paris zurück, mit der Genugtuung, daß seine Familie erstmals mit einer alten Dynastie verbunden und ein Pufferstaat zwischen Frankreich und Österreich geschaffen worden war.

Bayern sei befreit, das Königreich Bayern gegründet, ließ der Kaiser der Franzosen in seinen Triumphbogen auf der Place de Carroussel, vor dem Tuilerienschloß, einmeißeln. Nicht nur für einen französischen, sondern auch für einen bayerischen Triumph hielten das Maximilian I. Joseph und viele, die meisten seiner Untertanen. Napoleon sei der legitime Nachfolger des in Bayern geborenen Kaisers Karl des Großen, erklärte der Publizist Johann Christoph von Aretin, der Franzose also das angestammte Oberhaupt des keltisch, römisch, katholisch und französisch aufgeklärt geprägten Bayerns.

Mit dem Kaiser der Franzosen reüssierte der König von Bayern. 1806 trat er mit dem König von Württemberg, den Großherzögen von Baden und Hessen-Darmstadt sowie weiteren deutschen Fürsten dem Rheinbund bei. Protektor war Napoleon I., der die eben errungene Souveränität der Mitglieder gleichermaßen beschützte wie beschränkte, in einem Moment, da der römisch-deutsche Kaiser resignierte und der Kaiser der Franzosen avancierte.

Die bittere Erkenntnis, daß er Satellit eines neuen, mächtigeren Imperators geworden war, wurde dem Wittelsbacher durch neuen Zugewinn für Bayern, eine weitere Abrundung des Staatsgebietes, versüßt. Bislang reichsunmittelbare Herren wurden mediatisiert, der Hoheit ihres zum König aufgestiegenen Standesgenossen unterstellt: die Fürsten von Hohenlohe, Oettingen, Fugger, Thurn und Taxis, die Grafen von Castell, Pappenheim, Schönborn, Stadion sowie fränkische und schwäbische Reichsritter. Auch Nürnberg, das seine Reichsfreiheit bewahrt hatte, wurde bayerisch.

Die Wittelsbacher verbuchten – nachdem 1816 noch die Rheinpfalz dazugekommen war – gegenüber ihrem Besitzstand vor der Französischen Revolution einen Zugewinn an Land und Leuten von rund einem Drittel. Das 19. Jahrhundert, das für sie so schlecht begonnen hatte, versprach ihre beste und schönste Zeit zu werden.

Das souveräne Bayern war nun ein gemachter, ein arrivierter Staat. Aber um tatsächlich Staat machen zu können, mußte es als Staat erst gemacht, konstruiert werden. Denn der Zugewinn war kein Zuwachs im Sinne des Wortes. Zwar verfügte Bayern – sah man von der abseits gelegenen Rheinpfalz ab – nun über ein geschlossenes Staatsgebiet von Berchtesgaden bis Aschaffenburg, von Hof bis Lindau. Aber ein Staatsgefüge war das noch nicht. Das junge Königreich glich einer Miniatur des verblichenen römisch-deutschen Kaiserreiches, mit einer Viel- und Unzahl verschieden großer und unterschiedlich geprägter Gebiete. Wenn es kein Reich im alten Sinne, sondern ein Staat im neuen Sinne werden sollte, mußten die Einzelteile zusammengefügt werden.

Wie Flecken, die noch nicht zu einem Fleckenteppich zusammengenäht waren, lagen die Territorien neben- und durcheinander: das alte Kurbayern, ein großes und kompaktes Stück, die ausgefransten Gewebe geistlicher Stifte, die Fetzen der Grafschaften und Ritterschaften, Reichsstädte, die noch mittelalterlich-genossenschaftlich organisiert waren, und Fürstentümer, die aufgeklärt-absolutistisch regiert wurden. Franken und Schwaben traten neben Altbayern. Die Stammesunterschiede waren und blieben offenkundig, auch wenn in München die Neigung bestand, das Altbayerische mit dem Bayerischen zu identifizieren.

In Oberbayern, Niederbayern und der Oberpfalz, zwischen Alpen und Böhmerwald, an Isar und Inn,

Donau und Naab wohnten Nachfahren der Bajuwaren, Angehörige des bayerischen Herzogtums und des späteren Kurfürstentums, meist auf dem Land, nur in wenigen Städten: München, Landshut, Ingolstadt und Regensburg. Ihr Geschichtsschreiber Aventinus hatte die Altbayern im 16. Jahrhundert charakterisiert: »Das baierisch Volk ist geistlich, schlecht und gerecht, geht gern Kirchfahrten und legt sich mehr auf den Ackerbau und auf das Vieh als auf den Krieg, dem es nicht gern nachläuft, bleibt gern daheim ... Der Baier darf sich nichts ungeschafft der Obrigkeit unterstehen, doch ist er sonst frei ... Tut sonst, was er will, sitzt Tag und Nacht beim Wein, schreit, singt, tanzt, kartet, spielt; mag Wehr tragen, Schweinsspieß und lange Messer.«

Zwischen Lech und Iller, dem Ries und dem Allgäu saßen Schwaben, die anders und nicht viel redeten, seltener rauften, weniger tranken, ungern Theater spielten, Eigenbrötler und Sinnierer waren, als anstellig, fleißig und sparsam gelobt und als geizig, schaffig und verschlossen getadelt wurden. Jeder Schwabe war zunächst er selber, jedes Haus eine Burg, jedes Dorf ein Fort, jede Stadt eine Festung – viele kleine Welten für sich, Augsburg, Nördlingen, Memmingen, Kempten, Lindau, auf einer Fläche von 10000 Quadratkilometern 165 Landes- und Grundherren bei Torschluß des alten Reiches, worüber ein Kartograph klagte: »Kein Kreis des deutschen Reiches ist so zerstückelt und so bevölkert, also so schwer in eine Landkarte zu bringen wie dieser.«

Im Norden, jenseits der Donau, die nach Osten floß, am Main, der nach Westen floß, zwischen Spessart, Rhön, Fichtelgebirge und Jura wohnten Franken. Als sie bayerisch wurden, bezeichneten sie sich noch kaum mit diesem Stammesnamen, der sich erst später einbürgerte. Sie nannten sich und fühlten sich als Nürnberger, Würzburger, Bamberger, Ansbacher, Bayreuther, Aschaffenburger oder auch als Erlanger, Kulmbacher, Schweinfurter, Rothenburger, Dinkelsbühler und Windsheimer.

Soeben entdeckte die Romantik das Land des Kaisers Heinrich II., des Malers Albrecht Dürer und des Schuhmachers und Poeten Hans Sachs, Fachwerkgiebel, altfränkische Tugenden wie bieder und beständig, und altfränkische Untugenden wie verhockt und verschlafen. Ein beträchtlicher Teil der Bevölkerung war protestantisch, Ansbach und Bayreuth waren preußisch gewesen, viele Franken blieben »reichisch« gesinnt.

Vieles und Unterschiedliches war unter die Krone Bayerns gebracht worden, Verschiedenes und Andersartiges galt es zu einem Ganzen zusammenzubringen. Bayern stand vor einer ähnlichen Aufgabe, vor die Preußen gestellt worden war, an deren Lösung es immer noch arbeitete.

Dort mußte über vier parallele Stromsysteme hinweg – Weichsel, Oder, Elbe und Rhein – ein Streubesitz zusammengehalten, durch Erwerb dazwischenliegender Territorien erst ein einheitliches Staatsgebiet geschaffen werden. Zur Eroberung – meist der einzige Weg – brauchte man viele Soldaten, zur Verschmelzung des Gewonnenen mit dem Gehabten eine tüchtige Verwaltung. So wurde Preußen ein Militär- und Beamtenstaat.

»Meine Vorfahren«, resümierte König und Kaiser Wilhelm I., »haben erst eine Nation machen müssen; denn wir Preußen sind keine geborene, sondern eine gemachte Nation.« Gemacht werden mußte auch Bayern, von dem Bismarck sagte, es sei – außer Preußen – vielleicht das einzige deutsche Land, das »ein wirkliches und in sich selbst befriedigtes Nationalgefühl« ausgebildet habe.

Die Unterschiede zwischen Bayern und Preußen lagen nicht nur in den räumlichen Dimensionen. Bayern mußte – sieht man vom Außenseiter Rheinpfalz ab – nur über zwei Stromsysteme hinweg zusammengefügt werden, über das der Donau und des Mains, die allerdings nach verschiedenen Himmelsrichtungen flossen. Bayern mußte die zur Vergrößerung und Abrundung erforderlichen Gebiete nicht mit einer eigenen, entsprechend großen Armee erobern. Es bedurfte nur so vieler und so guter Soldaten, wie nötig waren, um als Koalitionspartner geschätzt zu werden, brauchte dem Militär keine staatstragende Rolle zu geben.

Doch wie Preußen brauchte es Beamte, um die Gebiete, die es aus seinen Koalitionen – zunächst mit Frankreich, dann mit Österreich, Preußen und Rußland – zu gewinnen verstanden hatte, zusammenzufügen und zusammenzuhalten. Während am preußischen Staatsbau vom Großen Kurfürsten im 17. Jahrhundert bis zu Wilhelm I. im 19. Jahrhundert gearbeitet wurde, war der bayerische Staat ein Werk von nur wenigen Jahrzehnten.

Es mußte intensiv und effizient administriert werden. Davon wurde die bayerische Beamtenschaft geformt und vom Geist der Staatsgründungszeit erfüllt: dem Rationalismus der Aufklärung, der alles für berechenbar, machbar und zumutbar hielt – dem klassischen Geist der Bürokratie.

In Frankreich war der Rationalismus am nachhaltigsten ausgeprägt worden, radikal in der Französischen Revolution, gemäßigt im napoleonischen Empire. Im frankophilen Bayern wurde die französische Aufklärung übernommen, in dem mit dem Kaiserreich verbündeten Königreich wurden französische Verwaltungsprinzipien nachgeahmt. Der Irrationalismus der deutschen Romantik berührte bayerische Bürokraten kaum, im Unterschied zu Preußen, wo den Reformminister Stein reichsromantische Anwandlungen überkamen und Reformkanzler Hardenberg ständisch-romantischen Angriffen ausgesetzt war.

Montgelas dagegen kannte keine Hemmungen und wurde nicht daran gehindert, einen modernen Staat wie ein Architekt auf dem Reißbrett zu entwerfen und den Plan wie ein Bauingenieur auszuführen. Er sprach und dachte französisch, war Gymnasiast in Nancy und Student in Straßburg gewesen, hatte als kurbayerischer Zensurrat die Verbreitung französischer Aufklärungsliteratur nicht verhindert, sondern gefördert, blieb ein französisch geprägter Rationalist. Und er besaß die Macht, seine Prinzipien und sein Programm durchzusetzen, als Minister des Pfälzer Wittelsbachers Maximilian I. Joseph, des ehemaligen französischen Regimentskommandeurs, der erklärt hatte: »Ich bin ein Franzose« – und Montgelas gewähren ließ.

Die Hohenzollern behielten das Heft in der Hand, und der preußische Adel half ihnen dabei. Bayern hatte keine Aristokratie, die dies gewollt oder gekonnt hätte. Und der König gab sich damit zufrieden, einen Minister gefunden zu haben, der ihm die Mühen des Regierens abnahm und die Annehmlichkeiten des Herrschens beließ.

Der erste König von Bayern schien nicht zu merken, daß damit die Macht des Monarchen wesentlich eingeschränkt wurde. Er ließ es jedenfalls zu, daß nicht nur ihm, sondern auch seinen Nachfolgern die Hände gebunden wurden. Ludwig I. versuchte schließlich vergebens, sich freizumachen. Maximilian II. nahm es hin. Ludwig II. wollte sich nicht, mußte sich aber damit abfinden, schuf sich ein Traumreich, in dem er sich als unbeschränkter Monarch fühlte.

Das Königreich Bayern war unter Maximilian I. Joseph keine aufgeklärte Monarchie, sondern eine aufgeklärte Bürokratie geworden. Montgelas hatte nicht nur – was notwendig war – die angefallenen Landesteile, sondern auch – was er für notwendig hielt – den angestammten Monarchen in den von Beamten administrierten und vom Ministerium regierten Staat integriert. Die bisherige Einschätzung des Monarchen als Inhaber seines Reiches erschien Montgelas und seinen

Mitarbeitern als Ausgeburt des Mittelalters, als ein großer Auswuchs des Feudalismus, den es wie dessen kleine Auswüchse zu beschneiden galt. Und zwar so lange und so weit, bis alle und alles auf das von der Staatsräson diktierte Staatsmaß zurechtgestutzt waren.

Staat und Dynastie wurden getrennt, prinzipiell, rechtlich und finanziell, Herrscherrechte wie Fürstengut »verstaatlicht«, der König – durch die Konstitution von 1808 – in die Staatsverfassung als Staatsorgan eingebunden. Dessen Akte bedurften künftig der Gegenzeichnung des zuständigen Ministers. Der Willkür des Monarchen war ein Riegel vorgeschoben, nicht unbedingt der Selbstherrlichkeit der Minister, die weniger ministrieren als zelebrieren wollten.

Ein Minister hinwiederum wurde von seinen Beamten in Schranken gehalten, im guten Sinne durch die Sachbezogenheit und Staatsergebenheit des neuen, fachlich geschulten, aufgeklärt gesinnten, gemäßigtliberalen Beamtentums; und in negativer Weise durch das, was Chlodwig zu Hohenlohe-Schillingsfürst, Minister zur Zeit Ludwigs II., »vis inertiae« nannte, die »Kraft der Trägheit« der fest besoldeten, rechtlich gesicherten, etablierten Bürokratie.

Beamte und Minister waren in erster Linie Träger des Staates und erst in zweiter Linie Diener des Königs. Vor eine Wahl zwischen beide gestellt, mußten sie sich für den ersten entscheiden, was Ludwig II. zu spüren bekam.

Eine Stütze des Throns, der Altar, war in seinen kirchlichen Fundamenten durch den laizistischen Geist der Aufklärungszeit und die Staatskirchenpolitik der Montgelasianer erschüttert worden, die der König zu übernehmen hatte – willig Maximilian I. Joseph, weniger willig Ludwig II., der ahnte, daß er damit sein Königtum schwächte, nicht stärkte.

Die Säkularisierung des Geistes lag im Zug der Zeit, die Säkularisation geistlicher Fürstentümer war ein Gebot der Stunde. Bisher hatte es zuviel Vermengung von kirchlicher und weltlicher Macht gegeben, nun begann der Staat alle Macht an sich zu reißen. Er tat es aus prinzipiellen wie praktischen Gründen. Der moderne Staat sollte über der Kirche stehen, der moderne bayerische Staat mußte konfessionell neutral sein, tolerant gegenüber katholischen Altbürgern wie evangelischen Neubürgern. Die Staatsmacht nahm indessen nur zu gern und oft Partei gegen jede Religion, benahm sich intolerant gegenüber allen Gläubigen.

Neben der Kirche war der Adel eine Hauptsäule der alten Monarchie gewesen. Auch daran wurde nun gerüttelt, wenn auch nicht zu fest, weil adlige Minister und Beamte sich und ihren Standesgenossen nicht zu weh tun wollten. Doch auch, weil es in Bayern – wo die Leibeigenschaft kaum verbreitet war – nicht soviel zu rütteln gab wie etwa im ostelbischen Preußen. Die Aufhebung der adligen Grundherrschaft wurde zwar eingeleitet, doch bis zum Revolutionsjahr 1848 aufgeschoben. Immerhin wurden adlige Vorrechte wie Ämtermonopole und Steuerbefreiungen beseitigt, die Gleichheit aller vor dem Gesetz und die allgemeine, gleiche Steuerpflicht eingeführt.

Unter einem Reich hatte man bisher die Zusammenfassung einer gegebenen Fülle von verschieden großen Territorien und unterschiedlich verfaßten Herrschaften verstanden. Dieser alte Reichsbegriff durfte und konnte auf das neue Königreich Bayern nicht angewandt werden, das ein zentralistisch regierter Einheitsstaat werden und bleiben sollte. Für Montgelas waren die neuen wie die alten Gebiete Bayerns Einzelteile, die er zu einer Staatsmaschine zusammenbaute, deren Schalthebel er bediente. Einen Staatsmechanismus, keinen Staatsorganismus hatte er geplant.

Deshalb teilte er das Land – nach dem französischen Vorbild der Départements – in Kreise ein, zerschnitt damit Zusammengewachsenes, vermied historische

Bezeichnungen und die Stammesnamen, um die Erinnerung an geschichtlich Gewachsenes und gegenwärtig Lebendiges auszulöschen. Und damit nicht genug, der Konstrukteur des bayerischen Zentralismus beseitigte die Selbstverwaltung der Städte, schnitt mittelalterliche Zöpfe wie Zunftwesen und Korporativverfassung ab und blockierte stadtbürgerliche Ansätze zu einer staatsbürgerlichen Entwicklung.

Doch mit diesem rücksichtslos geschaffenen Minister- und Beamtenstaat, durch diese Revolution von oben, die einen Umsturz mit bürokratischen Methoden und in obrigkeitlicher Dosierung brachte, war der Grundstock für eine bürgerliche und die daraus hervorgehende demokratische Gesellschaft gelegt – das Fundament für einen Verfassungsstaat, einen Volksstaat, den Freistaat, die Republik. Denn jeder Fortschritt im Staate bedeutete einen Rückschritt für die Monarchie, bis sie – im Jahre 1918 – stürzte und sich nicht mehr erheben konnte.

Die konstitutionelle Monarchie war der erste Schritt. Montgelas hatte seinen Staat geschickt durch die Fährnisse der napoleonischen Zeit gesteuert, die eben gewonnene Souveränität im Rheinbund einigermaßen zu erhalten gewußt und Bayern schließlich, durch eine Wendung um hundertachtzig Grad, aus dem Fahrwasser des untergehenden französischen Empire in die Kiellinie der siegesstolzen Großmächte Österreich, Preußen und Rußland gebracht.

Bayern, das seine staatliche Souveränität und territoriale Integrität bewahrte, sogar noch die Rheinpfalz dazubekam, lief 1815 in den Hafen des Deutschen Bundes ein, als eine deutsche Mittelmacht von dreieinhalb Millionen Einwohnern, als selbständiges, unabhängiges, gleichberechtigtes Mitglied des mitteleuropäischen Staatenvereins, der an die Stelle des römisch-deutschen Reiches getreten war.

Dann mußte der Steuermann von Bord. 1817 wurde Montgelas gestürzt, von einer neuen Generation, die das Werk der vorigen für ein Gerippe hielt, das Fleisch und Blut bekommen müßte und einen Geist. Der Staatskonstruktion sollte ein Staatsbewußtsein eingehaucht werden.

Die neuen Reformer waren Mitarbeiter von Montgelas gewesen, wollten dessen Werk fortsetzen, indem sie die Fehler des Meisters korrigierten. Das Konkordat von 1817 sollte nicht nur staatliche Kirchenhoheitsrechte bestätigen und eine neue Kirchenorganisation in Bayern festlegen, sondern auch Wunden heilen, welche die Säkularisation dem Klerus wie dem gläubigen Volk geschlagen hatte.

Das Gemeindeedikt von 1818 stellte die von Montgelas beseitigte gemeindliche Selbstverwaltung wieder her, allerdings nur in beschränktem Umfang. An dem Zentralismus, das Konstruktionsgesetz des bayerischen Staates, durfte nicht gerührt werden. Immerhin ließ die Zentralregierung den gewählten Gemeindeverwaltungen so viel Raum, daß sich auch im bayerischen Zentralstaat, in dessen Bereich einst so blühende Stadtrepubliken wie Nürnberg und Augsburg gelegen hatten, das bürgerliche Gewerbe und ein bürgerliches Bewußtsein entfaltete.

An die Stelle der Konstitution von 1808, die den bayerischen Staat konstruiert hatte, trat 1818 die Verfassung, die ihn als konstitutionelle Monarchie organisierte. Genaugenommen wurde damit die konstitutionelle Entwicklung erst eingeleitet, aber schon das war ein Fortschritt, der in Preußen oder Österreich erst Jahrzehnte später erzielt wurde, ein Wagnis angesichts der Restauration, die den Monarchen ihr vorrevolutionäres Amt und ihre vornapoleonische Würde zurückgeben wollte.

Dem Geist dieser Zeit konnte sich die bayerische Verfassung nicht entziehen, die noch unter Montgelas vorbereitet worden war und nach seinem Sturz vom Monarchen erlassen wurde, wie es dem von der Restauration erneuerten Prinzip der Monarchensouveränität entsprach.

Der König von Bayern orientierte sich nach wie vor am französischen Vorbild. Die Konstitution von 1808 war an Napoleons Staatsprogramm und Staatspraxis ausgerichtet gewesen. Die Verfassung von 1818 hingegen richtete sich nach der Charte, die Ludwig XVIII. von Frankreich angeordnet hatte.

Der Bourbone suchte sein restauriertes Regime dadurch zu sichern, daß er Errungenschaften der Revolution, dosiert und kontrolliert, in einer Konstitution bestätigte. Der Wittelsbacher wollte den modernen Staat, den Montgelas geschaffen und verwaltet hatte, durch Deklaration von Bürgerrechten populärer, durch Gewährung von Mitspracherechten volksnaher machen. Zugleich sollte dem Monarchen etwas von dem zurückgegeben werden, was ihm Montgelas genommen hatte. Der König wollte – als Mitglied der Heiligen Allianz – in seinem Reich wieder der Erste und Entscheidende sein. Und der Staat, ein Abstraktum, sollte ein gekröntes Oberhaupt haben, das, als Person geschätzt und verehrt, Symbolfigur und Integrationsfaktor sein könnte.

So gewährte der König von Bayern in der Verfassungsurkunde vom 26. Mai 1818 aus »ebenso freiem wie festem Willen«, als Träger der Souveränität: »Freiheit des Gewissens und gewissenhafte Scheidung und Schätzung dessen, was des Staates und der Kirche ist. Freiheit der Meinungen, mit gesetzlichen Beschränkungen gegen den Mißbrauch. Gleiches Recht der Eingeborenen zu allen Graden des Staatsdienstes und zu allen Bezeichnungen des Verdienstes. Gleiche Berufung zur Pflicht und Ehre der Waffen. Gleichheit der Gesetze und vor dem Gesetz. Unparteilichkeit und Unaufhaltbarkeit der Rechtspflege.«

Grundrechte wurden formuliert und ein Zweikammersystem eingeführt. Die Erste Kammer bestand aus den königlichen Prinzen, den obersten Kronbeamten, den Erzbischöfen von München-Freising und Bamberg, dem Präsidenten des evangelischen Generalkonsistoriums, den Häuptern der ehemals reichsunmittelbaren Fürsten- und Grafenhäuser und den vom Monarchen Berufenen. Diese Kammer der Reichsräte war als konservatives Gegengewicht zur Zweiten Kammer gedacht, von der Progressives zu erwarten war. Die Kammer der Abgeordneten war vorerst ständisch zusammengesetzt, aus Vertretern der Landeigentümer, der Städte und Märkte, der katholischen und evangelischen Geistlichkeit sowie aus Vertretern der drei Universitäten.

Ein Parlament war dies noch nicht. Die Kammern sollten wenigstens alle drei Jahre für nicht länger als zwei Monate einberufen werden. Das aktive wie das passive Wahlrecht war an Grundbesitz gebunden. Dieser auf Grundvermögende, also vorrangig Adelige, eingeschränkten Volksvertretung wurden nur beschränkte Rechte eingeräumt, immerhin das Steuerbewilligungsrecht und eine Mitwirkung an der Gesetzgebung. Auf die Berufung oder Abberufung einer Regierung konnte sie nicht einwirken; die Gesetzesinitiative blieb beim König.

Auf dem Pergament der Verfassung war alle Macht im Staate dem Monarchen zugeschrieben. »Der König ist das Oberhaupt des Staates, vereinigt in sich alle Rechte der Staatsgewalt und übt sie unter den von ihm gegebenen in der gegenwärtigen Verfassungsurkunde festgesetzten Bestimmungen aus. Seine Person ist heilig und unverletzlich.« Im Gegensatz zur vorherigen, einer »antimonarchischen Zeit« wurde die Souveränität des Monarchen bekräftigt. Und seine traditionellen Stützen, Adel und Klerus, waren wieder verstärkt worden.

Die Verfassungswirklichkeit sah indessen anders aus. Schon in der Verfassungstheorie war der Monarch in der Ausübung der ihm zugeschriebenen Gewalt beschränkt, was schließlich der Sinn der Verfassungsgebung und das Ziel der konstitutionellen Monarchie war. Faktisch wurde die Königsgewalt durch die Minister en gros und von den Beamten en detail ausgeübt.

Die Bürokratie war nicht schwächer, sondern stärker geworden. Sie saß nun nicht nur in den Amtsstuben, sondern auch in der Ständeversammlung. In der Zweiten Kammer von 1819 waren ein Drittel der Abgeordneten Beamte. Auch hier übernahmen sie die führende Rolle, dank ihres allgemeinen wie fachlichen Wissens und ihres nicht nur auf das berufliche Fortkommen, sondern auch auf die Fortentwicklung des Staates gerichteten Interesses. Die von Montgelas geschaffene aufgeklärte Bürokratie war somit lediglich nach der Mode der Restaurationszeit kostümiert worden.

Der zweite König von Bayern, Ludwig I., der 1825 auf Maximilian I. Joseph folgte, wollte sich damit nicht abfinden. Als Kronprinz war der »teutsch« gesinnte Romantiker ein Gegenspieler des französisch geprägten Aufklärers Montgelas gewesen. Dieser Wittelsbacher hatte wieder Sinn für Geschichte, Ehrfurcht vor historisch Gewachsenem, pflegte diese königlichen Primärtugenden, die in einer Epoche, die von vorne beginnen und alles neu machen wollte, selbst Monarchen nicht mehr gewärtig gewesen waren – zu ihrem Schaden, wie sich herausgestellt hatte.

Ludwig I. titulierte sich, auf die Legitimität wie auf den Stammbaum seiner Monarchie verweisend: »Ludwig von Gottes Gnaden König von Bayern, Pfalzgraf bei Rhein, Herzog von Bayern, Franken und in Schwaben etc.«, und verlieh dem Königreich ein Wappen, das mit der Herkunft der Dynastie die Zusammensetzung ihres Herrschaftsbereiches versinnbildlichte: mit dem goldenen Pfälzer Löwen auf schwarzem, dem

König Ludwig I. von Bayern

blauen Veldenzer Löwen auf silbernem Grund, den weiß-blauen Rauten Altbayerns, dem fränkischen Rechen und dem Wappen der ehemaligen schwäbischen Markgrafschaft Burgau.

Den Kreisen, den späteren Regierungsbezirken, gab Ludwig I. Namen, die an die Stammesgliederung des Königreiches erinnerten: Oberbayern, Niederbayern, Oberpfalz, Schwaben und Neuburg, Oberfranken, Mittelfranken, Unterfranken und Aschaffenburg, Pfalz. Damit wollte er zeigen, daß Bayern weniger ein in der Montgelas-Zeit konstruierter Staat als ein in Jahrhunderten gewordenes Reich, ein aus Gewachsenem Zusammengewachsenes sei.

Ludwig I., der ein patriarchalischer Monarch sein wollte, huldigte einer organischen Staatsauffassung, um das Wohl seiner Untertanen bedacht wie ein Gutsherr auf das Gedeihen seiner Hintersassen. König und Volk sollten wie Familienoberhaupt und Familienangehörige zusammenhalten – das Volk gegliedert in Stände und Stämme, der König von Gottvater zum Herrscher bestellt und mit aller Herrschermacht ausgestattet.

Das war königlich-bayerische Romantik, die nicht mit der staatlich-bayerischen Realität übereinstimmte. Ludwig I., autokratisch veranlagt und nach absolutem Königtum verlangend, wollte die ihm in der Verfassung de jure zugedachte Souveränität auch de facto innehaben. Deren in der Konstitution festgelegte Beschränkungen tastete er zwar nicht an, legte sie jedoch in seinem Sinne und zu seinen Gunsten aus.

»In Bayern herrscht *und* regiert der König«, erklärte Ludwig I. in Unverständnis wie Mißachtung des Grundsatzes der konstitutionellen Monarchie, daß diese beiden Funktionen geteilt sein müßten. »Es gibt nur eine, nämlich die Königliche Gewalt im Staate, welche in den beiden Kammern nicht etwa zwei besondere Gewalten neben sich, sondern zwei beiratende und nach Umständen zustimmende und bewilligende Reichsorgane hat.«

Herrschen *und* regieren – diese Anschauung war nur zu vertreten, solange die 1815 verkündeten Prinzipien der Heiligen Allianz aufrechterhalten werden konnten, was nicht lange möglich war: Durch die Revolution von 1830 wurden sie in Frankreich, durch die Revolution von 1848 in Bayern ausgemerzt. Zunehmend waren sie, von der sich zu einer Volksvertretung entwikkelnden Ständeversammlung in Frage gestellt, zeitwidrig geworden. Von Anfang an waren sie wirklichkeitsfremd in einem Staate gewesen, in dem die Bürokratie regierte, das monarchische Prinzip stets nur im Prinzip gegolten hatte.

Der Zusammenstoß war unvermeidlich zwischen einem König, der in Verkennung des Staatsgrundgesetzes Bayerns und der konstitutionellen Entwicklung in Europa der Souverainissimus sein und bleiben wollte – und den eigentlichen Souveränen: den Volksvertretern, die zu Mitträgern des Staates wurden, und den Ministern und Beamten, die den Staat seit Montgelas getragen hatten und weiter trugen.

Zunächst gab es nur Reibungen. Die Zeit war noch nicht reif für einen Zusammenstoß. Und die Gegensätze prallten noch nicht aufeinander, weil der Monarch eine Ablenkung gefunden, die Bürokratie diese Ablenkung gefördert hatte. Ludwig I. suchte seine Vorstellungen von königlicher Macht, mit denen er im Staat nicht nach Wunsch zum Zuge kam, in der königlichen Pracht seiner Bauwerke zu verwirklichen.

Das brachte allen Gewinn: Dem König, der sich eine Residenz nach seinen Idealen schuf. Den Ministern und Beamten, die für ihren Zentralstaat eine angemessene Hauptstadt bekamen. München, das aus einer altbayerischen Landstadt zur neubayerischen Metropole wurde. Dem bayerischen Volk, das sich großartig repräsentiert sah und mit den Königshäusern das

Königshaus zu schätzen und zu bewundern begann. Bayern als Ganzem, das durch die Königsverehrung das Staatsbewußtsein und den Staatspatriotismus erhielt, die ihm die Bürokraten nicht zu verordnen vermocht hatten.

In der Person des Königs identifizierte sich das bayerische Volk mit dem bayerischen Staat. In den Bauten des Monarchen sah es die Monarchie behaust. Es war im wahrsten Sinne des Wortes ein Überbau. Denn unter dem königlichen Glanz und der monarchischen Poesie lag der nüchterne und prosaische Hauptbau, der Minister- und Beamtenstaat.

So war es und so blieb es. Nur die Kenntnis dieser Grundtatsachen ermöglicht ein Verstehen des Königsdramas, in dem – auf vorgefundener Bühne und mit übernommenen Akteuren – Ludwig II. die Hauptrolle spielte, ohne das Stück geschrieben zu haben und Regie führen zu dürfen.

Sein Beitrag war die Problematik seiner Person. Sie entstand weniger aus eigenem Verschulden, war mehr in einer unglücklichen Veranlagung, der erblichen Belastung und falschen Erziehung angelegt. Und wurde durch die Romantik beeinflußt, die geistige Strömung, die bereits Ludwig I. erfaßt hatte und Ludwig II. fortreißen sollte.

3

Weißblaue Romantik

Drei Romantiker waren Paten des am 25. August 1845 geborenen Prinzen, der auf den Namen Ludwig Otto Friedrich Wilhelm getauft wurde.

König Friedrich Wilhelm IV. von Preußen war mit seiner bayerischen Gemahlin, Königin Elisabeth, der Tochter Maximilians I. Joseph und Schwester Ludwigs I., bei der Taufe im Steinernen Saal zu Nymphenburg anwesend.

Der preußische Großonkel war ein aus der Art geschlagener Hohenzoller. Er hatte keinen Bart, trug nicht gern Uniform, führte keinen Krieg. Im Süden fühlte er sich wohler als im Norden, Rom war ihm wesentlicher als Berlin. Am Rhein, wo Burgruinen lagen und der Kölner Dom stand, an dem er weiterbaute, schwärmte er vom Mittelalter, das er am liebsten erneuert hätte – in einem christlichen, ständischen Preußen, in einem föderalen und universalen Reich. Und da er dies nicht konnte, baute er wenigstens in mittelalterlichem Stil neuromanische Burgen und neugotische Kirchen.

Der Romantiker auf dem Hohenzollernthron »hatte vielleicht mehr Gemüt, als der Staat vertragen kann«, bemerkte der Historiker Leopold von Ranke. Friedrich Wilhelm IV. war ein Romantiker in einem von der Aufklärung geprägten Staat, ein Rückwärtsschauender in einer vorwärtsdrängenden Zeit, ein Mensch, der nicht in das fortgeschrittene 19. Jahrhundert paßte, was man

Der »Romantiker« auf dem preußischen Thron:
König Friedrich Wilhelm IV. von Preußen

bald auch von seinem bayerischen Patenkind sagen sollte. Der Patenonkel, der keine eigenen Kinder hatte, mußte wegen eines Gehirnleidens sein Königsamt aufgeben und starb 1861 in geistiger Umnachtung.

Der Taufpate Otto wohnte der Zeremonie in Nymphenburg nicht bei. Seit 1832 war er König von Griechenland. Sein Vater, Ludwig I., hatte ihm eine Vorliebe für das klassische Altertum und das Verlangen nach einem südlichen Arkadien beigebracht. Der König von Bayern, Haupt des Philhellenismus, unterstützte mit Worten und Taten den Freiheitskampf der Griechen gegen die Türken. Und schickte den Befreiten den Sohn als ersten König des unabhängigen Griechenlands.

Mit siebzehn brach Otto in das Land der Sehnsucht auf, das er – wie so viele Bayern und Deutsche – mit der Seele gesucht hatte. Vorsorglich gab man ihm 3500 bayerische Soldaten mit, und eine Anzahl bayerischer Beamter, die versuchen sollten, aus Griechenland einen Staat à la Bayern zu machen.

Die Neu-Hellenen, die sie antrafen, waren nicht die Alt-Hellenen, von denen ihnen die Philologen erzählt hatten. Immerhin konnte sich der Wittelsbacher dreißig Jahre lang auf dem griechischen Thron halten. 1862 wurde er gestürzt, verließ Athen unter Hinterlassung der von bayerischen Archäologen restaurierten Akro-

Der »Romantiker« auf dem griechischen Thron:
König Otto I. von Griechenland, hier bei seinem Abschied
in der Münchner Residenz

polis und von bayerischen Architekten nachempfundenen klassischen Bauten. In der Barockresidenz der ehemaligen Fürstbischöfe von Bamberg starb der kinderlose Exkönig 1867 an den Masern.

Zu dieser Zeit war Ottos Neffe und Patenkind, Ludwig II., bereits seit drei Jahren in den Widerstreit zwischen Vorgestelltem und Vorgefundenem verstrickt. Zu dessen Bewältigung brachte er so wenig Voraussetzungen mit wie sein Patenonkel, der ebenfalls zu früh, ohne hinreichende Vorbereitung, König geworden war.

Nach drei Jahren hatten Berater des zwanzigjährigen Otto von Griechenland die Hoffnung aufgegeben, daß er jemals die Zügel ergreifen könnte, und in einem Bericht an Ludwig I. Gründe dafür angeführt, wie sie später, mit entsprechender Einschränkung, auch gegen Ludwig II. hätten angeführt werden können: »Ein nicht unbedeutender Mangel an positivem Wissen, eine unüberwindliche Zerstreutheit, ein sehr geringer Trieb zur Selbständigkeit, eine bis zur ängstlichen Kleinlichkeit gesteigerte Sucht nach Genauigkeit, verbunden mit Vertrauenslosigkeit hinsichtlich der Genauigkeit anderer und der Idee, hinreichend zu wissen, um allein regieren zu können.«

Ludwig I. wollte nicht nur, er konnte auch die Zügel führen. Sein Wunsch wäre es gewesen, daß sein Sohn Otto etwas von dieser Fähigkeit mitbekommen hätte, in erster Linie freilich sein Enkel Ludwig, der dies, zum König von Bayern geboren, noch nötiger gehabt hätte. Der Sprößling, der seinen Namen trug, den er über das Taufbecken gehalten hatte, erbte nicht sein Herrschertalent, wohl aber seine Begabung, romantische Vorstellungen von der Herrscheraufgabe, die nicht zu verwirklichen waren, in Bauwerken Gestalt annehmen zu lassen.

In Rom und sogar in Athen war Ludwig I. gewesen. Was er an den klassischen Stätten gesucht und gefunden hatte, wollte er über die Alpen nach Bayern holen. Der Philhellene und Italienschwärmer machte München zum Isar-Athen, die Hauptstadt des Königreiches Bayern zum wittelsbachischen Rom.

Die Glyptothek, von Leo von Klenze in griechischem Stil – für Bauherr wie Baumeister der vollkommenste Stil – zwischen 1816 und 1830 errichtet, war der erste

Der »Romantiker« auf dem bayerischen Thron:
König Ludwig I. von Bayern

der größeren klassizistischen Neubauten, das erste öffentlich zugängliche Antikenmuseum in Deutschland. Der Kunsttempel hatte außen griechische, innen römische Formen und – wie es der »teutschen« Romantik Ludwigs anstand – Fresken des Nazareners Peter Cornelius, eines Malers, der in Rom, wo es nicht nur Antike gab, vom christlichen Mittelalter beeindruckt worden war.

Der Dreiklang der Neugestaltung Münchens war angeschlagen. In der Architektur dominierte der Klassizismus. Dieser Stil entsprach der romantischen Gesinnung des Königs – denn auch Ludwigs Rückwendung zur Antike war Romantik – wie auch dem rationalistischen Geist der bayerischen Bürokratie. In der Absicht, aus der Hauptstadt des Königreiches Bayern eine Reichshauptstadt zu machen, stimmten Monarch und Regierung überein, allerdings mit einer Dissonanz. Der König wollte sie möglichst groß und prächtig haben, die Minister und Beamten wollten, daß dies nicht zu teuer zu stehen kam.

So wurde München eine Kapitale in weißblauem Format, ein Abbild des bayerischen Staates, aus den unterschiedlichsten Elementen zusammengesetzt, so wie nun auch seine Hauptstadt aus den verschiedensten Stilen zusammengebaut wurde. München erschien als Wunschbild des bayerischen Monarchen, der das vorgefundene Kurbayerische in wenigen Jahrzehnten mit den verschiedensten historischen Stilen so anzureichern und zu verbinden gedachte, daß eine seinem Königreich gemäße Metropole wie aus einem Guß entstünde.

Das glückte weitgehend, auch wenn manches unvollendet, unvollkommen und unzureichend blieb, das eine und andere wie angebaut, mitunter verbaut erschien. Doch das machte und macht den Reiz München aus: das Nebeneinander der Stile, das Miteinander von Gewachsenem und Gekünsteltem, das Streben nach Geschlossenheit und das Offenbleiben für Unplanmäßiges.

Der Königsplatz sollte, nach dem Willen des Königs, das Entree der Königsstadt sein, das man durch die dorischen Propyläen betrat, von der jonischen Glyptothek auf der einen, von dem korinthischen Kunstausstellungsgebäude auf der anderen Seite empfangen. Der Platz ließ den Blick frei auf die Erinnerung an einen Preis des Königtums: den Obelisken, das Mahnmal für die 30000 in Napoleons Rußlandfeldzug gebliebenen Bayern.

Münchens Pallas Athene erhob sich nicht hinter den Propyläen, sondern, ein beträchtliches Stück davon entfernt, auf der Theresienhöhe: die Bavaria, von Ludwig von Schwanthaler modelliert und von Ferdinand von Miller in Erz gegossen, sechzehn Meter hoch, bis zur Spitze des emporgehaltenen Kranzes sogar neunzehn Meter. Auf einer eisernen Wendeltreppe stieg man in den Kopf der Bavaria hinauf, in dem fünf Personen Platz finden und durch Öffnungen auf die Türme der Frauenkirche und bei klarem Wetter bis zur Zugspitze, dem höchsten Berg des Königreiches, schauen konnten.

Hinter der Bavaria stand die von Leo von Klenze errichtete Ruhmeshalle mit achtzig Büsten berühmter Bayern. Zu Füßen der Bavaria lag die Theresienwiese, der Schauplatz des Oktoberfestes, zu dem alljährlich

Die Bavaria auf der Theresienhöhe mit der Ruhmeshalle

Die Ludwigstraße mit der Ludwigskirche

National- und Hoftheater

Glyptothek auf dem Königsplatz

Die Propyläen

bayerisches Volk zur Landwirtschaftsausstellung und zu rustikalen Lustbarkeiten zusammenströmte.

Des Königs »Via triumphalis« war die Ludwigstraße. Sie begann am Siegestor, das dem Konstantinsbogen in Rom nachgebildet und »dem Bayerischen Heere« geweiht war. Sie führte an den Berninis Schöpfungen auf dem Petersplatz nachempfundenen Brunnen vor der Universität und der italienisch-romanischen Ludwigskirche, einem Hauptwerk Friedrich von Gärtners, vorbei zur Feldherrnhalle, die der Loggia dei Lanzi in Florenz nachgebildet war.

In ihr standen die Erzstatuen Tillys, des bedeutenden Heerführers des Kurfürsten Maximilian I. im Dreißigjährigen Krieg, und Wredes, des Feldmarschalls König Maximilians I. Joseph, der nach der Völkerschlacht

Feldherrnhalle und Theatinerkirche

bei Leipzig und dem Frontwechsel Bayerns den nach Frankreich zurückstrebenden Napoleon nicht aufzuhalten vermocht hatte. Zwei Feldherren standen in der Feldherrnhalle, wovon der erste, Tilly, kein Bayer, sondern ein Niederländer, und der zweite, Wrede, ein Bayer, aber kein Feldherr war.

Flankiert war die Feldherrnhalle von der barocken Theatinerkirche, die an das päpstliche Rom erinnerte, und der Residenz, dem Haus Wittelsbach. In Jahrhunderten erbaut, im Stil verschiedener Epochen, nach dem Geschmack mehrerer Generationen, war sie zum architektonischen Ausdruck des Wachstums der Wittelsbacher geworden. Herzog Albrecht V., der Renaissancefürst, hinterließ das Antiquarium, Kurfürst Maximilian I. baute im 17. Jahrhundert die alte Residenz mit den »reichen Zimmern« und der Schatzkammer, König Ludwig I. ließ von Klenze den Königsbau nach dem Vorbild des Palazzo Pitti in Florenz und den Festsaalbau nach Art des Palladio errichten.

Bei Kirchenbauten, die sich der Neugründer säkularisierter Klöster und Wiedererwecker des Gottesgnadentums angelegen sein ließ, griff Ludwig I. auf angemessene Muster zurück. Die Allerheiligen-Hofkirche hatte die Markuskirche in Venedig und die Capella Palatina in Palermo zu Vorbildern. Die Sankt-Bonifatius-Kirche war eine Nachbildung frühromanischer Basiliken. In ihr ließ sich der Bauherr – wie der Stauferkaiser Friedrich II. in Palermo – in einem Hochgrab bestatten, der König oben, die Königin ein Geschoß tiefer.

Nicht erst Ludwig II., schon Ludwig I. war ein Eklektiker, der sich mangels eigener stilbildender Kraft das Gewollte aus Stilen des Gehabten zusammensuchte. Doch gab es wichtige Unterschiede. Die Zeiten waren anders, und die Menschen waren verschieden. Der Großvater gehörte einer Generation an, die in ihrem idealen Streben noch Form zu wahren und Maß zu halten wußte, die deshalb den Klassizismus pflegte und die Romantik nicht übertrieb. Der Enkel wuchs in eine Zeit hinein, die ein den Formen des Klassizismus gemäßes Wesen zu verlieren begann. Und er war so veranlagt und wurde so beeinflußt, daß sich seine Romantik im Nebulosen verlor.

Doch schon Ludwig I., der im Gegensatz zu Ludwig II. als Herrscher begabt und zum Herrschen fähig war, mußte schließlich vor den weißblauen Realitäten kapitulieren. Die Administration, die den Staat nicht nur in Betrieb hielt, sondern auch lenkte, drängte das Staatsoberhaupt, das auch Staatsleiter sein wollte, immer mehr von den Staatsgeschäften weg.

Im Revolutionsjahr 1848 kamen zu den Akten der Bürokratie die Forderungen der Demokratie. Der König sah sich nun von zwei Seiten eingeschränkt, unter Beamtenkontrolle wie Volksaufsicht gestellt, zum Gefangenen eines Verfassungsstaates gemacht.

»Aufgehört zu regieren habe ich in jedem Fall, mag ich die Krone behalten oder niederlegen«, bemerkte Ludwig I., nachdem er den »Märzforderungen« des Jahres 1848 hatte nachgeben müssen, die unter anderem verfassungsmäßige Verantwortlichkeit der Minister, umfassendere Fürsorge für die Staatsdiener und Verbesserung der Ständewahlordnung verlangten. Am 20. März 1848 dankte Ludwig I., nach zweiundzwanzigjährigem Königtum, zugunsten seines Sohnes Maximilian ab. »Man hat mich zum Schreiber und nicht einmal zum Oberschreiber, sondern nur zum Unterschreiber degradieren wollen. Dafür dankte ich ab.«

Natürlich konnte es der zweiundsechzigjährige König auch nicht verwinden, daß er seiner Maitresse, der Tänzerin Lola Montez, die er zur Gräfin von Landsfeld erhoben hatte, am 16. März 1848 den Adelstitel absprechen und sie ziehen lassen mußte. Aber auch das hatte mehr den Monarchen als den Mann getroffen. »Habe immer gesagt, wirklich König sein oder die Krone niederlegen. Und so hab' ich nun getan.«

»Nicht Sklave zu werden, wurde ich Freiherr«, resümierte der Exkönig. Er konnte nun ungebunden seinen Liebhabereien nachgehen, der Neigung zum schönen Geschlecht, soweit es sein fortgeschrittenes Alter erlaubte, und der Baulust, soweit es seine eingeschränkten Mittel gestatteten. Der königliche Privatier reiste viel, weilte abwechselnd in Aschaffenburg und Berchtesgaden, auf der Ludwigshöhe in der Pfalz, in Leopoldskron bei Salzburg, in der Villa Malta in Rom.

Ungern residierte er in seinem Hauptwohnsitz, dem Wittelsbacher Palais in München. Erst 1850 war der rotbraune, rostfarbene Komplex in englisch-mittelalterlichem Spitzbogenstil vollendet worden, den Ludwig I. nicht schätzte, Maximilian II. aber bevorzugte – der dritte König von Bayern, der nicht soviel baute, dafür sich mehr der Wissenschaft widmete, weil auch er wenig, noch weniger zu regieren hatte.

Maximilian II. wurde 1848 mit siebenunddreißig Jahren König und Ludwig mit drei Jahren Kronprinz. Es war kein günstiges Vorzeichen für die Dynastie, daß die Thronbesteigung des Vaters und die Thronfolgeschaft des Sohnes im Zeichen der Revolution erfolgten.

In Bayern wurde freilich nicht so heiß gekocht wie anderswo und nicht so heiß gegessen, wie angerichtet worden war. Die »Märzforderungen« wurden durch ein neues Ministerium und den Reformlandtag in die Bahn der konstitutionellen Monarchie geleitet. Die Verfassung von 1818, die der König gegeben hatte, wurde unter weiterer, verstärkter Mitwirkung der Bürokratie und bei erstmaliger, nicht zu weitgehender Einbeziehung des Volkes fortentwickelt.

Von nun an sollte die Kammer der Abgeordneten nicht mehr ständisch, sondern demokratisch, mit Einschränkungen zwar, zusammengesetzt sein, von allen Bayern, die Steuern zahlten, gewählt werden, doch nach wie vor indirekt und öffentlich. Diese Volksvertretung bekam die Gesetzesinitiative, aber mit Vorbehalten bei verfassungsändernden Gesetzen.

Nach dem Gesetz über die Ministerverantwortlichkeit bedurften alle Entschließungen des Königs zu ihrer Vollziehung der Gegenzeichnung des zuständigen, verantwortlichen Ministers, der seine Ministerialentscheidungen in eigener Zuständigkeit und Verantwortung erlassen konnte. Die Minister wurden noch unabhängiger vom Monarchen, in gewisser Hinsicht jedoch abhängig vom Landtag, der das Recht der Ministeranklage erhielt.

Wie die Revolution, so vollzog sich auch die auf das Scheitern der Frankfurter Nationalversammlung folgende Reaktion in gedämpfter Weise. Die Reformgesetzgebung wurde bedächtig fortgesetzt und gemäßigt durchgeführt, von oben, wie es dem Grundgesetz der bayerischen Behördenherrschaft entsprach. Die zugleich staatserhaltende wie reformbewußte Bürokratie wurde noch mächtiger in einer Phase, in der es Errungenschaften des Jahres 1848 auf den Weg der Echternacher Springprozession zu bringen galt – ein Schritt zurück und zwei Schritte voran.

König Maximilian II. schritt in dieser Prozession mit, genaugenommen wurde er mitgeführt, auf seinem Thronsessel von den Staatsträgern. »Ich bin stolz, Mich einen konstitutionellen König zu nennen«, hatte er bei seiner Thronbesteigung erklärt. Seinem Vater wäre ein solches Wort nie über die Lippen gekommen. Der Sohn war aus weicherem Holz geschnitzt, unsicher und skrupulös, konnte sich nur schwer, wollte nie allein entscheiden. Auch er litt unter den Beschränkungen des Königtums, begehrte aber nicht dagegen auf.

Der neue König fand Linderung in der Erkenntnis, daß er, wie es bayerischem Herkommen entsprach, ein Ministerkönig geworden war und kein Bürgerkönig werden mußte, wie es in der Entwicklung des Jahrhunderts gelegen hätte. Und er suchte Trost in der Wissen-

*König Maximilian I.
Joseph von Bayern
in Ordenstracht der St. Georgsritter*

schaft, in der Poesie, in der Philosophie, wurde der Stoiker auf dem bayerischen Thron.

In seinem Äußeren glich er einem englischen Gentleman, der gelernt hatte, alles mit Gleichmut zu ertragen. Dieser König hatte nicht nur einiges von einem Lord, sondern auch von einem Denker und Dichter an sich – vom einen den Kopf, »der zu zwei Dritteln Stirn zu sein schien«, wie Julius Grosse, ein Zeitgenosse, bemerkte, vom anderen die etwas verträumten Augen und die leicht verschleierte Stimme.

Wie es in seinem Innern aussah, war weniger offenkundig. Der fromme Katholik, der es gewohnt war, sich im Beichtspiegel zu prüfen, hielt sich ständig einen Regentenspiegel vor. Sein »Sanktuarium« in der Residenz, in das er sich zu Gewissenserforschung, Reue und Vorsatz zurückzog, war mit Büsten großer Männer der Weltgeschichte versehen, an deren Vorbildern er sich auszurichten strebte. Er war mit sich nicht unzufrieden: »Meine Regierungszeit fällt zwar in eine sehr aufgeregte und schwierige Epoche; mit Hilfe von oben scheint es mir aber zu gelingen, gerade in dieser schweren Zeit ersprießliche Regentenwirksamkeit zu entwickeln.«

In Staat und Gesellschaft vermochte der Regent die Entwicklung wenig zu beeinflussen. Auf der einen Seite hatte sich die Regierung vom Herrscher emanzipiert, und auf der anderen Seite begann auch das Bürgertum politisches Terrain zu gewinnen, nachdem es die wirtschaftlichen Voraussetzungen dafür geschaffen hatte und konsequent ausbaute.

Ein Schienennetz – zwischen Nürnberg und Fürth war 1835 die erste deutsche Eisenbahnlinie eröffnet worden – gab dem Staat zusätzlichen Zusammenhalt, den Bürgern mehr Mobilität, der staatlich geförderten und reglementierten Wirtschaft bessere Möglichkeiten für den Güteraustausch. Schon gab es im bayerischen Agrarland drei bedeutende Industriestädte mit Textil-

und Maschinenfabriken, Nürnberg mit Cramer-Klett, Augsburg mit der MAN, München mit Maffei. Und schon begann sich hinter dem arrivierten Dritten Stand, dem Bürgertum, der Vierte Stand, die Arbeiterschaft, zu formieren.

Die Sozialpolitik kam über Sozialfürsorge nicht hinaus. In der Wohltätigkeit blieb dem König ein Betätigungsfeld, in das er einiges von seinen Privatmitteln steckte. Er gründete den St. Johannisverein für Armenpflege, das Königstiftungshaus in Nürnberg mit billigen Wohnungen für Arbeiter und das Maximiliansstift in Neuberghausen für Waisen von Staatsbeamten.

Das waren gutgemeinte, doch wenig bedeutende Beiträge für die Wohlfahrt. Rühmlichere Verdienste um das Gemeinwohl konnte sich Maximilian II. in einem anderen Freiraum erwerben, der dem König von Bayern geblieben war, auf einer wittelsbachischen Hausdomäne: der Pflege von Wissenschaft und Kunst.

Im Unterschied zu Ludwig I. widmete sich Maximilian II. nicht vornehmlich den Künsten. Und wo er sich als Bauherrr betätigte, befleißigte er sich eines anderen Stils: nicht mehr einer Neu-Antike, sondern eines Neu-Mittelalters, als wollte er sich und seinen Bayern beweisen, daß er mit dem jüngeren Stil in der Zeit fortgeschritten war.

Im Maximiliansstil sind Gebäude der Maximilianstraße in München errichtet. Diese Prachtstraße mit ihren Repräsentationsbauten schloß sich zwar nicht stadtplanmäßig an die Ludwigstraße an, setzte aber das urbanistische Werk und die architektonischen Schöpfungen des Vorgängers in einem dem Nachfolger zusagenden Stil fort. Dreiundzwanzig Meter breit und 1664 Meter lang führte die Maximilianstraße von dem 1835 vor dem klassizistischen Hof- und Nationaltheater errichteten Denkmal König Maximilians I. Joseph bis zu dem jenseits der Isar, auf der Gasteighöhe sich erhebenden Maximilianeum.

In der Mitte der von Friedrich Bürklein, dem Hauptarchitekten des Maximiliansstils, geplanten und teilweise bebauten Maximilianstraße standen sich, an einem langgestreckten, mit Anlagen und Standbildern geschmückten Platz, das Regierungsgebäude und das Bayerische National-Museum (heute Völkerkunde-Museum) gegenüber.

Dieses Vis-à-vis war Programm. Die Regierung sollte, nach Maßgabe des Königs, angesichts der Tradition

Die Maximilianstraße mit dem Denkmal des Königs

amtieren, in einem Gebäude, dessen neugotischer Stil die Regierenden mahnen sollte, in ihren Akten die historischen Zusammenhänge und die Zielrichtung bayerischer Geschichte nicht aus den Augen zu verlieren.

Im 1855 von Maximilian II. gegründeten Bayerischen National-Museum an der Maximilianstraße ließ der König »Meinem Volk zu Ehr und Vorbild« die »Bayerische Geschichts-Galerie« – 143 Wandbilder zur Geschichte Altbayerns, Frankens, Schwabens und der Pfalz – ma-

Maximilian II. und dem Maximilianeum im Hintergrund

len, die der Sammlung historischer Erinnerungsstücke Farbe und Leben geben sollten. Im Maximilianeum ließ er Bilder anbringen, welche die Landesgeschichte in den Zusammenhang der Weltgeschichte stellten.

Der dritte bayerische König wollte damit nicht nur die Tradition und Integration des Königreiches demonstrieren, sondern auch dessen Bedeutung und Geltung in Deutschland und Europa. Und beweisen, daß Bayern bei allem Geschichtsbewußtsein mit der Zeit zu gehen wußte, in der Kunst wie im Leben.

Das bayerische Nationalmuseum in München.

Gezeigt wurden Bilder Wilhelm von Kaulbachs, des romantischen Historienmalers aus der Zeit Ludwigs I., und Karl von Pilotys, der sich einem malerischen Realismus zugewandt hatte. Gebaut wurden nicht nur Kunsttempel, sondern auch Zweckhallen. Friedrich Bürklein arbeitete mit Terrakotta in der Maximilianstraße und mit Eisen im Hauptbahnhofsgebäude. August von Voit errichtete den Glaspalast, eine Glas-Eisen-Konstruktion nach dem Muster des Crystal Palace der Londoner Weltausstellung von 1851.

Stahlstich aus »Über Land und Meer«

Idealismus und Realismus lagen nun in München nebeneinander, wobei, gemäß der allgemeinen Entwicklung des Jahrhunderts, der Realismus zunehmend Gewicht gewann. Mit der Stiftung des National-Museums wollte Maximilian II. nach dem Vorbild des South-Kensington-Museums in London das bayerische Kunstgewerbe wiederbeleben. Im Glaspalast sollte die Kunst- und Industrieausstellung von 1854 demonstrieren, daß Bayern, ohne seinen Rückhalt aufzugeben, auf dem Wege des Fortschritts war.

Vorankommen wollten alle, wenn auch die Bürokratie mehr reale und der Monarch mehr ideelle Ziele verfolgte. Bezwecken wollten jedoch beide etwas, die Beamten mit ihrer Staatspolitik, der König mit seiner Kulturpolitik. Auf diesem Gebiet arbeiteten sie Hand in Hand: die Montgelasianer, die Bayerns Staatlichkeit in Deutschland zu konsolidieren suchten, und der Wittelsbacher, der es für Bayerns deutschen Beruf hielt, »in allem Guten, Schönen, Zeitgemäßen Deutschland voranzuleuchten«.

»Was das Gebiet des Geistes betrifft, so will ich vor allem darauf sehen, daß alle Tore dem Geiste geöffnet werden«, erklärte Maximilian II. und berief Geistesgrößen, echte und solche, die er dafür hielt, nach München. Bevor Bayern Deutschland voranleuchten konnte, sollte es von »Nordlichtern« erhellt werden. Sosehr auch der Süden in Architektur und Malerei glänzte, im Bereich der schönen Literatur und Wissenschaft hatte er – nach Meinung dieses Bayernkönigs – einen Nachholbedarf.

Die Geschichte, bisher von Historienmalern beschworen, sollte von Historikern festgeschrieben werden, von Gelehrten, die für die Universität München gewonnen wurden, beispielsweise Heinrich von Sybel und Wilhelm Giesebrecht. Der bedeutendste deutsche Historiker, Leopold von Ranke, blieb zwar an der Berliner Universität, doch er kam öfter nach Bayern und hielt 1854 dem König in Berchtesgaden das Privatissimum »Die Epochen der neueren Geschichte«.

Im Staatsrecht, einer bayerischen Grundwissenschaft, brillierte Johann Kaspar Bluntschli, in der Naturwissenschaft, der Hauptwissenschaft des Jahrhunderts, der Chemiker Justus von Liebig, der die für ein Agrarland nützliche Agrikultur entwickelte und für die Münchner Bildungsgesellschaft im neuen Chemischen Laboratorium popularwissenschaftliche Vorlesungen hielt, »Über die Natur der Flamme« oder »Über den Kohlenstoff und die Kohlensäure«. Um die Wasserversorgung und Abwasserkanalisation der Stadt München machte sich Max von Pettenkofer verdient, der Hygieniker, der Cholera und Typhus bekämpfte.

Unter Maximilian II. wollte Bayern den Anschluß an die deutsche Literatur gewinnen, die im Norden aufgestiegen war – allerdings zu einer Zeit, in der sie bereits im Abstieg begriffen war. Von Friedrich Hebbel abgesehen, für den es nur eine Durchgangsstation war, kamen nach München nur Dichter zweiten Ranges, die jedoch hohes Ansehen genossen: Emanuel Geibel, Paul Heyse, Friedrich Bodenstedt und Franz Dingelstedt; letzterer wirkte als Hoftheaterintendant und veranstaltete 1854 in der bayerischen Hauptstadt ein »deutsches Gesamtgastspiel« mit Starakteuren und Meisterwerken.

Die »Berufenen« bildeten eine exklusive Gesellschaft und hatten ihren »jour fixe« im Hause des Dozenten und Diplomaten Wilhelm von Doenniges, der den Bayernkönig bewogen hatte, die »Nordlichter« kommen zu lassen. Sie traten, wie Felix Dahn berichtete, den Eingeborenen »mit kühler Geringschätzung oder gar mit herausfordernder Anmaßung« entgegen. Sie tranken Bowle statt Bier, dem Paul Heyse eine »demokratische Macht« zuerkannte: »Die Gleichheit vor dem Nationalgetränk milderte den Druck der sozialen Gegensätze.«

Auch die Gegensätze zwischen Fremden und Einheimischen schliffen sich ab, in einer Stadt, die, laut Felix Dahn, einen »schönen Zug der Freiheit, Gleichheit und Brüderlichkeit« besaß. »Auf allen Gebieten, der Wissenschaft wie der Kunst, war in München ein fröhliches Schaffen«, rühmte Heinrich von Sybel. »München

Einführung Alexander von Humboldts in die Versammlung der beiden Münchner Akademien. Von links: Döllinger, Hermann, Klenze, Fraunhofer,

bot alle Genüsse der Großstadt ohne deren Weitschweifigkeit und Mühseligkeit; die Steuern waren niedrig, die Lebensmittel billig, die sozialen Sitten einfach, die Erholung in den Bergen nahe. Dazu kam eine Jugend voll von Wissenstrieb und ein Volk, das auf die edlen Tendenzen seines Fürsten immer mehr einging.«

Westenrieder, Lori, Thiersch, Schelling, Liebig, Humboldt, Kaulbach, Ritter, Doenniges, Ranke, Geibel, Schwanthaler, Platen, Lachner, Baader, Kobell. Gemälde von Seibertz

Solches Lob aus preußischem Mund konnte Münchner nicht davon abbringen, die Schlußbitte des Vaterunsers in »Und erlöse uns von dem Sybel, Amen!« abzuwandeln. Der aus Düsseldorf stammende Historiker erklärte Preußen zur berufenen Führungsmacht Deutschlands, was sich Bayern nicht länger in ihrer Hauptstadt anhören wollten. Schließlich erlöste sie der König von Sybel, wie er sie bereits von Doenniges und Dingelstedt erlöst hatte.

Das kometenhafte Wirken der »Nordlichter« blieb nicht ohne segensreiche Folgen. München wurde zu einem geistigen Mittelpunkt Deutschlands. Maximilian II. ließ sich persönlich im Gespräch mit Gelehrten und Dichtern erleuchten, bei den »Symposien« in der Grünen Galerie der Residenz. Und der Monarch förderte die Bildung seines Volkes durch die Hebung der Universität und die Reform des Mittel- und Volksschulwesens.

Um die Erziehung des Thronfolgers kümmerte er sich indessen kaum, und wenn, dann in einer Art und Weise, die Ludwig mehr verbildete als bildete.

4

Ein Schwanenritter

Für den Sohn hatte der Vater wenig Zeit. Er sah ihn meist nur beim Mittagessen und bei der Abendtafel. Dabei sah er ihn weniger an als durch ihn hindurch. »Stehts hat er mich de haut en bas (von oben herab) behandelt, höchstens en passant einiger gnädiger, kalter Worte gewürdigt«, erinnerte sich der erwachsene Ludwig.

Den fast erwachsenen Kronprinzen hatte der König bei seinem täglichen Morgenspaziergang im Englischen Garten nicht dabeihaben wollen. Endlich ließ er sich bewegen, ihn mitzunehmen, tat dies aber nur ein paarmal. »Was soll ich mit dem jungen Herrn sprechen? Es interessiert ihn nichts, was ich anrege.«

Die Mutter ging mit dem Kind in der im Entstehen begriffenen Maximilianstraße spazieren, als sollte es sich schon früh einprägen, was ein König alles zuwege bringen kann. Die Sache selber interessierte Königin Marie nicht. Sie teilte nicht die Vorliebe ihres Gemahls für Wissenschaft und Kunst. Im Theater blickte sie lieber in das Parkett als auf die Bühne. Wenn sie bei einer Lesung dabeisein mußte, blätterte sie in Fotoalben. Am liebsten stieg sie auf Berge, in kurzem Lodenkleid, die Preußin, die einer Salontirolerin glich und eine der ersten Alpinistinnen war.

So sah Ludwig sie in den Ferien häufiger als in München, wo sich die Mutter zwar öfter als der Vater mit dem Sohn abgab, aber nicht zu oft und nicht intensiv genug und schon gar nicht einfühlsam. Die Hohenzollerin zeigte kein Verständnis für die Höhenflüge ihres Sohnes, zu denen er schon bald abhob. Wenn er zum Schwärmen ansetzte, sie seine Begeisterung mitfühlen lassen wollte, ernüchterte sie ihn mit einem entsetzten Blick, einem trockenen Wort oder gar mit einem spöttischen Lächeln. Das verletzte ihn, trug dazu bei, daß er sich mit einem Panzer umgab.

Dabei hätte er sich so gerne an seine schöne Mama angeschmiegt. Für das erste Taschengeld kaufte er ihr ein Medaillon. Sie hielt das weniger für ein Zeichen seiner Zuneigung als für einen Beweis, daß er mit dem ihm Zugeteilten nicht haushalten könne. Je mehr er aus dem Rahmen fiel, der nach ihrer Auffassung einen jungen und gar erst einem erwachsenen Mann gesetzt war, desto mehr erging es ihr, wie Gottfried von Böhm ungalant, doch nicht unzutreffend bemerkte, »wie der hausbackenen Henne der Fabel, die kopfschüttelnd und Protest gackernd dem Fluge des ausgebrüteten Schwans ins Blaue nachsehen muß«.

Als Kronprinz mußte er vieles hinunterschlucken, als König dagegen redete er frei von der Leber weg: »Die Königin hat eine mir gegenüber sich äußernde, nur Ihr allein eigene höchst unsympathische Art zu sprechen. In Ihrem ganzen Wesen, Ihren Blicken und Worten legt sie nicht selten ein gewisses Mißtrauen, einen hie und da sich zeigenden lauernden Argwohn an den Tag.« Die enttäuschte Zuneigung schlug in unverhohlene Abneigung um. Schließlich nannte er sie »die preußische Gebärmaschine«.

Dabei hatte sie nur zwei Kinder geboren, 1845 Ludwig und 1848 Otto. Beim ersten Sohn diagnostizierte 1886 der Psychiater Dr. Bernhard von Gudden Paranoia, Verrücktheit. Die neuere Forschung – so Emil Eugen Roesle – spricht von »ererbter Schizophrenie«, auch beim zweiten Sohn, der 1875 als geisteskrank in Schloß Fürstenried eingeliefert wurde. Erblich belastet waren die Kinder der Königin Marie und des Königs Maximilian II. primär von der Seite der Mutter, in deren Familie Inzucht nachgewiesen wurde.

Bei den preußischen Vorfahren sei die stärkere Inzucht zu verzeichnen gewesen, stellte bereits 1912 Professor Strohmayer, Jena, in einer psychiatrisch-genealogischen Untersuchung fest. Das »explosive Hervortreten zweier geisteskranker Brüder« sei dem Umstand

Königin Marie von Bayern mit ihren Söhnen Ludwig und Otto. Aquarell von Rietschel

zuzuschreiben, »daß ein schwächlicher Vertreter der Wittelsbacher Dynastie in dem vereinigten Hohenzollerisch-Braunschweigischen Blute seiner Frau eine höchst unglückliche Ergänzung fand«.

Wie jede Dynastie war auch die Wittelsbachische im Laufe der Jahrhunderte von Inzucht nicht verschont geblieben. Zur Verwandtschaft gehörte nicht nur Kaiserin Elisabeth von Österreich, deren erbliche Belastung sich in Absonderlichkeiten äußerte, die als Anzeichen geistiger Gestörtheit bezeichnet werden könnten. Eine Schwester Maximilians II., Alexandra, wurde von der Vorstellung gequält, ein gläsernes Klavier verschluckt zu haben.

Der Vater Ludwigs litt seit seiner Kindheit an ständigen Kopfschmerzen, die auf Abhärtungsmethoden und Rückgratbehandlungen zurückgeführt wurden, aber auch ererbte Ursachen gehabt haben könnten. In Briefen klagte Maximilian II. über sein »peinliches Leiden«, betonte: »Vor allem muß ich versuchen, gesund zu werden.«

Auch sein Erstgeborener war anfällig. Noch kein Jahr alt, wurde er, wie die Mutter berichtete, »todkrank«. Die Amme des Prinzen war an Nervenfieber gestorben; er mußte entwöhnt werden, blieb lange geschwächt. Der Heranwachsende litt oft an Kopfweh und Zahnschmerzen. In der Pubertät hatte er Halluzinationen. Beim Billardspiel vermeinte er einmal, Stimmen wahrzunehmen, wandte sich nach den unsichtbaren Sprechern um. Dies machte den anwesenden Leibarzt Dr. Franz Gietl so stutzig, daß er dieses Vorkommnis schriftlich festhielt.

Merkwürdig benahm sich Ludwig bereits als Junge. Ignaz von Döllinger, der Münchner Theologe, traf ihn eines Tages allein an, auf einem Sofa im verdunkelten Zimmer sitzend. »Aber Eure Königliche Hoheit müssen sich ja ohne jegliche Beschäftigung langweilen.« Der Prinz entgegnete: »Oh, ich langweile mich gar nicht, ich denke mir verschiedene Dinge aus und unterhalte mich sehr gut dabei.«

Schon früh sonderte er sich ab, mied Kontakt, scheute vor Berührung zurück. Der Mineraloge und Mundartdichter Franz von Kobell, der zum Kreise Maximilians II. gehörte und nach Hohenschwangau eingeladen worden war, sah den Kronprinzen auf der Brüstung der Schloßtreppe herumspringen, bekam Angst, ergriff ihn und holte ihn herunter. Der Kronprinz maß ihn mit stolzem Blick, als König tadelte er ihn später: »Damals haben sie mich angefaßt!«

Er war ein Nolimetangere, ein Rührmichnichtan, der beim geringsten Anfassen jedoch nicht wie das Springkraut aufsprang, sondern sich noch mehr verschloß, verkrampfte und verhärtete, abkapselte, absonderte, was von Zeitzeugen, nachdem der Sonderling ein Anomaler geworden war, als frühes Symptom einer Erbkrankheit gewertet wurde. Jedenfalls wurden erbliche Belastungen und unglückliche Anlagen durch eine falsche Erziehung und eine unzureichende Ausbildung verstärkt.

Die Eltern überließen die Erziehung dem Personal. Die Mutter schien lediglich aufgepaßt zu haben, daß der Sprößling an Moralmaßstäbe gebunden wurde, die sie im Sinne des späten Biedermeiers und des frühen Viktorianismus für angebracht hielt. Und der Vater, der angehenden Volksschullehrern, katholischen Seminaristen einen dreimaligen Empfang der Sakramente der Buße und des Altars im Jahr verordnet hatte, verließ sich auf den Religionslehrer, Domdechant Reindl, und den Beichtvater, Abt Hanel, daß sein Sohn ein praktizierender Katholik würde.

»Die Amme des Neugeborenen betete den Säugling an, die Kinderwärterin desgleichen«, berichtete die Münchner Schriftstellerin Luise von Kobell. »Als er dem Wiegen- und Schlummerleben entwachsen war, bekam der nunmehrige Kronprinz eine Bonne, die aus reiner Zuneigung dessen Selbstgefühl hegte und pflegte. ›Der Kronprinz ist stets der Erste‹, meinte sie, und danach hatte man sich bei den Spielen des Thronerben mit seinem jüngeren Bruder, Prinz Otto, und mit eingeladenen Kameraden zu richten.«

Der Knabe Tony Graf Arco wurde nicht mehr eingeladen, nachdem er dem Kronprinzen eine Ohrfeige gegeben hatte. Die Erziehungsbeauftragten, die das Ihre dazu beitrugen, daß sich bei ihrem Zögling Stolz zu Hochmut, Rechthaberei zu Willkür entwickelte, hielten diesen tätlichen Übergriff für eine verfrühte, wenn auch nicht zu ahndende Majestätsbeleidigung.

Die Erzieherin Sybille Meinhaus verhätschelte ihn. Deshalb fühlte sich Ludwig zu ihr hingezogen, zu einer Ersatzmutter, die das von der Mutter vernachlässigte Kind verwöhnen zu müssen meinte. Das Ersatzkind blieb ihr zugetan, auch nachdem sie 1854 den Hofdienst verlassen und sich 1860, mit vierundvierzig, mit dem General der Kavallerie August Freiherrn von Leonrod verheiratet hatte.

Der Erzieher Theodor Basselet de la Rosée, ein Graf und Generalmajor, förderte den Hang Ludwigs zur Selbstherrlichkeit, erklärte ihm, daß ein König stets Distanz zu gewöhnlichen Sterblichen zu wahren habe, eigentlich nur mit Adligen sprechen und Untergebene höchstens von oben herab grüßen dürfe. Ludwig behandelte de la Rosée eher von gleich zu gleich; als König eilte er 1864 an sein Krankenlager, weilte an seinem Totenbett.

Den Ersten, der den Vortritt und Vorrechte beanspruchte, kehrte Ludwig zunächst gegenüber seinem um drei Jahre jüngeren Bruder Otto hervor. So wollte er über Schneebälle verfügen, die dieser gemacht hatte. Der Zwölfjährige fesselte und knebelte den Neunjährigen, erklärte einem erschreckt herbeieilenden Hofbeamten: »Er ist mein Vasall und wagt es, ungehorsam zu sein – ich muß ihn hinrichten.«

Die Brüder vertrugen sich nicht gut. Sie waren zu verschieden, schon äußerlich: Otto blond, Ludwig dunkel. »Die bleiche, etwas ins Graue spielende Gesichtsfarbe kontrastierte eigentümlich mit dem großen schwarzen Auge; die Wangen waren hohl.« So sah 1859 der Redakteur Ludwig Schaufert den Kronprinzen. Prinz Otto dagegen »konnte als Bild bezaubernder jugendlicher Schönheit gelten, wie er denn überhaupt der Mutter noch ähnlicher sah«.

Otto hatte es nicht nötig, sozusagen auf Stelzen umherzugehen; er fand sich, nach anfänglichem Aufbegehren, mit der Rolle des Zweiten ab. Jeder ritt sein ei-

Kronprinz Ludwig und sein Bruder Otto

genes Steckenpferd. Otto spielte mit Bleisoldaten, Ludwig mit Bauklötzen, Otto wurde ein Jäger, Ludwig begnügte sich mit Fischen. Otto ging gern unter Menschen, Ludwig blieb lieber allein. »Ludwig«, bemerkte die Mutter, »lernte und faßte schnell, er lernte aber nicht so gern wie Otto.«

Der Kronprinz wurde wie ein Volksschüler und dann wie ein Gymnasiast unterrichtet, von Lehrern, die in die Residenz kamen und vom Genius loci in einer der Geistesbildung des Zöglings kaum zuträglichen Weise beeindruckt waren. Dieser nützte es aus, daß sie aus Respekt vor dem Haus Rücksicht auf dessen Sproß nahmen, verließ sich auf seine Auffassungsgabe und sein Gedächtnis, neigte dazu, die Hände in den Schoß zu legen, weil ihm ohnehin alles in den Schoß zu fallen schien.

Französisch, immer noch eine Hofsprache, lernte er gern und gut. Seine Kenntnisse in Latein waren lückenhaft und in Griechisch mangelhaft, und das in einem Lande, in dem Neuhumanismus und Philhellenismus gepflegt wurden. Überhaupt entsprach seine Privatschulbildung nicht dem Niveau, auf das der Schulreformer Maximilian II. das öffentliche Bildungswesen Bayerns gehoben hatte.

Nach dem Gymnasialabsolutorium hörte der Kronprinz Vorlesungen an der Münchner Universität, die unter seinem Vater eine hochangesehene Pflegestätte der Forschung und Lehre geworden war und nach dessen Willen eine Pflanzschule »zur Hebung und Pflegung der edelsten Interessen des Volkes« sein sollte.

Der Sohn beanspruchte im Auditorium einen abgesonderten Platz, begann eine Art Studium generale: Physik bei Friedrich Jolly, Chemie bei Justus von Liebig, Philosophie bei Johannes Huber. Dessen Werk über die Philosophie der Kirchenväter war 1860 auf den Index, die Liste der für Katholiken verbotenen Bücher, gesetzt worden. 1865 veröffentlichte er die Schrift

König Ludwig II. mit seiner Mutter und seinem Bruder Otto in Hohenschwangau

»Der Proletarier. Zur Orientierung in der sozialen Frage«, worin er einen Mittelweg zwischen christlichen Sozialideen und Lassalles Staatssozialismus aufzeigte.

Ludwig war achtzehn, im Alter eines Abiturienten und Studienanfängers, als er König wurde. So konnte er nicht den Beweis erbringen, daß ihm an einem regelrechten Universitätsstudium gelegen gewesen wäre. Die Ausbildung wurde unterbrochen, Anlagen wurden nicht entwickelt, Kenntnisse nicht zusammengefügt, Denkansätze nicht fortgeführt – die Bildung blieb bruchstückhaft, der Kopf ungeordnet.

Es sei zu beklagen, bemerkte Ludwigs Minister von Bomhard, »daß der talentvolle Jüngling das Unglück hatte, nicht – wie andere junge Leute – durch systematisch geordneten fortschreitenden Unterricht und gründliche Studien nach und nach zu logischem Denken, bewußter Übersicht über das geistig Angeeignete und zur Fähigkeit richtiger Anwendung desselben zu gelangen«.

Ludwig II. hätte nicht so traurig enden müssen, wenn er wie ein preußischer Prinz erzogen worden wäre, meinte eine Berlinerin. Man hatte nicht einmal Zeit gehabt, ihn in Regierungstheorie zu unterrichten. Als er volljährig geworden war, zog man ihn zur Repräsentation heran, mußte er Audienzen geben – was sein Herrschaftsbewußtsein steigerte, ohne daß seine Herrschaftskenntnisse sich als entwickelt und seine Herrschaftsfähigkeit als erwiesen gezeigt hätten.

Eine militärische Ausbildung erhielt der künftige Oberbefehlshaber der bayerischen Armee nicht. Doch dies wurde im Hause Wittelsbach als keine Notwendigkeit und im bayerischen Volk als kein Versäumnis angesehen. Immerhin hatte man ihm beigebracht, wie die Uniform samt Orden anzulegen sei, aber das saß nicht fürs Leben. Es unterliefen ihm Fehler, vor allem wenn er die Uniform einer anderen Armee anziehen mußte, was bei Besuchen fremder Monarchen als besondere Höflichkeit des Gastgebers galt. So erschien er einmal bei Kaiserin Elisabeth in Possenhofen mit der Feldbinde, die man in Österreich am Gürtel trug, quer über der Schulter, und auch das Großkreuz des Stephansordens hatte er verkehrt angelegt. Und in der Hand hielt er, weil es regnete, einen Regenschirm.

Ludwig trug zeitlebens lieber Zivil. Nur einmal, das erste Mal, hatte ihm die Uniform Spaß gemacht, als er, volljährig geworden, zum Offizier ernannt worden war. Weniger gefiel ihm, daß er am Karlstor in München Wache stehen mußte – einmal und nie wieder.

Nicht, daß er Anstrengungen gescheut hätte, wie sie mit dem Soldatenberuf verbunden waren. Bei seinen Ausritten war ihm nichts zu weit und zu beschwerlich. Auch an Mut, der nach Meinung neuzeitlicher Spartaner eine auf das Militär beschränkte Tugend sein sollte, gebrach es ihm nicht. Bei einer Ausfahrt – die Mutter saß im Ponywagen, der Sohn im Sattel – rissen die Zügel, gingen die Pferde nach Hause durch. »Vor dem Schlosse angekommen, bog sich der Kronprinz vor, faßte beide Pferde bei den Nasen und parierte mit kräftiger Faust auf diese Weise sicher.«

»Man setzte große Hoffnungen in diesen jungen Herrn«, bemerkte der preußische General Prinz Kraft zu Hohenlohe-Ingelfingen, der diese Episode berichtete. Er wie andere Beobachter schienen nicht wahrgenommen zu haben, daß es Ludwig weniger nach der Krone des Königreiches Bayern als nach Lorbeer im Reiche der Poesie und der Musik verlangte.

Auf Schloß Hohenschwangau wurde am 25. August 1863 der achtzehnte Geburtstag Ludwigs, die Volljährigkeit des Kronprinzen gefeiert. Dem Großvater, der nicht anwesend war, weil Exkönig Ludwig I. seine Ungebundenheit im Umherstreifen genoß, schrieb der Enkel: Er habe viele Glückwünsche und Geschenke erhalten, »ein Bild aus der Allerheiligenkirche, Bilder nach den Nibelungen von Schnorr, eine Nadel mit einem Schwan, ein Buch über Faust und über die Werke von Shakespeare und andere«. Die Gratulanten wußten, womit man ihm eine Freude machen konnte. Auf dem Gabentisch lag eine Kollektion dessen, was ihm am liebsten war, am meisten bedeutete und am nachhaltigsten prägte.

Das Bild aus der Allerheiligen-Hofkirche erwähnte er nicht nur, weil er dem Großvater, dem stolzen Bauherrn des Gotteshauses, eine Freundlichkeit erweisen wollte. Er war mit und in den Bauten Ludwigs I. wie Maximilians II. aufgewachsen, hatte weniger den Klassizismus als die Neugotik des Vaters und die Neuromanik des Großvaters schätzen gelernt, nicht zuletzt die Allerheiligen-Hofkirche, deren byzantinische Pracht und fast morgenländischer Zauber die Phantasie Ludwigs belebt hatten.

Das Katholische, zumal in einem barocken Land und in einer neugotischen und neuromanischen Stadt, bot Anregungen für einen phantasiebegabten Knaben. Er baute Kirchen aus Klötzen, stellte ein »heiliges Grab« auf, kostümierte sich als Klosterfrau, spielte Fronleichnamsprozession.

»Ludwig hörte mit Freuden zu, wenn ich ihm biblische Geschichten erzählte«, erinnerte sich die Mutter, »zeigte Freude am Theaterspielen, liebte Bilder und dergleichen, hörte gern vorlesen.« Dann las Ludwig selber, gern und viel, nach Meinung der Mutter viel zuviel, für ihren Geschmack vor allem zu Abwegiges und Ablenkendes.

Er las das Nibelungenlied, Torquato Tasso, Shakespeare, Grillparzer, Hebbel, Goethe selbstverständlich, am liebsten jedoch Schiller, bei dem er alles zu finden glaubte, was er in der Literatur suchte: Phantasie und Pathos, Klassik und Romantik, Erbauung an der Geschichte und Nutzanwendung für die Gegenwart.

Friedrich Schillers »Maria Stuart« faszinierte ihn, die unglückliche Königin von Schottland, die so traurig endete. Mit ihr fühlte er sich wesensverwandt und waren die Wittelsbacher verbunden: durch Marie Therese von Modena-Este, die Gemahlin des Vetters Ludwigs, des späteren Ludwig III., die in der Nachfolge der Stuarts stand. Schillers Trauerspiel konnte Ludwig II. fast ganz aus dem Kopf aufsagen. Er ließ Bilder der Maria Stuart für sich malen, nach alten Gemälden und neuen Bühnendarstellungen.

Das Bildhafte lag ihm näher und gab ihm mehr als das Begriffliche. Aus gutem Grund war an seinem achtzehnten Geburtstag Schloß Hohenschwangau illuminiert. Die alte Ritterburg, die der Vater in neugotischem Stil neu errichten und mit historischen Fresken hatte ausmalen lassen, war für den Sohn ein Bilderbuch der Sagen und Geschichte, wurde für ihn zum Bildungserlebnis.

Schloß Hohenschwangau

Die Ferienburg seiner Jugend blieb Ludwig das liebste Schloß, auch nachdem er seine eigenen Schlösser gebaut hatte. Auf Hohenschwangau ertönte für ihn zum erstenmal und zeitlebens nachhallend der Dreiklang der Sagenwelt, die ihn fesselte, der Kunst, die er schätzte, und der Natur, die er liebte.

Das Schloß lag märchenhaft auf einem bewaldeten Felsen vor den gezackten Allgäuer Bergen, über dem blauen Alpsee. Ein Fischgewässer war er für den Jungen, ein Traumplatz für den Jüngling: »Wundervoll ist der Alpsee am frühen Morgen, wenn der Nebel sich zerteilt und das Schloß in hehrer Pracht sich zeigt.«

Verwunschen erschien ihm der See, voller Wunschbilder das Schloß. Die Geschichte des Landes, über das er dereinst herrschen sollte, wurde ihm weniger in wirklichkeitsnahen als in legendären Darstellungen nahegebracht, aus der Sicht romantischer Maler und bayerischer Patrioten. Der Kronprinz sah die Werbung des Langobardenkönigs Antharis um die Bajuwarenfürstin Theudelinde; Otto von Wittelsbach, wie er Kaiser Friedrich Barbarossa heldenmütig gegen aufständische Römer beisteht; Ludwig den Bayer, der sich großmütig mit seinem Habsburger Rivalen, Friedrich dem Schönen, versöhnt; Herzog Christoph im Wettkampf mit dem polnischen Riesen Lublin, ein Hinweis auf bayerische Herkuleskraft.

Ludwig bewunderte Ritter und Recken, historische Figuren, die – wie Barbarossa in den Kyffhäuser – in den Sagenstand versetzt und Gestalten der Heldensage, die – wie Dietrich von Bern – romantische Zeitgenossen am liebsten in die Wirklichkeit des 19. Jahrhunderts hineingestellt hätten.

Und das Himmelsblau sollte in die Neugotik heruntergeholt werden. Der Bauherr Maximilian II. hatte den Vorschlag gemacht, Decken aus Glasquadern zu wölben, »damit das Blau des Himmels und der Glanz der Sonne in die Räume eindringen könnten«.

Blau war die adäquate Farbe für Romantiker. Wie in Novalis' Roman »Heinrich von Ofterdingen« suchten sie nach der »Blauen Blume«, die ihnen – wie die »blaue Wunderblume« dem Hirten im Märchen – die Augen für verborgene Schätze und wunderbare Geheimnisse öffnen sollte. Sie suchten sie stets und fanden sie nie, verloren sich in der Unendlichkeit des Unbegreiflichen wie der Blick eines Irdischen im tiefen Blau des Himmels.

Blau war die Lieblingsfarbe Ludwigs. Der Föhnhimmel war südlich blau, die bayerischen Farben waren weiß und blau, die Bücher und Zeichenhefte des Prinzen waren blau eingebunden gewesen, im Blauen Salon der Residenz hatte er gelesen und in den Tag hineingeträumt. Die Madonna konnte er sich nur im blauen Mantel vorstellen.

Blau waren die bayerischen Seen, auf denen weiße Schwäne stolz dahinglitten, fast zu schön, um wirklich zu sein. Blau war die Lieblingsfarbe Ludwigs, der Schwan, ein Inbegriff von Anmut und Würde, sein Lieblingstier.

Prosaische Menschen hielten den Schwan für ein unnützes Tier, das man nicht einmal essen konnte. Vogelkundler verwiesen darauf, daß der Cygnus, der Schwimmvogel mit dem gestreckten Leib und dem mittelgroßen Kopf, seine Nahrung mittels eines sehr langen Halses durch Gründeln suchte, wobei das schneeweiße Gefieder nicht selten beschmutzt wurde. Auch bekundete er oft genug rücksichtslose Herrschsucht und boshafte Streitlust, was mit dem edlen Anschein nicht übereinstimmte. Selbst poetische Naturen, die ihn auf dem Wasser bewunderten, wurden ernüchtert, wenn sie ihn seinem Element entsteigen sahen; mit seinen niedrigen, weit nach hinten gestellten und mit Schwimmhäuten versehenen Beinen, in unbeholfenem, watschelndem Gang glich er mehr einem häßlichen Entlein als einem schönen Schwan.

Dies hinderte Menschen seit uralten Zeiten nicht daran, im Schwan eine Märchengestalt zu sehen und ihn wie ein Götterwesen zu verehren. Den Griechen galt er als der heilige Vogel des Apollo, des Musengottes. Und als ein Tier, dessen Gestalt Zeus, der Göttervater, für würdig befunden hatte, sie anzunehmen und in ihr der Leda beizuwohnen.

In der germanischen – wie schon in der griechischen – Mythologie stand der Schwan im Ruf der Weissagung. Göttliche Wesen, wie die Walküren, pflegten Schwanengestalt anzunehmen und als Schwanenjungfrauen zu erscheinen.

Und es gab die Sage vom Schwannenritter. Auf einem Kahn, von einem Schwan gezogen, kam er aus unbekanntem Land, bewahrte eine Fürstentochter vor der Verheiratung mit einem verhaßten Bewerber, vermählte sich mit ihr. Nie dürfe sie ihn fragen, woher er komme, hatte er ihr eingeschärft. Sie tat es aber, und der Schwan nahm ihn wieder mit sich fort, zurück in die Vergessenheit.

Im Mittelalter wurde diese germanische Sage mehrfach poetisch gefaßt, von einem bayerischen Ministerialen zunächst, einem Angehörigen des Dienstadels, dann von Konrad von Würzburg und am nachhaltigsten in Wolfram von Eschenbachs »Parzival«. Lohengrin hieß nun der Schwanenritter, Elsa, Herzogstochter von Brabant, die neugierige Frau, die trotz Verbot ihren Gemahl nach seiner Herkunft befragte, worauf er, vom Schwan gezogen, zur Burg des heiligen Grals zurückkehrte.

Burg Schwanstein hieß ursprünglich das Schloß Hohenschwangau, in dem Ludwig von Schwänen in viererlei künstlerischer Gestalt umgeben, geradezu umstellt war. Über dem Schloßtor war das Schwanenwappen, im Schloßhof ein Schwanenbrunnen. Im ersten Stock, im Schwanenrittersaal, veranschaulichten vier Fresken Lohengrins Geschichte in der Art des romantisierenden 19. Jahrhunderts – mehr schön gefärbt als klar gezeichnet, eher empfunden als erwogen, das Gemüt anrührend, die Phantasie anregend.

Und dann sah Ludwig den Schwanenritter, der für ihn zum Inbegriff von Edelmut und Eleganz, zu einem Ideal und schon zu einem Idol geworden war, zum erstenmal auf der Bühne: am 16. Juni 1861 in Wagners romantischer Oper »Lohengrin«.

Der fünfzehnjährige Kronprinz war hingerissen, weinte vor Ergriffenheit. Mit diesem Erlebnis – schrieb der vierundzwanzigjährige König an Wagner – »ward der Keim gelegt zu Unsrer Liebe und Freundschaft bis zum Tod, von dort an ward der bald zur mächtigen Flamme werdende Funke für Unsre heiligen Ideale in mir entzündet«.

Richard Wagner hatte die romantischen Saiten Ludwigs zum Klingen gebracht. Er war am 22. Mai 1813, in einem Jahr patriotischer Begeisterung, geboren worden, in Leipzig, wo fünf Monate später Napoleon in der Völkerschlacht besiegt wurde. Für Wagner war der Befreiungskrieg mehr ein Freiheitskrieg. Im Jahre 1849 verlor er seine Stelle als Hofkapellmeister in Dresden, weil er sich an der Revolution beteiligt hatte.

Liberale Bürger, die Freiheit und Einheit erstrebten, sahen in ihm, zumindest teilweise, einen Gleichgesinnten. Nationalbewegte hielten ihn, wie es einer von ihnen ausdrückte, für den »mächtigsten nationalen Faktor auf dem Gebiete der Kunst«. Und ein Romantiker wie Ludwig, der sein Idealreich jenseits des Nationalreiches suchte, ließ sich von ihm führen auf dem Wege »in die halbverschüttete Welt alten deutschen Volkstums, in deren Tiefen er immer weiter hinabstieg, um durch alle ihre Wunder von Ring und Hort, von Speer und Gral schließlich von der prangenden Götterburg Walhall zum erhabenen Gralstempel auf dem Berge Montsalvat geleitet zu werden«.

Richard Wagner war mehr als ein Tonsetzer und Opernkomponist. Er wollte Musiker, Dichter und Denker zugleich sein, ein Gesamtkunstwerk schaffen, das – orientiert an alten Vorbildern – ein neues Lebensganzes erschaffen sollte. So etwas wie eine Kathedrale des Mittelalters hatte er im Sinn, in säkularisierter Form, mit mythologischem Inhalt und der Musik als Kompositionselement, ein Münster für die Menschheit des 19. Jahrhunderts. Sakral wie die gotische war auch diese romantische Kunst, nur daß jetzt die Bühne der Altar war und die Gläubigen sich nicht mehr in der Kirche, sondern im Theater versammelten.

Ludwig wurde ein Gläubiger, ja ein Jünger, in einer Phase, da der Meister im Anstieg zum Gipfel war. Wagners 1838 begonnene Oper »Rienzi« war noch eine romantische Opter im Stile Carl Maria von Webers gewesen. Den herkömmlichen Weg hatte Wagner mit der Oper »Der Fliegende Holländer« (1841) verlassen. Damit, betonte der Komponist, »beginnt meine Laufbahn als Dichter, mit der ich die des Verfassers von Operntexten verließ«.

Die gewohnte Form der Oper begann sich im »Fliegenden Holländer« bereits aufzulösen. Einzelne Elemente wie Arien, Duette oder Chöre waren nicht mehr voneinander geschieden, sondern vereinigten sich zu einem ununterbrochenen, von Leitmotiven getragenen Fluß, der unaufhörlich dahinströmte, Zuhörer mitriß zum Finale, mit dem noch lange nicht alles zu Ende zu sein schien.

Unversieglich schien die Quelle zu sein, unerschöpflich der Stoff, zu dem Wagner griff: die germanische Mythologie, der deutsche Sagenschatz. Im Musikdrama »Tannhäuser oder Der Sängerkrieg auf der Wartburg« (1845) verschmolz er die Person des Minnesängers Tannhäuser mit der Figur des Heinrich von Ofterdingen, mit dem seit Novalis deutsche Romantiker die »Blaue Blume« suchten.

Kronprinz Ludwig in der Uniform des Infanterie-Leibregiments

Die romantische Oper »Lohengrin« (1847), in der die Legende vom Heiligen Gral, der von Rittern gehüteten Abendmahlsschale Christi, zum erstenmal anklingt, war eine weitere Station auf dem Weg zum Berge Montsalvat. »Wir sehen die Bühne zum brennenden Mittelpunkt, zum Altar der Kunst werden, wo Poesie und Musik die engste Verbindung einzugehen vermögen«, lobte der Franzose Gérard de Nerval, ein romantischer Dichter. Franz Liszt, der romantische Musiker, bekannte nach der Weimarer Uraufführung im Jahre 1850: »Bei gar mancher Stelle sind mir die Tränen aus dem Herzen gekommen.«

Es war nicht verwunderlich, daß der fünfzehnjährige Ludwig, als er das erste Mal »Lohengrin« erlebte, in Tränen ausbrach. Diese romantische Oper schloß ihm nicht nur die Tür zu Wagners Welt auf, sie erschloß ihm auch und vor allem sein eigenes Wesen. Es war das Gesamtkunstwerk, das ihn ergriff, nicht vorrangig die Musik. An seiner Musikalität wurde gezweifelt.

»Im Grunde war Ludwig nicht musikalisch«, berichtete Luise von Kobell. »Sein einstiger Klavierlehrer hatte den Tag, an dem er ihm als Kronprinzen die letzte Unterrichtsstunde gegeben, einen ›Glückstag‹ genannt, wegen des Talentmangels seines hohen Zöglings.« Richard Wagner selbst befand, nachdem er ihn kennengelernt hatte: »Der König ist ganz unmusikalisch und nur mit einem poetischen Gemüt begabt.«

Doch dieses Gemüt war in Wallung versetzt worden. Zunächst umgab sich Ludwig mit Schwanen-Emblemen. Von seinem Taschengeld kaufte sich der Kronprinz eine goldene Schwanenfeder für 20 Gulden, ein Medaillon mit Schwan und Brillantkreuz für 36 Gulden und Schwanenköpfe für 56 Gulden. Zum achtzehnten Geburtstag bekam er eine Nadel mit einem Schwan. Ein halbes Jahr später berichtete er: »Nun ist ein Plan von mir in Ausführung, welchen ich schon seit einiger Zeit herumtrage, nämlich eine große Tasse oder vielmehr Schale verfertigen zu lassen, worauf Szenen aus ›Lohengrin‹ gemalt werden.«

Er suchte nach Modellen für den Schwanenritter. »Ich ließ nach Berchtesgaden schreiben, wo ich dieses Jahr in der Ramsau einen jungen Mann, welcher in einer Sägmühle arbeitete, sah, welcher uns allen durch seine Schönheit und seine Heldengestalt auffiel; diesen werde ich von Walch in Berchtesgaden photographieren und darnach hier als Lohengrin malen lassen.«

Im Jahre 1861 hatte er den Sänger Ludwig Schnorr von Carolsfeld als Lohengrin bewundert. 1864 begeisterte ihn Albert Niemann in dieser Rolle. Ludwig besuchte jede Vorstellung, in der er auftrat. »Neulich veranlaßte ich jemand, ihm eine Menge Blumen zuzuwerfen, und ich sandte ihm ein Paar Manschettenknöpfe mit Schwänen und Brillanten, ebenso ein Kreuz.«

Ludwig begann sich selber mit dem Schwanenritter zu identifizieren. War nicht auch er ein Einsamer? Hätte nicht auch er gerne den Menschen, die ihn umgaben und bedrängten, bedeutet: »Nie sollst du mich befragen, noch Wissens Sorge tragen, woher ich kam der Fahrt, noch wie mein Nam' und Art«? Wäre er nicht am liebsten in einem Nachen von dannen gezogen, in ein Land seiner Träume?

In die geheimnisvolle und wunderbare Welt Wagners begann er sich hineinzuversetzen, doch mehr in das Reich der Worte als in das Reich der Töne. Er lernte das Textbuch zu »Lohengrin« auswendig, las die anderen Dramen und die Programmschriften, »Das Kunstwerk der Zukunft« und »Oper und Drama«, vertiefte sich in die Dichtungen »Tristan und Isolde« und »Der Ring des Nibelungen«. Am 24. Juni 1863 schrieb er: »Käme Wagner doch noch dazu, diese Werke in Musik zu setzen, was er beabsichtigt.«

Richard Wagner

Die Musik konnte ihm also nicht so unwichtig gewesen sein, wie Wagnerianer behaupteten oder Anti-Wagnerianer meinten, die diese Musik ohnehin für keine Musik hielten. Der Komponist, schrieb eine Hamburger Musikzeitung nach der Uraufführung des »Lohengrin«, habe »nur Lärm geliefert, und zwar einen so entsetzlichen, daß nur das Abfeuern von Kanonen auf der Bühne zum höllischen Getöse gefehlt hätte«.

Für Klangreize war Ludwig durchaus empfänglich. Sein Kabinettssekretär Pfistermeister berichtete, einmal habe er nackt im Badezimmer gestanden und mit den Händen abwechselnd auf das Wasser in der Badewanne geklatscht. Der dabei entstandene Tonfall habe ihn – wie der König dem Sekretär sagte – an das letzte Motiv von »Tristan und Isolde« erinnert, so daß die Schlußszene – Isolde an Tristans Leichnam – ihm gegenwärtig geworden sei.

Jedenfalls habe Wagners Musik »eine wahrhaft dämonische Wirkung« auf ihn ausgeübt, berichtete der Kabinettsbeamte Franz Leinfelder. »Sie legte sich eher schmerzhaft auf seine Nerven, und in manchen Momenten steigerte sich die Empfindung in das geradezu Krankhafte. So geriet zum Beispiel sein Körper bei der Stelle, wo Tannhäuser wieder in den Venusberg tritt (sie kommt auch in der Ouvertüre vor), jedesmal in förmliche Zuckungen. Das war so arg, daß ich einmal einen epileptischen Anfall befürchtete.«

Wenn ihn auch der Dichter Wagner mehr als der Musiker Wagner in Bann schlug: Es war das Gesamtkunstwerk, das ihn verzauberte, das ihm ein Reich vorzauberte, in dem sich der Kronprinz heimisch zu fühlen begann – in einem Augenblick, da ihm die Krone des Königreiches Bayern übertragen und aufgebürdet wurde.

5

»Ich, der König«

Am 10. März 1864 starb König Maximilian II. mit zweiundfünfzig an Rotlauf. »Max starb zu früh«, klagte die Witwe Marie, die nicht nur an den Dahingegangenen, sondern auch an seinen Nachfolger dachte, ihren achtzehnjährigen Sohn Ludwig.

Kein Zeichen der Teilnahme war in dessen Gesicht wahrzunehmen, als er am Totenbett des Vaters stand, der sich wenig um ihn gekümmert hatte und dem er kaum nachtrauerte. Die Tore der Residenz waren wie die Türen eines Vaterhauses geöffnet, damit das Volk Abschied vom alten König nehmen und den neuen König begrüßen konnte.

Am Totenbett des Vaters war der Sohn von einem Pagen zuerst mit »Majestät« angesprochen worden. Er erblaßte – vor Schrecken, nun herrschen zu müssen, oder vor Stolz, nun herrschen zu dürfen? Was er am Tage darauf, bei seinem Eid auf die Verfassung, erklärte, war so konventionell, wie man es von einem neuen König erwartete: »Groß ist und schwer die mir gewordene Aufgabe. Ich baue auf Gott, daß er mir Licht und Kraft schicke, sie zu erfüllen.«

Zum König proklamiert wurde er in einer Weise, die seiner romantischen Art wie seiner Auffassung vom Königtum entsprach. Herolde in mittelalterlicher Tracht, mit Hoftrompeter und Hofpauker, ritten durch die Haupt- und Residenzstadt, und der Ausrufer entrollte ein Pergament, von dem er die Kunde ablas, die das Volk zum Jauchzen bringen sollte. Halb München war auf den Beinen, obgleich es stürmte und schneite.

Am 14. März, beim Begräbnis Maximilians II., konnte sich das Volk davon überzeugen, daß es einen ansehnlichen König bekommen hatte. Der Trauerzug, der von der Hofkapelle in der Residenz zur Theatinerkirche am Odeonsplatz, dem Bestattungsort, führte, nahm einen weiten Umweg durch die Stadt, weil er sich auf der direkten kurzen Strecke gar nicht hätte entwickeln können. Und weil dem Volk hinreichend Gelegenheit geboten werden sollte, den neuen Monarchen, der dem Sarg zu Fuß in der Uniform eines Obersten der Infanterie folgte, zu betrachten, zu bemitleiden und zu bewundern.

»Zunächst gewann der neue Fürst die Menge durch seine Schönheit«, bemerkte der Dichter Karl August Heigel. Und der Gesangslehrer Julius Hey berichtete: »Er hat ein ungewöhnlich ausdrucksvolles Auge; seine Figur erscheint in der Unform stattlich, ich möchte sagen königlich.«

So hatten sie sich einen König gewünscht, die Münchner, deren Schönheitssinn von Monarchen geweckt worden war, die ihn durch ihren Anblick jedoch nicht befriedigen konnten. Ludwig I., der alte Herr, der seinen Sohn überlebt hatte, glich eher einem germanischen Waldschrat als einer der griechischen Idealgestalten, mit denen er seine Residenz geziert hatte. Und Maximilian II. war ein Mann gewesen, dessen Gestalt – langer Körper, kleiner Kopf – nicht dem klassischen Maß, und dessen stocknüchterne Erscheinung nicht romantischen Vorstellungen entsprochen hatte.

Und nun Ludwig II., der eine Bühnenrolle als jugendlicher Held mit der Hauptrolle im Königreich vertauscht zu haben schien. Selbst der nüchterne Jurist Eduard von Bomhard behauptete: Auch wer ihn nie gesehen, hätte ihn aus einer Versammlung von Hunderten herausgefunden und gesagt: »Das ist der König!«

König Ludwig II. in Generalsuniform und Königshermelin

Mit einer Körpergröße von 1,91 Meter überragte er fast alle. Seine riesigen Schenkel kamen besonders in Reithosen zur Geltung. Der Kopf war im Verhältnis dazu eher klein, doch das fiel kaum auf, weil die Haare üppig waren und die großen Augen die Blicke auf sich lenkten.

Wie die verträumten Augen eines Adonis erschienen sie dem Großvater, Ludwig I., der ihnen ein Sonett widmete. Der schwärmerische Blick, der anmutige Augenaufschlag faszinierten nicht nur Frauen. Peter Cornelius, Dichter und Komponist, bemerkte: »Zuerst sucht wohl das Auge das Auge, wenn man einen Menschen ansieht. Und so ging mir's bei ihm, nur daß man es schwer wieder verlassen konnte.« Ganz genau scheinen die Bewunderer seiner Augen nicht hingeschaut zu haben, denn die einen bezeichneten sie als dunkelblau, die anderen als stahlgrau.

Seine dunkelbraunen Haare trug er lang und gewellt, was sie nicht von Natur aus waren und daher gebrannt werden mußten. Zum Frisieren und Haarkräuseln nahm er sich viel Zeit; der Friseur war eine wichtige Figur seines Hofstaats. Dem Franzosen Gatulle Mendès erschien der König »un peu trop coiffé – ein bißchen zu viel frisiert«. Einen Bart trug er erst später, doch kaum, um sich ein martialisches Aussehen zu geben, eher um seine mit den Jahren schwammig gewordenen Züge zu tarnen.

Der Mund war weich. In jüngeren Jahren öffnete er ihn noch öfter, sprach mit einer sonoren Stimme, machte Konversation, konnte lachen. Später hielt er den Mund meist geschlossen, weil er sein lückenhaftes Gebiß nicht zeigen wollte.

Seltsam war sein Gang. »Weitausschreitend warf er seine langen Beine von sich, als ob er sie von sich schleudern wollte, und trat dann mit dem Vorderfuß auf, als wollte er mit jedem Tritt einen Skorpion zermalmen«, beobachtete sein Biograph Gottfried von

Böhm, einer seiner Beamten. »Dabei streckte er den Kopf ruckweise seitwärts und senkte ihn dann automatenhaft auf die niedere Erde hinab« – doch nur für einen Moment, denn die Augen hielt er am liebsten nach oben gerichtet, als suchte er dort Anweisung für das, was er für majestätisches Auftreten hielt.

Einem Schauspieler, der den König spielte, schien er manches abgeschaut zu haben. »Er empfing mich freundlich, doch mit einer gewissen gesucht hoheitsvollen Haltung, die erkennen ließ, daß ihm seine königliche Würde noch eine Rolle war, in die er erst hineinwachsen sollte«, bemerkte Paul Heyse. Als Anfänger schien er jede Geste zu übertreiben, jedes Wort überzubetonen, jeden Blick einstudiert zu haben.

Die Augen hatte er am wenigsten unter Kontrolle. »Im Theater sah ich den König«, notierte Chlodwig Fürst zu Hohenlohe-Schillingsfürst, sein nachmaliger Minister. »Er sieht wohl aus. Mir kam es aber vor, als wenn er schon den mißtrauischen Ausdruck seines Vaters annehme.« Über eine Audienz berichtete die Hofschauspielerin Philomene Hartl-Mitius: »Die großen, wunderschönen Augen des Königs glitten unstet umher und hafteten nirgends fest. Wenn sie sich aber momentan in die meinen versenkten, sah ich darin einen seltsamen Ausdruck: unheimlich, rätselhaft.«

»Dieser General hat Anlage zum Wahnsinn, denn er hat seine Augen nicht in der Gewalt«, soll ein junger Psychiater behauptet haben, der im Juni 1864 in Bad Kissingen den König von Bayern für einen russischen General hielt, weil er zu Ehren des dort weilenden Zarenpaares russische Uniform angelegt hatte. Dieser Hinweis zeugte von professioneller Weitsicht, wenn auch nicht gerade – ein knapp Neunzehnjähriger als General! – von Weltkenntnis. Der Psychiater war Dr. Bernhard von Gudden, der zweiundzwanzig Jahre später Ludwig II. für verrückt erklären und mit ihm den Tod finden sollte.

Ein weiterer Hauptdarsteller im Königsdrama war dem jugendlichen Helden ebenfalls kurz nach der Thronbesteigung begegnet – zunächst im Bild. Am 25. März 1864, an einem trüben Karfreitag, sah Richard Wagner, auf Durchreise in München, in einem Schaufenster ein Porträt Ludwigs II. »Mich fesselte die unsägliche Anmut dieser unbegreiflich seelenvollen Züge. Ich seufzte: ›Wäre er nicht König, den möchtest Du wohl kennenlernen‹, sagte ich mir.«

Elf Tage vorher hatten ihn, beim Begräbnis Maximilians II., seine Untertanen zum erstenmal als König von Angesicht zu Angesicht gesehen, einen Tag vor den Iden des März, mit denen die alten Römer keine guten Erfahrungen gemacht hatten. Den Bayern gab dies nicht zu denken. Denn Ludwig II. schien sein Amt so aufzufassen und seine Aufgabe so anzupacken, wie es seine königliche Erscheinung und sein monarchisches Auftreten versprachen.

Mit dem Amt schien ihm die Amtsgnade gegeben worden zu sein. Das war eine Segnung des Gottesgnadentums, an das Monarchisten, einschließlich des Monarchen, glaubten.

An Amtseifer fehlte es ihm nicht. Er stand früh auf, was ihn Überwindung kostete, empfing die Sekretäre bereits um halb neun, um elf Uhr einen Minister, jeden Tag einen anderen, um sich in alle Ressorts einzuarbeiten. Um zwölf Uhr erteilte er Audienzen. Dann fuhr er aus, ging spazieren, tafelte um 16 Uhr, aß tüchtig, trank wenig, ließ zügig servieren und abservieren, als könnte er nicht schnell genug wieder an seine Arbeit kommen. Anschließend beschäftigte er wieder die Sekretäre, ließ sich die Zeitungen vorlesen, bis neun Uhr abends, zur späten Teestunde.

Das Hofpersonal war von dem neuen Herrn beeindruckt, der zugleich majestätisch und menschlich war. Die Hartschiere, die Leibgardisten, die in der Residenz wie Bühnenstatisten herumstanden, hatten ihn ins Herz geschlossen, nachdem er für einen älteren Kameraden, dem das Strammstehen sichtlich schwerfiel, ein Kanapee hatte herbeischaffen lassen, damit er sich's kommod machen könnte.

Sekretären imponierten die Auffassungsgabe und das Arbeitstempo des jungen Herrn, verwunderte sein Umgangston. Leinfelder etwa, den er schon lange kannte, trug er einen Stuhl herbei, schnitt ihm Orangen auf, schenkte ihm Wein ein.

Minister schätzten es, daß er fragte, wie das sein Vater gemacht habe, woraus sie schlossen, daß er sie, wie Maximilian II., machen lassen wollte, was sie für angebracht hielten. Er empfing sie nicht am Schreibtisch, sondern auf dem Sofa sitzend, ließ sie in einem Sessel neben sich Platz nehmen. Die Vorträge der Minister nahm er aufmerksam entgegen, was sie für recht und billig hielten, sprach dann mit ihnen über »höhere Tagesfragen«, was ihnen schmeichelte, nicht über Details, was ihnen kaum gefallen hätte.

Nicht nur Minister, auch Diplomaten und Gelehrte lud er an seinen Tisch, zu kleinen Tafelrunden, bei denen es nicht so platonisch zuging wie bei den »Symposien« des Vaters, wo besser gegessen und getrunken wurde und der junge Herr sich als guter Plauderer wie als guter Zuhörer erwies. Das letztere gefiel älteren Herren wie dem Theologen Ignaz von Döllinger: Der König habe gerne Männer um sich, von denen er lernen könne.

Wen er in Audienz empfing, war überrascht, daß der so scheu anmutende Mann so sicher auftreten, der so erhaben wirkende Monarch so entgegenkommend sein konnte. »Die stille Furcht, etwas Kränkliches, Überreiztes in dem Wesen des gekrönten Jünglings zu finden, schwand sogleich völlig«, bemerkte Peter Cornelius. »Kurz, jeder Blick, jedes Wort, dessen ich mich heute entsinne, war nur wohltuend, nur erfreuend, hatte nicht den entferntesten Beigeschmack von Einengendem oder Bedrückendem.«

Eigenheiten, die er sich leistete, wurden für liebenswerte Marotten gehalten. Seine Neigung zu wirkungsvollen Auftritten wurde vom Schauspieler Ernst Possart als kongenial empfunden. Im Audienzsaal, in den man ihn geführt hatte, war kein König zu erblicken: »Ich sehe mich um; ein breiter, dreifenstriger Raum, mit lichtblauen Tapeten bekleidet, in seiner Mitte ein Rondell von mächtigen Palmen. Bange Sekunden verstreichen; nichts unterbricht die Stille. Da bewegen sich die Zweige der Palmen; ich schrecke auf, und eine weit das Menschenmaß überragende schlanke Erscheinung wendet sich, aus dem Grün tretend, langsam, feierlich auf mich zu.«

Seinen Soldaten zeigte sich der geborene Zivilist als neuer Kriegsherr bei seiner ersten Heerschau am 17. September 1864 auf dem Marsfeld. Der Maler Behringer hat dieses seltene Ereignis im Bild festgehalten: Ludwig II. hoch zu Roß, in Galauniform mit Federhut, umgeben von Prinzen und Generälen. Er sitze mit vollkommener Sicherheit zu Pferd, bemerkte ein Engländer. »Allein niemand, als vielleicht ein schwärmerisches junges Mädchen, wird je behaupten wollen, daß dieser schöne junge Reiter ein militärisches Aussehen hat – aus dem einen Grunde, weil er sich das Haar hätte schneiden lassen sollen.«

Im Theater, wo er oft erschien, das dramatische Geschehen sich in seinem Gesicht widerspiegelte, waren die Operngläser zunächst mehr auf seine Loge als auf die Bühne gerichtet. Die Besucher, vornehmlich Bildungsbürger, erbauten sich an dem König, der wie sie die Bretter, welche die Welt bedeuteten, schätzte und dafür sorgte, daß durch häufige und ungekürzte Aufführungen von Schillerdramen die »moralische Anstalt«, die das Theater sein sollte, gepflegt und damit der Fortschritt im Publikum gefördert wurde.

Daß er es auch mit dem Herkommen hielt, in der Fronleichnamsprozession mitging, wußten bayerische Katholiken zu würdigen. Die weltliche Majestät, eine brennende Wachskerze in der Hand, schritt hinter dem Thronhimmel der göttlichen Majestät durch die mit Birkengrün geschmückten Straßen Münchens, unter Glockengeläut und Kanonendonner.

Und das Volk jubelte ihm zu, als er im Herbst 1864 das Oktoberfest besuchte, als größte Attraktion, im sechsspännigen Galawagen, von Kürassieren in blinkenden Harnischen begleitet – hoch über allen stehend und doch volksnah, der Bayernkönig eben, mit dem jeder Bayer am liebsten angestoßen hätte. Doch der entschwand ins Hof- und Nationaltheater, wo Carl Maria von Webers Oper »Oberon« gegeben wurde, deren Waldhörner er lieber hörte als die Wiesenmusik.

In den Bierzelten wurden Wunderdinge über seine Regententätigkeit erzählt. Der Sohn führe die Zügel straffer als der Vater, er fahre mit den Ministern vierelang vom Bock, lasse die Peitsche knallen, sei jedoch streng und mild zugleich, verlange viel, gebe aber auch viel, teile freigebig Almosen und Geschenke aus. Und begnadige gerne Missetäter und sogar Kapitalverbrecher, lasse selten Todesurteile vollstrecken.

Innenpolitisch schien er eine glückliche Hand zu haben und außenpolitisch eine gute Figur zu machen. Im Juni 1864 begrüßte Ludwig II. in Bad Kissingen, auf königlich-bayerischen Boden also, Kaiser Franz Joseph I. und Kaiserin Elisabeth von Österreich, Zar Alexander II. und Zarin Maria Alexandrowna von Rußland. Der knapp neunzehnjährige König eines deutschen Mittelstaates verkehrte mit den ihm an Jahren und Macht weit überlegenen Herrschern der beiden größten Reiche Europas wie von gleich zu gleich. Und bezauberte als Herzkönig deren Damen.

König Wilhelm I. von Preußen zu sehen verlangte ihn weniger, was seiner Popularität in Bayern nicht abträglich war, im Gegenteil. Doch links liegenlassen konnte er den Herrscher der deutschen Großmacht, der überdies ein Vetter seiner Mutter war, auf die Dauer nicht.

In München wollte er den im August 1865 aus Bad Gastein zurückkehrenden Wilhelm I. allerdings nicht empfangen. Er ließ ihn ins Hoftheater und ins National-Museum führen, damit sich der Preuße der historischen wie kulturellen Bedeutung des Königreiches Bayern bewußt werde, bevor er dessen König zu Gesicht bekäme. Der achtundsechzigjährige Wilhelm I. soll, über seine Behandlung durch den Zwanzigjährigen verstimmt, in München geäußert haben: Die Preußin Marie, die Mutter Ludwigs II., dürfte die letzte Königin von Bayern gewesen sein. Diese Bemerkung wurde Ludwig hinterbracht.

Die Begegnung zwischen den beiden Monarchen fand anschließend in Hohenschwangau statt, in der Schwanenritterburg, wo Lohengrin-Ludwig jedoch keinerlei Absichten zeigte, sich danach befragen zu lassen, wohin seine Fahrt in Deutschland ginge. In Gastein hatte am 14. August 1865 Franz Joseph I. und Wilhelm I. beschlossen, die 1864 im Krieg gegen Dänemark gemeinsam eroberten Elbherzogtümer Schleswig und Holstein zwar unter gemeinschaftlicher Oberhoheit zu behalten, aber getrennt zu verwalten, die Österreicher Holstein, die Preußen Schleswig.

Das lag allerdings nicht im Sinne der unter Maximilian II. eingeschlagenen und unter Ludwig II. fortgesetzten bayerischen Außenpolitik. Sie war bisher stets darauf bedacht gewesen, den Deutschen Bund, in dem Bayern, jedenfalls theoretisch, mit den beiden deutschen Großmächten gleichberechtigt war, durch den Beitritt eines neuen deutschen Mittelstaates zu stärken: eines ungeteilten Schleswig-Holstein unter der Herrschaft des legitimen Thronanwärters, des Herzogs von Augustenburg.

Nun schienen Österreich und Preußen die Kriegsbeute für sich behalten zu wollen. Es mußte jedoch damit gerechnet werden, daß Preußen sie eines Tages – schon wegen der geographischen Nähe, vor allem aber aus traditioneller Machtpolitik – für sich allein beanspruchen würde. Und, dadurch noch keineswegs satt geworden, Appetit auf andere deutsche Länder, nicht zuletzt auf das Bayernland, bekommen könnte.

Nicht wenige Bayern hielten ihren jungen König für den bayerischen Löwen, der den preußischen Adler mit ein paar Prankenhieben verscheuchen könnte, not-

Begegnung in Bad Kissingen: Ludwig II. und sein Bruder Otto (links neben ihm) begrüßen Zar Alexander II. und dessen Gemahlin. Links neben dem Hund stehen Königin Olga von Württemberg und König Karl von Württemberg. Stahlstich aus »Über Land und Meer«

falls im Verein mit dem österreichischen Doppeladler und dem russischen Bären. Hatten sich nicht in Kissingen Kaiser Franz Joseph I. und Zar Alexander II. um Ludwig II. geschart? Weißblaue Erwartungen brachte Friedrich Bodenstedt, ein Barde aus der Tafelrunde König Maximilians II., zum Ausdruck: »Im Vollgefühle Deiner Hohen Sendung / Führ' schön Begonnenes schön zur Vollendung.«

Indessen kamen erste Zweifel auf, ob es gut begonnen habe und gut enden könne, zunächst von seiten fremder Beobachter. Der österreichische Gesandte in München, Gustav Graf Blome, der den mutmaßlichen Bundesgenossen seines Kaisers genau beobachtete, berichtete bereits im Oktober 1864 nach Wien: »Der junge König ist noch ein Problem, wunderliche Kontraste treten in seinen Handlungen hervor, es läßt sich gar nicht voraussehen, was er dereinst sein wird, wenn der Gärungsprozeß, der jetzt so verschiedenartige Erscheinungen zutage fördert, in ihm vollendet sein wird.«

Die Schwärmerei des Romantikers und der Diensteifer des Regenten schienen sich zunächst die Waage zu halten – aber wie lange noch? Schon bald merkten die auswärtigen Gesandten, die sich vor ihm nicht so tief verbeugten, als daß sie ihn nicht hätten belauern können, daß sich die Waagschale zugunsten der Neigung und zuungunsten der Pflicht zu senken begann.

Er begann durch Abwesenheit zu glänzen. Immer häufiger mied er den Schreibtisch und das Vortragszimmer, sagte Audienzen ab, verließ er seine Haupt- und Residenzstadt, unterließ er große Reisen, die ihm Welterfahrung eingetragen hätten, sondern ritt durch das Oberland, bestieg Berge, schloß sich in seinen Lieblingsschlössern ein, Hohenschwangau oder Berg am Starnberger See.

»Der König residiert in Berg«, berichtete der hannoversche Gesandte Ludwig Freiherr von Ompteda am 30. Juni 1865. »Von verschiedenen Seiten erfahre ich übereinstimmend, daß Seine Majestät sich selbst von ihrer nächsten, persönlichen Umgebung fast ganz isoliere und hauptsächlich an langen scharfen Ritten, sogar an mehrtägigen Ausflügen zu Pferde im strengsten Inkognito und nur in Begleitung eines Reitknechtes Gefallen finde.«

Das liege nicht nur daran, daß er nicht regieren wolle, sondern auch daran, daß er nicht regieren könne, meinte Graf Blome: »Von politischen Dingen, besonders von den Fragen der Gegenwart, weiß er noch weniger, als bei seinem jugendlichen Alter zu erwarten ist.« Um sich keine Blößen zu geben, nicht Gefahr zu laufen, als ein König ohne Kleider dazustehen, greife er zu Ausflüchten, begebe er sich auf die Flucht.

Politisch begabt und an Politik interessiert war Ludwig II. tatsächlich nicht. Er war übertrieben ichbezogen, nicht in erforderlichem Maße sachbezogen, ein Egoist, kein Altruist. Er hatte nicht das Zeug zu einem »zoon politikon«, dachte immer weniger an seine Polis und immer mehr an sich, den Polikrator.

Denn wenn er schon König sein mußte, dann wollte er ein unbeschränkter König sein, dessen Wille das Gesetz wäre. Ein Monarch müsse wie der russische Zar regieren, allein, autokratisch, absolut – dies und nichts anderes habe er im Sinn. Das eröffnete Ludwig II. seinem Vorvorgänger Ludwig I. und dem Großherzog Ludwig III. von Hessen. Dem Großvater hätte dies gefallen können, wenn dieser nicht daran erinnert worden wäre, daß sein eigener Versuch, im Königreich Bayern auch nur entfernt wie der Herrscher aller Reußen zu regieren, mit seinem Rücktritt geendigt hatte. Wenn Ludwig II. solches erneut probieren wolle, sagte der Großherzog von Hessen voraus, »werden Euere Königliche Majestät, mein allerliebster Neffe, noch öfters tüchtig anpumpsen«.

Der junge kecke König hörte nicht darauf, stieß schon bei den ersten, vorsichtigen Versuchen auf entschiedenen Widerstand, gab es auf und zog sich zurück. Wie eine Schnecke hatte er empfindliche Fühler ausgestreckt, sie bei der ersten Berührung eingeholt, sich ins Schneckenhaus zurückgezogen, aus dem er ohnehin nicht gerne herausgekommen war.

Minister und Beamte versperrten ihrem König den Weg zu einer Amtsführung nach seiner Amtsauffassung. Er war mit Schwung gestartet, von eigenen Erwartungen angefeuert und von Hoffnungen vieler Bayern begleitet. Doch schon beim ersten Anlauf stieß er an die Grenzen der Macht der bayerischen Monarchie und an den Hoheitsbereich der bayerischen Bürokratie, der eigentlichen Macht im Staate.

Ein Hindernis, aber erst das zweite, war die 1818 erlassene und nach der Revolution von 1848 weiterentwickelte Verfassung. Das Königreich Bayern war eine konstitutionelle Monarchie, in welcher dem Monarchen verfassungsmäßige Schranken gesetzt waren.

Diese Beschränkungen aufzuheben oder auch nur abzubauen war im fortgeschrittenen 19. Jahrhundert ausgeschlossen – auch und gerade in Bayern, das sich bereits im zweiten Jahrzehnt des Jahrhunderts an die Spitze der Verfassungsbewegung in Deutschland gesetzt hatte. Das Bürgertum, das auch in diesem Agrarland vorangekommen war, hätte dies nicht geduldet, der Adel, der lieber Lodenmantel als Hofrobe trug, nicht gefördert. Das Militär spielte in Bayern nicht entfernt die gesellschaftliche Rolle wie in Preußen. Und die bayerischen Bauern, immer noch das Gros des Volkes, waren zwar ihrem König ergeben, aber im Grunde ihres Herzens eher populistisch als monarchisch gesinnt.

Allein schon das Spielen mit dem Gedanken einer Rückentwicklung der Verfassung zeugte von einem beträchtlichen Mangel an Wirklichkeitssinn. Ludwig II., kaum König geworden, ging mit derartigen Ideen um. Zumindest eine im Zuge der Zeit liegende Fortentwicklung des Konstitutionalismus in Richtung des Parlamentarismus wollte er verhindern. In einem Schreiben des Kabinettssekretärs Pfistermeister vom 17. Mai 1864 waren diesbezügliche Programmpunkte des Monarchen aufgeführt, zum Beispiel Fernhaltung des Parlamentarismus, Festigung der königlichen Gewalt, keine längst fällige Umstrukturierung der Kammer der Reichsräte, Beschränkung der Kammer der Abgeordneten auf ihre bisherigen, ihm schon viel zu weit gehenden Befugnisse.

Einiges spricht dafür, daß Beamte seiner Umgebung – der Name des späteren Kabinettssekretärs und Staatsministers Johann Lutz ist in diesem Zusammenhang genannt worden – den König in solchen Absichten bestärkt, sie ihm jedenfalls nicht auszureden versucht haben. Mit der Einengung der Abgeordneten wollten sie ihren eigenen Einfluß ausweiten, nicht dem König, sondern sich selber mehr, noch mehr Macht geben.

Vor der Verfassung war die Bürokratie dagewesen. Sie hatte das Recht und die Macht ihrer Erstgeburt behauptet und ausgebaut. Die Minister regierten im Namen des Trägers der Staatsgewalt, des Königs, dessen Verfügungen nicht ohne ihre Gegenzeichnung in Kraft traten, die sie selbst meist veranlaßt hatten und für die sie alle verantwortlich waren. Ausgeführt wurden sie vom Beamtenapparat, der zunehmend eine Selbstautomatik und Eigendynamik entwickelt hatte.

Der Sohn hatte das Ministerium seines Vaters übernommen. Minister des Äußeren und Vorsitzender im Ministerrat war Karl Freiherr von Schrenck-Notzing, mit dem die Kollegen schon lange unzufrieden gewesen waren und den bereits Maximilian II. durch Ludwig Freiherrn von der Pfordten hatte ersetzen wollen.

Der nun dreiundfünzigjährige von der Pfordten hatte dieses Amt bereits von 1849 bis 1859 innegehabt. Maximilian II. hatte ihn entlassen müssen, weil er zu sehr mit der auf die Revolution folgenden, in Bayern freilich wie jene gedämpft verlaufenden Reaktion identifiziert, ihm eine »oktroyierende Verwaltung« vorgeworfen worden war. Nach Frankfurt als bayerischer Gesandter am Bundestag versetzt, hatte ihn Maximilian II. Anfang 1864 auf den Ministerpräsidentensessel zurückholen wollen, was Ludwig II. schließlich Ende 1864 tat.

Gegen die Berufung des gemäßigten Konservativen und entschiedenen Verteidigers der deutschen Bundesverfassung wandten sich im Landtag lediglich die unmaßgeblichen Demokraten und die sich erst formierende liberale Fortschrittspartei. In der Bürokratie gab es Vorbehalte wegen seiner raschen Karriere und seines herrischen Auftretens, das im Gegensatz zu seiner unaristokratischen Erscheinung stand, und gegen das professorale Gehabe des Vorsitzenden im Ministerrat, der Professor des römischen Rechts in Würzburg und Leipzig gewesen war, bevor er 1848 zum sächsischen Außen- und Kultusminister und 1849 zum leitenden Minister Bayerns berufen wurde.

Und schließlich paßte es von der Pfordtens Kollegen auch nicht, daß ihm das Geforderte gewährt worden war: Die Minister mußten unter seiner Leitung gemeinsam beraten und beschließen.

Ansonsten erfüllte er die Anforderungen der Bürokratie. Ludwig von der Pfordten kam aus Franken, woher viele bayerische Beamte stammten, deren Aufgabe es war, den aus mehr Neubayern als Altbayern zusammengesetzten Staat zusammenzuhalten. Sie taten dies eifriger und vermochten es besser als viele Ober- und Niederbayern, die sich gerne mit dem stolzen Gefühl ihrer Alteingesessenheit zufriedengaben und ohnehin keine geborenen Administratoren waren.

Von der Pfordten war außerdem Protestant, was in einer Beamtenschaft, die im katholischen Klerus trotz Säkularisation und Staatskirchentum immer noch eine

Ludwig Freiherr von der Pfordten

Konkurrenz spürte, als Vorzug galt. Vor allem: Der neue Vorsitzende im Ministerrat, der Ministerpräsident, war bekannt dafür, daß er mit der inneren die äußere Souveränität des bayerischen Staates verteidigen wollte und konnte.

Nicht zuletzt: Der neue Ministerpräsident war nicht gewillt, sich vom König bevormunden zu lassen, vielmehr gesonnen, ihm dreinzureden. »Ich halte es für höchst bedenklich, wenn Seine Majestät auf länger von hier weggeht«, mahnte er Ludwig II. im Oktober 1865. »Ich kann nur dringend bitten, daß der König jetzt seinem Berufe lebe, nicht bloß der Neigung.«

Das Ministerium brauchte den Monarchen als Repräsentanten und Integrationsfigur des Staates, den es regierte. Es benötigte ihn zur Unterschrift für Verfügungen, die es verfaßt hatte. Wenn er, was immer häufiger der Fall, immer seltener zu erreichen war, stockte der Geschäftsgang, geriet das ordentliche Zustandekommen der Regierungsakte und ihr geregelter Vollzug durch die Verwaltung in Verzug.

Der König war von der Professionalität von der Pfordtens beeindruckt, die er nicht nur aus dessen Lebenslauf, sondern vor allem aus dessen mächtig dahinströmendem Redefluß entnehmen zu können meinte. Weil er ihn hinreißend fand, schien er nicht zu merken, daß er von ihm fortgerissen wurde – weg von der Selbstherrlichkeit, die ihm vorschwebte, hin zu der Abhängigkeit des Monarchen vom Ministerium, die in der bayerischen Staatsnatur lag.

Ein Mentor hätte dem blutjungen König nur nützen können, ein väterlicher Freund und politischer Ratgeber, der ihn an die Hand genommen und in die Regierungsgeschäfte eingeführt hätte. Eine solche Rolle hatte Kardinal Mazarin für Ludwig XIV. gespielt. Doch Ludwig von der Pfordten war kein Mazarin, und Ludwig II., der von Anfang an ein Sonnenkönig sein wollte, konnte auch deshalb keiner werden, weil er nicht entsprechend vorbereitet worden war und nach bayerischem Staatsverständnis gar nicht präpariert werden sollte.

Statt dessen hatte Ludwig II., wie der Berliner Schriftsteller Felix Philippi klar erkannte und schonungslos feststellte, nur ein paar Flügeladjutanten und gefällige Höflinge um sich, »die für Amüsement und Zerstreuung des jungen Herrschers sorgten und das in ihm schon damals leider viel zu ausgeprägte Selbstbewußtsein liebedienerisch derart steigerten, daß er glaubte, jeden ausgesprochenen Wunsch sofort erfüllt sehen zu können«.

Das taten die Minister keineswegs, im Gegenteil: Sie versuchten, dem Monarchen ihren Willen aufzudrängen, zwar höflich in der Form, aber unbedingt in der Sache. Und das vermochten sie auch, nicht nur weil das in der Staatsverfassung so vorgesehen, sondern auch weil es in der Konstitution Ludwigs II. so angelegt war. Hindernisse, die sich vor seinen hochgesteckten Zielen auftaten, spornten ihn nicht an, sie zu nehmen. Er machte kehrt, zog sich auf seine Ausgangsposition zurück, wo er dem, was ihm in der Wirklichkeit verstellt worden war, in seinen Träumen nachhängen konnte.

Schon bald wollte er die Minister nicht mehr sehen, die ihm seine Illusionen genommen hatten. Um sich bei unvermeidlichen Hoftafeln ihren Anblick zu ersparen, verbarg er sich hinter riesigen Tafelaufsätzen, ließ die Tafelmusik so laut spielen, daß er sie weder hören konnte noch mit ihnen sprechen mußte. Bei unumgänglichen Vorträgen paßte er kaum auf, und wenn er den Minister anschließend in ein Gespräch zog, dann weniger über Staatsangelegenheiten als über persönliche Anliegen.

Am liebsten verkehrte er nur noch schriftlich mit ihnen, über seinen Kabinettssekretär, der dadurch eine Bedeutung erlangte, die in der Verfassung nicht vorgesehen war. »Der Kabinettssekretär«, erklärte Luise von Kobell, die Frau des Kabinettssekretärs August Eisenhart, »war unter Ludwig II. die Mittelsperson zwischen dem Monarchen und den Ministern. Anfangs referierten die Minister persönlich Tag für Tag, später seltener, und der ›Einlauf‹ wurde Sr. Majestät von dem Kabinettssekretär vorgetragen. Der Wirkungskreis desselben erweiterte sich, je mehr sich der Kreis der bei dem Könige Vorgelassenen verengte.«

Dieser Mittler war hochangesehen und einflußreich, doch mit Arbeit überhäuft und stets in Gefahr, sich zwischen die Stühle zu setzen. Der Kabinettssekretär mußte zwei Herren dienen, dem Monarchen und dem Ministerium.

Im Zweifelsfall hielt sich der Beamte an die Staatsräson, die in Bayern im allgemeinen und bei diesem König im besonderen von der Staatsbürokratie definiert und exekutiert wurde.

So verfuhr schon der erste Kabinettssekretär Ludwigs II., Franz Xaver Pfistermeister, den der Sohn vom Vater übernommen hatte. Er besaß fachliche Befähigung wie persönliche Begabung für diese heikle Aufgabe. Er war ein glänzender Jurist und ein Mensch, der – wie ein Kollege einwarf – »mehr die Biegsamkeit des Schilfrohrs als den Starrsinn der Eiche« hatte.

Pfistermeister wußte sich anzupassen, auf Eigenheiten Ludwigs einzugehen, Launen nachzugeben – aber nur dem Scheine nach. In Wirklichkeit tat er seine Beamtenpflicht, nach Möglichkeit das zu fördern, was dem Staate nützte, und das zu verhindern, was ihm schadete, das eine durch unaufdringliche Beeinflussung, das andere durch unmerkliche Gegenwirkungen.

In den Ministerbüros und im Vorzimmer des Königs war die Staatsmacht konzentriert, nicht im Königssalon. Ludwig II., der davon ausgegangen war, daß er Herr im Hause sei, blieb das nicht lange verborgen. Der Monarch, der das »Ich, der König« betonte, mußte bald erkennen, daß ihn andere zwar den König spielen, aber nicht wirklich König sein ließen. So wurden ihm Staatsangelegenheiten, die nicht primär die seinen waren, zu »Staatsfadaisen«, von denen er verschont bleiben wollte.

Er suchte sich ein Reich, in dem er sich verwirklichen konnte, und er fand es in der Unwirklichkeit.

6

Siegfried und Wotan

Im Reiche der Mythen schienen seine Träume Platz zu haben. Der Kronprinz hatte durch Werke Richard Wagners zu ihm Zugang gefunden. Der König wollte den Meister bei sich haben, damit er es ihm mit all seinen Wundern offenbare.

Ludwig II. schickte einen Boten aus, der ihn aufspüren und ihm zuführen sollte. Aus Wien war Richard Wagner verschwunden. Gläubiger hatten ihn bedrängt, weil seine Kunst in der Musikstadt nicht so viel Gläubige gefunden hatte, wie sie und auch er sich versprochen hatten. »Tristan und Isolde«, die »Handlung in drei Aufzügen«, war nach 77 Proben für unaufführbar erklärt worden.

Auf der Flucht vor den Gläubigern war Wagner am 29. April 1864 in Stuttgart eingetroffen. Den Glauben an sich schien er verloren zu haben. »Ein gutes, wahrhaft hilfreiches Wunder muß mir jetzt begegnen, sonst ist's aus!«

Das Wunder näherte sich in Gestalt des königlich bayerischen Kabinettssekretärs Franz Xaver Pfistermeister. In Wien hatte er ihn nicht mehr vorgefunden, nur hundert Flaschen Champagner im Keller seiner Villa in Penzing. Die Gläubiger hatten sie nicht beschlagnahmen lassen, weil sie es für ausgeschlossen hielten, daß sie einem Musikus gehörten.

Pfistermeister suchte weiter. In Mariafeld bei Zürich, wo Wagner bei Freunden untergeschlüpft war, traf er ihn nicht mehr an. Die Spur führte nach Stuttgart, in das Haus des Kapellmeisters Karl Eckert. Zuerst wollte Wagner den fremden Besucher gar nicht empfangen. Konnte das nicht ein Schuldeneintreiber sein? Es war der Kabinettssekretär des Königs von Bayern. Er überbrachte ihm einen Ring mit rotem Stein, das Porträt Ludwigs II. und dessen Einladung, nach München zu kommen und bei ihm als Freund zu bleiben.

Richard Wagner war wie seinem Lohengrin zumute, als ihm die Taube des Grals erschien. In der Ausdrucksweise seiner Bühnenhelden – »im höchsten Entzücken, treu und wahr« – ließ er den Bewunderer seiner Theaterkunst wissen: »Diese Tränen himmlischester Rührung sende ich Ihnen, um Ihnen zu sagen, daß nun die Wunder der Poesie wie eine göttliche Wirklichkeit in mein armes, liebebedürftiges Leben getreten sind!«

Unlängst hatte Wagner geträumt, Friedrich der Große habe ihn, wie Voltaire, nach Sanssouci geholt. Nun wurde er tatsächlich an einen Hof berufen, aus einem Tief gerissen, zum Höhenflug ermutigt.

In höchste Sphären versprach er zu führen. Wagner war nicht, wie Voltaire, ein kritischer, auch selbstkritischer Rationalist, sondern ein Enthusiast, der von sich sagte, sein normaler Zustand sei die Exaltation. Und Ludwig II. von Bayern war nicht, wie Friedrich II. von Preußen, ein aufgeklärter Geist, der sich zwar hohe Ziele steckte, aber sie in dieser und für diese Welt Schritt für Schritt zu erreichen suchte. Der Wittelsbacher war ein romantischer Geist, der in die Wolken ausschwärmen wollte.

Wagner, der Tondichter, dessen Berufung es war, Realität in der Idealität aufzuheben, das Leben in der Kunst zu erhöhen, sollte ihn dabei beflügeln – den König, dessen Beruf es gewesen wäre, die Realität möglichst ideal gestalten zu helfen, der aber das Leben mit der Kunst verwechselte.

Richard Wagner
und König Ludwig II.

Am 4. Mai 1864 standen sie sich in der Münchner Residenz Auge in Auge gegenüber, der fast einundfünfzigjährige Meister und sein noch nicht neunzehnjähriger Mäzen, der sein Jünger war. Ludwig II. versprach Richard Wagner in die Hand, daß er nun, frei von kleinen Sorgen, sein großes Werk fortführen könne, den »Ring des Nibelungen« vor allem, für dessen Aufführung er Sorge tragen wolle. »Da beugte er sich tief auf meine Hand«, erzählte Ludwig, »und schien gerührt von dem, was so natürlich war, denn er verblieb längere Zeit in der Stellung, ohne ein Wort zu sagen.«

Richard Wagner hatte allen Grund, gerührt zu sein. Am Tage darauf erhielt er die schriftliche Bekräftigung der mündlichen Versicherung des Königs: »Die niedern Sorgen des Alltagslebens will ich von Ihrem Haupte auf immer verscheuchen, die ersehnte Ruhe will ich Ihnen bereiten, damit Sie im reinen Äther Ihrer wonnevollen Kunst die mächtigen Schwingen Ihres Genius ungestört entfalten können!«

Ludwig II. »hatte die Empfindung, als hätten wir die Rollen getauscht«, der Meister der Gebende und der Mäzen der Nehmende sei. Er ließ Wagner wissen: »Unbewußt waren Sie der einzige Quell meiner Freuden von meinem zarten Jünglingsalter an, mein Freund, der mir wie keiner zum Herzen sprach, mein bester Lehrer und Erzieher.«

Ein königlicher Mond, der um die künstlerische Sonne kreiste – Wagner konnte dies nur recht sein. Er spielte mit, übernahm seinen Part im Dialog, in dem Ton, den Ludwig aus vollem Herzen angeschlagen hatte. Ihn zu erwidern fiel dem Meister nicht schwer. Es war die Diktion seiner Dramen, die ihm geläufig war. Und sein Lob und Preis kamen zumindest so lange aus voller Brust, als die Überraschung über die günstige Wende seines Schicksals andauerte.

»Mein angebeteter, engelgleicher Freund«, sprach ihn Wagner an, hob ihn noch höher: »Oh, mein König!

Du bist göttlich!« Er widmete ihm einen Huldigungsmarsch, der ihm in einem Innenhof der Residenz von drei Regimentskapellen dargebracht wurde. Weil er aber den König weniger für Musik – und schon gar nicht für Marschmusik – als für Poesie empfänglich hielt, hatte er ihm dazu Passendes gedichtet: »Du bist der holde Lenz, der neu mich schmückte, / Der mir verjüngt der Zweig' und Äste Saft ...«

»Wir schlürfen Wonnen wie aus lichten Schalen; – / Dir treu stets beizusteh'n sei uns're Pflicht«, antwortete der König dem Meister. Immer hymnischer redete er ihn an: »Geliebter, einziger Freund!«, »Mein innigst Geliebter!«, »Einziger! Heiliger!«, »Ein und All! Inbegriff meiner Seligkeit!« »Erhabener, göttlicher Freund!«, »Wonne des Lebens! Höchstes Gut! Alles! – Heiland, der mich beseligt!«, »Heißgeliebter, Angebeteter, Herr meines Lebens!«

»In überirdische Sphären ward ich entrückt, unermeßliche Wonnen habe ich geatmet«, schrieb Ludwig an Wagner nach einem Konzert im Hoftheater. »Was ich auch tun, was ich für Sie auch unternehmen mag, es kann nur ein Stammeln des Dankes sein.«

Ludwig geriet in Ekstase, wenn er Visionen bekam, wie bei einer Privataufführung Wagnerscher Kompositionen: »Wo bin ich? ... Ich sehe Walhalls Wonnen; oh, zu Siegfried, zu Brünhilde! – Welcher Strahlenkranz über Tristans Leiche! ... Himmlisches Leben – zu Ihnen zu schweben! ... Wonne-Weben! ... Und dort der Gottgesandte ... Lohengrin! ... Vom Himmel naht alljährlich eine Taube ...! Tannhäuser, befreit von allem Irdischen. Die Liebe erlöst den Sünder! – Oh, sie kann alles! – Hinauf zu Euch!«

Hörig schien er Wagner geworden zu sein, im wahrsten Sinne des Wortes: seine Musik hörend, sich seiner Kunst zugehörig, dem Künstler angehörig fühlend, ein Höriger, gewissermaßen ein Geisteigener. Die Maje-

Hans von Bülow

Cosima von Bülow

stät, ansonsten auf gebührenden Abstand bedacht, gab Distinktion auf und Würde preis. Der König von Gottes Gnaden schien ein Monarch von Wagners Gnaden geworden zu sein.

Ihre Korrespondenz schwoll auf fast 600 Briefe und Telegramme an. Weniger ein Gedankenwechsel als ein Gefühlsaustausch, floß er wie ein Wagnersches Musikdrama dahin, ein unaufhörlicher Strom von Stimmungen, Erregungen, Emotionen, mit einem Leitmotiv: Ludwigs Hingabe an Kunst und Künstler, die Wagner als Huldigung entgegennahm und davon, gerührt und bewegt, zu großem Schaffen angeregt wurde.

»Bin ich Wotan, so ist er mein Siegfried«, betonte Wagner, den sein Nibelung nicht ohne Walhall (samt einem Einstandsgeschenk von 20000 Gulden und einem Jahresgehalt von zunächst 4000 Gulden) ließ: das Haus Nr. 21 in der Brienner Straße, gegenüber den Propyläen, unweit der Residenz, und die Villa Pellet bei Kempfenhausen am Starnberger See, in der Nähe von Schloß Berg, einem Lieblingssitz Ludwigs.

Er wollte mit Wagner nicht nur schriftlich, sondern auch so oft wie möglich persönlich verkehren. Am Starnberger See verbrachten sie 1864 den Wonnemond. Fast täglich vormittags sahen sie sich, berichtete Wagner. »Ich lese ihm jetzt meine Dichtungen vor: über alles ihm unklar Gebliebene sucht er eifrigst Belehrung, mit Innigkeit und herrlicher Fassungskraft, seine Teilnahme ist oft erschütternd: seine wunderschöne Physiognomie wird tiefster Schmerz und höchste Freude, je nachdem ich sein Gemüt stimme.«

Die Politik riß sie für ein paar Wochen auseinander. Der König mußte die Kaiserpaare von Österreich und Rußland in Bad Kissingen empfangen. Richard fühlte sich einsam und verlassen. »Ein Blick auf sein liebes Bild hilft wieder!« Und er las den Brief, den ihm Ludwig hinterlassen hatte: »Alles, was Sie schaffen, ist mir so nahe, so innig verwandt, geht mir so zu Herzen, daß es für mich ein geradezu paradiesischer Genuß ist.«

Der Meister mußte in der Villa Pellet mit der Gesellschaft des ihm befreundeten Dirigenten und Pianisten Hans von Bülow vorliebnehmen. Wagner wollte ihn als Mitarbeiter in München haben und wußte es durchzusetzen, daß ihn der König, mit einem Gehalt von 2000 Gulden, als Vorspieler engagierte.

Noch mehr verlangte es Wagner nach Bülows Frau Cosima, einer Tochter Franz Liszts. Sie kam im Sommer 1864 ein paar Tage früher als ihr Mann in die Villa Pellet, wo sie Richards Geliebte wurde. Als man im Herbst 1864 nach München umzog, ging Cosima im dritten Monat schwanger mit einem Kind von Wagner, das den Namen Isolde bekommen sollte.

Platonisch hielt sich der Autor von »Tristan und Isolde« an den König, den er Parsival nannte. In München sah er ihn wieder, seinen »himmlischen königlichen Jüngling«, trug ihm Neugeschaffenes vor, was »sehr angreifend« war, vor allem für den Vorspieler Bülow, der mit von der Partie sein mußte. »Dieser arme Freund«, äußerte Wagner, der diesem Hörner aufgesetzt und ihn ins Geschirr gespannt hatte, »hat sich durch übermäßige Anstrengungen in seinem Metier fast gänzlich ruiniert.«

Weit lieber, als dem zwar musischen, aber nicht besonders musikalischen Mäzen in München vorspielen zu lassen, suchte Wagner den Freund auf seinen Schlössern Berg und Hohenschwangau auf. Auf dem Starnberger See bestieg er das Schiff des Königs, das »Maximilian« getauft worden war, doch nun »Tristan« hieß, und fuhr mit dem Monarchen vierspännig und mit Vorreiter durch den Schwangauer Wald, einen deutschen Wald, den Ludwig noch mehr liebte als Wagner.

Auf Einladung des Königs kam Wagner in das Jagdhaus auf dem Hochkopf am Walchensee. Er blieb vom 9. bis 20. August 1865, nicht so lange, wie es ihm Ludwig gewünscht hätte: Das Leben und Weben in der freien Natur, »in unseren deutschen Wäldern«, werde dem Einzigen heilbringend sein. »Vielleicht begegnen wir uns dann auf dem Wege zwischen Wald und Welt.«

Auf Hohenschwangau waren sie zwischen Wald und Welt, in einem Schloß des Königs von Bayern, in der Burg des Schwanenritters. Für den Meister waren ein Musikzimmer und ein Schlafzimmer hergerichtet. Ludwig schenkte ihm eine Uhr mit einem Schwan; öffnete man den Deckel, war Lohengrin im Nachen zu erblikken. Richard postierte zehn Hoboisten eines Infanterieregiments auf den Schloßtürmen, die den Freund mit dem Weckruf aus dem zweiten Akt des »Lohengrin« aus dem Schlaf und in neue Träume rissen.

Es war ein Schwanengesang. Man schrieb den 12. November 1865. Über München war ein Gewitter aufgezogen, dessen Blitze jeden Augenblick den Meister zu treffen, dessen Donner den König einzuschüchtern

König Ludwig II.
hoch zu Roß vor
Schloß Hohenschwangau

drohten. Zwar hatte Ludwig versichert, seine Liebe zu Richard sei ewig. Aber würde der Monarch all das einhalten können, was er als Mäzen versprochen hatte?

Wagner hinterließ Ludwig II., der ihn von Hohenschwangau bis zur Bahnstation Biessenhofen begleitete, »Abschiedstränen« in Reimen:

»Vereint, wie mußt uns hell die Sonne scheinen
Durch bange Schleier, die das Sehnen wob; –
Der Trennung heut, wie mußt der Himmel weinen
Ob eines Glückes, das so schnell zerstob!«

Ludwig und Richard waren nicht allein auf der Welt. Der große Meister konnte kein Privatissimum geben, er wollte und mußte vor dem Publikum und für die Menschheit wirken. Der konstitutionelle Monarch seinerseits hatte auf die Öffentlichkeit zu achten und seinem Ministerium zu folgen. Überdies war er gewillt, Wagners Kunst nicht allein zu genießen, sondern sie seinem Volke zuteil werden zu lassen.

»Meine Absicht ist«, schrieb er am 8. November 1864 an Wagner, »das Münchener Publikum durch Vorführung ernster, bedeutender Werke, wie die des Shakespeare, Calderón, Goethe, Schiller, Beethoven, Mozart, Gluck, Weber in eine gehobenere, gesammeltere Stimmung zu versetzen, nach und nach dasselbe jenen gemeinen, frivolen Tendenzstücken entwöhnen zu helfen und es so vorzubereiten auf die Wunder Ihrer Werke ...«

Wagner stimmte die Münchner auf die weihevolleren seiner Werke mit dem »Fliegenden Holländer« ein. Die Aufführung am 4. Dezember 1864 im Hof- und Nationaltheater, vom Komponisten inszeniert und dirigiert, wurde ein voller Erfolg.

Ein Triumph war die Uraufführung von »Tristan und Isolde« am 10. Juni 1865. Was in Wien mißlungen war, glückte in München. Wagner hatte dies vorausgese-

München.

Königl. Hof- und  **National-Theater.**

Samstag den 10. Juni 1865.

Außer Abonnement.

Zum ersten Male:

Tristan und Isolde

von

Richard Wagner.

Personen der Handlung:

Tristan	Herr Schnorr von Carolsfeld.
König Marke	Herr Zottmayer.
Isolde	Frau Schnorr von Carolsfeld.
Kurwenal	Herr Mitterwurzer.
Melot	Herr Heinrich.
Brangäne	Fräulein Deinet.
Ein Hirt	Herr Simons.
Ein Steuermann	Herr Hartmann.

Schiffsvolk, Ritter und Knappen. Isolde's Frauen.

Textbücher sind, das Stück zu 12 kr., an der Kasse zu haben.

Regie: Herr Sigl.

Neue Decorationen:

Im ersten Aufzuge: Zeltartiges Gemach auf dem Verdeck eines Seeschiffes, vom K. Hoftheatermaler Herrn Angelo Quaglio.
Im zweiten Aufzuge: Park vor Isolde's Gemach, vom K. Hoftheatermaler Herrn Döll.
Im dritten Aufzuge: Burg und Burghof, vom K. Hoftheatermaler Herrn Angelo Quaglio.

Neue Costüme

nach Angabe des K. Hoftheater-Costümiers Herrn Seitz.

Der erste Aufzug beginnt um sechs Uhr, der zweite nach halb acht Uhr, der dritte nach neun Uhr.

Preise der Plätze:

Eine Loge im I. und II. Rang	15 fl. — kr.	Eine Loge im IV. Rang	9 fl. — kr.
Ein Vorderplatz	2 fl. 24 kr.	Ein Vorderplatz	1 fl. 24 kr.
Ein Rückplatz	2 fl. — kr.	Ein Rückplatz	1 fl. 12 kr.
Eine Loge im III. Rang	12 fl. — kr.	Ein Galerienobel-Sitz	2 fl. 24 kr.
Ein Vorderplatz	2 fl. — kr.	Ein Parketsitz	2 fl. — kr.
Ein Rückplatz	1 fl. 36 kr.	Parterre	— fl. 48 kr.
		Galerie	— fl. 24 kr.

Heute sind alle bereits früher zur ersten Vorstellung von Tristan und Isolde gelösten Billets giltig.

Die Kasse wird um fünf Uhr geöffnet.

Anfang um sechs Uhr, Ende nach zehn Uhr.

Der freie Eintritt ist ohne alle Ausnahme aufgehoben und wird ohne Kassabillet Niemand eingelassen.

Repertoire:

Sonntag den 11. Juni: (Im K. Hof- und National-Theater) Martha, Oper von Flotow.
Montag den 12. „: (Im K. Hof- und National-Theater) Elisabeth Charlotte, Schauspiel von Paul Heyse.
Dienstag den 13. „: (Im K. Hof- und National-Theater) Mit aufgehobenem Abonnement: Zum ersten Male wiederholt: Tristan und Isolde, von Richard Wagner.
Donnerstag den 15. „: (Im K. Hof- und National-Theater) Lalla Rookh, Oper von Felicien David.

Der einzelne Zettel kostet 2 kr. — Druck von Dr. C. Wolf & Sohn

Theaterzettel
von der Uraufführung der Oper »Tristan und Isolde«

hen: »Die Vorstellungen werden wundervoll, wie nie etwas erlebt wurde«, schrieb er seiner Freundin Eliza Wille. Er deutete es als ein günstiges Vorzeichen, daß am Tag der ersten Orchesterprobe Isolde geboren wurde, die natürliche Tochter, die ihm Cosima von Bülow geschenkt hatte, die Gattin des Kapellmeisters Hans von Bülow, der »Tristan und Isolde« einstudierte.

Was das sei, ein natürliches Kind, fragte der neunzehnjährige König, als ihm das Adoptionsgesuch für einen illegitimen Sohn vorgelegt wurde. Der Kabinettsbeamte klärte ihn auf. Der Tondichter verheimlichte dem »innigst Geliebten« seine natürliche Tochter, wollte seinen »treuen Schutzengel« nicht schockieren, ihn »immer schön und segnend über mir schwebend, voll kindlichem Jubel über meine Zufriedenheit, meine Freude am wachsenden Gelingen« behalten.

»Geliebter, Dich verlasse ich nie«, versicherte ihm Ludwig, der den Tag der Aufführung kaum erwarten konnte. »Oh, ›Tristan‹, ›Tristan‹ wird mir nahen! – Die Träume meines Knaben- und Jünglingsalters werden erfüllt!« Er vermochte kaum die Geduld, die ihm abverlangt wurde, aufzubringen.

Die für den 15. Mai 1865 angesetzte Premiere mußte abgesagt werden. Nach einundzwanzig Orchesterproben war das Werk aufführungsreif gewesen. Das Sängerpaar Ludwig und Malwine Schnorr von Carolsfeld schien auch den gewaltigen Anstrengungen, welche die Rollen von Tristan und Isolde stellten, gewachsen zu sein. Die Generalprobe am 11. Mai riß die geladenen »Auserwählten« zu Ovationen hin. Ludwig war so überwältigt, daß der König von Gottes Gnaden an diesem Tage alle am Pfälzer Aufstand von 1849 beteiligten Nichtbayern begnadigte, dadurch indirekt auch dem sächsischen Revolutionär Wagner Absolution erteilte.

Plötzlich jedoch wurde die Interpretin der Isolde heiser, was Wagners Kritiker nicht wunderte, seine Jünger aber – voran den König – der Verzweiflung nahe brachte. Malwine Schnorr von Carolsfeld habe, auf der Tonleiter hin- und hergejagt, für immer die Stimme verloren, wurde geflüstert. Sie fand sich wieder ein. Nach vier Aufführungen starb jedoch Tristan, Ludwig Schnorr von Carolsfeld.

Bei der Premiere am 10. Juni 1865 im Hof- und Nationaltheater zu München waren alle auf der Höhe: die beiden Hauptsänger, der Dirigent Hans von Bülow, seine Gattin Cosima von Bülow, die auf dem Haupte einen Kranz von rosaroten Röschen trug, Richard Wagner, der, wie ein Augenzeuge berichtete, mal wie Faust, mal wie Mephisto aussah, und Ludwig II. im Zivilanzug in der Königsloge, auch er ein Akteur, der zu Beginn mit Fanfarenstößen begrüßt und mit Hochrufen gefeiert wurde, ein Hauptakteur in den Augen des Korrespondenten der französischen Zeitung »Progrès de Lyon«: »Ohne ihn wäre die Aufführung nie zustande gekommen. Er hat mit aller Energie dazu gedrängt, und Wagners Triumph ist wahrhaft der seinige.«

Selbst Wagner, der sich auf seinem Gipfel wähnte, schien diese Meinung zu teilen: »O, mein König! Es ist Ihrer, es ist Ihr Werk! Ich hab' keinen Teil mehr daran.« Der Jünger war genug bedankt mit der Beglükkung durch »Tristan und Isolde«, gab dem Meister die Ehre: »Einziger! – Heiliger! – Wie wonnevoll! – Vollkommen. So angegriffen von Entzücken! – ... Ertrinken ... versinken – unbewußt – höchste Lust. – Göttliches Werk!«

Mäzen und Meister begnügten sich nicht mit diesem Triumph. Sie fühlten sich zu Neuem, noch Höherem ermutigt. Siegfried und Wotan träumten vom Zauberwald und von Walhall.

Die Dichtung »Der Ring des Nibelungen« war bereits 1853 beendet und 1863 veröffentlicht worden. Sie mußte, womit bereits begonnen worden war, vertont, ihre Aufführung als Bühnenfestspiel ins Auge gefaßt werden. Am 18. Oktober 1864 verpflichtete sich Wagner in einem Vertrag mit der königlichen Kabinettskasse, binnen drei Jahren die Komposition des »Rings« zu vollenden. Der Künstler erhielt ein Honorar von 30000 Gulden, das zum Teil für die Erhöhung seines Jahresgehalts zunächst auf 6000, dann auf 8000 Gulden verwendet wurde. Dafür trat er dem König alle Rechte an dem Nibelungenwerk ab.

Die Komposition schritt voran, unter ungeduldigem Drängen des Königs. Mit siebzehn hatte er, am Alpsee, die Nibelungen-Dichtung gelesen: »Das Rheingold«, »Die Walküre«, »Siegfried«, »Die Götterdämmerung«. Die Gestalten, die seither seine Phantasie beschäftigt hatten, wollte er endlich auf der Bühne bewundern. »Wo wird der Siegfried weilen, wird er Brünhilde erweckt haben? Ach, wann vergeht sie, die hohe Pracht des Götterglanzes? Wann erscheint die Erlöserin und gibt den der Tiefe entrafften Ring dem Rheine zurück? Verzeihung, mein geliebter Freund! Die Sehnsucht läßt mir nicht die Ruhe.«

Dieses sakrale Kunstwerk dürfte, wie Ludwig glaubte, nicht in einem profanen Theater über die Bretter gehen; es müsse in einem Tempel zelebriert werden. »Ich habe den Entschluß gefaßt, ein großes steinernes Theater erbauen zu lassen, damit die Aufführung des ›Ring des Nibelungen‹ eine vollkommene werde.«

Wagners Traum von einem Festspielhaus schien sich zu erfüllen. Er wollte ihn von einem Baumeister verwirklicht sehen, den er kannte und einigermaßen für kongenial hielt: Gottfried Semper, der nicht nur ihm, sondern auch vielen Zeitgenossen in der Architektur so viel bedeutete wie Wagner in der Musik.

Im Maiaufstand von 1849 waren der Erbauer des Dresdner Opernhauses, Semper, und der Hofkapellmeister Wagner nebeneinander auf den Barrikaden in der sächsischen Hauptstadt gestanden, Semper als Scharfschütze der Kommunalgarde. Beide mußten fliehen, wurden steckbrieflich verfolgt, fanden in der

Schweiz Zuflucht. Semper wurde an das Zürcher Polytechnikum berufen, errichtete in Winterthur das Stadthaus in Neugriechisch, baute später in Wien mit Karl Hasenauer die Museen an der Ringstraße in Neubarock und entwarf das Burgtheater in einem Stil, der an den Kapitolspalast in Rom wie an die Markusbibliothek in Venedig erinnerte.

Der Stil eines jeden Gebäudes bestimme sich durch historische Assoziation, hatte Semper erklärt. Demnach hätte er für Wagners Mythenwelt eine Walhall, wahrscheinlich aus Holz, planen müssen. Aber das war nicht das Material und nicht der Stil eines großen Architekten. Er griff auf Vorbilder der römischen Antike und der italienischen Renaissance zurück, wollte ein Theaterkolosseum in München bauen.

Wagner hatte tatsächlich an Holz gedacht, an Primitives und Provisorisches. Dies hätte eher der historischen Assoziation entsprochen, an die germanische Urzeit erinnert. Sein Festspielhaus in Neurömisch – das erschien ihm nicht nur als stilwidrig, sondern auch als sinnentstellend. Der Komponist befürchtete, daß ein solcher monumentaler Rahmen von der Hauptsache, seinen großartigen Musikdramen, ablenken könnte.

Der Einbau eines provisorischen Theaters im Glaspalast täte es auch, wandte Wagner ein. Glas war beinahe immateriell, ließ das Blau des Himmels herein, schien dem Höhenflug seiner Ideale keine Grenzen zu setzen. Und die Eisenkonstruktion, eine Errungenschaft des fortgeschrittenen 19. Jahrhunderts, erschien ihm als eine ebenso unaufdringliche wie passende Einfassung einer Kunst, die sich als »Das Kunstwerk der Zukunft«, wie eine der Programmschriften Wagners hieß, verstand.

Eine Ausstellungshalle als Kunsttempel – Ludwig schauderte. Der Jünger behielt das Gesamtkunstwerk im Sinn, das der Meister im Zweifelsfalle auf das

Hauptelement, die Tonkunst, zu konzentrieren geneigt schien. Überdies war er ein Wittelsbacher, dem die Baulust im Blut lag. Auch deshalb strebte er danach, der von ihm vergötterten Kunst Wagners ein würdiges Kunstgotteshaus zu schaffen.

»Also Semper entwirft den Plan zu unsrem Heiligtum«, schrieb der König an Wagner, »die Darsteller für das wonnevolle Drama werden herangebildet, Brünhilde wird bald erweckt werden durch den furchtlosen Helden, oh, alles, alles ist im Gange; was ich je geträumt, gehofft und ersehnt, wird nun bald in das Leben treten, der Himmel steigt für uns auf die Erde herab.«

Und Semper ließ er wissen: »So vereinigen sich nun der größte der Architekten und der größte der Dichter und Tonkünstler ihres Jahrhunderts, um ein Werk zu vollführen, welches dauern soll bis in die spätesten Zeiten, zum Ruhm der Menschheit.« Der König hatte eine Vision: »Ich sehe die Straße gekrönt vom Prachtbau der Zukunft; es strömt das Volk zur Vorführung der Nibelungen.«

Der neue Gral sollte sich auf den Gasteig-Höhen über der Isar erheben, als Endpunkt einer Straße, die bei den Propyläen begann, über den Königsplatz und Karolinenplatz führte, in Verlängerung der Brienner Straße über den Hofgarten hinausführte bis zur Tempelhöhe jenseits der Isar. Sie sollte parallel zur Maximilianstraße, die der Vater gezogen und bebaut hatte, verlaufen – aber weit länger sein, eigentlich schon in Nymphenburg beginnen, wo Ludwig geboren worden war, und im Festspielhaus enden, wo er in seinen Himmel aufzusteigen gedachte.

Ludwig II. war wie Ludwig I. und Maximilian II. gewillt, in München zu bauen, der Haupt- und Residenzstadt seinen architektonischen Stempel aufzudrücken. Doch das Projekt gelangte über das Planstadium nicht hinaus. Wagner wollte nicht mehr so recht, Semper hatte zu hoch gegriffen, und der König konnte die Mittel nicht aufbringen: 5 Millionen Gulden für Festspielhaus samt Prachtstraße und Isarbrücke.

Anfänglich hatte Wagner gemeint: »Der König ist König und kennt noch keine Art von Beeinflussung durch Personen oder Umstände«, und hatte Semper ermuntert: »Das Geld wird sich finden.« Es fand sich nicht, weil eben nicht der König, sondern letztlich das Kabinett und das Ministerium entschied, was zu tun oder zu lassen sei.

Ludwig II. hatte, nachdem er das Modell des Festspielhauses gesehen und bewundert hatte, Gottfried Semper beauftragt, das Werk auszuführen. Manfred Semper, der Sohn, mußte schließlich feststellen, daß »Sein wiederholt gegebenes königliches Wort sang- und klanglos durch seine Beamten eingescharrt wurde«.

Er erschien zwar wie ein Märchenkönig, aber er verfügte keineswegs über märchenhafte Schätze. Ludwig II. besaß kein Privatvermögen, war auf die Zivilliste angewiesen, also auf das, was der Staat aus seiner Kasse dem konstitutionellen Monarchen jährlich zuwies: zwei Millionen Gulden. Davon mußte er dem Ex-König Ludwig I. 500000 Gulden geben. Der Hofstaat kostete 1200000 Gulden. Zur freien Verfügung verblieben ihm 300000 Gulden. Fast soviel hätten allein die Zinsen für das Schuldkapital verschlungen, das für das Großprojekt Festspielhaus hätte aufgenommen werden müssen.

Der bayerische Landtag und der Münchner Magistrat wurden mit dem kostspieligen Unternehmen nicht befaßt. Hielt dies der König für unter seiner Würde, dem großen Gegenstand nicht für angemessen? Hielten es Kabinett und Ministerium für aussichtslos, auf diesem Wege Mittel zu erlangen? Oder verschlossen sich die Staatsgewaltigen von vornherein einem Projekt, zu dem sich ein König verstiegen hatte, um einen Musikus noch mehr zu erhöhen?

Jedenfalls wurde München um eine städtebauliche Attraktion ersten Ranges gebracht. Die Stadt verlor für Ludwig II. damit noch mehr an Anziehungskraft. »O die blinde Menge, die die Bedeutung dieses Werkes nicht faßt«, klagte er.

Eine Zeitlang besuchte er auf der Isarhöhe das Grab seiner Hoffnung: »Da will es mir das Herz zerschneiden, wenn ich denken soll, daß der ersehnte Bau nie dort aufgeführt werden soll.«

Dann mied er München immer mehr, um für seinen Weltschmerz auf einsamen Bergeshöhen und in abgeschiedenen Alpentälern Linderung zu suchen. Und um dort, nicht aber in seiner Haupt- und Residenzstadt, seine Idealbauten zu errichten.

Die erste Gesamtaufführung des »Ring des Nibelungen« fand 1876 in Bayreuth statt, in dem Festspielhaus, das von Richard Wagner so geschaffen worden war, wie der Meister es eigentlich schon in München hatte haben wollen: als schlichtes Gehäuse für ein gewaltiges Werk.

In München hatten nicht nur der Jünger, sondern auch der Meister schlechte Erfahrungen gemacht. Am 3. Mai 1864 war er, von Ludwig II. gerufen, in der Hauptstadt des Königreiches Bayern eingetroffen, am 10. Dezember 1865 mußte er sie wieder verlassen. Konkurrenten, Journalisten, königliche Beamte und Minister hatten ihn verjagt. Auch Münchner Bürger, in deren Stadt er – wie sein Freund, der Maler Friedrich Pecht, bemerkte – so wenig paßte wie der Vesuv auf den Gasteig.

Sein »geliebter, herrlicher Freund« hatte sein »Ein und all« nicht zu beschützen vermocht, weil er nicht die Macht und die Mittel besaß, die Wagner bei einem König vorausgesetzt hatte. Und weil er ihm nicht die Freundschaft erwies, die er ihm zugetraut hatte – Ludwig, der Ichbezogene, der nicht die Eignung und Fähigkeit für eine dauerhafte Du-Beziehung hatte.

Gläubige wie Ungläubige fand eine Kunst, die zur Religion erhoben worden war. Auch die Münchner, die zum Gehenlassen und Machenlassen neigten, spalteten sich in Wagnerianer und Anti-Wagnerianer.

Die ersteren, eine Minderheit, die sich für die Avantgarde hielt, verwiesen darauf, daß dank Richard Wagner und Ludwig II. die Stadt München, bisher schon ein Zentrum der bildenden Künste, nun auch eine Musikmetropole geworden sei. Deshalb verehrten sie den Mäzen und vergötterten den Meister, schmückten ihre Wohnzimmer mit Schwänen aus Porzellan und Metall, tauften ihre Kinder Isolde und Siegfried, gingen ins Theater wie in eine Kirche, wollten noch in Weinstuben und Bierkellern in Wagnermusik schwelgen.

Dies sei gar keine Musik, meinten die Anti-Wagnerianer, allenfalls eine Musik für Unmusikalische. Die Wagnerianer verachteten solche Banausen und fürchteten ihren Spott. Da man sie, wie gewöhnlich, in den niederen Ständen angesiedelt glaubte, wurden vorsichtshalber zur Uraufführung von »Tristan und Isolde« keine Karten für die billigeren Plätze abgegeben.

Dennoch war nicht zu verhindern, daß auch aus höheren Rängen Mißfallen geäußert wurde. »Man zischte viel«, erinnerte sich Gottfried von Böhm, ein Gläubiger. »Beinahe hätte ich Skandal bekommen mit Widersachern.« Josephine von Kaulbach, die Gattin des Malers Wilhelm von Kaulbach, äußerte ihre Kritik schriftlich: »Die Steigerung der wütendsten Leidenschaft füllt den ganzen zweiten Akt, der aus einem Duett besteht, welches dreiviertel Stunden dauert, ohne Melodie; die höchst barbarischen, ich möchte sagen, die Leidenschaften eines vorsintflutlichen Geschlechts ausdrükkend.«

Über Entgleisungen eines bäuerischen Stammes, der Bajuwaren eben, entrüsteten sich Wagnerianer. Das Münchner Volkstheater studierte die Parodie »Tristanderl und Süßholde« ein. Zeitungen, die Volksnähe suchten, überboten sich mit Karikaturen des Meisters, den sie »Rumorhäuser« nannten. Mit »monatelang die Sonne verfinsternden und alle unsere Fluren verzehrenden Heuschreckenschwärmen« wurden der Meister und seine Mitarbeiter verglichen.

Sie waren von jenseits der weißblauen Grenzen gekommen, was von vornherein anrüchig war. Diese Musiker bildeten, wie die von Maximilian II. berufenen Professoren und Poeten, in München eine Kolonie und spielten sich wie Kolonialherren auf. Von »borniertem bayerischen Nativismus« sprach Carl Friedrich von Glasenapp, Wagners Hausbiograph. Die Eingeborenen, behauptete Wagners Revolutionsgenosse Georg Herwegh, interessiere nichts, was über ihren Hofbräuhaushorizont hinausgehe: »Keine Schönheit rührt ihr dickes, undurchdringlich dickes Fell.«

Hans von Bülow, der von Wagner betrogene Ehemann, griff als Wagners Kapellmeister sogar Münchner an, die sich dem Meister im Theater nähern wollten: »Was macht's, ob ein paar Dutzend Schweinehunde mehr oder weniger im Parkett sitzen«, verteidigte er sein Vorhaben, den Orchestergraben zu verbreitern, wodurch eine Reihe Sperrsitze verlorengegangen wäre.

»Sollte Hans von Bülow, dieser Bürstenabzug echt preußischer Selbstüberschätzung und Grobheit, sich dermalen in die patriotischen Räume des Hofbräuhauses verirren, das ›Zervierteln‹ wäre noch das Mindeste, was ihm geschähe«, schäumte das »Bayerische Volksblatt«. Der abgeklärte Theologe Ignaz von Döllinger hatte Derartiges nach der Berufung von Richard Wagner, Hans von Bülow und Peter Cornelius vorausgesagt: »Wenn das so fortgeht, werden den guten Bayern die fremden Tonkünstler bald so widerwärtig werden, als ihnen die vom Vater hereingerufenen fremden Gelehrten geworden sind.«

Die neuen »Nordlichter« verlangten für die Erleuchtung des dunklen Südens noch mehr Brennstoff als die alten. Und schienen Erkleckliches zu ihrem eigenen Ergötzen zu verwenden. Richard Wagner, der vom König einen Taktstock aus Elfenbein, Lapislazuli und Diamanten geschenkt bekommen hatte, trat nicht nur im Theater, sondern auch privat ganz groß auf. In seiner Villa in der Brienner Straße hielt der Maestro hof wie ein Fürst, in einem Stil, der den des Malers Hans Makart, des Dekorateurs der Wiener Gründerzeit, vorwegnahm.

Karikatur aus dem Münchner Satireblatt »Punch«
auf den unerschöpflichen Geldbedarf
Richard Wagners

»Prachtvolles Schlafzimmer, Samttapeten, Seidenvorhänge, Wollteppiche, Spiegelplafond mit Fresken von Pecht und Kaulbach. Gegen das Fenster zu ein kleines Orangenwäldchen, wo von Zeit zu Zeit eine eben zeitig gewordene Frucht abfällt. Der Waschtisch befindet sich in einer Felsengrotte mit wohlriechendem Moos, Efeu und Buchs bepflanzt. Auf dem Fels entspringen zwei Quellen, eine kalte und eine warme, die sich in zwei kristallene Lavoirs ergießen.« So karikierte der »Punsch«, ein Münchner satirisches Blatt, Wagners Wohnstil und Lebensstil.

Münchner spotteten über das, was sie verdroß, weniger über den Geschmack Wagners, der in etwa auch der ihre war, als über die Großspurigkeit, mit der er ihn zu Schau stellen konnte – dank der Mittel, die ihm aus der königlichen Kabinettskasse zuflossen.

Beamte begannen nachzurechnen. Bereits Wagners anfängliches Jahresgehalt, 4000 Gulden, entsprach dem Jahreseinkommen eines Ministerialrats. Und der »Kompositeur« forderte immer mehr: lebenslängliche Nutznießung eines Kapitals von 200000 Gulden. Nach einigem Hin und Her begnügte er sich mit einer Erhöhung seines Jahresgehalts auf 8000 Gulden und einer Barzahlung von 40000 Gulden. Die Beamten, die das nicht verhindern konnten, übten kleinliche Vergeltung – mit Kleingeld. Als Cosima von Bülow, die Wagners Majordomina geworden war, die 40000 Gulden abholen wollte, erhielt sie die Summe in Silbermünzen ausbezahlt. Zum Transport der Säcke waren zwei Droschken nötig.

Dieses Kabinett sei auszuwechseln, der Kabinettssekretär Pfistermeister und der Hofsekretär Hofmann zu entlassen, forderte der gekränkte Meister von seinem königlichen Jünger. »Mime« und »Fafner« nannte er die Beamten, nach den widerwärtigen Gestalten aus »Rheingold«, dem häßlichen Zwerg und dem brudermörderischen Riesen.

Ludwig-Siegfried antwortete Wagner-Wotan: »Jubelnd und mutentbrannt will ich dem tückischen Mime und Fafner entgegeneilen, unter Jauchzen will ich sie besiegen. Ja, mein Geliebter, jene können Ihnen nicht an, Sie sind sicher unter meinem Schutze.« Und: »Einen neuen Sekretär muß ich bekommen, koste es was es wolle.«

Siegfried und Wotan zogen in einen Kampf, den sie nicht gewinnen konnten. Die königlichen Beamten hatten die Berufung Wagners mit gemischten Gefühlen betrachtet und seine Extravaganzen mit wachsendem

Mißvergnügen verfolgt. Nun war es höchste Zeit, ihn vom hohen Roß zu holen und dem König, der ihn darauf gesetzt hatte, zu zeigen, wer in Bayern die Zügel in der Hand hatte.

Zunächst schlugen die Kabinettsgewaltigen den gegen sie gerichteten Angriff ab, was ihnen nicht allzu schwer fiel. Ludwig trat den Rückzug an, versuchte Wagner gegenüber sein Gesicht zu wahren: »Reiflich habe ich Ihren Rat erwogen«, schrieb er ihm. »Pfistermeister ist ein unbedeutender und geistloser Mensch, dies ist kein Zweifel; lange werde ich ihn nicht im Kabinette lassen, doch jetzt ihn und die übrigen Herren des Kabinetts zu entlassen scheint mir nicht angezeigt; der Zeitpunkt ist noch nicht gekommen.«

Aus der Defensive gingen die Kabinettsbeamten zur Offensive über, mit dem Ziel, Ludwig II. und Wagner auseinanderzubringen. Sie hatten es nicht ungern gesehen, sogar nachgeholfen, daß der junge König durch seinen Kunstenthusiasmus von den Regierungsgeschäften abgelenkt wurde, die sie ungestört besorgen wollten. Der Monarch sollte spielen, aber er durfte nicht ihre Kreise stören. Und nicht die Kasse ins Defizit und den Staat in Mißkredit bringen.

Schon wurde Wagner in München »Lolus« genannt, in Anspielung auf Lola Montez, die Mätresse, die nicht unschuldig daran gewesen war, daß Ludwig I. seinen Thron verloren hatte. Auch jetzt schien der Unmut des Volkes mit dem Günstling den Gunsterweiser zu treffen.

Vergleiche mit 1848 wurden gezogen, bei denen Lolus schlechter als Lola abschnitt: Die Montez sei ein Revolutionsobjekt gewesen, während Wagner ein Revolutionssubjekt sei. »Der Barrikadenmann von Dresden«, schrieb der »Neue Bayerische Kurier«, »der einst an der Spitze einer Mordbrennerbande den Königspalast in Dresden in die Luft sprengen wollte, beabsichtigt nunmehr, den König allmählich von seinen Getreuen zu trennen, deren Plätze mit Gesinnungsgenossen zu besetzen, den König zu isolieren und für die landesverräterische Idee einer rastlosen Umsturzpartei auszubeuten.«

Aus der Kabinettsäffäre war eine Staatsaffäre geworden. Das Ministerium war gefordert. Ludwig von der Pfordten, der Vorsitzende im Ministerrat, der in den Revolutionsjahren Minister des Königs von Sachsen gewesen war, hatte den »Barrikadenmann« in schlechter Erinnerung. Und hielt dessen Musik sozusagen für die Fortsetzung der Revolution mit anderen Mitteln: Die Überhebung der Persönlichkeit à la Wagner sei das zerstörende Element des Lebens und Staatswesens, erklärte von der Pfordten dem Schauspieler Emil Devrient. »Wenn die Fürsten nur ein wenig so zusammenhielten, wie die Demokraten es tun, so dürfte Wagnerische Musik nirgends aufgeführt werden.«

Im Königreich Bayern schien Wagner eine Doppelstrategie zu verfolgen, nicht nur mit antimonarchistischer Musik, sondern auch mit und durch den König einen Umsturz herbeiführen zu wollen. »Pfi« (Pfistermeister) wie »Pfo« (Pfordten) müßten entlassen werden, verlangte er von Ludwig. Im Kabinett wie im Ministerium sollte reiner Tisch für die reinen Absichten des Meisters und des Jüngers gemacht werden.

Wagner entwarf Richtlinien für eine deutsche Politik Bayerns. Deutsch sei, das Schöne und Edle nicht um Vorteile willen im Sinn zu haben. Deshalb sei Ludwig II. ein echter Deutscher und müßte als bester deutscher Monarch deutscher Kaiser werden, eine »französisch-jüdische« deutsche Demokratie verhindern und auch eine Herrschaft der preußischen Junker.

Ludwig, der sich vom Erlöser Bayerns zum Erlöser Deutschlands befördert sah, leitete die Wagnerschen Richtlinien seinen Ministern »zur Ausführung« zu. Das brachte das Faß ins Rollen. Selbst wenn dem einen oder anderen die Vorstellung, Bayern an der Spitze, zumindest Preußen nicht an derselben zu sehen, gefallen haben mochte – königlich bayerische Minister durften es nicht dulden, daß so mit ihnen und mit ihrem König umgesprungen wurde.

Was die Minister betraf, so erschwerten ihnen zwar die Wagnerschen Quertreibereien die Regierungsgeschäfte, aber ihre Regierungsmacht vermochten sie nicht zu erschüttern. Was den König betraf, so lief er durch die Hinwendung zu Wagner Gefahr, sich von seinem Volk zu entfernen, sich seinen Bayern zu entfremden. Der bayerische Staat, den Minister regierten und Beamte verwalteten, bedurfte jedoch eines Monarchen, der unangefochten den Staat symbolisierte, ihn dadurch zusammenschloß und zusammenhielt, den die Staatsbürger respektierten, mehr noch, verehrten und liebten.

So mußte das, was dem Monarchen schadete, dem Staate schaden. Dies war der eigentliche Grund, warum die Minister, die für ihn Verantwortung trugen, sich verpflichtet fühlten, Wagner das Wasser abzugraben und den Monarchen zur Räson zu bringen.

»Euere Majestät stehen an einem verhängnisvollen Scheidewege und haben zu wählen zwischen der Liebe und Verehrung Ihres treuen Volkes und der ›Freundschaft‹ Richard Wagners«, bedeutete am 1. Dezember 1865 Ministerpräsident von der Pfordten dem König und wurde deutlich: Pflege der Kunst und der Ideale sei zwar »eine edle Blüte gesunden Staatslebens und fürstlichen Sinnes«, nicht aber »die erste oder gar einzige Aufgabe, zumal in Zeiten wie die unsrigen, welche den Bestand der Staaten und Throne vielfach und ernst bedrohen und daher viel mehr ein Handeln in der realen Welt erfordern als ein Schwärmen in der idealen«.

Ludwig II. wurde aus den Wolken gerissen. »O mein Freund, wie fürchterlich schwer macht man es Uns«, schrieb er am 3. Dezember an Wagner. »Ziehen Wir Uns zurück von der Außenwelt, sie versteht Uns nicht!« Am 6. Dezember – der König war am Tag zuvor von Hohenschwangau nach München zurückgekehrt – wurde ihm das Ultimatum gestellt: Entweder Bruch mit Wagner oder Rücktritt des Ministeriums.

Der König tat, was er bisher nie getan hatte: Er suchte Rat bei seiner Mutter, seinem Großonkel Karl, beim Erzbischof von München-Freising. Wagner müsse weg, vernahm er unisono. Verstimmt, weil der Enkel bisher nicht auf ihn gehört hatte, war Exkönig Ludwig I. nach Nizza abgereist, die Bemerkung hinterlassend: Die Münchner würden schon bei Lolus wie einst bei Lola das Nötige von selber tun.

Sie könne nicht mehr für die Sicherheit des Monarchen bürgen, erklärte die Polizei. Ludwig rief nach dem Leibarzt: »Fühlen Sie meinen Puls, so bin ich erschüttert.« Das Volk sei erregt, weil er sich von Wagner beinflussen lasse, sagte Dr. Gietl und erhielt die Antwort: »Ja, Übergriffe hat er sich erlaubt.«

Ministerpräsident von der Pfordten bekam Post von seinem »sehr geneigten Könige und Freunde« Ludwig: »Mein Entschluß steht fest – R. Wagner muß Bayern verlassen. Ich will meinem teuren Volke zeigen, daß sein Vertrauen, seine Liebe mir über alles geht.«

Oberappellationsgerichtsrat Dr. Johann Lutz wurde noch am 6. Dezember von Ludwig II. beauftragt, Wagner aufzusuchen und ihm den Entschluß des Königs mitzuteilen. Der Meister geriet außer sich, über die Kunde wie über den Boten, einen Beamten des Kabinettssekretariats, das schließlich doch über ihn gesiegt hatte. »Mäßigen Sie sich, ich bin als Beamter hier«, sagte ihm Lutz, als Vertreter der Bürokratie, an der nichts ausgesetzt werden durfte und gegen die nichts ausgerichtet werden konnte.

Am Abend ging Ludwig ins Theater, um sich von »Iphigenie« ablenken zu lassen, dabei jedoch an Verrat und Mord erinnert wurde. Der König von Bayern wurde vom Theaterpublikum ausgezischt.

»Glauben Sie mir – ich mußte so handeln. Meine Liebe zu Ihnen währt ewig«, schrieb er am folgenden Morgen an Wagner. Und am Tage darauf, am 8. Dezember: »Verkennen Sie mich nicht, selbst nicht auf einen Augenblick; es wäre eine Höllenqual für mich. Heil dem geliebten Freunde!«

Kabinettssekretär Pfistermeister

Vielleicht war er doch nicht ganz so unglücklich, ihn wegschicken zu müssen, wie er versicherte. Ludwig, dem es an Selbstsicherheit mangelte, sah sich einem allzu Selbstsicheren gegenüber; unnahbar, wie er sein wollte, fühlte er sich zunehmend von Wagner bedrängt. Der König, der, wie er meinte, durch Selbstherrlichkeit glänzen sollte, drohte, in den Schatten Wagners zu geraten, der ohne Krone und Zepter Selbstherrlichkeit ausstrahlte. War nicht, wie ihm bedeutet wurde, der König von Gottes Gnaden in Gefahr, ein König von Wagners Gnaden zu werden?

Eben hatte er erfahren, wie abhängig der König von Bayern war – abhängig vom Kabinett, vom Ministerium, von Landtag, vom Volk. Sollte er noch eine weitere Abhängigkeit hinzufügen, die für ihn noch empfindlicher sein würde, weil sie ihn nicht im Königreich Bayern, sondern im Reiche seiner Ideale getroffen hätte? In Bayern war kein Platz für zwei Könige, und in seinem Traumimperium wollte er einzig und allein herrschen. Konnte einer Jünger bleiben, der Meister sein wollte? War ein Egozentriker überhaupt zu wahrer Liebe, ein Egoist zu dauerhafter Freundschaft fähig?

»Der König ward oft ärgerlich über Wagner und entwickelte überhaupt früh einen Charakter ohne jede Hingebung«, bemerkte Friedrich Pecht. »Das außerordentlich einschmeichelnde und verführerische Wesen, das Wagner in so hohem Grade zu Gebote stand, gefiel offenbar dem jungen Fürsten sehr, ohne daß er indes jemals auch nur einen Augenblick den ungeheueren Abstand vergessen hätte, der einen Fürsten, nicht nur seiner Meinung nach, von allen übrigen Sterblichen trennt.«

Im Morgengrauen des 10. Dezember 1865 fuhr Wagner mit Diener Franz und Hund Pohl von München in die Schweiz. Die Zusage, weiterhin sein Jahresgehalt von 8000 Gulden zu beziehen, nahm er mit. Und die Gewißheit, daß ein Wort Ludwigs Gültigkeit behalten würde: »Und wenn wir beide längst nicht mehr sind, wird doch unser Werk noch der späteren Nachwelt als leuchtendes Vorbild dienen.«

Kaum war Wagner abgereist, befiel Ludwig Reue, faßte er den Vorsatz, den Meister zurückzubitten, vornehmlich um seiner selbst willen: »O Immermangelnder, versprich mir zu kommen; denn dann nur lebe ich, sonst sieche ich dahin, gehe freudlos zugrunde!«

»Lange halte ich es nicht aus, von Ihm getrennt zu leben«, klagte Ludwig. Und als ihm bedeutet wurde, daß er ihn nicht zurückholen dürfe, wollte er zu ihm: »Mit Freuden verließe ich jetzt Land und Leute und folgte Ihm!« Der König sprach vom Abdanken.

Sie untersagten es ihm eher, als daß sie es ihm ausredeten, der Ministerpräsident von der Pfordten und der

Kabinettssekretär Pfistermeister, den Wagner den »eigentlichen politischen Geschäftsführer Bayerns« nannte. »Allein fühle ich mich nun, allein auf dem Königsthrone, umstrahlt von fürstlichem Glanze, dessen Feuer nicht erwärmt, unbegriffen von meinen Untertanen.«

Fortan mied er sie, die Minister und Beamten, München und die Münchner. Zunehmend verweigerte er sich seinem Amt und seiner Pflicht. Und begann sich in die Einsamkeit zu verkriechen.

Es war widersinnig, fast widernatürlich. Der zwanzigjährige Ludwig, vor knapp zwei Jahren König geworden, glich einem Schmetterling, der erwartungsvoll ausgeschlüpft, in die Welt hinausgeflattert war und sich beim ersten Windstoß wieder verpuppen, im Kokon einspinnen wollte.

7

1866: Ludwigs Sadowa

In der Residenz zu München bezog Ludwig II. das Obergeschoß im nordwestlichen Eckbau. Hier wohnte er ziemlich beschränkt, doch ganz oben und weit weg, fast wie in einem Burgturm.

Exkönig Ludwig I. hatte Ludwig II. besucht, um ihm seinen Rat anzubieten. Der blutjunge Anfänger wollte jedoch keinen annehmen. Das verdroß den Großvater, aber er wunderte sich nicht, als er sah, daß die Wände der Wohnräume mit Szenenbildern aus Wagnerschen Musikdramen bedeckt waren. »Könnte man an Zaubertränke glauben, man müßte annehmen, einen Zaubertrank habe Richard Wagner meinem Enkel gereicht.«

Die Verzauberung wollte er wie in einem Dornröschenschloß genießen, fernab von der schnöden Erde, umgeben von Bildern aus der von Wagner beschworenen Mythenwelt.

Im Königsbau der Residenz ließ Ludwig II. die unter Ludwig I. von Julius Schnorr von Carolsfeld begonnenen Nibelungenfresken vollenden. In fünf Sälen erzählten 19 Wandbilder die Geschichte von Siegfried und Hagen, Kriemhilde und Brünhilde, ebenso lyrisch wie dramatisch. Ludwig galt dies nur als mythologische Einstimmung auf den »Ring des Nibelungen«. Den zu seinen Wohnräumen führenden oberen Theatinergang ließ er als »Nibelungengang« ausgestalten, mit 30 Fresken von Michael Echter zum Werke Richard Wagners, Szenen zu »Rheingold«, »Walküre«, »Siegfried« und »Götterdämmerung«.

Der Meister hatte sich die Entwürfe des Malers vorlegen lassen, hatte zahlreiche Änderungen verlangt, bis er seinem königlichen Mäzen melden konnte: »Ich fasse nun wirklichen Mut zu seiner Arbeit und glaube, daß wir mit diesen Bildern eine wirkliche Vorarbeitung für die einstige Aufführung des Nibelungenwerkes erhalten.«

Im Gang waren Bühnenbilder zu bewundern, in den Wohnräumen war Wagner-Nippes zu bestaunen. Auf dem Schreibtisch wimmelte es von Schwänen aus Metall und Porzellan, so daß die blausamtene Schreibmappe kaum Platz fand. In einen Siegelstock aus sibirischem Amethyst war ein Wagner-Porträt eingeschnitten. Durch eines der drei Fenster des Arbeitszimmers drang wenig Licht, weil es mit einer auf einer Säule stehenden Wagner-Büste verstellt war.

Der Zierat war nach altgermanisch-neudeutscher Art, die Ausstattung à la Louis Quinze. Das eine entsprach der mythischen Traumwelt des Hausherren, das andere seiner Vorstellung, wie ein König auf dieser Erde regieren sollte: absolut und pompös.

Seine Wohnung im Neurenaissancebau Leo von Klenzes ließ er von Franz Seitz in Neurokoko gestalten. Es war weniger Kunst als Kunstgewerbe, doch Ludwig schien es zu gefallen, zumindest zu imponieren.

Die Mitte des Audienzzimmers nahm der goldstrotzende Thronsessel ein, unter einem Baldachin mit Federbüschen und Hermelinvorhängen. Im Arbeitszimmer standen massiv vergoldete Möbel unter dem pastellfarbenen Deckengemälde »Apollo mit seinen Sonnenrossen und die vor dem Lichte fliehende Nacht«. Im Schlafzimmer prangte auf einer Estrade das Himmelbett, hinter einem Geländer, auf dessen Brüstung eine Büste Ludwigs XIV. stand. Daneben, auf einem Prunkkästchen, befand sich eine Büste der Königin Marie-Antoinette, der guillotinierten Gemahlin Ludwigs XVI.

So hatte er beim Einschlafen wie beim Aufwachen Glanz und Elend des Königtums vor Augen – den Sonnenkönig und das Revolutionsopfer. Ludwig XIV. gleich zu sein, war sein Traum. Ähnlich zu enden wie Marie-Antoinette wurde sein Alpdruck.

»Wie konnte er schlafen in dem mit Schmuck beladenen Bett«, fragte sich Luise von Kobell, »unsanft lag der Körper auf den zollhohen Reliefstickereien des Kanapees; setzte er sich an den Tisch, so kamen seine Knie in Berührung mit der Goldornamentik. Die Schreibmappe war wegen ihrer Porzellan- und Metall-

Die Residenz in München

belastung schwer zu benützen, der Federhalter derart mit benvenutischen Ziselierungen übersät, daß man ihn nur kurze Zeit halten konnte.«

Die Wohnräume waren so überladen mit Pomp und Tand, daß der Eßplatz für den König lediglich ein zwar reich geschnitzter und üppig vergoldeter, aber winziger Tisch war. Am liebsten hätte er sich von Nektar und Ambrosia, von Göttertrank und Götterspeise ernährt. Er begnügte sich mit Alkermes-Likör und Aufgewärmtem. Die Hofküche lag am anderen Ende der Residenz; die auf dem langen Weg kalt gewordenen

Speisen mußten im Lakaienzimmer wieder aufgewärmt werden.

Ein Laubengang führte von den Wohnzimmern in den Wintergarten, in sein Paradies. Auf dem Dach des Festsaalbaus erhob sich ein Pavillon aus Glas und Eisen, ausladend und schwer, so daß das Bauwerk gefahrvoll belastet war. Wie ein ätherisches Wesen kam er Ludwig vor, luftig und leicht, wie ein Ballon, in dem er in den Himmel zu schweben vermochte.

Ein Gewächshaus seiner Phantasie, ein Treibhaus seiner Träume wurde dieser Wintergarten: Palmen und Orchideen, Lotosblumen und Heckenrosen, Goldfische, Papageien, süße Düfte und schwüle Luft, ein kleiner See in einer Wiese, durch die ein Bächlein floß, gesäumt von Hyazinthen. Chinesische Enten, die sie abzufressen begannen, wurden entfernt. Die Beschwerde der darunter wohnenden Mutter, Wasser tropfe in ihr Zimmer, wurde ignoriert.

Immer häufiger schloß er sich in seinen Garten Eden ein, vor dessen Tür Lakaien wachten, daß kein Unberufener ihn betrat. Er zog sich in die Grotte oder in die Fischerhütte zurück, setzte sich in den vergoldeten Nachen, schaukelte dahin, in Lampenlicht und bengalischem Feuer.

Mitunter steigerte er die Stimmung, indem er sich aus »Lohengrin« oder »Tristan und Isolde« vorsingen ließ, von Sängerinnen und Sängern des Hoftheaters. Josephine Scheffsky, die eine Figur hatte, wie sie Wagner-Rollen erforderten, brachte den Kahn, in dem sie eine Arie zum besten gab, zum Kentern. Sie fiel ins Wasser, der Musikliebhaber floh, überließ dem Kammerdiener die Rettungsaktion.

Vom Wohntrakt führte ein Gang zum Hoftheater, zu dem sich der Hausherr oft und gern begab. Begegnen wollte er dabei niemandem; Gendarmen waren so postiert, daß dem König niemand bei der Einstimmung auf den Theatergenuß stören konnte.

Bei den Nachmittagsspazierfahrten in den Englischen Garten wollte er nicht gesehen werden. Schaulustige, die sich vor der Residenz eingefunden hatten, kamen nicht auf ihre Kosten. Der König befahl schärfsten Trab, lehnte sich im geschlossenen Wagen so weit wie möglich zurück, bei der Ausfahrt wie bei der Rückkehr in seinen »goldenen Käfig«, wie er die Residenz nannte.

Ausfliegen wollte er, aus der Hofburg, aus München. Immer mehr gelüstete es ihn, »die verhaßte, unselige Stadt auf lange Zeit zu verlassen, an welche mich

Der Wintergarten König Ludwigs II.
in der Münchner Residenz mit dem malerischen Pavillon

nichts fesselt, die ich mit unüberwindlichem Widerwillen bewohne«.

Bereits im Jahr 1864, in dem er den Thron bestiegen hatte, war er von 296 Regierungstagen nur 68 Tage in seiner Haupt- und Residenzstadt gewesen. Nachdem sie Wagner verjagt hatten, wollte er die Münchner noch weniger sehen, München noch öfter und für länger verlassen.

Allzuweit flog er nicht, in die Berge, nach Schloß Hohenschwangau, an den Starnberger See, nach Schloß Berg. Wie Hohenschwangau war Berg, ein Landschloß, von seinem Vater Maximilian II. neugotisch aufgeputzt worden. Der Sohn war auch hier jener Romantik begegnet, die ihn sein Leben lang begleitete.

Ludwig II. veränderte nichts am Äußeren und wenig im Inneren, das wie eine Melange aus Biedermeier und Viktorianismus anmutete. Im behaglichen Wohnzimmer stand ein Kachelofen, das Schlafzimmer war bequem, gutbürgerlich, die Hofhaltung eher die eines Landadligen.

Fürst zu Hohenlohe-Schillingsfürst rümpfte die Nase über das ländliche Wesen des königlichen Etablissements; die Gänge »wimmeln immer von Spülweibern und Mägden, die allerlei Gefäße tragen«. Der Gesandte des Großherzogs von Baden, Robert von Mohl, rieb sich die Augen angesichts des Kontrastes zwischen der übertriebenen Pracht der Residenz und der untertriebenen Schlichtheit in Berg: keine Wache, kein Portier, kein Diener, ein Garten, der eigentlich nur aus Wald bestand, das Schloß »klein, eng und außerordentlich einfach« – eine »Mischung von königlicher Haltung, von klösterlicher Absperrung und von unordentlicher Junggesellenwirtschaft«.

Ludwig hatte sich Berg mit Bildnissen aus der Welt seines Lieblingsdichters Schiller und seines Lieblingsmusikers Wagner wohnlich gemacht: Zeichnungen zu »Maria Stuart«, »Don Carlos«, der »Jungfrau von

Orleans« und »Wilhelm Tell«. Und Szenenbilder aus Wagners Opern, Plastiken von Wagners Helden, aus Alabaster und en miniature, die wie Schachfiguren aufgestellt waren.

Und Schwäne gab es auf dem Starnberger See, echte Schwäne, aber auch Dampfschiffe, die im Tempo des 19. Jahrhunderts dahinschaufelten, doch Namen trugen, die an Bayerns Tradition wie an Ludwigs Phantasien erinnerten, »Tristan« oder »Wittelsbach«.

Schon standen Villen arrivierter Bürger am Ufer, doch die Bauerhöfe waren noch in der Überzahl, und die Städter suchten es der Landbevölkerung gleichzutun. Ludwig, der von den Menschen noch am ehesten die Bauern mochte, fühlte sich von ihnen am wenigsten gestört. Sonntags ging er in die Kapelle von Oberberg, wo er die Messe mit den Dörflern feierte.

Schloß Berg

Und hinter dem See lagen die Alpen, an Föhntagen so nahe, daß sie in einem kurzen Ritt erreichbar schienen. Das war Ludwigs königliches Vergnügen: ein Pferd zu besteigen und in die Berge zu reiten, wo die Freiheit wohnte und er die Einsamkeit suchte.

Mitunter schien es, als verschaffte ihm ein Ausreiten in der Einbildung noch mehr Pläsier als ein Ausflug in die Wirklichkeit. In der Hofreitbahn ritt er mehrere Nächte, von acht Uhr bis zwei oder drei Uhr in der Frühe, immer im Kreise herum, nur anhaltend, um das Pferd zu wechseln oder eine Kleinigkeit zu sich zu nehmen, bis er – nach seiner anhand der Karte vorgenommenen Distanzberechnung – am gesteckten Reiseziel angekommen zu sein schien. »Der Reitknecht, der letztlich mit dem Könige in der Reitbahn ›von München nach Innsbruck‹ geritten war, erhielt für diese Begleitung eine goldene Uhr mit Kette«, berichtete der österreichische Gesandte Graf Trauttmansdorff.

Ludwig reiste lieber im Reiche seiner Phantasie als in der wirklichen Welt. Es drängte ihn nicht, auf dieser Erde unterwegs zu sein, tatsächlich irgendwo anzukommen und zu verweilen, dadurch Erfahrungen zu sammeln und sich Befriedigung zu verschaffen. Ihm genügte es, sich auf gewohntem Terrain zu bewegen, in seinen Schlössern und Almhütten, auf vertrauten Bergpfaden und Waldwegen. Darüber hinaus zog es ihn lediglich in die Weite seiner Vorstellungswelt, die ihm endlos und voller Abwechslungen erschien.

Überdies ging er nicht gerne unter Menschen, fremde schon gar nicht. Außerhalb der weiß-blauen Grenzen hätte er sich nicht wohl gefühlt, vor allem nicht in jenen Ländern, von denen er seine Unabhängigkeit bedroht hielt, vor allem Preußen und Österreich. So kam er nie nach Wien oder Berlin. Und in Italien fürchtete er die Banditen. Wenn er sich schon zu einer Reise aufraffte, dann nur, um aus Büchern Entnommenes und in der Einbildung Erlebtes bestätigt zu sehen.

Die erste Reise – im Sommer 1864 – führte den königlichen Romantiker an die Hauptschlagader der deutschen Romantik, den Rhein. Mit der Eisenbahn fuhr er auf dem linken Ufer vom »Goldenen Mainz« zum »Heiligen Köln«. »An die Vorzeit mahnend, erheben sich die hehren Burgen zu beiden Seiten dieses prachtvollen Stromes!« schwärmte Ludwig. »Ich hatte ein Buch bei mir, welches die Rheinsagen enthält, und so ward es mir möglich, mich ganz in die Wunder des Mittelalters zu versetzen.«

Mit Schillers »Wilhelm Tell« in der Hand reiste er im Herbst 1865 inkognito in das Land der Eidgenossen. Vom Gasthaus »Zum Rößli« in Brunnen aus besuchte er den Ort des Rütlischwurs, die Tellsplatte, die Stauffacher Kapelle bei Steinen und die Hohle Gasse bei Küßnacht. Im Schwyzer Rathaus bewunderte er eine gemalte Darstellung der Tell-Sage. »Das Land des Wilhelm Tell sendet dem jungen königlichen Freund einen warmen Gruß«, hieß es in der Schwyzer Zeitung, die das Inkognito gelüftet hatte. Der König erwiderte: »Ich grüße ebenfalls Meine lieben Freunde aus den Urkantonen, für welche Ich schon als Kind eine Vorliebe hatte.«

Die Liebe zu Wagner, die durch den Trennungsschmerz vertieft worden war, trieb ihn ein zweitesmal in die Schweiz. Der Meister hatte sich in Tribschen am Vierwaldstätter See, am Fuße des Pilatus, niedergelassen. Der König überwies die Miete – und sandte Billets d'amour: »Ich liebe kein Weib, keine Eltern, keinen Bruder, keine Verwandten, niemanden innig und von Herzen, aber Sie!«

Wenn es des Teuren Wunsch und Wille sei, werde er die Krone niederlegen und für immer zu ihm ziehen, telegraphierte er ihm am 15. Mai 1866. Wagner versuchte es ihm auszureden. Der Meister wollte den Mäzen nicht verlieren, und dazu mußte dieser der König bleiben, der zumindest über die Hofkasse verfügte. Gegen einen Besuch zu seinem 53. Geburtstag am 22. Mai hatte er jedoch nichts einzuwenden.

Am Abend des Wiegenfestes klopfte ein Besucher an Wagners Tür, der sich als Walther von Stolzing meldete. So hieß der junge Ritter aus »Die Meistersinger von Nürnberg«, der Oper, an der Wagner arbeitete. Es war König Ludwig II. von Bayern. Er hatte sich am Morgen, begleitet vom Reitknecht Hornig, heimlich von Berg entfernt. Sie waren zur Bahnstation Biessenhofen geritten, dort in den Schnellzug und in Lindau auf das Dampfschiff nach Romanshorn gestiegen. Den Flügeladjutanten und Freund Paul Fürst von Thurn und Taxis hatte er vorausgeschickt.

»Ha diese Sonne! ha dieser Tag«, jauchzte Ludwig im Wagner-Ton. Zwei Tage blieben sie zusammen. Dann kehrte der König nach Berg zurück, »stolz und siegesbewußt«.

Er kam in ein aufziehendes Gewitter, dessen Donnergrollen auch ihm galt. Vor vierzehn Tagen, am 10. Mai 1866, hatte die königliche Regierung die Mobilmachung der bayerischen Armee angeordnet. Ein Krieg zwischen Preußen und Österreich stand bevor, und Bayern war vor die Entscheidung gestellt, ob es überhaupt und wenn, auf welcher Seite es in diesen Krieg eintreten sollte.

Und Ludwig II. hatte sich davongestohlen! Sicherlich, nicht er, sondern Minister und Landtag hatten die Entscheidung zu treffen. Aber der König hatte sie zu verbriefen und zu besiegeln, für sie vor dem Volke einzustehen und sie mit ihm durchzuführen.

Der Heimkehrer aus Tribschen wurde in München kühl empfangen. Sogar Schimpfworte sollen ihm auf der Straße nachgerufen worden sein, wußte Chlodwig zu Hohenlohe-Schillingsfürst zu berichten. »Bei der Fahrt nach der Kirche am Eröffnungstag des Landtags ist er vom Publikum nicht behurrat worden, und man hat ihn kaum gegrüßt.«

Bevor er in einen Krieg ziehen mußte, den er nicht gewinnen konnte, hatte er die Herzen vieler Bayern verloren.

Den Krieg von 1866 wollte er nicht. Kriege verabscheute er überhaupt, Ludwig II., der so viel von einem Schwanenritter und nichts, aber auch gar nichts von einem Soldaten an sich hatte.

So las er nicht ohne Zustimmung ab, was sie ihm aufgesetzt hatten, für die Thronrede bei der Eröffnung des Landtages am 27. Mai 1866: »Ich war eifrig bemüht, auf die Erhaltung des Friedens im Bunde hinzuwirken, dessen Wahrung ebenso Pflicht jedes einzelnen Bundesgliedes als der Gesamtheit ist. Noch will ich die Hoffnung nicht aufgeben, daß das Verderben eines Bürgerkrieges von Deutschland abgewendet werde, daß eine Lösung der schleswig-holsteinischen Frage auf dem Wege des Rechts und eine zeitgemäße Reform des Deutschen Bundes unter Mitwirkung einer nationalen Vertretung unserem großen Vaterlande neuerdings dauernden Frieden gebe.«

Um die Erhaltung des Friedens war konkret der Ministerpräsident und Außenminister Ludwig von der Pfordten bemüht gewesen, der dafür zuständig war und die bayerische Staatsräson vertrat. Bereits am 23. Februar 1861, also noch zur Zeit Maximilians II., hatte er an Pfistermeister, der damals schon Kabinettssekretär war, noch als bayerischer Bundestagsgesandter geschrieben: »Mein Rat ist also, den Bund zu stützen und zu halten, solange es geht, und zwar im Verein mit den Mittelstaaten.«

Der Deutsche Bund war der Verein aus souveränen Staaten, der 1815 an die Stelle des 1806 erloschenen Heiligen Römischen Reiches Deutscher Nation getreten war. Mit der Unabhängigkeit seiner Mitglieder sicherte er den Frieden in Deutschland und Europa – nun schon ein halbes Jahrhundert lang.

Von Anfang an war der Deutsche Bund bedroht gewesen: Von der Agitation der deutschen Nationalbewegung, die nach dem Jahrhundertmotto »Nation und Verfassung« einen liberalen und demokratischen deutschen Nationalstaat anstrebte. Und von der Rivalität der beiden Mitglieder, die als einzige zu den Großmächten zählten: Preußen und Österreich.

Beiden Gefahren zu begegnen, erforderte die bayerische Staatsräson. Die Nationalbewegung, die zunehmend die Gründung eines deutschen Einheitsstaates auf dem Rücken der deutschen Einzelstaaten und auf Kosten der konservativen Teilgewalten verlangte, sollte, was man anfänglich auch versuchte, aufgehalten, zumindest jedoch, nachdem sich das als unmöglich erwiesen hatte, gebändigt und gelenkt werden.

Eine Zeitlang, im Zeichen der Heiligen Allianz, hatten sich die Großmächte in den Rahmen des Deutschen Bundes eingefügt. Dann waren die Machtgegensätze zwischen Österreich und Preußen, die mit Friedrich dem Großen und Maria Theresia begonnen hatten, wieder hervorgetreten: nach der Revolution von 1848 und nun nach dem dänischen Krieg von 1864.

Ein Mittelstaat wie Bayern mußte vor beiden Großmächten auf der Hut sein. In der Vergangenheit hatte sich Österreich den westlichen Nachbarn ganz oder teilweise einzuverleiben versucht. In der Gegenwart drohte die größere Gefahr von Preußen. Bereits in der Frankfurter Nationalversammlung hatte das Gros der liberalen Nationalbewegung auf den preußischen Staat und die Hohenzollern und nicht auf das österreichische Vielvölkerreich und die Habsburger gesetzt.

Auch wenn Otto von Bismarck, der neue preußische Ministerpräsident, durch eine antiparlamentarische Innenpolitik die nationalen, propreußischen Liberalen brüskiert hatte – gerade weil er Macht vor Recht setzte, mußte damit gerechnet werden, daß er Preußens Interessen, wie er sie interpretierte, auch nach außen auf

Biegen oder Brechen durchsetzen wollte, gegen Österreich, die Mittelstaaten, den Deutschen Bund.

In ihm war das Königreich Bayern de jure gleichberechtigt, de facto aber eben nur eine Mittelmacht, die nichts gegen die eine oder andere Großmacht auszurichten vermochte, und schon gar nicht gegen beide. Die bayerische Außenpolitik spielte mit mehreren Möglichkeiten, um diese Unterlegenheit und damit die Gefahr einer Abhängigkeit wenigstens zu verringern. Nach der Trias-Idee suchte sie die Mittelstaaten zusammenzuführen, zu einem Dritten im Deutschen Bunde, einer dritten Macht zwischen Österreich und Preußen. Dies scheiterte am Egoismus der anderen Mittelstaaten, die Bayern keine Führungsrolle, die es wie selbstverständlich beanspruchte, einzuräumen gedachten.

Mit dabei waren sie jedoch immer dann, wenn es galt, Rivalitäten zwischen Österreich und Preußen zu schüren, um im Windschatten der Auseinandersetzungen der Großmächte ihre Eigenständigkeit zu pflegen. Doch das war ein waghalsiges Spiel: Es bestand die Gefahr, daß die Großen gemeinsam über die Kleinen, die ihre Kreise störten, herfielen. Oder, was wahrscheinlicher war, daß diejenige Großmacht, welche die Oberhand behielt, den Mittelmächten ihre Schaukelpolitik heimzahlte.

Sich an eine der beiden Großmächte von vornherein anzuschließen, hätte dazu führen können, daß man sofort und nicht erst später geschluckt worden wäre. Und zwischen ihnen sich hindurchzuwinden, glich einer Fahrt zwischen Scylla und Charybdis.

Die Steuerleute der bayerischen Außenpolitik hatten es versucht. Zunächst schienen sie das preußische Fahrwasser für ungefährlicher als das östereichische gehalten zu haben. Bayern erneuerte 1864 den Zollverein mit Preußen und erkannte 1865 das Königreich Italien, das im Kampf mit Österreich gegründet worden war, völkerrechtlich an.

Diese Distanzierung Bayerns von Österreich begründete Ludwig von der Pfordten dem König folgendermaßen: Auf das finanziell bankrotte, politisch zerklüftete Österreich könne nicht gesetzt werden; Preußen suche seine Annexionen im Norden, deshalb sollte versucht werden, durch eine Verständigung mit ihm die Unabhängigkeit im Süden zu sichern.

Zum alten bayerischen Argwohn gegenüber Österreich war die Verärgerung über dessen schwankendes Verhalten in der Frage Schleswig-Holsteins gekommen. Zunächst war es für, dann gegen den bayerischen Vorschlag gewesen, die von Dänemark freigekämpften Herzogtümer unter dem Erbprinzen von Augustenburg als neuen Mittelstaat in den Deutschen Bund aufzunehmen, was dessen Gründungsprinzip der Legitimität bestätigt und die Position des »dritten Deutschlands« gestärkt hätte.

Im Vertrag von Gastein, am 14. August 1865, hatten jedoch die beiden Großmächte ihre gemeinschaftliche Oberhoheit über Schleswig-Holstein bekräftigt und vorläufig die Verwaltung unter sich aufgeteilt. Bayern nahm dies Österreich übler als Preußen, dessen Ministerpräsident Bismarck ohnehin im Verdacht stand, die ganze Kriegsbeute allein vereinnahmen zu wollen. Vielleicht könnte man, meinte von der Pfordten, die eigene Haut retten, wenn man sie ihm zugestand.

Derartige Überlegungen machte Bismarck mit der Besetzung des österreichisch verwalteten Holsteins und durch seinen Bundesreformplan zunichte. Das Vielvölkerreich Österreich sollte aus dem Deutschen Bund ausgeschlossen werden und dieser eine Nationalversammlung durch allgemeine, öffentliche und freie Wahlen bekommen.

Bayern sah seine Unabhängigkeit doppelt bedroht: durch den Ausschluß Österreichs aus dem Deutschen Bund, der die Souveränität der Mittelstaaten nur durch die Mitgliedschaft beider Großmächte zu gewähren schien, und durch ein demokratisch gewähltes Nationalparlament, das den Einheitsstaat durch Mehrheitsbeschluß fordern könnte.

Bayerns Ultima ratio war das Festhalten am Bundesrecht. Da Bismarck nicht nur Bundesrecht brach, sondern – durch den Austritt Preußens am 14. Juni und den Einmarsch in Sachsen, Hannover und Kurhessen am 16. Juni 1866 – den Bund zerstörte, mußte Bayern, ob es wollte oder nicht, zu Österreich halten, das Bund und Bundesrecht verteidigte – im Deutschen Krieg von 1866.

Ludwig von der Pfordten hatte die bayerische Außenpolitik bis zu diesem Punkt geführt. Der König war ihm gefolgt, übereinstimmend in den Grundsätzen, zustimmend zum Vermittlungskurs, schließlich widerstrebend, als es dem Krieg entgegenging.

Der Deutsche Bund war auch für Ludwig II., dessen Urgroßvater Maximilian I. Joseph ihn mitgegründet hatte, der Garant der bayerischen Souveränität und ein Rahmen deutscher Zusammengehörigkeit. Auch der vierte König von Bayern stand auf dem Boden des monarchischen Prinzips, das diesem Fürstenbund zugrunde lag. Mit fürstlichen Mitgliedern war er verwandt. Seine Mutter war eine Hohenzollerin, Tanten und Großtanten waren mit Habsburgern verheiratet; die Mutter Kaiser Franz Josephs I. war eine Wittelsbacherin, eine Tochter Maximilians I. Joseph.

Ludwig II. war bestürzt, als ihm der Ministerpräsident im Februar 1866 den Ernst der Lage schilderte. Pfordten erzählte später, einen Krieg zwischen Hohenzollern und Habsburg, unter Vettern, habe der Wittelsbacher für undenkbar gehalten und den Ministerpräsidenten beschworen, ihn unter allen Umständen zu verhindern.

Es sei das erstemal gewesen, daß der König für eine Staatsangelegenheit regere Teilnahme bekundet habe, bemerkte von der Pfordten, der ohnehin bestrebt war, durch Vermittlung den Krieg zu vermeiden. Seine Friedenspolitik scheiterte an Bismarck, der nicht davor zurückschreckte, die deutsche Frage mit »Eisen und Blut« zugunsten Preußens zu lösen.

Ludwig erinnerte sich kaum noch an die erste – und einzige – Begegnung mit dem preußischen Ministerpräsidenten im August 1863 in München. Bismarck behielt ihn im Gedächtnis, erzählte in seinen »Gedanken und Erinnerungen« von der Hoftafel in Nymphenburg, an der Kronprinz Ludwig sein Nachbar gewesen war: »Ich hatte den Eindruck, daß er mit seinen Gedanken nicht bei der Tafel war und sich nur ab und zu seiner Absicht erinnerte, mit mir eine Unterhaltung zu führen, die aus dem Gebiete der üblichen Hofgespräche nicht hinausging. Gleichwohl glaubte ich in dem, was er sagte, eine begabte Lebhaftigkeit und einen von seiner Zukunft erfüllten Sinn zu erkennen.«

Nun schien seine Zukunft gefährdet zu sein, durch Bismarcks Trieb zur Vergrößerung Preußens und seinen Ruf nach einem Nationalparlament. Der König habe sich besorgt über die »Parlamentsidee« geäußert, berichtete Chlodwig zu Hohenlohe-Schillingsfürst, der sie ihm wie Bismarcks ganze Politik vergeblich nahezubringen suchte. »Preußen erstrebe jetzt nur die Suprematie in Norddeutschland. Hier unterbrach mich der König und sagte: ›Jetzt, aber später werden sie auch noch mehr verlangen.‹«

Ludwig II. schien sich bewußt zu sein, daß das Bündnis zwischen preußischem Machtstaat und deutscher Nationalbewegung mit der staatlichen Souveränität Bayerns die monarchische Souveränität des Königs von Bayern bedrohte.

»Ein teutsches Parlament wäre der Anfang unseres Endes als regierende Fürsten«, erklärte der Großvater, Exkönig Ludwig I. »Unter das preußische Kaisertum sich beugend, wird Bayern mediatisiert, allein mit Österreich verbunden ebenfalls.« Wenn Bayern aber vor die Wahl gestellt würde, sich für die eine oder andere Macht zu entscheiden, dann sei Österreich vorzuziehen.

Vor dieser Wahl stand nun Bayern. Der Ministerrat entschied sich einstimmig für Österreich und den Deutschen Bund. Ludwig wäre das recht gewesen, wenn es nicht Krieg bedeutet hätte. Er wolle Frieden haben, betonte der König. Es käme jetzt nicht mehr auf das Wollen an, antwortete ihm der Ministerpräsident.

Bereits gegen die am 9. Mai vom Ministerrat beschlossene Mobilmachung hatte sich der König ausgesprochen, obwohl sie zu diesem Zeitpunkt noch als Vorsichtsmaßnahme oder als eine Vorbereitung für eine bewaffnete Neutralität gedeutet werden konnte. Er wolle abdanken, hatte Ludwig gesagt, doch dies war ihm mehr aus Schmerz über die Trennung von Wagner als aus Liebe zum Frieden in den Sinn gekommen. Den Trennungsschmerz suchte er durch die Visite in Tribschen zu lindern und anschließend in der Idylle von Berg zu pflegen. Als der Krieg heranrückte, flüchtete er sich am 10. Juni 1866 mit dem Flügeladjutanten Thurn und Taxis und dem Reitknecht Völk auf die Roseninsel im Starnberger See.

Am Vortage hatte die Kammer der Abgeordneten in einer Adresse an den König erklärt: »Wer für das Recht nicht mitkämpfen wolle, begünstige das Unrecht und verletze die heiligsten Pflichten gegen den Bund und das Vaterland.« Am 11. Juni schrieb Paul von Thurn und Taxis an Richard Wagner, »der erhabene Freund« und er hätten »fern vom ekligen Getriebe der gemeinen Welt« den Jahrestag der Uraufführung von »Tristan und Isolde« gefeiert.

Die Adreßdeputation der Reichsräte empfing Ludwig II. nicht. Vom Kabinettssekretariat und vom Ministerium wollte er niemand sehen. »Ein Boot bringt die zu unterschreibenden Papiere hin und zurück«, erregte sich der österreichische Gesandte. »Hingegen sah man neulich abend Seine Majestät ein Feuerwerk auf seiner Insel abbrennen. So in dem Augenblicke, wo es sich um Krieg und Frieden handelt.«

Am 16. Juni 1866 begann Preußen den Deutschen Krieg. Am 17. Juni telegraphierte Ludwig II. an Richard Wagner in die Schweiz: »O tief beklagenswerte Zeit!«

Generalleutnant Ludwig Freiherr von der Tann. Stahlstich aus »Über Land und Meer«

Einer Niederlage ging Bayern an der Seite Österreichs entgegen. Das Volk ahnte es. Münchner betrachteten in den Schaufenstern der Buchhandlungen ausgehängte Karten, beeindruckt vom großen Fleck, den Preußen bereits jetzt bildete, befürchtend, daß er sich wie ein Ölfleck ausbreiten könnte.

Die Verantwortlichen wußten es. »Das ist das Ende von Deutschland«, klagte Ministerpräsident Ludwig von der Pfordten. Die Preußen seien intelligenter und tüchtiger als die Österreicher, erklärte Justizminister Eduard von Bomhard. Aber den Bayern sei nichts anderes übriggeblieben, als an die Seite der Österreicher zu treten, denn dort stehe das Recht: »Fiat justitia, et pereat mundus – Gerechtigkeit muß sein, und sollte die Welt darüber zugrunde gehen!«

»Wenn der Max noch lebte«, hieß es im Herrenklub, »würde es nicht so weit gekommen sein.« Er hätte auch nichts machen können. König Maximilian II. hat-

Generalfeldmarschall Prinz Karl von Bayern.
Stahlstich aus »Über Land und Meer«

te zwar versucht, durch »Nordlichter« Bayern à la Preußen zu erleuchten. Aber an eine Verstärkung der bayerischen Armee nach preußischem Muster hatte er nicht gedacht.

Das Militär war von allen Königen von Bayern vernachlässigt worden: Von Maximilian I. Joseph, der eine respektable Kriegsarmee nicht schnell genug wieder auf Friedensfuß hatte setzen können. Von Ludwig I., der griechische Helden und nicht bayerische Soldaten im Sinn hatte. Von Maximilian II., der das Dozieren, nicht das Exerzieren schätzte. Und erst recht von Ludwig II., der lieber das Lohengrin-Kostüm als die Uniform anlegte.

Weder der oberste Kriegsherr noch der Oberbefehlshaber erweckten Zuversicht. Generalfeldmarschall Prinz Karl, der Bruder Ludwigs I. und Großonkel Ludwigs II., war einundsiebzig. Bereits in den Befreiungskriegen war er Generalmajor, mit achtzehn freilich noch zu jung für Kriegsruhm, gewesen. Als »le beau prince de Bavière« hatte er auf dem Wiener Kongreß geglänzt. Er hatte zweimal bürgerlich geheiratet, eine Sophie Petin und eine Henriette Schoeller. Zu Hause, am Tegernsee, hielt er Hof wie ein Fürst des Ancien régime und ein nicht nur um Menschen, sondern auch um Bäume besorgter Patriarch; er kaufte den Bauern manche Linde und Eiche ab, um sie vor dem Fällen zu bewahren.

Nun glich er einem alten Schlachtroß, das nicht einmal mehr ungeduldig mit den Hufen scharrte. Als Generalstabschef stellte man ihm Ludwig Freiherr von der Tann zur Seite, der einen Sieg Österreichs nicht für möglich hielt. Kriegsminister war Eduard von Lutz, ein Militärbürokrat, der, als er aufs Pferd steigen mußte, mit dem Kopf an der Tür anstieß.

Die Mobilmachung dauerte vom 10. Mai bis zum 22. Juni. Das bayerische Armeekorps zählte schließlich 40000 Mann. Bewaffnet waren sie mit dem Podewilsgewehr, das zwar nicht so gut, aber auch nicht viel schlechter war als das preußische Zündnadelgewehr. Die bayerischen Soldaten zeigten »nicht eigentlich Furcht vor dem Feinde«, berichtete Prinz Luitpold, ein Onkel Ludwigs II. »Zucht, Schule und intelligente Führung sind es, welche fehlen.«

Seit 1852 hatten keine Armeemanöver mehr stattgefunden. Ein Operationsplan war nicht vorhanden, weder für die bayerische Armee und erst recht nicht für die verbündeten Armeen. Generalstabschef von der Tann hatte den Österreichern zugesagt, die bayerischen Streitkräfte an den linken Flügel der österreichischen Nordarmee in Böhmen heranzuführen. Ministerpräsident von der Pfordten unterband dies mit der Begründung, es sei Aufgabe des bayerischen Heeres, die eigenen Grenzen zu schützen. Ähnlich dachten die süddeutschen Bundesgenossen Bayerns. Von Anfang an fehlten eine einheitliche Politik und eine gemeinsame Strategie.

Prinz Karl war Oberbefehlshaber nicht nur der bayerischen, sondern aller süddeutschen Truppen, die in zwei Bundesarmeekorps gegliedert waren, das VII. bayerische Armeekorps und das VIII. Armeekorps, das aus Württembergern, Badenern, Hessen-Darmstädtern und Nassauern bestand. Auch deren Staaten hatten sich für Österreich und den Deutschen Bund entschieden.

Dreizehn bundestreue Staaten unter Führung Österreichs standen achtzehn sezessionistischen Staaten unter Führung Preußens gegenüber. In Nordamerika war eben der Sezessionskrieg mit dem Sieg der unionstreuen Nordstaaten und der Niederlage der abtrünnigen Südstaaten zu Ende gegangen. In Deutschland sollte es umgekehrt verlaufen. Denn hier verteidigte der Süden einen Bund, der selbst von vielen deutschen Southerners für überlebt gehalten wurde, stritt der Norden für eine neue Union, die der Jahrhundertforderung nach dem Nationalstaat und dem Verfassungsstaat entsprechen sollte.

Die Kampfmoral im deutschen Süden war nicht hoch. Man zog in einen deutschen Bruderkrieg, was Bayern mehr zu hemmen schien als Preußen. Und im eigenen Lager gab es Bürgerkriegsstimmung, weil dieser Machtkampf auch als Konfessionskrieg zwischen Protestanten und Katholiken hingestellt worden war.

So mancher bayerische Protestant wünschte den Sieg der preußischen Glaubensbrüder, nicht nur insgeheim. Als bayerische Truppen durch das fränkische Lonnerstadt zogen, ließ der evangelische Schullehrer durch seine Schulkinder ein Hoch auf Bismarck ausbringen. Ein evangelischer Vikar ermahnte bei einem Feldgottesdienst bayerische Soldaten zum Gebet für den Sieg des rechten Glaubens – selbstredend für seinen.

Ludwig II., der König von Bayern, trat nicht wie Wilhelm I., der König von Preußen, an die Spitze seiner Truppen. Es hatte schon genug Mühe gekostet, ihn zum Besuch des Hauptquartiers in Bamberg am 26. und 27. Juni zu bewegen. Die Soldaten begrüßten ihn begeistert, in der Erwartung, daß er mit ihnen in den Kampf ziehen würde.

Doch er fuhr zurück, verschanzte sich in Berg, korrespondierte mit Richard Wagner. Immerhin ließ er sich, wie eine Zeitung meldete, zur Verbindung mit den Ministern in München einen Telegraphen einrichten.

Es gingen keine guten Nachrichten ein. Am 29. Juni kapitulierte die Armee des verbündeten Königreiches Hannover bei Langensalza. Die Bayern waren zu spät aufgebrochen und zu langsam marschiert, als daß sie dies hätten verhindern können.

Am 3. Juli wurde bei Königgrätz in Böhmen die österreichische Nordarmee entscheidend geschlagen. Am Tage darauf stießen die Bayern mit der preußischen Mainarmee zusammen, noch jenseits der weißblauen Grenze, bei Dermbach. Die »Löwen« schlugen sich tapfer, aber die Preußen erreichten ihren Zweck: die Verhinderung der bei Fulda vorgesehenen Vereinigung der süddeutschen Truppen. Prinz Alexander von Hessen, der Befehlshaber des VIII. Bundeskorps, zog sich nach Westen, Prinz Karl von Bayern, der Befehlshaber des VII. Bundeskorps, auf bayerischen Boden, nach Kissingen, zurück.

Die Preußen stießen nach und waren nicht mehr aufzuhalten. Am 10. Juli siegten sie bei Kissingen, am 16. Juli waren sie in Frankfurt am Main, dem Sitz des Bundestages, der sich nach Augsburg abgesetzt hatte. Die

Preußen überschritten die Mainlinie, erreichten am 31. Juli Nürnberg. Auf der Kaiserburg wehte die schwarzweiße Fahne.

Königinmutter Marie, die Preußin, pflegte in fränkischen Lazaretten bayerische Verwundete. Ludwig II. blieb am Starnberger See, dachte an Richard Wagner am Vierwaldstätter See, hätte sich am liebsten dorthin geflüchtet und bei ihm Asyl gesucht. »Allein, verlassen bin ich, wo Er nicht ist; Wir müssen für immer vereinigt sein.«

Wiederum wollte er abdanken, um Wagners willen und der Preußen wegen. »Wenn Wir unter Preußens Hegemonie zu stehen kommen, dann fort, ein Schattenkönig ohne Macht will Ich nicht sein!« Richard Wagner, der einen König ohne Land und Kasse nicht brauchen konnte, schrieb ihm: »Ein König glaubt an Sich, oder er ist es nicht.« Ludwig von der Pfordten, der ungeliebte Ministerpräsident, bemühte sich, daß der König König bleiben konnte.

Zunächst sah es so aus, als habe sich Bayern zwischen die Stühle gesetzt. Als von der Pfordten am 24. Juli 1866 in das preußische Hauptquartier in Nikolsburg in Mähren gelangte, um einen Waffenstillstand zu erwirken, hatte Österreich bereits eine Waffenruhe erhalten, von der die Bundesgenossen ausgenommen waren. Bismarck, dessen Werbung sich Pfordten vor dem Krieg verschlossen hatte, zeigte ihm nun die kalte Schulter. Er solle sich als Gefangener betrachten, weil er ungebeten zu den Preußen gekommen sei, ließ ihm der preußische Ministerpräsident ausrichten.

Als er den Bayern genügend mürbe glaubte, stellte er ihm harte Bedingungen, verlangte nicht nur eine hohe Kriegskostenentschädigung, sondern auch beträchtliche Gebietsabtretungen. Nachdem er am 28. Juli einen Waffenstillstand mit Wirkung vom 2. August gewährt hatte, präzisierte Bismarck seine Forderungen bei den anschließenden Friedensverhandlungen in Berlin: Abtretung eines Teiles der Rheinpfalz mit 300000 Einwohnern sowie fränkischer Gebiete nördlich des Mains zwischen Hof und Kronach, Hammelburg und Kissingen mit 400000 Einwohnern.

Diesen Kelch an Bayern vorübergehen zu lassen, hätte Pfordtens Verhandlungsgeschick allein nicht ausgereicht. Napoleon III. intervenierte zugunsten Süddeutschlands, weil er Preußen nicht zu mächtig sehen konnte und er, wie Napoleon I., den Protektor eines neuen Rheinbundes spielen wollte.

Bismarck selber gedachte nicht nur Österreich zu schonen, um es gleichzeitig von Deutschland fernzuhalten und als Bündnispartner zu behalten. Er beabsichtigte auch, die süddeutschen Staaten glimpflich zu behandeln, weil er sie für seinen Norddeutschen Bund gewinnen wollte.

»Ich biete Ihnen eine Friedenspfeife«, eröffnete er Pfordten, den die Forderung nach Gebietsabtretungen bedrückte. Preußen sei bereit, sich mit einer Kriegskostenentschädigung von dreißig Millionen Gulden, dem Bezirksamt Gersfeld, einem Bezirk um Orb und der Enklave Kaulsdorf zu begnügen, wenn Bayern jetzt schon ein geheimes Militärbündnis mit Preußen schließe und später einen Zollverband mit dem Norddeutschen Bund ins Auge fasse.

Pfordten in Berlin und die Minister in München stimmten zu. Der König in Berg sperrte sich. Ludwig II. pochte auf die volle territoriale Integrität und staatliche Souveränität Bayerns. Die erste war durch eine wenn auch nur geringfügige Gebietsabtretung verletzt, die zweite durch das »Schutz- und Trutzbündnis« gefährdet, das dem König von Preußen im Falle eines Krieges mit einer auswärtigen Macht auch den Oberbefehl über die königlich bayerischen Truppen zusprach.

Durch die Auflösung des Deutschen Bundes war Bayern völlig unabhängig geworden, nicht einmal mehr in einem Staatenbund gebunden. Nun sollte es in

Wilhelm I. einen militärischen Oberherren bekommen, wie es ihn seit Napoleon I. nicht mehr gehabt hatte. Ludwig II. sah einen wichtigen Unterschied. Damals war dies der Preis für die Erhebung Bayerns zum Königreich und für die Erlangung der staatlichen Souveränität gewesen. Der Preis für den verlorenen Krieg von 1866 minderte die Hoheit des Landesherrn und seines Landes.

Bayern solle sich an Napoleon III. wenden, sagte Ludwig II. zum Justizminister Bomhard, der ihm im Auftrag des Ministeriums in Berg die bittere Pille reichte. Sie sei zu nehmen, insistierte der Überbringer, das bayerische Ministerium wie die nationale Volksstimmung verlangten es.

Noch an diesem 20. August 1866 wurde die bayerische Verhandlungsdelegation in Berlin ermächtigt, mit Bismarck abzuschließen, unter der Bedingung, daß die staatliche Souveränität und der territoriale Besitzstand garantiert würden, selbst wenn ein Territorium abgetreten werden müßte. Dies nach Möglichkeit zu verhindern oder auf ein Mindestmaß zu beschränken, wies der König den Ministerpräsidenten an.

In dem am 22. August 1866 unterzeichneten Friedensvertrag zwischen Preußen und Bayern blieb es bei der Abtretung von Gersfeld, Orb und Kaulsdorf sowie den dreißig Millionen Gulden Kriegskostenentschädigung. In dem am selben Tage unterzeichneten preußisch-bayerischen Schutz- und Trutzbündnis wurde nur der territoriale Besitzstand, nicht aber die staatliche Souveränität Bayerns garantiert.

Das Ministerium gab sich damit zufrieden, und der Landtag forderte darüber hinaus: »Der König wolle geruhen, dahin zu wirken, daß durch einen engeren Anschluß an Preußen der Weg betreten werde, welcher zur Zeit allein dem angestrebten Ziele entgegenführen könne, Deutschland unter Mitwirkung eines frei gewählten und mit den erforderlichen Befugnissen ausgestatteten Parlaments zu einigen, die nationalen Interessen wirksam zu wahren und etwaigen Angriffen des Auslandes erfolgreich entgegenzutreten.«

Der Erfolg der preußischen Waffen begann auch bayerische Liberale zu beeindrucken, nachdem er schon preußische Liberale, die noch vor kurzem den Vorrang des Rechts vor der Macht und der Freiheit vor der Einheit betont hatten, zu Nationalliberalen gemacht hatte, welche die Reihenfolge umkehrten, Macht vor Recht und die Einheit vor die Freiheit setzten.

Königgrätz – oder Sadowa, wie die Franzosen die Entscheidungsschlacht des Jahres 1866 nannten – war nicht nur das Sadowa Österreichs, des Deutschen Bundes und deutscher Liberaler gewesen, sondern auch das Sadowa des Königs von Bayern.

Wer er sei, solle sein Volk erfahren, es wäre Zeit, »daß es seinen Fürsten endlich kennenzulernen beginnt«, schrieb Ludwig II. am 6. November 1866 an Richard Wagner, der ihm dazu dringend geraten hatte.

Mit dem Krieg gegen die Preußen schien er die Zuneigung seiner Bayern verloren zu haben. Am Leichenbegängnis seines bei Kissingen gefallenen Generals Oscar von Zoller nahm er nicht teil; dessen Ordonnanzoffizier Dürig, der den Leichnam durch die preußischen Linien nach München gebracht hatte, empfing er nicht.

Die Unterschrift unter dem Friedensvertrag war noch nicht trocken, da hielt ihn nichts mehr in Berg neben dem Telegraphen. »Gottlob, daß Friede ist«, sagte er und ritt in die Berge. Seinen einundzwanzigsten Geburtstag feierte er am Walchensee.

Nun sei es an der Zeit, die Krone niederzulegen, ließ er Wagner wissen, der ihm jedoch, angesichts der Gefahr des Geldentzugs, mit Liebesentzug drohte, wenn er abdanken sollte. Ludwig II. blieb mit dem Vorsatz, noch mehr auf den Großwesir in Tribschen zu hören.

Münchner schimpften hinter vorgehaltener Hand, die Wiener »Neue Freie Presse« nahm kein Blatt vor dem Mund: »Als Prinz Karl heimkam und der König nicht zu bewegen war, ihn und das Heer zu begrüßen, wurde ein Familienrat abgehalten, in welchem die Frage aufgeworfen worden sein soll, ob denn der König Ludwig das ausreichende Talent hat, Bayern zu regieren, oder ob es nicht geboten sei, ihn zu vermögen, von seinem Thron zu steigen und sich in das Privatleben zurückzuziehen, wo er seiner Neigung zu Wagner ungestört und ohne Gefahr für das Land leben könnte.«

Die Wiener Zeitung stellte die Frage, ob Ludwig geistig gesund sei. Auf Antrag des königlichen Leibarztes soll »ein berühmter Arzt zugezogen worden sein, der sich hauptsächlich mit Patienten befaßt, die kopfleidend sind. Der sei an den König geschickt worden, habe dort um eine Audienz nachgesucht, die er erhielt und zu seinen Forschungen ausbeutete. Das Urteil, das er der königlichen Familie zurückbrachte, sei keineswegs derart gewesen, daß sich der König dadurch geschmeichelt fühlen könnte.«

Die Familie Wittelsbach sorgte sich um die Zukunft der Dynastie. »Verhüte, daß es nicht in der Geschichte heißt: Ludwig II. grub das Grab der bayerischen Monarchie«, mahnte der Großvater, Exkönig Ludwig I., den Enkel. In einer Zeit, da die Republikaner allerorten zunahmen, stellte man sich auch in anderen Herrscherhäusern die Frage, ob der Vetter in Bayern nicht die ganze gekrönte Gesellschaft blamierte.

Die russische Zarin Maria Alexandrowna hatte ihn darauf hingewiesen, daß ein Monarch, der isoliert aufgewachsen sei, die für sein Amt notwendige Erfahrung nur durch Umgang mit möglichst vielen Menschen gewinnen könne. »Ich fürchte bei Dir diesen Hang zur Einsamkeit, zur Abschließung von Welt und Menschen, ich begreife ihn, denn er liegt in meiner Natur, allein ich glaube, wir müssen ihn bekämpfen.«

Einen König von Bayern, der zuviel, womöglich noch über ihre Köpfe hinweg, mit Untertanen verkehrte, wollten Minister und Kabinettssekretäre nicht haben. Aber in gewissem, kontrolliertem Umfang war ein solcher Umgang vonnöten, wenn der Monarch die ihm zugedachte Rolle als Repräsentationsfigur und Integrationsfaktor des Staates spielen sollte.

Ludwig II., um 1876

Doch Ludwig II. ließ sich von »seinen Drängern und Keilern«, wie er die Staatsverantwortlichen nannte, nicht in die Arena treiben. Zwei Jahre nach seiner Thronbesteigung hatte er noch keine Rundreise in seinem Königreich unternommen.

Vor dem Krieg, im Frühjahr 1866, zum fünfzigjährigen Jubiläum der Wiedervereinigung des linksrheinischen mit dem rechtsrheinischen Bayern, hätte er in die Pfalz reisen sollen, in das Stammland seiner Wittelsbachischen Linie, in den weitab gelegenen Regierungsbezirk, in dem eine Visite des Königs als Demonstration der Zusammengehörigkeit besonders angebracht gewesen wäre. »Er will nicht«, seufzte Justizminister Bomhard, »er lebt lieber seinen Träumereien, der Wagnerei; die weißgewaschenen Festjungfrauen mag er nicht.«

Nach dem Krieg, im Herbst 1866, sollte er sich in Franken sehen lassen. Es war Kriegsschauplatz gewesen, die Preußen hatten es teilweise besetzt gehalten, hätten sich beinahe größere Gebiete einverleibt. Ludwig II. sträubte sich. Richard Wagner brach sein Widerstreben, zur Verwunderung manches bayerischen Amtswalters, der sich bei aller Gegnerschaft und Eifersucht zu fragen begann, ob der Günstling nicht doch das Geld wert sei, das er aus der Kabinettskasse erhielt.

Er werde sich für immer von ihm wenden, kündigte der Meister an, wenn der Jünger sich nicht zu Entschlussen aufraffe, »die seinem Lande zum Heil gereichen« – zunächst zur Fahrt in das Land der Franken, nach Nürnberg, in die Stadt der Meistersinger, die er Ludwig anstelle von München als Residenzstadt empfahl.

»Leicht fällt es mir nicht, diese Reise jetzt zu unternehmen (ich muß es dem teuren Freunde gestehen), jetzt aus der so wohltuenden Einsamkeit herauszutreten, darin ich Trost finde, die mich die Trennung von dem einzig geliebten Wesen leichter ertragen läßt; aber ich sehe es ein: Handeln hilft jetzt einzig, ›es muß, es muß, höh're Macht gebeut's‹«, schrieb Ludwig in die Schweiz. Und machte sich auf den Weg zu seiner ersten Rundreise im Land, die seine einzige bleiben sollte.

In Bayreuth, der ersten Station der am 10. November angetretenen und am 10. Dezember 1866 beendeten Fahrt, ahnte er nicht, daß hier einmal Wagners Festspielhaus stehen würde. Ludwig mußte sich mit einem Konzert des Musikdilettantenvereins und des Liederkranzes begnügen. Ein Fackelzug wurde ihm dargebracht, den er, auf dem Balkon des Markgrafenschlosses stehend, entgegennahm. In Hof mischte er sich unter die Menge, spazierte er durch die Stadt.

In Bamberg besichtigte er den Dom. Der »Bamberger Reiter« mochte ihm wie ein Abbild dessen, was er sein wollte, erschienen sein. Das Grabmal Kaiser Heinrichs II. erinnerte an das alte Reich, in dem die einzelnen Fürsten mehr Macht besessen hatten, als sie in dem neuen Reich bekommen sollten, das Preußen und Nationalliberale anvisierten.

Wegen Unwohlseins fiel der Besuch in Schweinfurt aus. Nach Bettruhe in Kissingen fuhr er bei Schneegestöber über das Schlachtfeld des 10. Juli. Über Hammelburg und Aschaffenburg gelangte er nach Würzburg.

Auf dem Paradeplatz vor der Residenz huldigte ihm die Bevölkerung. In den Militärspitälern erhielt jeder Verwundete einen Dukaten mit seinem Bild. Der König stiftete 10000 Gulden für die Linderung der Kriegsnot in Unterfranken und noch einmal 10000 Gulden dem Verein zur Unterstützung Kriegsbeschädigter. Auch wer nachrechnete, was Wagner alles von ihm bekommen hatte und immer noch bekam, wußte diese Geste zu würdigen.

In Galauniform besichtigte er die Garnison, wobei er sich erkältete. Am Abend zuvor war er besser in Form gewesen. Als ihm der Direktor des Stadttheaters sagte, er habe den Mortimer in Schillers »Maria Stuart« selber gespielt, ließ ihn der König einige Stellen aufsagen und half nach, wenn er stockte.

Höhepunkt der Rundreise – die der Würzburger Professor Felix Dahn, der später »Ein Kampf um Rom« schrieb – als »fränkischen Markgrafenritt« poetisch feierte, war der Besuch in Nürnberg. Für Ludwig war dies vornehmlich der Schauplatz von Wagners Oper »Die Meistersinger von Nürnberg«.

»Ich sitze in meinem trauten, gotischen Zimmer in der hehren, altehrwürdigen Burg«, meldete er nach Tribschen; »mir ist fast zumute wie unsrem Meister Sachs am Morgen des Johannistages, nach dem Straßenlärm und Gewimmel der vergangenen Stunden.« In keiner Stadt fühle er sich so heimisch wie hier. »Die Bevölkerung ist intelligent und durchaus edel, unterscheidet sich darin so vorteilhaft von dem Münchner Plebs!«

In der Erfüllung des Willens des Meisters hatte der Jünger Befriedigung gefunden. »Sie wissen, mein teurer Freund, was für mich der wahre Sinn dieser Reise ist: nicht die Beweise von Treue und Liebe meines Volks allein sind es, die mich so glücklich machen, noch weniger die glänzenden Feste und steten Huldigungen (denn mich blendet der ›Tag‹ mit seinem grellen Licht nicht mehr; wer des Todes Nacht liebend erschaut – – – – –); mich beseligt einzig der Gedanke, Sein Werk fördern zu helfen, ›Seinen‹ Willen zu erfüllen.«

In Nürnberg wurde er daran erinnert, daß er auch den Willen Preußens erfüllen mußte. Auf der Nürnberger Burg hatte der Hohenzoller Friedrich als Burggraf gesessen, bevor er 1417 mit der Kurmark Brandenburg belehnt worden war. Wilhelm I. verlangte von Ludwig II. den Stammsitz seiner Vorfahren zurück, als das Mindeste an Gegenleistung für die, wie er meinte, glimpfliche Behandlung Bayerns nach der Niederlage von 1866.

Der König von Bayern bot dem König von Preußen nicht den Besitz, doch den Mitbesitz der Burg von Nürnberg an. »Wenn von den Zinnen dieser gemeinschaftlichen Ahnenburg die Banner von Hohenzollern und Wittelsbach vereinigt wehen, möge darin ein Symbol erkannt werden, daß Preußen und Bayern über Deutschlands Zukunft wachen ...« Wilhelm I. gab sich damit zufrieden. Ludwigs Minister waren aber damit nicht einverstanden, doch diesmal kam dem König ihr Einwand zupaß.

Beim Austausch der Ratifikationsurkunden des Friedensvertrages erklärten die bayerischen Bevollmächtigten, die Burg gehöre nicht dem König, sondern dem Staat; der Monarch könne daher über sie nicht ohne die Zustimmung des Ministeriums und des Landtags verfügen. Bismarck, der Sentimentalitäten in der Politik ohnehin nicht schätzte, verfolgte die Angelegenheit nicht weiter. Die Burg von Nürnberg blieb voll und ganz in bayerischem Besitz.

Bisher war der Himmel verhangen gewesen. Über Nürnberg, der Endstation der Rundreise, zeigte er sich wieder weiß und blau. Die Nürnberger empfingen den König so begeistert, als hätten sie gewußt, daß Wagner angeregt hatte, Ludwig solle die zweitgrößte Stadt des Königreiches zu seiner Residenzstadt erheben.

Er besuchte das Germanische Museum und Fabriken. Bei Cramer-Klett wurde vor seinen Augen das bayerische Wappen mit Krone und Namenszug Ludwigs in Erz gegossen. Die Errungenschaften der neuen Zeit schienen ihm zu Diensten zu sein, und die Segnungen der alten Zeit. In der Fürther Synagoge zitierte der Rabbiner das Gebot: »Fürchte Gott, mein Sohn, und den König«, und erklärte: »Unmittelbar nach der Ehrfurcht, die wir Gott schulden, kommt die Ehrfurcht, so wir dem Landesfürsten zu erweisen haben.«

Einem Triumphzug glich die einmonatige Fahrt durch Franken. Vieles, was man über Ludwig II. gehört hatte, schien widerlegt zu sein. Er schien als strahlender König, seinem Volke zugewandt, dem er Wärme spendete und das Wärme für ihn empfand. Der einundzwanzigjährige Monarch war populär geworden, verehrt von Männern und geliebt von Frauen.

Auf den Bällen, die ihm zu Ehren gegeben wurden, war er auch der Ballkönig gewesen, wohlgefällig, ritterlich und galant, ein vollendeter Kavalier. In Nürnberg hatte er die Oberstenuniform des 4. Chevaulegers-Regiments »König« angelegt, die seine schlanke Figur hervorhob und ihm mehr Bewegungsfreiheit ließ als eine Generalsuniform.

Zur Polonaise in Nürnberg trat er mit Frau Bürgermeister von Wächter an, zu den fünf Kontratänzen forderte er auf: Frau Bürgermeister Seiler, Freifrau von Tucher, Frau Oberstleutnant Dumm, Frau von Sternberg und Fräulein von Haller. Den anderen Damen, den jüngeren zumal, blieb mit dem Zuschauen das Nachsehen, das Schwärmen und das Anhimmeln.

8

Frauen und Freunde

Als Herzkönig erschien er vielen Frauen, der junge, stattliche, schöne Mann im Glanz der Krone, mit der Aureole des Wunderbaren und der Aura des Geheimnisvollen.

Das Mißverhältnis zwischen dem langen Körper und dem kleinen Kopf fiel nicht auf, da die Augen magisch anzogen. »Der Kini hat so a schön's G'schau«, sagte eine alte Bäuerin, die einen Blick aus den großen dunklen Augen des Vorüberreitenden erhascht hatte.

Sein »Augenaufschlag« habe so mächtig auf Frauen gewirkt, bemerkte Luise von Kobell, daß mehr als eine, in Liebe zu ihm entbrannt, »ihre vergebliche Schwärmerei durch eine Gemütskrankheit büßte«. Ein Chefarzt an der Kreisirrenanstalt von Oberbayern behauptete, diesen Augen verdankten die Psychiater etliche Patientinnen.

Sein Bildnis zierte zahllose Poesiealben. Manche Dame trug am Busen in einem Medaillon Haare, die sie einem von ihm gerittenen Pferde abgeschnitten hatte. Mütter begaben sich mit heiratsfähigen Töchtern unter irgendeinem Vorwand in die Residenz, in der eitlen Hoffnung, ihm zu begegnen. Viele schrieben ihm Liebesbriefe, die im Papierkorb landeten.

»Du bist ein glücklicher Mensch, Dir kann kein Weib widerstehen«, soll der Großvater, Ludwig I., zu ihm gesagt haben. Doch dieser Unwiderstehliche war und blieb unnahbar.

Dieser Adonis war ein Narziß. Der griechischen Sage nach war Narkissos der schöne Sohn des Flußgottes Kephisos und der Nymphe Leiriope. Er verschmähte die Liebe der Nymphe Echo, die aus Kummer zu einem Felsen versteinerte. Denn Narkissos war in sein eigenes Bild verliebt, das er im Wasserspiegel erblickt hatte und von dem er den Blick nicht mehr wenden mochte.

In der griechischen Mythologie bewanderte Männer suchten ihren Frauen und Töchtern mit diesem Gleichnis das Benehmen Ludwigs zu erklären. Medizinisch Gebildete sprachen von Narzißmus: Verliebtheit in die eigene Person, in den eigenen Leib – Ursache von Störungen des Verhaltens zu Mitmenschen und zur Umwelt.

Ludwig war homophil und homoerotisch, in sich selbst und in sein eigenes Geschlecht verliebt. Das war seine Veranlagung, die durch seine Erziehung und seine – platonische – Beziehung zu Richard Wagner gefördert wurde.

Bonne wie Gouvernante hatten Selbstgefühl und Eigenliebe des ichbezogenen und kontaktscheuen Kindes gefördert. Ludwig war puritanisch erzogen worden, wie es nicht barock-katholischer Tradition, sondern dem Calvinismus der Mutter und dem Viktorianismus des Vaters entsprach.

Auch hatten sie ihm beigebracht, daß Königsein Männersache sei, daß herrschsüchtige Königinnen entweder Weibsteufel wie Elisabeth von England oder arme Teufel wie Maria Stuart gewesen seien – die Königin von Schottland, die Ludwig in Schillers Deutung mehr bemitleidete als bewunderte.

Mythologische oder mystisch verklärte Frauenfiguren bedeuteten ihm einiges, vornehmlich in Wagners Musikdramen: Elisabeth im »Tannhäuser«, Elsa von Brabant im »Lohengrin« oder Tristans Geliebte Isolde. In Hohenschwangau hatte er edle Frauengestalten in Fresken vor Augen, beispielsweise im Agnes-Zimmer die Bilder häuslicher Burgherrinnen, von Luise von Kobell interpretiert: »Man sieht die Frauen, wie sie damals waren und wie sie nach manches Mannes Meinung noch heute sein sollten, weibliche Arbeiten und Werke der Barmherzigkeit übend, und nicht wie gegenwärtig der Weltverbesserung und der Vereinsmanie frönend.«

»Ach die Weiber!« meinte der Achtzehnjährige. »Auch die Gescheiteste disputiert ohne Logik!« Der junge König verblüffte Beobachter weniger dadurch, daß er nicht mit ihnen diskutierte, sondern daß er nicht mit ihnen verkehrte. Vom Ballett seien bisher nur die Theaterdekorationen in das königliche Schlafzimmer gedrungen, konstatierte 1864 der österreichische Gesandte Graf Blome. Der zwanzigjährige König, berichtete Blome 1865, »findet überhaupt bis jetzt keinen Wohlgefallen an Damengesellschaften und Umgang mit dem weiblichen Geschlecht. So von der praktischen Welt abgeschlossen, gewinnt die Phantasie begreiflicherweise immer größeren Spielraum.«

Als er 1864 als Student nach München gekommen sei, erzählte Gottfried von Böhm, habe man ihm »verschiedene Vertreterinnen der Halbwelt gezeigt, welche sich angeblich dem König hatten direkt antragen lassen, und auch von einigen Damen der Gesellschaft hieß es, daß sie ihm viel liebevolles Entgegenkommen erwiesen hätten«.

Sie wurden alle nicht erhört, auch nicht die Sängerinnen, die sich in der Rolle der Elsa oder Isolde für anziehender wähnten. Die Schauspielerin Lila von Bulyowsky, die so etwas wie eine bayerische Pompadour werden wollte, schätzte Ludwig – entgegen den von dieser Dame in Umlauf gesetzten Gerüchten – lediglich als »Maria Stuart«, als deren Bühneninterpretin wie als Malermodell.

Ludwig erzählte, auf Hohenschwangau, wohin er die Bulyowsky zum Rezitieren und zu nichts anderem eingeladen hatte, habe sie ihn so bedrängt, daß er sich in eine Ecke des Zimmers habe flüchten müssen. Lila resignierte: »Er ist kalt wie ein Fisch!« Und behauptete, daß sie Ludwig, der sicherlich von Frauen und vielleicht auch von Männern nichts wissen wolle, sich wahrscheinlich mit »jenem dritten« behelfe.

»Das also ist das Weib! Das die Liebe! Dies das schmutzige Ende, auf das die Träume und Zärtlichkeiten abzielen!« Diese Worte legte der Franzose Catulle Mendès dem König von Thüringen alias König von

Kaiserin Elisabeth von Österreich zu Pferd in Possenhofen, 1853. Gemälde von Karl Theodor von Piloty

Bayern in den Mund, in seinem Roman »Le Roi Vierge«. Es war Abscheu, den der »jungfräuliche König« angesichts eines im Grase liegenden Bauernpaares zum Ausdruck brachte.

Franzosen, die sich nicht vorstellen konnten, daß ein König keine Mätressen habe, erfanden die unglaublichsten Geschichten. Bayern, die dem stattlichen Mann ein stattliches Weib gegönnt hätten, begannen sich Verwunderliches zu erzählen. Zum Beispiel: Eine Schauspielerin, die ihm vordeklamieren sollte, hätte dies nur in seinem Schlafzimmer tun wollen. Der König habe sie sofort ungnädig verabschiedet und befohlen, die Luft mittels einer Räucherpfanne zu reinigen.

Die königliche Familie und das bayerische Staatsministerium sorgten sich deshalb um die Fortpflanzung der Dynastie. Es liege im Interesse des Hauses wie des Landes, erklärte ihm Justizminister Bomhard, eine Verheiratung nicht zu lange hinauszuschieben. Zum Heiraten hätte er überhaupt keine Zeit, erwiderte Ludwig; dies könne sein Bruder Otto besorgen.

Ältere Damen hätten nichts lieber getan, als ihm zu einer standesgemäßen Braut zu verhelfen. Königin Augusta von Preußen hoffte, daß der sympathische junge Mann bald heiraten würde – warum nicht, wie sein Vater, eine Protestantin? Zarin Maria Alexandrowna bedauerte es, daß ihre Tochter noch zu jung war, als daß er ihr Schwiegersohn hätte werden können.

Von bestrickender Liebenswürdigkeit konnte er gegenüber reiferen Damen sein. Auch dies schien er dem verklärten Mittelalter entnommen zu haben: Er spielte den Minnesänger im Frauendienst.

Elisabeth, die Kaiserin von Österreich, war acht Jahre älter als Ludwig II., der König von Bayern. Er fühlte sich als Knappe der Dame, oder à la Mozart, als Cherubin der Gräfin. Ihre Seelen waren ähnlich gestimmt, für das Verständnis vieler Zeitgenossen unziemlich verstimmt. Denn beide wollten nicht in die Pflichten eingespannt werden, die sich aus ihren Stellungen ergaben. Elisabeth wie Ludwig versuchten auszureißen, wenigstens auszureiten. Bei gemeinsamen Ritten kamen sie sich näher.

Beide waren Wittelsbacher. Er nannte sie Cousine, obwohl sie eigentlich die Cousine des Vaters, seine Tante war. Elisabeth stand eine Generation über Ludwig. Der erste König vom Bayern, Maximilian I. Joseph, war der Großvater Elisabeths und der Urgroßvater Ludwigs. Die Kaiserin von Österreich war eine geborene Herzogin in Bayern, entstammte der herzoglich bayerischen Linie im bayerischen Königshaus, die ebenfalls von erblichen Belastungen nicht frei war.

Elisabeths Mutter Ludovika war eine Tochter Maximilians I. Joseph aus dessen zweiter Ehe mit Karoline von Baden. Sie war sehr ehrgeizig, aus Nachholbedarf, weil sie nur einen Herzog bekommen hatte. Ihre Schwester Elisabeth war Königin von Preußen, ihre Schwestern Amalie und Maria Leopoldine waren Königinnen von Sachsen, und Sophie, immerhin Erzherzogin, war die Mutter des Kaisers Franz Joseph von Österreich. Ihm hatte sie zunächst die älteste ihrer fünf Töchter, Helene, zugedacht. Aber er hatte die jüngere Elisabeth, genannt Sisi, vorgezogen.

Sisi war der Liebling ihres Vaters, Herzogs Maximilian in Bayern. Er gab sich Beschäftigungen hin, die selbst für das Haupt einer nichtregierenden Nebenlinie außergewöhnlich waren. Er schätzte den Zirkus und die Volksmusik, sammelte oberbayerische Lieder, nahm seine Zither bis nach Ägypten mit, wo er ihr an den Pyramiden Töne entlockte, die seiner zwischen Heimatliebe und Fernweh schwingenden Seelenstimmung entsprachen.

Der »Zithermaxl« verwöhnte seine Sisi, vererbte ihr die Reiselust und die Passion für Pferde, den Trieb, dem Vogelbauer zu entfliegen, und dies nicht wie der Vater in Tönen, sondern in Versen auszudrücken:

»O Schwalbe, leih mir Flügel, / O nimm mich mit ins ferne Land« – in die blauen Himmelsgefilde, wo sie Freiheit zu finden glaubte.

Die herzogliche Familie wohnte standesgemäß in dem von Klenze erbauten Stadtpalais an der Münchner Ludwigstraße und in den Landschlössern Possenhofen und Garatshausen am Starnberger See. Gegenüber, am Ostufer, lag Schloß Berg, wo Ludwig schon als Kronprinz gerne weilte. Dazwischen lag die Roseninsel, ein Rendezvousplatz für Blumenkinder.

Es klang wie ein Märchen. Wenn die Glocke – so wurde erzählt – eine bestimmte, die festgesetzte Stunde schlug, begaben sich die Prinzessin und der Prinz, sie vom Westufer, er vom Ostufer, auf die Roseninsel. Konnte einer der Partner die Verabredung nicht einhalten, hinterlegte der erschienene in der Villa, die einem Dornröschenschlößchen glich, einen Brief in einem Schreibtisch, zu dem jeder einen Schlüssel besaß. Schwärmerisches soll in den Briefen gestanden haben, wie schön es auch allein gewesen war und wie schön es erst zu zweit gewesen wäre.

Die Wirklichkeit war prosaischer, aber immer noch poetisch genug. Im Juni 1864 trafen sie sich in Bad Kissingen, der achtzehnjährige König und die sechsundzwanzigjährige Kaiserin. Ihr Gemahl begleitete sie, Kaiser Franz Joseph I. Seit zehn Jahren war sie mit ihm verheiratet, drei Kinder hatte sie ihm geboren, zwei waren am Leben geblieben, Gisela und Rudolf, der Kronprinz.

Indessen hatte sie Ehekrisen hinter sich. Elisabeth hielt die Hofburg für einen goldenen Käfig und ihren Gemahl nicht für einen Paradiesvogel, mit dem das Zusammengesperrtsein erträglich gewesen wäre. 1860 war sie nach Madeira ausgerückt, 1861 hatte sie sich auf Korfu ausgeruht, anschließend allein in Venedig gewohnt. Im Sommer weilte sie gerne in Possenhofen. Und wenn sie in Wien erschien, schloß sie sich ein, pflegte ihren schönen Körper und ihre empfindsame Seele – ein weiblicher Narziß.

Den männlichen Narziß, Ludwig von Bayern, sah sie im Sommer 1864 in Kissingen, wo sie kurte, zum erstenmal in seiner neuen Königswürde. Sie fühlte, daß sie sich ähnlich waren, sie ließ es sich gefallen, daß er ihr den Hof machte, aber sie war sich nicht sicher, ob sie oder die um vierzehn Jahre ältere Zarin Maria Alexandrowna ihn vier Wochen lang in Kissingen zu fesseln vermochte.

Die Villa auf der Roseninsel

Als die Kaiserin am 28. März 1865 in München eintraf, stand der König am Bahnhof. Ihn faszinierte ihre Erscheinung, die nicht dem Schönheitsideal des von beiden geringgeschätzten Jahrhunderts entsprach. Elisabeth war überschlank und wollte noch schlanker werden, weshalb sie fastete und turnte. Und wie sie ihr meterlanges Haar trug, am liebsten aufgelöst, deutete an, daß sie sich von der Rolle, welche ihre Zeit der Frau zuwies, freimachen wollte.

Elisabeth fuhr in ihr Elternhaus nach Possenhofen, wo sie von Ludwig schon am übernächsten Tag Besuch erhielt. Der König von Bayern war »in österreichischer Uniform und ganz mit Chypre parfümiert«. Sie nahm seine Huldigung nicht ganz ernst, schrieb ihrem siebenjährigen Sohn Rudolf am 31. März 1865: »Gestern hat mir der König eine lange Visite gemacht, und wäre nicht endlich Großmama dazugekommen, so wäre er noch da.« Und: »Er hat mir die Hand so viel geküßt, daß Tante Sophie, die durch die Türe schaute, mich nachher fragte, ob ich sie noch habe.«

Sie mokierte sich über Ludwig und ärgerte sich über den König. Bayern hatte im Oktober 1865 das Königreich Italien völkerrechtlich anerkannt, das Österreich die Lombardei und Elisabeths Schwester Marie die Krone des Königreiches beider Sizilien genommen hatte.

Ludwig gab ihr zu verstehen, daß die Anerkennung nicht von ihm, sondern vom Ministerium beschlossen worden sei. Sie kannte die bayerischen Gebräuche, schrieb ihm, er dürfe, »was für Verhältnisse auch immer eintreten mögen«, überzeugt sein »von der innigen Liebe, mit der ich an meiner Heimat hänge, und von der herzlichen aufrichtigen Freundschaft, die ich insbesondere für Dich hege«.

Freundschaft zweier Wesensverwandter – mehr war es nicht, auch wenn es mitunter scheinen mochte, als sehne sich Ludwig nach der Rolle des Knappen einer Edelfrau, deren Gatte auf Kreuzzug war.

Auch Elisabeths Gemahl dachte sich nichts Arges. Die Erfahrung hatte ihn gelehrt, daß seine frigide Gattin nicht zur Liebe und kaum zu einer Freundschaft fähig war. Und er besaß so viel Menschenkenntnis, daß er Ludwig für keinen Don Juan hielt.

Als ihn Elisabeth im Dezember 1865 wieder einmal Hals über Kopf verlassen hatte, um nach Possenhofen zu fahren, wies der Kaiser seinen Gesandten in München an, den König zu bitten, von einem Empfang am Bahnhof abzusehen. Er tat das nicht aus Eifersucht, sondern aus Staatsräson. Die Reise der Kaiserin sollte möglichst geheim bleiben, der staatserhaltende Glaube an die Eintracht des Kaiserpaares nicht noch mehr Sprünge bekommen.

Ludwig fand im platonischen Minnedienst seine Befriedigung. Anfang 1867, als Elisabeth über München in die Schweiz fuhr, ließ er sich von den Ärzten, die ihm wegen Fiebers Bettruhe verordnet hatten, nicht davon abhalten, zum Bahnhof zu eilen, um der Durchreisenden die Hand zu küssen.

Als Elisabeth im Sommer 1867 von Possenhofen nach Österreich zurückfuhr, begleitete er sie ein Stück weit im Zug. »Du machst Dir keinen Begriff, liebe Cousine«, schrieb er ihr hinterher, »wie glücklich mich das gemacht hat. Die neulich im Waggon zugebrachten Stunden rechne ich zu den glücklichsten meines Lebens; niemals wird die Erinnerung daran verlöschen.« Und: »Das Gefühl der aufrichtigsten Liebe und Verehrung und der treuesten Anhänglichkeit, das ich, schon als ich noch im Knabenalter war, für Dich im Herzen trug, es macht mich den Himmel auf Erden wähnen und wird nur mit dem Tode verlöschen.«

Die Dame erhörte ihren Pagen nicht, verweigerte ihm die Erlaubnis, sie in Bad Ischl besuchen zu dürfen, worum er sie gebeten und was sie ihm in Aussicht gestellt hatte. Sie ließ den Kaiser einen Brief an den König schreiben, in dem nichts über eine Einladung stand.

»Wie sehr ich über den König empört bin und der Kaiser auch, kannst Du Dir vorstellen«, schrieb Elisabeth am 19. Oktober 1867 ihrer Mutter, Herzogin Ludovika, nach Possenhofen. »Es gibt keinen Ausdruck für ein solches Benehmen. Ich begreife nur nicht, wie er sich wieder kann sehen lassen in München, nach allem, was vorgefallen.«

Am 22. Januar 1867 hatte König Ludwig II. von Bayern der Herzogin Sophie in Bayern, der jüngsten Schwester Elisabeths, die Ehe versprochen. Am 7. Oktober 1867 hatte er die Verlobung gelöst.

Sophie schien auf Ludwig Eindruck gemacht zu haben, bemerkte 1863, nach einem gemeinsamen Besuch in Possenhofen, Großvater Ludwig, der für so etwas einen Blick hatte. Sein Enkel war damals knapp achtzehn, seine Nichte sechzehn, deren Schwester Elisabeth bereits sechsundzwanzig und Kaiserin von Österreich.

Auch die anderen Schwestern, die Töchter des Herzogs Max und der Herzogin Ludovika in Bayern, waren schon verheiratet: Helene mit dem Erbprinzen Maximilian von Thurn und Taxis, Marie mit König Franz II. von Neapel und Mathilde mit dessen ältestem Bruder, dem Grafen Ludwig von Trani.

Mutter Ludovika fand es an der Zeit, daß auch ihre Jüngste unter die Haube respektive unter eine Krone gebracht würde. Vater Max erschwerte die Suche mit der für ihn typischen Bedingung, daß der Erwählte nicht nur ebenbürtig sein solle, sondern auch und vor allem seiner Sophie gefallen müsse. Seine Tochter Elisabeth bestärkte ihn darin: »Wenn sie nur einen Mann fände, den sie liebt und der sie recht glücklich macht. Aber wen?«

Herzog Philipp von Württemberg war nicht der Richtige, und erst recht nicht Erzherzog Ludwig Viktor, der jüngste Bruder Kaiser Franz Josephs von Österreich. Er trug die Karikatur eines Habsburgerkopfes, hatte einen tänzelnden Schritt, war homosexuell. Schließlich wurde er, nach einem Vorfall in einem Wiener Bad, vom Kaiser nach Kleßheim bei Salzburg verbannt.

An Ludwig wurde zunächst nicht gedacht. Er war noch zu jung. Die nahe Verwandtschaft hätte kaum gestört, auch wenn es wunderlich schien, daß die um zwei Jahre jüngere Sophie die Tante Ludwigs war. Mutter Ludovika fühlte sich durch die Besuche des Kronprinzen geehrt, Vater Max, der die Musen liebte, mochte den Musensohn.

Für Ludwig waren die Herzogstöchter, Elisabeth mehr noch als Sophie, so etwas wie Feen seiner Ferien am Starnberger See. Elisabeth, die Schönere und Verträumtere, war ihm lieber. Aber sie war älter, bereits verheiratet, seltener da. Blieb Sophie, ein hübsches und aufgewecktes Mädchen, das er noch anziehender fand, seitdem sie seine Begeisterung für Richard Wagner zu teilen schien.

In früheren Jahren war sie Ludwigs »Gretchen« gewesen, die fügsam die Rolle spielte, die er ihr in seiner Version von Goethes »Faust« zugeschrieben hatte. Nun trug sie dem König auf dem Klavier Stücke von Wagner vor, sang aus Partien der Elisabeth oder Elsa. Mündlich und vor allem schriftlich tauschten sie die dabei geweckten Gefühle aus. Er nannte sie »Elsa«, sie ihn »Heinrich«; »Lohengrin« war mit von der Partie.

Ludwig meinte, eine auf Wagner eingestimmte und ihm gleichgestimmte Freundin gefunden zu haben. Das ließ er dem Freund und Meister sogleich mitteilen: »Sophie ist eine treue, teilnehmende Seele voll Geist; ihr Los hat eine gewisse Ähnlichkeit mit dem meinigen: wir beide leben inmitten einer Umgebung, die uns nicht begreift und falsch beurteilt.« Deshalb dürften sie sich kaum noch sehen, könnten sich nur noch schreiben; »der treue, anhängliche Graf Holnstein« vermittle die Briefe.

Auch dies wurde unterbunden. Mutter Ludovika mochte gemerkt haben, daß Wagners Musik eine ungemein erotische Musik sei, die nicht ohne Auswirkungen auf das Verhältnis der beiden jungen Menschen bleiben könne. Als Ouvertüre für die Anbahnung einer Beziehung zwischen ihrer immer noch ledigen Tochter und dem König von Bayern war sie ihr nicht unwillkommen gewesen. Nun aber hielt sie es für an der Zeit, daß der Vorhang zu einer Verlobung aufging.

Mitte Januar 1867 schickte sie ihren Sohn Karl Theodor, genannt »Gackel«, zu Ludwig II., um ihn zu fragen, ob er ernste Absichten habe. Er sei nicht aufgelegt zum Heiraten, entgegnete der einundzwanzigjährige König. Daraufhin ließ ihm die Herzogin Ludovika mitteilen, daß der Briefverkehr eingestellt werden müsse.

Ein Brief vom 19. Januar gelangte noch zu Sophie. »Schmerzlich ist es mir, sollten Wir wirklich von nun an Unsern schriftlichen Freundschaftsverkehr auf immer unterbrechen, denn (wie ich es Dir zu wiederholten Malen in meinen Briefen versicherte) nie wirst Du aufhören, mir teuer zu sein ...«

Von Anfang an hatte er keinen Zweifel daran gelassen, daß sie nur die Nummer zwei hinter der Nummer eins sein könnte, seinem großen Freund Wagner, dem er auf Leben und Tod verbunden sei: »Du kennst das Wesen meines Geschickes, über meine Sendung auf Erden schrieb ich Dir einst von Berg aus, Du weißt, daß ich nicht viele Jahre mehr zu leben habe, daß ich diese Erde verlasse, wenn das Entsetzliche eintritt, wenn mein Stern nicht mehr strahlt, wenn Er dahin ist, der treu geliebte Freund; ja, dann ist auch meine Zeit aus, denn dann, dann darf ich nicht länger mehr leben.«

Ludwig erinnerte Sophie daran, betonte und bekräftigte es: »Der Hauptinhalt Unseres Verkehrs war stets, Du wirst es mir bezeugen, R. Wagners merkwürdiges, ergreifendes Geschick.« Dies konnte die Mutter nicht begreifen, und das, was er einmal Pfordten gesagt und sie sicherlich hatte fühlen lassen, die Tochter nicht befriedigen: »Bei den meisten jungen Leuten mischt sich Sinnlichkeit in ihre Neigung zum anderen Geschlecht; diese verdamme ich.«

Seine Schwanenritterlichkeit verführte ihn dazu, Sophie schließlich doch zu freien. Als er gewahrte, daß sie seinetwegen unglücklich war, und sei es nur deshalb, weil er sie ins Gerede gebracht hatte, ließ er sich, wie er bald ernüchtert feststellte, »aus Rührung und wirklich aufrichtigem Mitleiden« zu dem »unüberlegten Schritte der Verlobung hinreißen«. Am 22. Januar 1867, kurz nach Mitternacht, schrieb er Sophie: »Willst Du meine Gattin werden? Genossin meines Thrones? Königin von Bayern?« Die Mutter ließ diesen Brief passieren, die Tochter übermittelte ihm noch am Morgen dieses Tages ihr Jawort.

Unverzüglich meldete er Wagner, seinem Wotan, daß Siegfried seine Brünhilde gefunden habe. Und beteuerte: »Meiner Sophie bleibe ich treu bis zum Tod, bis in den Tod aber bleibe ich Ihnen treu, Herr meines Lebens; Sophie weiß es, weiß, daß mit Ihrem Tode auch meine Lebensfrist verstrichen ist.«

Auch die neunzehnjährige Braut war nun, ob sie wollte oder nicht, an der Seite ihres Bräutigams zur Figur seines Wagnerschen Schicksalsdramas geworden. »Parzival, Ihr treuester Freund, hat mich vertrauensvoll in sein inniges Bündnis mit Ihnen eingeweiht«, mußte Sophie nach Tribschen schreiben.

»Parzival Bräutigam«, notierte Wagner, mit Genugtuung, daß Ludwig etwas unternahm, was man von ihm als König erwartete, in der Hoffnung, daß die Zudringlichkeiten des Jüngers gegenüber dem Meister abnähmen, ohne daß die Zuwendungen des Mäzens an den Künstler sich verringerten.

Im März 1867, als Wagner kurz in München weilte, kam es zu einem geheimen Treffen zwischen Sophie und Wagner. Die Braut hatte es arrangiert. Glaubte sie, daß Ludwigs Abgott ihr einiges über den Bräutigam offenbarte? Hoffte sie, daß er sie für den Umgang mit ihm erleuchtete? Erwartete sie, daß er ihre Rolle, die sie in diesem Stück zu spielen hatte, definierte?

Jedenfalls erhielt die »erhabene Liebliche« den Segen Wagners. Vom König bekam er am Tag darauf 12000 Gulden. »O Parzival! Wie muß ich Dich lieben, mein trauter Held!« bedankte er sich schriftlich. Seine Bestürzung über das veränderte Aussehen Ludwigs verhehlte er ihm. Denn sein Parzival nahm Züge des kranken Königs Amfortas an.

Der Schwanenritter

Ludwigs Untertanen konnten sich ein Bild davon machen. In Schaufenstern waren die Verlobten zu sehen, nicht auf einem schmeichelnden Gemälde, sondern auf einer unbestechlichen Fotografie: Ludwigs Gesicht hatte die jugendliche Frische verloren, wirkte schon etwas teilnahmslos und abgestumpft. Der dunkle Überzieher saß schlecht, brachte die immer noch schlanke Figur nicht zur Geltung. Sein Blick war in die Ferne, nicht auf seine Braut gerichtet, die sich bei dem ihr Abgewandten schüchtern eingehängt hatte, ihn nicht anzuschauen wagte, mit Krinoline und Kopfschal einer verfrühten Matrone glich.

So sah kein Paar aus, das zusammengehörte und zusammenbleiben wollte. Nur selten traten sie gemeinsam auf, und wenn, dann gab ihr Aussehen und Benehmen einiges zu denken. Dies sei kein bräutliches, fröhliches Fest gewesen, kommentierte der badische Gesandte Robert von Mohl den Hofball, auf dem das diplomatische Korps seine Gratulation darbrachte. »Bei genauer Beobachtung konnte man sich der Bemerkung nicht entziehen, daß die Prinzessin keinen liebenswürdigen und hingebenden Charakter zu haben scheine. Das schöne Gesicht hatte einen Zug von Härte und Kälte, der sich selbst dann nicht verlor, wenn der König freundlich auf sie zutrat und sie anredete.«

Einen unschönen und unguten Zug des Bräutigams bemerkte Justizminister Eduard von Bomhard. Auf dem Ball, den der Minister des Königlichen Hauses zu Ehren der Verlobten gab, habe ihn gegen 22 Uhr der König gefragt, wie spät es sei und ob er wohl, wenn er sich sofort ins Theater begebe, noch ein Stück des gespielten Schiller-Dramas sehen könne.

Das schon, meinte der Minister, nachdem er heimlich auf die Uhr geschaut hatte, aber ob es wohl der hohen Braut wegen angehe, daß er jetzt schon das Fest verlasse? »Er grüßt mich, und kurz darauf heißt es, ›der König ist fort‹. Ob er sich von der Braut wirklich nicht verabschiedet hat, wie von den erstaunten Gästen behauptet wurde, weiß ich nicht. Nach solchen Vorgängen mußte ich mich der Überzeugung hingeben, daß der König die Braut nicht liebe.«

Sophie hatte das von Anfang an befürchtet. »Er liebt mich nicht; er spielt nur mit mir!« gestand sie ihrer Hofdame nach einem der seltenen und seltsamen Besuche des Bräutigams. Er hatte aus der Schatzkammer die Krone der Königin mitgebracht, sie ihr aufgesetzt, um zu sehen, ob sie ihr passe.

Selbst wenn er sie geliebt hätte, wie hätte er es ihr beweisen können? Wenn er nach Possenhofen kam, durfte er nie mit ihr allein sein. Bei offener Tür saß im Nebenzimmer eine herzogliche Hofdame, »Königswache« genannt. Ludwig begnügte sich damit, Sophie auf die Stirn zu küssen und sie für den Rest des Besuches anzuschauen – was für ihn schon viel, doch ihr viel zu wenig war.

Die Nerven von Braut und Brautmutter wurden strapaziert. Mitunter kam er, wenn er überhaupt kam, zu nachtschlafener Zeit. Stundenlang mußten die Lichter im Schloß brennen, die Familie, die Dienerschaft und die »Königswache« in Bereitschaft stehen. Eher kurios erschien, daß er für die Aussteuer Brokate mit Lohengrinmuster verlangte. Eher verdrießlich war, daß der junge Gatte im Obergeschoß der Residenz, in seinen vier Wänden allein bleiben wollte und für die junge Gattin eine Wohnung in den Hofgartenzimmern, wo einst Maximilian I. Joseph residiert hatte, herrichten ließ.

Immerhin: Die Hochzeit war nach einigem Hin und Her auf den 12. Oktober 1867 anberaumt, den Tag, an dem auch – 1842 – Maximilian II. und – 1810 – Ludwig I. geheiratet hatten. Der Großvater hatte bereits ein Hochzeitsgedicht verfaßt, ein Sonett, in dem er Ludwig als Adonis und Sophie als Venus feierte.

Der Hofstaat der künftigen Königin war ernannt. Eine mit Amouretten geschmückte Hochzeitskutsche,

*Ludwig II. als Bräutigam
mit seiner Verlobten
Prinzessin Sophie von Bayern*

die eine Million Gulden gekostet hatte, stand bereit. Das Gespann, acht prächtige Rappen, war eingefahren. Hoffeierlichkeiten und Volksfeste waren vorbereitet. Eine Gedenkmünze mit den Brustbildern der Majestäten wurde geprägt.

Für Ludwig war es entsetzlich, »den Vermählungstag immer näher und näher heranrücken zu sehen, erkennen zu müssen, daß dieser Bund weder für sie noch für mich glückbringend sein könnte«. Lieber wolle er in den Alpsee springen als heiraten, erklärte er dem Hofsekretär. Er hatte mit dem ihm abgetrotzten Eheversprechen eine Lawine ausgelöst, die unaufhaltsam auf ihn zurollte. Wenn er schon nicht davonkommen könnte, dann wollte er wenigstens das Ende hinausschieben.

Zumindest auf den 1. Dezember 1867 wollte er die Hochzeit verschieben. Sie hätten sich schon zu lange vertrösten lassen, gaben ihm die Brautmutter und die Braut zu verstehen. Er ließ sich bewegen, einen der letzten Novembertage in Aussicht zu stellen. Wenn am 29. November die Vermählung nicht stattfände, müsse ihm Sophie ihr Wort zurückgeben, schrieb der Brautvater dem Bräutigam.

Es war ein Ultimatum. Ludwig fand, daß es einem Untertanen, selbst einem Herzog, nicht gestattet sei, dem Monarchen die Pistole auf die Brust zu setzen. Als sein erster Zorn verraucht war, sah er darin eine Gelegenheit, dem, der das Ultimatum gestellt hatte, die Schuld am Scheitern der Beziehung zu geben.

Schon am Zustandekommen der Verlobung seien die Brauteltern, vor allem die Brautmutter, schuld gewesen, erklärte er am 7. Oktober 1867 in dem Brief, mit dem er sein Eheversprechen zurücknahm, seiner geliebten »Elsa«, der unglücklichen Sophie. Sie hätten eine Verlobung verlangt, weil sie sich nicht vorzustellen vermochten, daß es Seelenfreundschaft gebe – ohne das, was man gemeinhin Liebe nenne.

Als man an seiner Lauterkeit gezweifelt habe, den freundschaftlichen Verkehr unterbinden wollte, als ihm bewußt geworden sei, »daß Du fortmüßtest, Wir niemals Uns mehr sehen könnten, wurde ich auf das tiefste ergriffen« und »meine Zuneigung für Dich steigerte sich, so daß ich mich hinreißen ließ, um Deine Hand zu werben«.

Da nun, »wie damals die Verlobung, so auch der Vermählungstag durchaus wie eine Treibhauspflanze gewaltsam gezeitigt werden soll«, sei es höchste Zeit, daß er Klarheit schaffe. Er habe sie stets »wie eine teure Schwester« geliebt, nicht weniger, aber auch nicht mehr. Die Bruderliebe bliebe ihr erhalten. Seine Andenken an ihre Freundschaft solle sie behalten, wie er auch die ihren behalten wolle. Und in einem Jahr könnte man vielleicht weitersehen.

Ein Jahr später, am 28. September 1868, heiratete Herzogin Sophie in Bayern den Prinzen Ferdinand von Bourbon-Orleans, Herzog von Alençon, Sohn des Herzogs von Nemours und Enkel des 1848 entthronten Königs Louis Philippe von Frankreich. Bei der Trauung in Possenhofen wurde der Brautchor aus »Lohengrin« gespielt.

Am Vorabend, am Polterabend, hatte König Heinrich der Finkler alias Ludwig II. von Bayern auf der Roseninsel im Starnberger See die Kapelle des ersten Infanterie-Regiments aufspielen lassen, Sängerinnen und Sänger des Hoftheaters aufgeboten. Dann fuhr er mit seinem Dampfschiff »Tristan« nach Berg, das bengalisch beleuchtet war. Ein Feuerwerk wurde abgebrannt, Leuchtkugeln und Goldregen, und auf dem See, in dem sich tausend bunte Lichter spiegelten, erstrahlte in Brillantfeuer der Namenszug der Kaiserin Maria Alexandrowna von Rußland.

Denn nicht für seine verflossene Braut hatte Ludwig dies alles inszeniert, sondern für die Zarin, die ihn in Berg besuchte. Sie war einundzwanzig Jahre älter und verheiratet, so daß ihn niemand drängte, die Seelenfreundschaft zu einer Gattengemeinschaft zu degradieren. Bei dieser Herrin konnte er den Pagen spielen, ohne daß daran gezweifelt wurde, daß er nur dies und nichts anderes im Sinn habe.

Auch in Possenhofen und Garatshausen ließ er sich wieder sehen, nach Verstreichung einer gewissen Anstandsfrist. Die herzogliche Familie konnte den König nicht abweisen, und Ludwig zog es dorthin, wenn Elisabeth zu Besuch weilte, die er anhimmeln durfte, ohne daß man von ihm Konsequenzen zu ziehen verlangte.

Ludwig II. vor seinem Raddampfer »Tristan« bei Schloß Berg

Cherubin nahm indessen Allüren eines Hagestolzes an. Zur österreichischen Uniform, in der er ohnehin nie vorschriftsmäßig adjustiert erschien, trug er einmal, da es regnete, einen ungeheuren Regenschirm. Elisabeth, die ihn auslachte, bekam zu hören: »Ich werde mir doch meine Frisur nicht verderben!«

Er blieb Junggeselle. Das entsprach Ludwigs Natur und förderte ihre negative Entwicklung. »Wäre ihm«, zitierte der Schriftsteller Felix Philippi den Hofsekretär Ludwig Bürkel, »eine resolute, vernünftige Frau zur Seite gestanden, die ihm Ehe- und Kindersegen geschenkt hätte, es wäre alles anders gekommen!«

Ludwig hingegen meinte, es hätte ihm nichts Schlimmeres passieren können, als ständig eine Frau um sich haben zu müssen. Er atmete auf, als die Verlobung mit Sophie gelöst war, und er gelobte sich, es nie mehr so weit kommen zu lassen. »Sophie abgeschrieben. Das düstere Bild verweht; nach Freiheit verlangte ich, nach Freiheit dürstet mich, nach Aufleben von qualvollem Alp.« Das notierte er am 7. Oktober in sein Tagebuch, und am 29. November 1867: »Gott sei gedankt, nicht ging das Entsetzliche in Erfüllung! (mein Hochzeitstag sollte heute sein).«

Er sei glücklich dem falschen Glück des Venusberges entronnen, schrieb er aus Hohenschwangau nach Tribschen, sich als Tannhäuser fühlend, der ohne eine heilige Elisabeth erlöst worden und dabei am Leben geblieben war.

Sein Erlöser war und blieb Richard Wagner: »Vor mir steht die Büste des einzigen, bis in den Tod geliebten Freundes, die mich überall hin begleitet, mir Mut und Ausdauer zuspricht, durch den und für den ich sterben und Qualen erdulden wollte; oh, käme doch die Gelegenheit, für Sie sterben zu dürfen!«

Als Blutzeuge der Männerbrüderschaft bot sich der Frauenverächter an, aber auch das war, wie so vieles, theoretisch gemeint und platonisch empfunden.

Homosexuell veranlagt war Ludwig ohne Zweifel. Doch einem Mann, der so ichbezogen war und sich so unberührbar gab, der an den Moralvorstellungen seines Jahrhunderts festhielt, war der Schritt über die Schwelle zwischen Eros und Sexus erschwert.

Sicherlich überschritt er sie nicht in seinem Verhältnis zu Richard Wagner. Behauptet wurde es, von Leuten, die Wagners Musik für ungemein erotisch hielten und Wagners Charakter für gemein genug, daß er sich das hätte zunutze machen können. So führte der Arzt Albert Moll den König von Bayern unter seinen »Berühmten Homosexuellen« (Wiesbaden 1910) auf und subsumierte die Beziehungen Ludwigs II. zu Richard Wagner unter dieser Überschrift.

Als Belege für seine Behauptung führte Moll aus dem Zusammenhang gerissene Passagen aus Ludwigs Briefen an, zum Beispiel: »Wie innig freue ich mich über die nun heranrückende Zeit, in welcher mein geliebter Freund mich einweihen wird in die Geheimnisse und Wunder Seiner Kunst, welche mich stärken und beseligen werden.« Oder: »Sie sind mir der Teuerste auf Erden; kaum sind Sie von anderen so geliebt, wie von mir.«

Zu Recht hat schon Gottfried von Böhm derartige Belege nicht als Beweisstücke anerkannt, sie als der Begeisterung, die er mit so manchem Wagnerianer teilte, entsprungene Ausflüsse einer platonischen Jünger-Meister-Beziehung gewertet. Aber er räumte ein: »Es mag sein, daß in anderen Fällen bei Ludwig II., wie Moll sich ausdrückt, ›das Objekt der Kunstbegeisterung zum Objekt der Liebe wurde‹, und es ist möglich, daß die schwärmerischen Freundschaften, welche der König im Laufe seine Lebens Personen aus verschiedenen Lebenskreisen zuwandte, zum Teil mit der fraglichen Anomalie zusammenhingen.«

Als Anomalie, als Verstoß gegen die sittliche Norm, wurde Ludwigs homosexuelle Veranlagung auch weiterhin bezeichnet – und meist verschwiegen. Denn man glaubte sich auch in den auf die monarchischen folgenden republikanischen Zeiten gewissermaßen einer postumen Majestätsbeleidigung schuldig zu machen, wenn man Ludwig II. dieser Regelwidrigkeit zieh.

»Umso verwerflicher ist die Herausgabe eines Tagebuches, das im Grunde von nichts anderem handelt als von dem Kampf eines Geisteskranken gegen unnatürliche Triebe«, meinte Michael Doeberl, der Altmeister der bayerischen Historiographie, indem er sich nicht gegen den Inhalt, doch gegen seine Veröffentlichung wandte.

Im Jahre 1925 waren in Schaan/Liechtenstein »Tagebuchaufzeichnungen von Ludwig II. König von Bayern« erschienen. Als Herausgeber zeichnete Edir Grein. Es war das Pseudonym – ein Anagramm – von (Erwin) Riedinger, Stiefsohn des bayerischen Staatsministers Johann von Lutz, der auf der Suche nach Beweisen für die Regierungsunfähigkeit des Königs in den Besitz von Tagebüchern Ludwigs gelangt war. Auszüge daraus – Eintragungen von 1869 bis 1886 – hielt Lutz privat unter Verschluß, bis sein Stiefsohn sie veröffentlichte, fünfunddreißig Jahre nach dem Tode des Ministers und sieben Jahre nach dem Ende der bayerischen Monarchie.

Die veröffentlichten Tagebuchauszüge handeln fast ausschließlich, um mit Doeberl zu sprechen, vom Kampfe Ludwigs gegen seine »widernatürlichen Neigungen«. Ludwig selbst qualifizierte sie so, und er versuchte krampfhaft, ihrer Herr zu werden, um sich nicht vor sich selbst zu disqualifizieren.

Geheimsekretär Friedrich Graf, der den Leichnam Ludwigs auf dem Seziertisch gesehen hatte, plauderte aus, wovon er beeindruckt war: Nie seien ihm solche Riesenschenkel vorgekommen, und auch die Geschlechtsteile seien sehr wohlausgebildet gewesen.

Nicht so entwickelt war die Kraft, der Natur zu widerstehen. Der Wille war vorhanden, aber er erwies sich immer wieder schwächer als das Fleisch.

Bei seiner religiösen Erziehung war die Einhaltung des sechsten Gebotes betont worden. Verstöße dagegen wurden als besonders schwere Sünden bezeichnet. Der Kronprinz war angehalten worden, sein Gewissen zu erforschen und seine Sünden zu bekennen, sogar schriftlich. Ihm blieb bewußt, wogegen er sich versündigt hatte. Der Reue über das Gedachte oder Getane folgte der Vorsatz, es nicht mehr zu denken und zu tun.

Er litt darunter, daß er stets aufs neue sündigte, immer wieder bereuen, ständig neue Vorsätze fassen mußte – in dem Bewußtsein, daß er sie nicht würde einhalten können. Die Schuldgefühle häuften sich, belasteten sein von Geburt an krankhaftes Wesen immer schwerer. Er wollte so sein, wie Gottes Gebote es verlangten, und so werden wie Wagnersche Bühnenhelden: keusch, wahr und schön. Parzival strebte er nach, dem Reinen. So mußte es ihn jedesmal verwundern, wenn er nicht, wie sein Held, Anfechtungen in Klingsors Zaubergarten widerstand, sondern ihnen nach mehr oder weniger heftiger Gegenwehr erlag.

Von Kundry, dem Weib, drohte ihm die geringste Versuchung. Die größte war für den in sich verliebten Narziß die Selbstbefriedigung. Hier wurde er zusätzlich durch die Schulweisheit damaliger Mediziner belastet, die den Onanisten schwere Schäden für Körper und Geist prophezeiten. Den Homoerotiker, der zur Homosexualität neigte, bedrückte der Moralkodex seiner Zeit, der Geschlechtsliebe unter Männern als Perversion verdammte. Und er fühlte sich vom Gesetzbuch bedroht, das gleichgeschlechtlichen Verkehr als Verbrechen verurteilte.

In einem Teufelskreis sah sich Ludwig gebannt. Je mehr er ihm zu entrinnen suchte, desto mehr wurde er in ihn hineingezogen. Daß er herausstrebte, sprach dafür, daß er bei klarer Geistesverfassung war und persönliches Verantwortungsbewußtsein besaß. Wie er jedoch herauszukommen suchte, deutete darauf hin, daß er auch und nicht zuletzt durch das verzweifelte Ringen mit seinen als Anomalien empfundenen Trieben in den Wahnsinn hineingetrieben wurde.

Er wußte, daß er auf seinen schwachen Willen immer weniger bauen konnte. Deshalb rief er die Hilfe des Allmächtigen an. Und Ludwig II. berief sich auf Ludwig XIV., den er für den größten der Könige hielt, dessen mächtigen Willen er sich leihen wollte, damit der Herrscher Bayerns sich selbst beherrschen könnte. Und der Jünger Richard Wagners versuchte, sich mit Worten der mythologischen Helden Mut und Kraft zuzusprechen.

Gelübde an Gott, Dekrete im Stile Ludwigs XIV. an Ludwig II., Wagner-Zitate, all diese Mittel, die er im Kampfe mit sich selber einsetzte, fanden Niederschlag in seinem Tagebuch, das einem Beichtspiegel glich – und schon dem Journal einer Geisteskrankheit.

Die bekanntgewordenen Eintragungen begannen im Dezember 1869: »Au nom du Père, du Fils et du Saint Esprit! Ich liege im Zeichen des Kreuzes (Erlösungstag unseres Herrn) im Zeichen der Sonne (Nec pluribus impar!) u. des Mondes (Orient! Wiedergeburt durch Oberons Wunder Horn. –) Verflucht sei ich u. meine Ideale, wenn ich noch fallen sollte Gott sei Dank, es ist nicht mehr möglich denn es schützt mich Gottes heiliger Wille, des Königs erhabenes Wort! – nur psychische Liebe allein ist gestattet die sinnliche dagegen verflucht. Ich rufe feierlich Anathema über sie aus ...«

Mit den Worten Wolfram von Eschenbachs aus Wagners »Tannhäuser« huldigte Ludwig der seelischen, der einzig wahren Liebe: »Du nahst als Gottgesandte, ich folg' aus holder Fern, so fährst du in die Lande, wo ewig strahlt dein Stern –.« Französisch, in der Sprache des Sonnenkönigs, fuhr er fort: »Adoration à Dieu et la sainte religion! Obéissance absolue au Roy et à sa volonté sacrée. –« (»Anbetung für Gott und die heilige Religion. Absoluter Gehorsam dem König und seinem geheiligten Willen.«)

Es sind Beschwörungen, mit denen Ludwig die Versuchungen bannen will, Befehle, die sich Louis de Bavière im Stile von Louis le Grand gibt, immer wieder und stets vergebens. »Hier gilt kein ›car tel est notre bon plaisir‹ (›denn dies ist unser angenehmes Vergnügen‹).« Und: »Keine heftige Bewegung, nicht zu viel Wasser, Ruhe.« Und: »Nicht mehr im Januar, nicht im Februar, überhaupt ist das Ganze so viel als nur irgend *möglich* abzugewöhnen.« Und: »Keine nutzlosen, kalten Waschungen mehr ... Weihwasser.« Und: »Hände *kein einziges* Mal mehr hinab, bei schwerer Strafe!«

Der mächtige Monarch vermochte dem schwachen Menschen nicht Makellosigkeit zu befehlen. Das zermürbte den Sünder und ließ den König an seiner hohen Auffassung vom Königstum zweifeln: »›Toute justice émane du Roy. – Si veut le Roy, veut la loi. – Une foi, une loi, un Roy.‹ – Louis.« (»Alles Recht kommt vom König. – Was der König will, will das Gesetz. – Ein Glaube, ein Gesetz, ein König. – Ludwig.«)

Nicht nur auf Selbstbefriedigung, auch auf homosexuellen Verkehr lassen Eintragungen im Tagebuch schließen. Unter dem 29. Juni 1871 ist ein Postskriptum aufgeführt, das nicht von Ludwigs Hand stammt, aber von ihm unterschrieben ist: »Feierlicher Schwur vor dem Bilde des großen Königs ›Während 3 Monaten Enthaltung jeglicher Aufregung‹ – ›Es ist nicht gestattet Sich mehr, als auf 1½ Schritte zu nähern‹ –.«

Die Unterschrift »Richard« steht neben der Ludwigs am 6. März 1872. »Bei unserer Freundschaft sei es geschworen, *auf gar keinen Fall mehr* vor 3ten Juni.« Und: »Gerade 2 Monate bevor es 5 Jahre sind, daß wir uns an jenem seligen 6ten Maitag 1867 kennen lernten, um uns nie mehr zu trennen, und nie von einander zu lassen bis zum Tode.«

Es war ein anderer Richard als Richard Wagner, sozusagen der Realpartner neben dem Idealpartner – der Stallmeister Richard Hornig. Der um vier Jahre Ältere war 1867 in die persönlichen Dienste des Königs getreten. Der gebürtige Mecklenburger wurde ein ständiger Begleiter des Königs.

Stallmeister Richard Hornig

Mitschuld am Persönlichkeitsverfall Ludwigs gab ihm Fürst Hohenlohe-Schillingsfürst. »Es ist schade, daß seine Fähigkeiten so brach liegen«, notierte er 1869, »und er sich mehr und mehr auf die schlechte Gesellschaft des Bereiters Hornig beschränkt.«

Der König behandelte den Stallmeister oft von oben herab, wohl weil er sich schämte, daß Ludwig gegenüber Richard sich hatte gehen lassen und immer wieder gehen ließ. Stundenlang, halbe Nächte mußte Hornig hinter dem Wagen oder Schlitten des Königs herreiten, ab und zu absteigen, um der Majestät, entblößten Hauptes, die Hermelindecke zurechtzuziehen oder ihm eine Orange zu schälen.

Andererseits betraute er den Stallmeister zunehmend mit Aufträgen, die zum Kompetenzbereich des Hofsekretärs oder des Kabinettssekretärs gehörten. Schließlich wurde Hornig so etwas wie eine Graue Eminenz, auch wenn diese Bezeichnung bei einem Marstallbediensteten fehl am Platze schien.

Fürstlich wurde er belohnt. Der König schenkte dem Stallmeister eine Villa am Starnberger See, wo er mitunter erschien, um Kaffee zu trinken. Dann ließ er ihn wieder seine Verstimmung spüren, schimpfte über den »Bereiter Hornig, den ich mit Gnadenbezeugungen überhäufte, wie Niemanden, dem ich volles Vertrauen und sogar meine Freundschaft schenkte, eine Auszeichnung, die außer ihm keinem meiner Untertanen in solchem Maß zu Teil geworden ist ...«

Doch »der edle gute Richard« blieb nie lange in Ungnade; erst 1885, ein Jahr vor Ludwigs Tod, wurde er an das Gestüt von Rohrenfeld versetzt. Vielleicht verzeihen, aber nie vergessen konnte es Ludwig dem Freund, daß er sich eine Frau genommen hatte; Richards Verheiratung, erklärte er, sei für ihn schlimmer gewesen als das ganze Kriegsjahr 1870.

Hornig war nicht der einzige Mann, bei dem Ludwig die Schwelle zwischen Homoerotik und Homosexualität überschritt. Je mehr er mit sich ins unreine geriet, desto häufiger dürfte es vorgekommen sein. Genaueres weiß man nicht, weil Spuren verwischt worden sind. Oberststallmeister Max Graf von Holnstein verlangte bei den Untersuchungen über die Geisteskrankheit des Königs, daß die Nachforschungen nicht auf die sexuellen Beziehungen ausgedehnt würden.

Außer Aufzeichnungen und Briefen des Königs geben Belege der Hofkassen den einen und anderen Hinweis. Ein Günstling erhielt an die 80000 Mark und ein Objekt aus der Schatzkammer.

»Wie Kaiser Hadrian«, berichtete Gottfried von Böhm, der Biograph Ludwigs II., der als sein Beamter Einblick hatte, »seinen Antinous in zahlreichen Bildwerken der Nachwelt erhalten hat, so ließ auch Ludwig II. ein paar der leichten Reiter, die ihm besonders gefielen, in Marmor aushauen. Die auf diese Weise entstandenen Kunstwerke sind jedoch nicht, wie Antinous, in Museen gewandert, sondern der Zerstörung preisgegeben worden.«

Nicht nur an einfachen Chevaulegers – von vieren war die Rede – fand Ludwig Gefallen. Es zog ihn auch zu höheren Chargen hin. Doch diese Freundschaften dürften sich, ähnlich wie die Beziehung zu Wagner, im Bereich des Idealen erschöpft haben.

Paul Fürst von Thurn und Taxis, seit 1863 Ordonnanzoffizier des Kronprinzen, diente von 1865 bis 1866 als Flügeladjutant des Königs. Er teilte mit Ludwig die Begeisterung für Richard Wagner, war mit ihm in Tribschen, zog sich mit ihm auf die Roseninsel zurück und spielte für ihn, zur Feier des zwanzigsten Geburtstages, auf dem Alpsee den Lohengrin.

Der Fürstensohn verliebte sich in eine Soubrette des Münchner Volkstheaters, wurde am 7. November 1866 seiner Stellung als Flügeladjutant enthoben und zum 3. Artillerie-Regiment versetzt. Anfang 1867 verließ Paul von Thurn und Taxis die Armee und verzichtete auf seinen Fürstentitel.

Ludwig II. erhob ihn als Paul von Fels in den persönlichen Adelsstand. Er wurde Theaterdirektor und starb an der Schwindsucht.

»Am 21. März (1873) Freiherrn von Varicourt zum ersten Male gesprochen, am 23. Ihn zum Flügeladjutanten ernannt«, notierte Ludwig in sein Tagebuch. »8 Tage in Berg am 15ten (April) mit Frh. v. Varicourt im Kiosk soupiert, dann Fahrt im Mondenglanz längs des Sees von 10 Uhr bis $^{3}/_{4}4$ Uhr Morgens beisammen.«

Dem Kavallerieoffizier Lambert Freiherr von Varicourt schrieb Ludwig, daß er in seinem Herzen als unumschränkter König herrsche, daß ihm dieses bis zum letzten Schlag gehören werde und daß er am liebsten für ihn sterben würde. »Oh, könnte dies sich ereignen bald, bald! Dieser Tod wäre mir erwünschter als alles, was die Erde mir zu bieten imstande ist.«

Jäh endete die Freundschaft nach wenigen Wochen. Varicourt schlief ein, während Ludwig vorlas. Mit dem Ruf: »Du schläfst bei deinem König!« wurde er geweckt und verabschiedet.

»Niemand auf Erden vertraue ich so felsenfest und schrankenlos wie Ihnen. Wie Carlos seinem Freunde Roderich, so rufe ich Ihnen zu: Ich werfe mich ganz in Deine Arme (ideal gesprochen), ja Friedrich, umschließe mich fest und bleibe mir treu.« Das schrieb der König Anfang 1879 seinem Kabinettssekretär Friedrich von Ziegler, einem Juristen, der malte und dichtete.

Er fiel in Ungnade, als er im September 1879, nach dreieinhalbjähriger zermürbender Amtszeit als Kabinettssekretär und Dienstzeit als Königsfreund, zurücktrat. In seiner amtlichen Funktion hatte er die Vorträge stehend, stundenlang und oft mitten in der Nacht, zu erstatten, dem König auf seine Schlösser und Hütten nachzureisen. In seiner Eigenschaft als Freund schrieb ihm Ludwig, der ihm das »Du« angeboten hatte, es täte ihm leid, daß sich »der beste und vollkommenste der Menschen« hie und da bei den Vorträgen so anstrengen und ärgern müsse.

Die Schwierigkeiten einer Doppelfunktion machten auch Anton Freiherrn von Hirschberg zu schaffen. Der 3. Staatsanwalt wurde, unter der Gnadensonne des Königs, mit siebenundzwanzig zum Legationssekretär im Ministerium des Königlichen Hauses und des Äußern befördert. Zum Einarbeiten unter den wachsamen Augen der Herren Kollegen fand er kaum Zeit, da er immer wieder an den Hof befohlen wurde, von dem er mit diamantenen Hemdknöpfen und edelsteinbesetzten Manschettenknöpfen zurückkam.

Sie waren teuer genug erkauft. Nächtelang mußte Hirschberg die Monologe Ludwigs über sich ergehen lassen. Auf der Terrasse des Jagdhauses auf dem Schachen hatte er sich bei bitterer Kälte die endlosen Schiller-Rezitationen des Königs anzuhören. Mit dem Duzfreund mußte er über Stock und Stein reiten, in schwankendem Kahn über den Alpsee rudern.

Von heute auf morgen wurde Hirschberg nicht mehr eingeladen. Ludwig war seiner überdrüssig geworden: des Juristen, der musisch kaum begabt und gebildet war; des »prosaischen Barons«, der am Boden kleben blieb, wenn er sich in die Lüfte erhob; des durch seine Gunst beförderten Beamten, dem er die erwünschte Annäherung als Freund als mangelnde Distanz gegenüber dem Dienstherren ankreidete.

Mit einem Paukenschlag endeten Freundschaften, die *vivace* begonnen hatten und schon bald *lento* geworden waren. Wer wie Ludwig immer nur in sich hineinschaute und hineinhorchte, wollte in einem Freund letztlich nur sein eigenes Spiegelbild sehen und von einem Freund nur sein eigenes Echo hören. Wer wie der König ein so übersteigertes Majestätsgefühl hatte, konnte sich auf die Dauer nicht herablassen oder gar den anderen zu sich heraufziehen, ihn von gleich zu gleich behandeln, was das Grundgesetz jeder Freundschaft ist.

»Und wer den höchsten Königsthron gewann / Und keinen Freund hat, ist ein armer Mann.« Diese Zeilen von Friedrich Bodenstedt hatte er, mit eigener Hand geschrieben, in seinem Schlafzimmer in Berg angebracht. König Ludwig II. war ein armer Mann, denn er hatte keinen einzigen Freund.

9

Zwischen Wagner und Bismarck

Der Wonnemond mit Richard Wagner war längst vorbei. Die Beziehungen zum »einzigen, erhabenen, göttlichen Freund« hatten sich abgekühlt. Selbst Briefe, in denen die alte Begeisterung erneut angeschlagen wurde, konnten nicht länger darüber hinwegtäuschen, daß die Leier verstimmt war und eines Tages völlig verstummen würde.

Das lag auch an Richard Wagner, der, wie sein Freund Friedrich Pecht meinte, die verachtete Menschheit »für bloßes Material zum Verbrauchtwerden durch die Auserwählten« gehalten habe. Und, wie daraus geschlossen werden kann, am Menschen Ludwig, der den Auserkorenen dem Verschleiß durch materielle Not enthoben hatte, vornehmlich die der Zuneigung entflossenen Zuwendungen geschätzt hatte.

Für Ludwig hatte Wagner seine Schuldigkeit getan. Das Werk fortgesetzt, der Vollendung entgegengeführt, ihm eine Idealwelt geschaffen. Die Musik blieb, der Musikus mochte gehen, der Künstler, der sich herausgenommen hatte, von gleich zu gleich mit dem König zu verkehren.

Und Wagner hatte ihn persönlich enttäuscht, weniger seiner Raffgier und Verschwendungssucht als seines sittlichen Wandels wegen. Wotan hatte sich das Weib eines anderen genommen, es Parzival verschwiegen und, als es ruchbar wurde, es geleugnet – ihn angelogen.

Cosima von Bülow gebar am 17. Februar 1867 Wagner das zweite Kind, die Tochter Eva. Das erste Kind, Isolde, war bereits am 10. April 1865 zur Welt gekommen. Am 16. November 1868 kam Cosima von München nach Tribschen, um für immer bei Richard zu bleiben. Bereits 1866 hatte eine Münchener Zeitung das seit 1864 bestehende Verhältnis enthüllt. Cosima und Hans von Bülow verlangten vom König eine Ehrenerklärung. Wagner entwarf sie, Cosima unterbreitete sie Ludwig zur Unterschrift: »Auf die Knie sinke ich vor meinem König und bitte in Demut und Not um den Brief an meinen Mann.«

»Parzival verläßt die Seinen nicht«, versicherte Ludwig und unterschrieb die an den gehörnten Ehemann zum Zwecke der Veröffentlichung gerichtete Erklärung: Eine Reine sei in den Schmutz gezogen worden. Der König hatte sein Wort verpfändet, der »jener verbrecherischen öffentlichen Verunglimpfungen« beschuldigte Redakteur wurde zu einer Geldstrafe verurteilt. Bülow wurde zum Hofkapellmeister berufen.

Die Wahrheit konnte dem König über zwei Jahre lang verborgen werden. Ludwig verwand es nicht, daß ihm eine Ehrenerklärung für eine Ehebrecherin abgeschwindelt, mit dem Monarchen Schmierentheater gespielt worden war. Einen schriftlichen Rechtfertigungsversuch Wagners würdigte er keiner Erwiderung. Anfang November 1868 verweigerte er dem in München weilenden Meister die erbetene Audienz. Mitte Januar 1869 bemerkte Wagner, »daß ich auf mein ferneres Wirken in München und zwar durch die Gunst des Königs nicht die mindeste Hoffnung mehr setze, ja daß ich mich selbst sehr ernstlich darauf gefaßt mache, mich eines Tages jedes Schutzes und jeder Wohltat von dort beraubt zu sehen«.

Dabei hatte es noch vor einem guten halben Jahr, im Mai und Juni 1868, so ausgesehen, als habe der Meister seine alte Macht über den Jünger, über dessen Haupt-

Die »Meistersinger von Nürnberg« von Wagner.
Mittelbild eines im Auftrag König Ludwigs II.
gezeichneten Gedenkblattes von E. Ille.
Stahlstich aus »Über Land und Meer«

stadt und Land neu befestigt. Cosima wohnte, um den Schein zu wahren, wieder bei Bülow in München. Am 22. Mai, seinem fünfundfünfzigsten Geburtstag, fuhr Wagner mit dem König auf dem »Tristan« über den Starnberger See zur Roseninsel.

Am 21. Juni 1868 feierten Meister und Mäzen einen gemeinsamen Triumph bei der Uraufführung von Wagners Oper »Die Meistersinger von Nürnberg« im Hof- und Nationaltheater zu München. 45800 Gulden hatte der König sich das kosten lassen. Hans von Bülow dirigierte. Schon bei den Versen des zweiten Akts: »Denn wer als Meister ward geboren, der hat unter Meistern den schlimmsten Stand«, wurde Wagner demonstrativ gefeiert.

»Augustus und Horaz«, wie sie Bülow nannte, saßen Seite an Seite in der königlichen Loge. Nach jedem Aktschluß trat der lässig gekleidete Wagner an die Brüstung und verbeugte sich vor dem ihm huldigenden Publikum. Vorher hatte sich jedesmal Ludwig II. schnell zurückgezogen, um den Verstoß gegen die Hofetikette nicht mitansehen zu müssen oder gar, wie einige erwarteten, es erleben zu müssen, daß auch der König herausgerufen würde.

Der Meister schenkte dem Jünger zum dreiundzwanzigsten Geburtstag die Originalpartitur der »Meistersinger«, und schrieb ihm, die Uraufführung sei der Höhepunkt seiner künstlerischen und menschlichen Laufbahn gewesen. »Die unermeßliche Ehre, die Sie mir für diesen Abend an Ihrer Seite erwiesen, erkläre ich als die seelenvollste Belohnung, die ein Meister der Kunst empfing.«

Der Gipfel der persönlichen Beziehung zwischen Ludwig II. und Richard Wagner war erreicht. Das Gipfelglück war kurz, der Abstieg begann gleich darauf. Acht Jahre lang sollten sie sich nicht mehr sehen.

Ludwig fühlte sich in der Affäre Cosima vom Freund betrogen. Der König verübelte dem Künstler das Auftreten an seiner Seite. Der Mäzen wollte über die Werke, die, wie er meinte, er nicht nur bezahlt, sondern auch ermöglicht hatte, nach seinem Willen und nach seinem Geschmack verfügen.

Eine erste Auseinandersetzung über die Aufführung eines Werkes hatte es bereits im Juni 1867 gegeben. Mit einer Mustervorstellung des »Lohengrin« sollte gefeiert werden, daß der Ende 1865 aus München vertriebene Wagner wenn schon nicht für immer, so doch ab und zu zurückkehren konnte.

Der Meister kam, um sich wieder neben dem König zu zeigen, der ihm, wo er nur konnte, aus dem Weg ging. Und er wollte den »Lohengrin« nach seinen Vorstellungen inszenieren, was ihm Ludwig verwehrte.

Für die Hauptrolle hatte Wagner seinen alten Freund Joseph Tichatschek vom Dresdner Hoftheater geholt, der den Rienzi und den Tannhäuser bei den Uraufführungen in der sächsischen Hauptstadt gesungen hatte und inzwischen sechzig geworden war. Bei der Generalprobe betrachtete ihn Ludwig mit dem Fernglas, hörte kaum auf den von Wagner gelobten »Silberklang der Stimme«, sah einen greisen Lohengrin, der sich auf eine im Kahn angebrachte Stange stützte, Grimassen schnitt und nicht einmal den blauen Mantel trug, ohne den sich Ludwig den Schwanenritter nicht vorstellen konnte.

Der König verließ das Theater, ohne den neben ihm sitzenden Wagner eines Wortes gewürdigt zu haben, kehrte nach Berg zurück und erklärte Hofsekretär Düfflipp, Tichatschek, dieser »Ritter von der traurigen Gestalt«, könne im nächsten Jahr zur Fußwaschung kommen, aber auf der Bühne wolle er ihn nicht mehr sehen.

Wagner fuhr gekränkt nach Tribschen zurück. Der König ließ »Lohengrin« am 16. Juni 1867 aufführen, mit Heinrich Vogl in der Titelrolle. Dieser Sänger entsprach eher Ludwigs Vorstellungen vom Schwanenritter, mit dessen Gestalt er sich identifizierte, nicht aber mit dessen Stimme.

Der Briefwechsel wurde bald wiederaufgenommen. Beiden fiel es zunehmend schwerer, die alten Töne hervorzubringen, sie einigermaßen echt klingen zu lassen. Die mächtigen Klänge der Meistersinger-Ouvertüre bei der Münchner Uraufführung im Sommer 1868 schienen dann einen neuen Wonnemond einzuleiten. Doch schon im Herbst ertönten wieder Mißklänge, die immer schriller wurden.

Ludwig schien nicht mehr am Meister, nur noch an der baldigen Vollendung und Aufführung zunächst der fertiggestellten Teile des Nibelungenrings gelegen zu sein, nach der Devise: »Der König bin ich, das Werk gehört mir!« Er hatte dafür erkleckliche Summen ausgegeben, die Rechte erworben und wollte darüber verfügen.

Die Hauptprobe für die Uraufführung von »Rheingold« im Münchener Hof- und Nationaltheater war auf den 27. August 1869 angesetzt worden. Zwei Tage vorher begann der Dirigent Hans Richter – im Einverständnis mit dem Komponisten Richard Wagner – Bedenken anzumelden. Die szenische Einrichtung entspreche nicht den Absichten des Meisters und der Bedeutung des Werkes. Der König ging jedoch darüber hinweg.

Zum festgesetzten Termin fand die Hauptprobe statt, vor Ludwig II. und fünfhundert geladenen Gästen. Sie versetzte Wagnerianer angesichts der Götterburg, die einem Raubritternest glich, des hölzernen Regenbogens und der komischen Schwimmbewegungen der Rheintöchter in Katastrophenstimmung. Anti-Wagnerianer lachten sich ins Fäustchen. Von einem »Huren-Aquarium« war die Rede. Der satirische »Punsch« versuchte sich in die Gefühlslage der auf Rollwagen wie auf Wellen schwimmenden Rheintöchter hineinzuversetzen:

»Wigala, wogala, weia,
bleib' i auf der Schaukel, so muaß i speia;
Wigala, wogala, wack,
fall i abi, so brich i's Gnack.«

Von all dem erfuhr Wagner in Tribschen. Er verbot Richter, unter diesen Umständen die öffentliche Vorstellung zu dirigieren. Der Kapellmeister gehorchte und weigerte sich.

Der König geriet außer sich: »Wahrhaft verbrecherisch und schamlos ist das Gebaren von Wagner und dem Theatergesindel; es ist dies eine offenbare Revolte gegen Meine Befehle, und dieses kann ich nicht dulden. Richter darf keinesfalls mehr dirigieren und ist augenblicklich zu entlassen«, schrieb er Hofsekretär Düfflipp. »Wagt W(agner) sich neuerdings zu widersetzen, so ist ihm der Gehalt für immer zu entziehen, und nie mehr ein Werk von ihm auf der Münchener Bühne aufzuführen.«

Wagner eilte nach München, um das Schlimmste zu verhüten. Der König hatte sich in die Berge zurückgezogen. Nein, er wollte ihn nicht sehen, »es geschieht ihm gerade recht, falls ihm eine mißliebige Demonstration bereitet werden sollte, jetzt wo der Bülow-Skandal au comble ist. – J'en ai assez«.

Unverrichteter Dinge reiste Wagner zurück. Ohne ihn wurde am 22. September 1869 »Das Rheingold« im Hof- und Nationaltheater uraufgeführt. Es dirigierte Franz Wüllner. Immerhin war ein neuer Maschinenmeister bestellt worden, dem es besser gelang, die mythologischen Visionen mittels technischer Hilfsmittel des 19. Jahrhunderts über die Bühne zu bringen.

Bald schrieben sie sich wieder, der Künstler, der den Mäzen noch brauchte, und Ludwig, der Wagners Werke wie Drogen genossen hatte und den es nach neuen Drogen verlangte. Es sei »nunmehr ohne weitere Rücksicht auf Wagner mit der Aufführung der ›Walküre‹

vorzugehen«, befahl er seinem Theaterintendanten Karl von Perfall.

Wagner fürchtete, »daß die Sauereien des ›Rheingold‹ sich nun auch an der ›Walküre‹ wiederholen sollen«. Cosima, die ihm das dritte Kind, den Sohn Siegfried, geboren hatte und ihn nach ihrer Scheidung von Bülow am 25. August 1870 heiratete, nahm es von der praktischen Seite. Da sie von den »Nibelungen« lebten, Richard ihnen seine Existenz verdanke, müßte »man noch Gott danken, daß ein Wesen wie der König einen so sonderbaren Sparren im Kopfe hat und die Dinge durchaus sehen und haben will . . .«

Am 26. Juni 1870 wurde im Hof- und Nationaltheater »Die Walküre«, der zweite Teil des Nibelungenrings, uraufgeführt, wieder unter Leitung von Franz Wüllner. Der König wollte Wagner weder bei den Proben noch bei der Premiere dabei haben. Er selber kam erst zur letzten der drei Vorstellungen.

Am Vierwaldstätter See klagte Wagner, daß sein Bühnenfestspiel »in den Pfuhl des mir in der Seele verhaßten Theaters und seiner widerwärtigen Routine geworfen wurde«, und faßte den Entschluß, sich ein eigenes Festspielhaus zu errichten, fern von München, noch auf bayerischem Boden, in Bayreuth, weil er weiterhin auf die Hilfe des Königs von Bayern baute.

Aus dessen Haupt- und Residenzstadt war Wagner zum zweitenmal vertrieben worden, direkt 1865 und indirekt 1869/70. Dazwischen hatte er sich der Hoffnung hingegeben, nicht nur der Mentor des Monarchen, sondern auch der Regisseur des bayerischen Staatstheaters geworden zu sein. Jedenfalls meinte Wagner, daß er es fertiggebracht habe, seine Hauptgegner »Pfi« und »Pfo«, Kabinettssekretär Pfistermeister und Ministerpräsident von der Pfordten, zu stürzen. Und einen ihm gewogenen Vorsitzenden des Ministerrats, Chlodwig Fürst zu Hohenlohe-Schillingsfürst, zu installieren.

Wagner überschätzte sich, wie so oft, und er hielt den König, den er dazu gedrängt hatte, für mächtiger, als dieser in Wirklichkeit war. Nicht der Wunsch eines Günstlings und die Willkür eines Monarchen, sondern die bayerischen Staatsinteressen erforderten nach der Niederlage von 1866 eine politische Veränderung, in der Sache und in den Personen.

Die Kursänderung begann mit Personenwechsel. Verantwortliche für die Niederlage von 1866 wurden gesucht, gefunden und entlassen: Kriegsminister Eduard von Lutz, Innenminister Vogel, General Fürst von Thurn und Taxis. Der Oberbefehlshaber Prinz Karl ging selber, sein Generalstabschef von der Tann hielt sich, ungeachtet der Beschuldigung, er habe heimlich über einen Sonderfrieden verhandelt.

Die Schuld wurde Sündenböcken aufgeladen. Das war zur Wiederaufrichtung des niedergedrückten Selbstbewußtseins Bayerns vonnöten. Zur Sicherung der gefährdeten Staatsexistenz brauchte man neue Männer, welche die Zeichen der Zeit verstanden hatten und nicht gegen den Strom der Entwicklung zu schwimmen versuchten.

Ministerpräsident Ludwig von der Pfordten war ein Mann von gestern, der Verlierer. Als Konservativer, wenn auch mit altliberalen Streifen, hatte er sich dem Fortschritt versagt, der nun nationalliberal gefärbt war. Als Verfechter des Deutschen Bundes von 1815 hatte er sich mit Preußen angelegt, von dem sich auch bayerische Liberale mit der Einigung Deutschlands mehr Freisinn, Wohlstand, Rechtsstaatlichkeit, Parlamentarismus und etwas mehr, doch nicht zuviel Demokratie erhofften.

Liberal war die Mehrheit der Kammer der Abgeordneten, zusammengesetzt aus Liberalen verschiedener Schattierungen. Es gab Liberale alten Schlages, die sich lieber an der Liberalitas Bavariae als an einem Parteiprogramm orientierten. Es gab solche, die mehr Wirtschaftsliberalismus, und andere, die mehr Kulturliberalismus im Sinn hatten. Und seit 1863 gab es die Fortschrittspartei, die entschiedener als andere Gruppen und Grüppchen liberale und nationale Forderungen verfocht.

Die Kammer der Abgeordneten war wichtig, wurde mit dem Fortschreiten des Jahrhunderts immer wichtiger. Ausschlaggebend im bayerischen Staat waren die Bürokratie und die von ihr getragene Administration geblieben. Liberal waren auch sie, vom Montgelasianismus geprägt, aufgeklärt und fortschrittlich, doch nicht auf die Einzelpersönlichkeit, sondern auf den Staat, den bayerischen Staat, ausgerichtet.

Etatistisch, wie der Beamtenliberalismus war, kam ihm der Freisinn gelegen, der – eigentlich im Widerspruch zum Wortsinn – den Staat auch zum Herren über Unterricht und Kultus erheben wollte. Andererseits machte ihm der Nationalliberalismus zu schaffen, der die bayerische Eigenstaatlichkeit in Frage stellte. Das traf den Montgelasianismus ins Mark.

Doch die Bürokratie war so pragmatisch, daß sie sich bei der Bewältigung der Staatsaufgaben aus dem liberalen Spektrum das herausgriff, was ihr gerade zustatten kam, und das zu manipulieren versuchte, was ihr gegen den Strich ging. Mit dem Kulturliberalismus, weil passend, und dem Wirtschaftsliberalismus, weil nützlich, wurde koaliert. Gegen den Nationalliberalismus mußte laviert werden.

Diese Hauptformation der deutschen Nationalstaatsbewegung hatte sich mit Preußen, das nach der Vorherrschaft in Deutschland strebte, verbunden. Sie war sozusagen die Fünfte Kolonne Bismarcks in Bayern, der persönlich vom Liberalismus wenig hielt, ihn aber für seine preußisch-deutsche Großmachtpolitik eingespannt hatte. Nach der Zerstörung des Deutschen Bundes und dem Ausschluß Österreichs aus Deutschland hatte Bismarck den Norddeutschen Bund unter Preußens Führung gegründet und den Anschluß der süddeutschen Staaten anvisiert, die nun, ohne Bundesverhältnis und Bundesschutz, allein dastanden.

Schon hatten sie sich militärisch unter die Fittiche des preußischen Adlers begeben müssen, durch die 1866 geschlossenen Schutz- und Trutzbündnisse. Wirtschaftlich blieben sie auf einen gemeinsamen deutschen Markt angewiesen, weshalb sie um einen neuen Zollvereinsvertrag mit dem Norddeutschen Bund nicht herumkamen.

Zollvereinigung und Militärallianz stellten die Weichen in Richtung eines Anschlusses der süddeutschen Staaten an den Norddeutschen Bund. Bismarck wollte das Abfahrtssignal für den deutschen Einigungszug erst geben, wenn der Augenblick günstig war. Die Nationalliberalen dagegen wollten unverzüglich losdampfen, von Norden und von Süden her, sich an der Mainlinie die deutschen Bruderhände reichen.

Die bayerische Staatsräson konnte sich der Logik dieser Entwicklung nicht entziehen, mußte jedoch darauf bedacht sein, die Konsequenzen zu kanalisieren, damit nicht die bayerische Eigenstaatlichkeit fortgerissen würde. Deshalb war eine Innenpolitik gefordert, die den Liberalen nachgab, ohne sich ihnen auszuliefern. Und eine Außenpolitik, die Preußen entgegenkam, ohne sich ihm zu unterwerfen.

Ministerpräsident Ludwig von der Pfordten war nicht der Mann, der eine solche Politik hätte führen wollen und führen können. Eine entehrte Jungfrau sei keine Jungfrau mehr, meinte er, Bayern sei von Preußen die Souveränitätsunschuld geraubt worden. In dieser Situation war ein Staatsmann vonnöten, dem Unberührtheit nicht unbedingt als ein Vorzug und eine Vergewaltigung nicht unter allen Umständen als ein Unglück erschien.

Ein solcher Staatsmann schien Chlodwig Fürst zu Hohenlohe-Schillingsfürst zu sein. Ihm wurde das

Chlodwig Fürst zu Hohenlohe-Schillingsfürst, Prinz zu Ratibor und Corvei

Kunststück zugetraut, das abwenden zu können, was er als drohend hingestellt hatte: »Die Gefahr, welche dem Königreiche durch die Fortdauer des gegenwärtigen Zustandes droht, ist eine doppelte: 1. Jede europäische Verwicklung, sie mag für die eine oder die andre europäische Großmacht günstig ausgehen, wird, wenn sie Deutschland berührt, für den Bestand Bayerns und seine Selbständigkeit die größte Gefahr bringen. 2. Das Streben des deutschen Volkes, den nationalen Gedanken auch gegen den Willen der Regierungen zu verwirklichen, kann zu inneren Kämpfen führen, bei welchen die Dynastie bedroht wäre.«

Hohenlohe schien das vollbringen zu können, was er sich vorgenommen hatte, was allerdings der Quadratur des Kreises glich: »Es muß also die Aufgabe der Staatsregierung sein: 1. Bündnisse zustande zu bringen, durch welche der Gefahr europäischer Verwicklungen vorgebeugt wird, und 2. eine nationale Einigung Deutschlands anzustreben, welche den berechtigten Forderungen der Nation genügt, ohne die Souveränitätsrechte Eurer Königlichen Majestät oder die Integrität Bayerns zu beeinträchtigen.«

Fürst Hohenlohe schien die Voraussetzungen für die Bewältigung dieser Problematik mitzubringen. 1819 geboren, war er mit siebenundvierzig alt genug, um idealistisch wie ein Achtundvierziger für »Freiheit und Einheit« begeistert zu sein, und noch so jung, daß er wie ein Sechsundsechziger realistisch um der durch Preußen möglichen Einheit willen die Freiheit hintansetzte. Sein Liberalismus war ohnehin durch den Umstand gedämpft, daß er als Hochadliger und Großgrundbesitzer den Bürgern und Kapitalisten mit aristokratischer Reserviertheit gegenüberstand.

Als mediatisierter Reichsfürst konnte er das alte Reich, in dem sein Haus reichsunmittelbar gewesen war, nicht vergessen und es den Wittelsbachern nicht verzeihen, daß sie ihn unter ihre Hoheit gebeugt hatten. Seit 1845 bayerischer Standesherr und erbliches Mitglied des Reichsrats der Krone Bayerns hatte er indessen den Staat so lange mitgetragen, daß er sich für ihn mitverantwortlich fühlte.

Im Zweifelsfall hatte er stets für ein neues Reich und dessen Schöpfungsmacht Preußen votiert. Die Frankfurter Reichsregierung hatte er als Reichsgesandter in Florenz und Athen vertreten. Anschließend war er für eine kleindeutsche Union unter Führung Preußens eingetreten. Vor dem Krieg von 1866 hatte er Ludwig II. vergebens gedrängt, Bismarcks Vorschlag, ein deutsches Nationalparlament wählen zu lassen, anzunehmen.

Dennoch berief ihn der König am 31. Dezember 1866 zum Staatsminister des Königlichen Hauses und des Äußern sowie zum Vorsitzenden des Ministerrates. Hohenlohe trat an die Stelle von der Pfordtens, der einer Entlassung durch seinen Rücktritt zuvorgekommen war. Von der Pfordten, der mit dem deutschen Staatenbund die Souveränität des Königs von Bayern verteidigt hatte, mußte gehen. Hohenlohe wurde gerufen, der mit seinem Streben nach einem preußisch-deutschen Bundesstaat die Souveränität des Königs von Bayern in Frage stellte.

In Wesentlichem waren Hohenlohe und Ludwig II. entgegengesetzter Meinung. Nationalreich und Nationalstaatsverfassung, die der Minister an den Horizont projizierte, erschienen dem König wie eine Vision der Götterdämmerung des Monarchismus im allgemeinen und der bayerischen Monarchie im besonderen.

Mit Preußen hatte er außer seiner preußischen Mutter nichts gemeinsam, und die hatte er sich nicht aussuchen können. Er sei jetzt nicht in der Stimmung, eine Preußin zu empfangen, fauchte er einmal. Ein andermal ließ er ihr durch einen Adjutanten ausrichten, sie möge in seiner Gegenwart nie mehr über Politik sprechen, schon gar nicht sich lobend über Preußen äußern.

Preußen – das war für ihn der Widersacher schlechthin, der Inbegriff des Militärischen, das er verabscheute, des Kriegerischen, das er verachtete, einer Machtausübung, die ihm auch in bescheidenerem Maße versagt geblieben war. Und dieses Preußen, das er haßte und fürchtete, hatte sich nun zur Erreichung seiner machtpolitischen Ziele mit Liberalismus und Parlamentarismus verbündet, mit der Volksherrschaft, welche die Monarchenherrschaft nicht nur in Bayern, sondern auch in Preußen bedrohte, was der siebengescheite Bismarck anscheinend nicht bedacht hatte und Wilhelm I., dieser hölzerne Hohenzoller, überhaupt nicht zu merken schien.

Das Volk – auch sein eigenes – wollte sich Ludwig II. vom Leibe halten. Er suchte nicht seine Zustimmung, und er scheute nicht seine Abneigung. Selbst im geordneten Zug der Fronleichnamsprozession oder in der patriotischen Bierstimmung des Oktoberfestes war es ihm nicht geheuer. Als »Ovationsopfer einer Festfeier« war er sich zu schade.

Er hatte auf die Verfassung geschworen und zu ihrem 50. Jubiläum erklärt, »daß auch er nach dem Vorbild seiner Ahnen das Banner der Verfassung hochhalten werde«. Sie ließ ihm den Schein der Königsherrschaft, hielt die Volksvertretung in Schranken, verhinderte jedoch nicht, förderte vielmehr seine Abhängigkeit von Kabinettssekretären und Ministern.

Daran hatte sich nichts geändert. Im Kabinettssekretariat war an die Stelle des altgedienten Pfistermeisters für kurze Zeit der eher prinzipiell liberale Max von Neumayr und dann der eher opportunistisch liberale Johann von Lutz getreten.

Dieser Sohn eines fränkischen Volksschullehrers war ein glänzender Jurist, ein elastischer Geist und ein wendiger Mann, dessen durch Korpulenz unterstrichene Jovialität viele darüber hinwegtäuschte, wie ehrgeizig und machtgierig er war. In der liberalen Konjunktur löste er im September 1867 Justizminister Eduard von Bomhard ab und wurde 1869 zugleich Staatsminister des Innern für Kirchen- und Schulangelegenheiten. Damit rückte Johann von Lutz in eine Schlüsselposition der neuen Politik ein, die er zu nützen verstand. Schließlich, 1880, übernahm er, nachdem er 1871 das Portefeuille für Justiz abgegeben hatte, den Vorsitz im Ministerrat.

Anstelle von Lutz war der Polizeidirektor Friedrich von Lipowsky Kabinettssekretär geworden, der aber Hohenlohe nicht so zuarbeitete, wie dieser es für angebracht hielt. Sein Nachfolger wurde am 5. Januar 1870 August von Eisenhart, dem zustatten kam, daß er in der in allen Salons gegenwärtigen Luise von Kobell eine Gattin besaß, die ihn in das rechte Licht zu stellen wußte.

Johann von Lutz

Der Kabinettssekretär beeinflußte den König im Sinne der vom leitenden Minister geführten Politik. Mitunter versuchte Ludwig II. sich aufzubäumen und durchzugehen. Doch Hohenlohe hielt die Zügel fest in der Hand, parierte mehr oder weniger geschickt, das Majestätsbewußtsein dabei möglichst schonend. Der Stachel jedoch, daß es ständig verletzt würde, blieb.

Warum hatte er Hohenlohe eigentlich berufen und hielt ihn im Amt, den leitenden Minister, der ihn nicht weniger, wenn auch raffinierter, gängelte als sein Vorgänger und obendrein auf einen Weg führte, der ihm widerstrebte? Der Großvater, Ludwig I., hatte gewarnt: Dieser mediatisierte Reichsfürst wolle durch einen Anschluß Bayerns an den Norddeutschen Bund das Königreich mediatisieren.

Von der Pfordten habe gehen müssen, erklärte der Enkel dem Großvater, weil er mit seiner Politik gescheitert sei und weil ihm der Politiker immer unsympathischer geworden sei. »In einer hinreichend bekannten persönlichen Angelegenheit« – Pfordten hatte die Entfernung Richard Wagners verlangt und den König an seine Pflichten erinnert – »hat derselbe Verlangen an mich gerichtet und gewissermaßen als Bedingung seines Verbleibens gestellt, welche mich förmlich gedemütigt und die Würde des Königtums beeinträchtigt hätten.«

Den Ausschlag hatten weniger Empfindungen Ludwigs, die von Wagner geschürt wurden, gegeben als die Interessen des bayerischen Staates, als deren Sachwalter, wenn auch ohne amtlichen Auftrag, Max Graf von Holnstein auftrat.

Der einunddreißigjährige Adjutant und spätere Oberststallmeister war das Urbild eines Altbayern, kräftig und rauh, ein Naturbursche, dem man jede Gewalttätigkeit zutraute. Deshalb gab man ihm nach, bevor er handgreiflich wurde, und fühlte sich noch belohnt durch das spezihafte Schulterklopfen, mit dem er solche Ergebenheit quittierte.

Diese Empfindung mochte Ludwig gegenüber Holnstein gehabt haben, der so ganz anders war als er und gerade deshalb ihn in Bann zu schlagen und in Beschlag zu nehmen vermochte. Jedenfalls besaß der »Roßober« beträchtliche Macht über den König.

Holnstein war für Hohenlohe eingetreten, mit dem ihn die liberale Gesinnung wie eine Hinneigung zu Preußen verband, und die Annahme, daß nur im Verein mit dem Norddeutschen Bund die Sicherheit und Wohlfahrt Bayerns gewährleistet sei.

Am 25. Oktober 1866, berichtete Hohenlohe, habe er einen Brief Holnsteins erhalten, in dem er ihn zu einer Besprechung nach München »über den Eintritt ins Ministerium« einlud. »Den 1. November kam Holnstein. Er fing damit an, mir im Namen des Königs das Ministerium des Hauses und des Äußern und die Ministerpräsidentschaft anzubieten, und stellte mir gleichzeitig

Max Graf von Holnstein

die Übertragung der Kronoberstkämmererstelle in Aussicht.«

Hohenlohe unterbreitete Holnstein sein Programm und »beriet mit ihm die etwaigen Änderungen in den übrigen Ministerien. Wir wurden darüber einig, daß Bomhard auch ausscheiden müsse, daß aber die übrigen Minister bleiben könnten.«

Hohenlohe kam und Bomhard ging. Dies war ein Minister alten Schlages gewesen, der Dynastie ergeben, seiner Sache hingegeben und unzugänglich für Forderungen einer Partei und schon gar nicht der Fortschrittspartei. Ludwig II. schätzte ihn, hatte Ludwig I., der ihn stützte, versprochen: »Bomhard werde ich als Justizminister behalten.« Diesen selber hatte er seines Vertrauens versichert, ihn sogar gebeten, ein neues Ministerium zu benennen. Denn Hohenlohe sei ein Filou.

Bomhard wußte, was Ludwig II. immer noch nicht zu merken schien: Gegen den Strom war nicht zu schwimmen. Der Justizminister resignierte, der König lamentierte, als er ihn entlassen mußte: »Sie waren der einzige, der mir immer die Wahrheit gesagt hat.«

»Aber ich werde es den Ministern gedenken, daß sie mich in diese Lage brachten ... Wehe ihnen«, schrieb der Enkel dem Großvater. Für Ludwig I. waren dies nur leere Worte. Bald darauf, am 29. Februar 1868, starb mit ihm der letzte König von Bayern, der noch einigermaßen Herr im eigenen Hause gewesen war.

Ludwig II. und Hohenlohe stimmten in manchem überein, in etwa in der Kulturpolitik. Beide hatten einen katholischen Vater und eine evangelische Mutter, waren katholisch erzogen worden. Hohenlohe zog aus der Erfahrung der elterlichen Mischehe weitergehende Konsequenzen, wünschte sich eine »große allgemeine christliche Kirche«.

Der Wittelsbacher stand in der Tradition seines Hauses, das in der Gegenreformation und im Dreißigjährigen Krieg die katholische Kirche verteidigt hatte, freilich nicht nur um des rechten Glaubens willen. Maximilian I., der Anführer der Katholischen Liga, hatte sich damit die Kurwürde und die Oberpfalz verdient.

Die Interessen des Staates waren dann vom aufgeklärten Montgelas noch stärker betont, die Säkularisation durchgeführt und ein Staatskirchentum geschaffen worden, das Ludwig I. gemäßigt, aber nicht aufgegeben hatte.

Nun, im dritten Viertel des 19. Jahrhunderts, setzte die römisch-katholische Kirche zum Gegenangriff gegen die Verweltlichung und die Verstaatlichung an. Im päpstlichen »Syllabus« verurteilte Pius IX. als die »hauptsächlichsten Irrtümer unserer Zeit« Rationalismus, Liberalismus und Sozialismus. Und der Papst verkündete 1870, auf dem Vatikanischen Konzil, seine Unfehlbarkeit bei Entscheidungen des kirchlichen Lehramtes.

Die Montgelasianer, einschließlich Hohenlohes, machten Front gegen die Herausforderung der modernen Kultur im allgemeinen und der bayerischen Staatsräson im besonderen. Der König stellte sich an ihre Seite, allerdings nicht ohne geschwankt zu haben.

Das Oberhaupt eines von Katholiken wie Protestanten bewohnten Staates mußte den Ministern zustimmen, die darauf verwiesen, daß die Staatsräson die Parteinahme für eine Konfession verbiete. Andererseits hatte ein König von Gottes Gnaden zu beachten, daß er des Segens der Kirche bedurfte, primär der katholischen. Das verlangte nicht nur das wittelsbachische Herkommen, sondern wurde auch dadurch nahegelegt, daß Katholiken mehr als Protestanten der Tradition und damit der Monarchie verhaftet zu sein schienen.

Die Jungfrau Maria war die »Patrona Bavariae«. In der Fronleichnamsprozession schritt Ludwig II. hinter dem Altarsakrament. Der Kronprinz war streng katholisch erzogen worden. Der König erließ am 29. September 1866 ein Normativ über die Bildung der katholischen Schullehrer, in dem regelmäßiger Sakramentenempfang vorgeschrieben war.

Ludwig II. versuchte, die Einbuße an Souveränität, die ihm 1866 die Preußen auferlegt hatten, liturgisch ausgleichen zu lassen. Für den König von Bayern solle wie für den Kaiser von Österreich ein tägliches Gebet in den Kanon der Messe aufgenommen werden; überdies wolle er im Hochamt beweihräuchert werden. Der Vatikan wies das Ansuchen ab: Eine Einschaltung in den Kanon der Messe sei nicht angemessen; nach der Messe jedoch könne für den König gebetet werden.

Diese Brüskierung mag dazu beigetragen haben, Ludwig II. an die Seite derer zu rücken, die auch und gerade im Montgelas-Bayern bereitstanden, einen »Kulturkampf« zu führen – defensiv gegen den Angriff der römisch-katholischen Kirche auf die moderne Kultur, offensiv zur Eroberung auch noch der letzten, dem Staate trotzenden Bereiche der Kultur.

Ludwig neigte ohnehin zum Antiklerikalismus. Wahrscheinlich hatte er nicht vergessen, wie seine geistlichen Erzieher ihn gebogen und verbogen hatten. Sicherlich verübelte er es den geistlichen Mahnern, daß sie sich in Angelegenheiten mischten, welche die Majestät allein mit sich auszumachen hatte. Und er konnte es nicht dulden, daß dem König genommen werden sollte, was des Königs war. In seinem Staate, erklärte er, würden die Jesuiten niemals herrschen.

Religiös war Ludwig, doch mehr und mehr wurde seine Kirchenreligion durch eine Ersatzreligion verdrängt: Wagners Kunst, die Gläubige verlangte und ihn zum Gläubigen gemacht hatte. In ihr schien sein Sehnen nach dem Unfaßbaren und Unendlichen vollkommene Erfüllung zu finden, in einem Kult, der sein romantisches Gemüt noch mehr fesselte als der katholische Kultus.

Nicht von ungefähr waren Liberale auch Wagnerianer, und umgekehrt war Hohenlohe der Wunschkandidat Wagners gewesen. Die Kulturpolitik und die Innenpolitik des neuen Ministerpräsidenten wurden vom Meister wie vom Jünger gebilligt.

»Eine gesetzliche Regelung des Schulwesens auf freisinniger Grundlage« wurde von Liberalen verlangt. Kultusminister Franz von Gresser legte 1867 einen Gesetzentwurf vor, der eine Beschränkung der geistlichen Schulaufsicht vorsah. Die Bischöfe hatten den König vergeblich gebeten, es nicht soweit kommen zu lassen. Die Kammer der Abgeordneten nahm den Gesetzentwurf an, die Kammer der Reichsräte lehnte ihn ab und brachte ihn zu Fall. Es sei bedauerlich, erklärte der König, daß es nicht gelungen sei, durch mehr Freisinn in der Volksschule die Volksbildung zu heben.

Von Hohenlohe bestärkt, sah Ludwig durch die beabsichtigte Dogmatisierung der päpstlichen Unfehlbarkeit sein königliches Oberaufsichtsrecht und die staatlichen Interessen berührt. Er billigte deshalb das vom Münchner Theologen Döllinger entworfene Rundschreiben Hohenlohes vom 9. April 1869, durch das die europäischen Regierungen veranlaßt werden sollten, gemeinsam einen entsprechenden Beschluß des bevorstehenden Vatikanischen Konzils zu verhindern.

Es schmeichelte dem König, daß Bayern sich an die Spitze des Fortschritts gesetzt hatte, aber er sah die Schwierigkeiten voraus, »die Regierungen zu einem gemeinsamen präventiven Vorgehen in der Konzilsfrage zu bestimmen«. Immerhin sei durch die bayerische Initiative allen verdeutlicht worden, »daß das Recht der Staaten der Kirche gegenüber auf den Konkordaten beruhe und diese durch einseitiges Vorgehen der Kirche verletzt würden«.

In manchem war der König von Bayern so liberal wie ein bayerischer Liberaler, zumindest im Prinzip. »Weiß man denn nicht, daß ich der einzige Fürst bin, der seiner Regierung sogleich beim Beginn der antisemitischen Bewegung die strengsten Maßregeln gegen dieselbe anbefahl?« bemerkte er später.

In der Ära Hohenlohe begrüßte er das »Gesetz über Heimat, Verehelichung und Aufenthalt«, das den Bayern nicht nur mehr Bewegungsfreiheit im eigenen Lande verschaffte, sondern auch für Personen, die keiner staatlich anerkannten Religionsgemeinschaft angehörten, die bürgerliche Trauung vor Gericht einführte.

Die Gewerbefreiheit war eine Forderung des Wirtschaftsliberalismus. Sie wurde durch die »Gewerbeordnung« vom 30. Januar 1868 weitgehend erfüllt. Die Privatinitiative, eine Voraussetzung des Wirtschaftsaufschwungs, war belebt worden.

Die Behörden wirkten mit, fördernd und regulierend. Meter und Kilogramm wurden als einheitliches Maß und Gewicht eingeführt. Die Bayerische Vereinsbank und die Technische Hochschule in München wurden gegründet. Das »Gesetz die Ausdehnung und Vervollständigung der bayerischen Staatsbahnen, die Erbauung von Vizinalbahnen betreffend« sah neunzehn neue Bahnlinien vor.

Schon dachte man an jene, die auf der Strecke des Fortschritts blieben. Das »Gesetz die öffentliche Armen- und Krankenpflege betreffend« überantwortete diese den Orts-, Distrikts- und Kreisgemeinden. Das entlastete den Staat und kam der Selbstverwaltung zugute, die durch die »Gemeindeordnung« ausgebaut wurde.

Die Selbstverwaltungskörper blieben unter Aufsicht des Staates. Die – nur geringfügige – Lockerung des Zentralismus schwächte ihn nicht, wie eingefleischte Montgelasianer befürchteten, sondern stärkte ihn, wie es engagierte Liberale erwarteten: In den Händen von Staatsbürgern sei der Staat besser als auf dem Rücken von Untertanen aufgehoben.

Das bezweifelte Ludwig II. Hier war die Grenze seiner Übereinstimmung mit den Liberalen erreicht. Mit dem Gesetz über die Wehrverfassung vom 30. Januar 1868 war sie überschritten. Ohnehin wurde hier ein Gebiet betreten, das ihm nicht lag, das militärische.

Eine Reorganisation der bayerischen Armee mochte nach dem Desaster von 1866 ja nötig sein. Aber daß sie nach preußischem Vorbild erfolgte, paßte dem König so wenig wie den Bauernburschen, die Krawall machten, auch wenn sie künftig mit »Sie« angeredet werden sollten. Jeder Bayer mußte fortan drei Jahre in der aktiven Armee, drei Jahre in der Reserve und fünf Jahre in der Landwehr dienen.

Diese Verpreußung des bayerischen Heerwesens war eine Folge des Schutz- und Trutzbündnisses, das Bismarck dem König aufgezwungen hatte. Hohenlohe, der als Liberaler eigentlich an den Heereskonflikt zwischen den preußischen Liberalen und der preußischen Staatsmacht hätte denken sollen, wollte dem ersten

Schritt weitere Schritte folgen lassen, zunächst ein verfassungsrechtliches Bündnis mit dem Norddeutschen Bund, das später zur Mitgliedschaft des Königreiches Bayern im Norddeutschen Bund und schließlich zur Eingliederung des bayerischen Staates in einen deutschen Bundesstaat führen sollte.

»Ich bin«, schrieb am 26. November 1867 Ludwig II. an Hohenlohe, »wegen der Unabhängigkeit Meiner Krone und wegen der Selbständigkeit des Landes sehr besorgt.«

Deutsche Politik betrieb Hohenlohe, der als Minister des Äußern bayerische Außenpolitik führen und als Minister des Königlichen Hauses die Interessen Wittelsbachs hätte vertreten müssen.

Der Staatsmann, der er sein wollte, mußte von der Situation ausgehen, die 1866 entstanden war. Nach der Niederlage Bayerns an der Seite Österreichs hatte das Königreich, das nach der Auflösung des Deutschen Bundes ohne Bundesverhältnis dagestanden war, das von Preußen geforderte Militärbündnis geschlossen. Nach dem Willen Bismarcks und dem Verlangen der deutschen Nationalbewegung sollte dies der erste Schritt zu einem nationalen Bund sein.

Wie es weitergehen könnte, war in Artikel IV des zwischen Preußen und Österreich geschlossenen Friedensvertrages von Prag anvisiert: »Seine Majestät der Kaiser von Österreich erkennt die Auflösung des bisherigen Deutschen Bundes an und gibt Seine Zustimmung zu einer neuen Gestaltung Deutschlands ohne Beteiligung des Österreichischen Kaiserstaates. Ebenso verspricht Seine Majestät, das engere Bundes-Verhältnis anzuerkennen, welches Seine Majestät der König von Preußen nördlich von der Linie des Mains begründen wird, und erklärt sich damit einverstanden, daß die südlich von dieser Linie gelegenen Deutschen Staaten in einen Verein zusammentreten, dessen nationale

Verbindung mit dem Norddeutschen Bunde der nähern Verständigung zwischen beiden vorbehalten bleibt und der eine internationale unabhängige Existenz haben wird.«

Drei Möglichkeiten sehe er, erklärte Hohenlohe am 8. Oktober 1867 vor der Kammer der Abgeordneten, als bayerischer Außenminister wie als deutscher Patriot: »Einmal: die Bildung *zweier Bundesstaaten*, eines süddeutschen gegenüber dem norddeutschen, mit gemeinsamen Organen für einzelne bestimmte Zwecke, zweitens: ein internationaler Bund aller *einzelnen* deutschen Staaten, analog der früheren deutschen Bundesverfassung, und drittens: ein internationaler Bund der *süddeutschen Staaten* mit dem *Norddeutschen Bunde.*«

Der bayerischen Eigenstaatlichkeit hätte eine Verwirklichung der zweiten Möglichkeit am meisten gedient: ein internationaler, völkerrechtlicher Zusammenschluß der souveränen Staaten zu einem deutschen Staatenverein zur Sicherung ihrer Unabhängigkeit.

Auch ohne die Mitgliedschaft Österreichs, besser freilich im Bündnis mit der Donaumonarchie, hätte dieser neue deutsche Bund die Friedensfunktion des Deutschen Bundes von 1815 übernehmen können – zu stark, um angegriffen werden zu können, und zu schwach, um selber anzugreifen.

Der Friedensliebe wie dem Souveränitätsstolz Ludwigs II. wäre diese Lösung entgegengekommen. Doch die Furcht, in einem solchen Staatenbund ohne die Großmacht Österreich der Großmacht Preußen ausgeliefert zu sein, überwog. Dazu kam die Sorge, der europäische Frieden könnte durch eine »Rekonstituierung des Bundes« gefährdet werden: Weil Österreich und vor allem Frankreich es nicht dulden würden, daß ein deutscher Bund und nicht lediglich, wie im Prager Friedensvertrag betont, ein süddeutscher Bund mit »internationaler unabhängiger Existenz« zustande käme.

Doch unrealisierbar war ein Südbund, der, nach Hohenlohes dritter Möglichkeit, einen internationalen Bund mit dem Norddeutschen Bund hätte schließen, oder gar, nach Hohenlohes erster Möglichkeit, ein süddeutscher Bundesstaat, der mit dem norddeutschen Bundesstaat gemeinsame Organe hätte vereinbaren können.

Einem Südbund war Ludwig II. im Prinzip nicht abgeneigt. Dieser wurde von zwei Seiten verhindert: Einerseits von Preußen, Nationalliberalen und Verfechtern eines großen deutschen Wirtschaftsraumes, andererseits von den Verteidigern der kleinen süddeutschen Eigenstaatlichkeiten. Württemberg fürchtete eine Vorherrschaft Bayerns. Und Baden wollte nicht auf Umwegen, sondern auf direktem Weg in den Norddeutschen Bund.

In der Praxis trug der König von Bayern dazu bei, daß ein Südbund nicht zustande kommen konnte. Nein, mit dem König von Württemberg und dem Großherzog von Baden, dem Schwiegersohn des Königs von Preußen, wolle er sich nicht treffen, und schon gar nicht mit allen dreien auf der Mainau, ließ er Hohenlohe ausrichten, der ihn dazu bewegen wollte, eine diesbezügliche Einladung des Badeners anzunehmen. Ludwig II. ließ sich lediglich herbei, Wilhelm I. auf dessen Rückreise, die durch bayerisches Gebiet führte, zu begrüßen, am 6. Oktober 1867 auf dem Augsburger Bahnhof, nachmittags von 4 bis 6 Uhr.

Am 26. Februar 1868 verwarf der bayerische Ministerrat einen Verfassungsentwurf zur Schaffung eines Südbundes. Der König hatte seine Vorbehalte angemeldet und eine Beratung gewünscht. Eine Ablehnung allerdings war nicht in seinem Sinne, vor allem nicht das Argument, mit dem sie von Minister Lutz begründet wurde: Bayern solle sich durch Verträge mit dem Norddeutschen Bund die Vorteile verschaffen, »die aus der Gemeinschaft gezogen werden können«.

In dieser Richtung ging ohnehin das Streben Hohenlohes. Bereits am 31. März 1867 hatte er einen »weiteren Bund« zwischen den süddeutschen Einzelstaaten und dem Norddeutschen Bund vorgeschlagen, der einen Bundesrat unter Preußens Vorsitz und ein Bundesparlament mit nationalliberaler Mehrheit erhalten sollte.

Mit den süddeutschen Staaten könne in der Frage eines Verfassungsbündnisses über ein gemeinsames Vorgehen weiter verhandelt werden, erklärte der König, unter zwei Bedingungen: Eine Ablehnung des Eintritts der süddeutschen Staaten in den Norddeutschen Bund solle »noch in *entschiedenerer Weise* ausgesprochen und in der Folge, *strengstens* festgehalten werden«. Und ein Bundesparlament dürfte es nicht geben.

Ein Bundesstaat sei zwar im Augenblick nicht realisierbar, aber auf die Dauer unabwendbar, meinte Hohenlohe. Schon präsentierte er seinem König die Vorstufe eines Bundesstaates, einen Zollbundesstaat mit einem Zollbundesrat unter Vorsitz des Zollbundespräsidenten, des Königs von Preußen, und einem deutschen Zollparlament, zu dem sich der Norddeutsche Reichstag unter Zuziehung von 48 in Bayern, 17 in Württemberg, 14 in Baden und 6 in Hessen-Darmstadt nach allgemeinem, gleichem und direktem Wahlrecht bestimmten süddeutschen Abgeordneten erweiterte.

Der alte, staatenbündische Zollverein war durch den von Bismarck vorgelegten und am 8. Juli 1867 vom Norddeutschen Bund und den süddeutschen Einzelstaaten unterzeichneten Vertrag von einem neuen, einem bundesstaatlichen Zollverein abgelöst worden. Immerhin wurden Bayern sechs statt der vorgesehenen vier Regierungsvertreter im Zollbundesrat zugestanden. Doch sie hatten kein Vetorecht mehr in gesamtdeutschen Zoll- und Handelsangelegenheiten.

Die Mehrheit sollte entscheiden, und diese lag im Zollbundesrat bei dem von Preußen geführten Norddeutschen Bund und bei den 297 Abgeordneten des Norddeutschen Reichstages. Bismarck hatte erklärt, wenn dieser Vertrag nicht zustande käme, gäbe es überhaupt keinen Zollverein mehr. Die bayerische Wirtschaft, das ganze Land wäre geschädigt worden. Wohl oder übel mußte Bayern nachgeben. Hohenlohe fiel das leichter als Ludwig II., der um die Souveränität des Königs und des Königreiches bangte.

Vergebens hatte die Kammer der Reichsräte wenigstens das Vetorecht zu retten versucht. In der von den Liberalen beherrschten Kammer der Abgeordneten war der Zollvereinsvertrag mit 117 gegen 17 Stimmen angenommen worden. Doch es war ein Pyrrhussieg. Dem bislang tonangebenden deutschnationalen und wirtschaftsliberalen Bürgertum traten bald bayerische Volksvertreter entgegen, die mit demokratischen Mitteln und populistischem Schwung das zu erhalten versuchten, was Ludwig II. in Gefahr sah: die Unabhängigkeit der Krone und die Selbständigkeit des Landes.

Die Liberalen hatten mit ihrer propreußischen Deutschlandpolitik und ihrer antikirchlichen Kulturpolitik jene Bayern – die Mehrheit – herausgefordert, die zwar liberales Verhalten in kleinen Dingen, aber konservative Haltung in großen Angelegenheiten pflegten, Bayerischsein mit staatlicher Unabhängigkeit und kirchlicher Bindung gleichsetzten. Hauptsächlich Altbayern, aber auch Neubayern, und nicht nur Katholiken, sondern auch Protestanten schlossen sich gegen die Fortschrittspartei in der Patriotischen Volkspartei zusammen.

Ihr Führer war ein Allgäuer, ein bayerischer Schwabe, Joseph Edmund Jörg, Historiker, Archivar und Redakteur der »Historisch-politischen Blätter«. Das Programm hatte der evangelische Reichsrat Wilhelm von Thüngen, ein Franke, entworfen. Die bayerischen Patrioten wollten sich ihren König »frei, unbeeinträchtigt nach außen in seinen Souveränitätsrechten erhalten, ohne daß er sein Haupt vor einer anderen Krone in mutloser Vasallenhuldigung beugen müsse«.

Und sie verlangten mehr Gerechtigkeit und mehr Demokratie in Bayern. Eine Art Klassenwahlrecht hatte die Liberalen begünstigt. Die Zahl der bürgerlichen Abgeordneten entsprach nicht ihrem Rückhalt im Volke. Aus verständlichem Grund hatten sie in der Kammer der Abgeordneten den Antrag abgelehnt, daß »jeder selbständige Angehörige des bayerischen Staates« Wähler sein sollte.

Der Preuße Bismarck kam unbeabsichtigt den bayerischen Patrioten zu Hilfe. Für die Wahlen zum Zollparlament hatte er das allgemeine, gleiche und direkte Wahlrecht vorgeschrieben. Auch wenn es in Bayern auf Betreiben des liberalen Ministeriums nur dem Staatsbürger eingeräumt wurde, »der dem Staate eine direkte Steuer entrichtet«, war es demokratisch genug, um ein Ergebnis zu ermöglichen, das annähernd den Mehrheitsverhältnissen entsprach.

Bei den Wahlen zum Zollparlament am 10. Februar 1868 gewannen die königstreuen und kirchentreuen bayerischen Patrioten 26 von 48 Sitzen. Die Mehrheit der Bevölkerung wolle gegenüber den liberalen, »einer numerisch sehr schwachen Partei, die Selbständigkeit des Landes«, gestand der Verlierer Hohenlohe ein. Die Staatsregierung werde sich aber durch das demokratische Votum nicht in ihrer inneren und äußeren Politik beirren lassen.

Das Ministerium suchte mit Mitteln, die an den aufgeklärten Absolutismus erinnerten, die Volksbewegung einzudämmen. Die Beamten wurden aufgefordert, sich mit der Regierung und ihrer Politik zu identifizieren, widrigenfalls sie aus dem Dienst zu scheiden oder ein Disziplinarverfahren zu gewärtigen hätten. Den meisten mußte man dies nicht eigens sagen. Die bayerische Beamtenschaft war liberal und gouvernemental.

Bei der Neueinteilung der Wahlbezirke suchte der Innenminister die Liberalen zu begünstigen – ohne den beabsichtigten Erfolg. In den Wahlen zur Kammer der Abgeordneten am 22. Mai 1869 gewann die patriotische Volkspartei die absolute Mehrheit von 78 Sitzen gegenüber 57 der Fortschrittspartei und 19 der liberalen Mitte. Nach den Wahlprüfungen konnte ein Gleichstand zwischen Konservativen und Liberalen hergestellt werden.

Die neu gewählte Kammer wurde aufgelöst, mit der Begründung, daß keine Präsidentenwahl zustande gekommen war, und mit der Hoffnung, daß Neuwahlen ein anderes, für die liberale Regierung günstigeres Ergebnis bringen würden.

Bei den Landtagswahlen am 26. November 1869 errang die Patriotische Volkspartei eine klare absolute Mehrheit mit 80 Mandaten gegenüber 63 der Fortschrittspartei und 11 der liberalen Mitte. Da Bayern kein parlamentarisches, sondern ein konstitutionelles System besaß, mußte Ministerpräsident Hohenlohe nicht zurücktreten. Dennoch bot er dem König seinen Rücktritt an, wohl in der Erwartung, daß durch die Nichtannahme seine angeschlagene Position gestärkt würde.

Der König ließ ihm durch den Kabinettssekretär mitteilen, daß er nach wie vor das Allerhöchste Vertrauen genieße und ungeachtet des Wahlergebnisses seine Geschäfte fortführen möge. Kultusminister Gresser und Innenminister Hörmann, die besonders scharf angegriffen worden waren, sollten jedoch entlassen werden.

Ludwig II. folgte Hohenlohe weiter, nicht nur in der Kulturpolitik, wo er mit ihm weitgehend übereinstimmte, sondern auch in der Deutschlandpolitik, wo er ihm nicht über den Weg traute. Bei der Eröffnung des neuen Landtages am 17. Januar 1870 verlas er im Thronsaal der Residenz die ihm aufgesetzte Thronrede:

»Ich weiß, daß manche Gemüter die Sorge erfüllt, es sei die wohlberechtigte Selbständigkeit Bayerns bedroht. Diese Befürchtung ist unbegründet.«

Ein Jahr später, Anfang 1871, stellte sich heraus, daß diese Befürchtung begründet war, was der König persönlich bereits Anfang 1870 angenommen hatte, aber nicht öffentlich aussprechen durfte.

Die Majestät war und blieb vom Ministerium manipuliert. Die Chance, mit der Patriotischen Volkspartei die Unabhängigkeit seiner Krone und die Selbständigkeit des Landes zu verteidigen, konnte er nicht wahrnehmen. Und wollte es auch nicht. Denn das Volk war ihm noch unheimlicher als das Ministerium. Dieses vertrat einen elitären Liberalismus, den traditionellen Montgelasianismus, jenes verlangte eine Mischung aus Theokratie und Demokratie, mit oder ohne Volkskönig.

»Wer macht die weltlichen Gesetze? Wir befolgen sie nur, weil die Gewalt hinter uns steht, die uns zwingt; die wahren Gesetze kommen von Gott. Selbst die Fürsten sind von Gottes Gnaden, und wenn sie es nicht mehr sein wollen, so bin ich der erste, der die Throne umstürzt.« Das erklärte Bischof Senestray von Regensburg. In Wirtshäusern waren noch radikalere Reden als von der Kanzel zu hören.

Eine Umwandlung des konstitutionellen in ein parlamentarisches System, die Ablösung der liberalen Bürokratie durch eine christliche Demokratie hätte den König, so war zu befürchten, noch mehr unter Kuratel gestellt, durch Volksstimmungen und Mehrheitsbeschlüsse ihn nicht nur vom Ministerium in München, sondern ihn auch noch vom Papst in Rom abhängig gemacht.

Vor die Wahl gestellt, schien Ludwig eher für die Liberalen, die ihr Heil jenseits des Mains, in Berlin, als für die Ultramontanen, die ihr Heil jenseits der Alpen, in Rom, suchten, optieren zu wollen.

Otto Camillus Hugo, Graf von Bray-Steinburg

Zu denken gab ihm, daß nicht nur die von der Volkspartei bestimmte Kammer der Abgeordneten, sondern auch die von hochkonservativen Kräften beherrschte Kammer der Reichsräte der liberalen Regierung das Mißtrauen aussprach. Unisono hörte er: Hohenlohe wollte die Mediatisierung des Königreiches Bayern, die Degradierung des Königs von Bayern.

Das Entlassungsgesuch Hohenlohes vom 18. Februar 1870 genehmigte Ludwig II., nach einigem Schwanken, am 8. März 1870. An Hohenlohes Stelle trat Graf Otto von Bray-Steinburg, der keiner Partei angehörte, der Bayern in Wien und Berlin, St. Petersburg und Paris vertreten hatte.

Von diesem Berufsdiplomaten wurde eine schier unmögliche navigatorische Leistung erwartet: Bray-Steinburg sollte das bayerische Staatsschiff zwischen den Klippen eines Krieges mit Frankreich und eines Anschlusses an Preußen hindurchsteuern.

10

1870/71: Das Ende der Souveränität

Keinen Krieg wollte Ludwig II., und schon gar nicht mit Frankreich. Das Land, dem Wittelsbach die Königskrone und Bayern seine Staatlichkeit verdankte, galt ihm als ein europäisches Vaterland.

Er sprach französisch, interessierte sich für französische Kunst und las französische Literatur, vornehmlich Geschichtswerke. Je mehr ihm bewußt wurde, wie wenig der König von Bayern im 19. Jahrhundert König sein durfte und konnte, desto mehr versenkte er sich in das französische 17. und 18. Jahrhundert, in dem es noch glanzvoll herrschende und uneingeschränkt regierende Monarchen gegeben hatte – Ludwig XIV. vor allem, den Sonnenkönig, um den die Trabanten kreisten.

Napoleon I. respektierte er als Wohltäter seines Hauses und Mitschöpfer des bayerischen Staates, doch er schätzte ihn nicht. Der Korse war ein Usurpator, aus der Revolution von 1789 aufgetaucht, in der die wahre Monarchie untergegangen war, nicht mehr ein Herrscher von Gottes Gnaden, sondern durch des Volkes Willen, ein blutdurstiger Diktator und kriegslüsterner Imperator.

Ähnliches galt für Napoleon III., den neuen Kaiser der Franzosen, den Neffen, der seinem Onkel nacheifern suchte, ohne dessen Format zu besitzen und dessen Resultate zu erreichen. Auch er war aus einer Revolution aufgestiegen, der von 1848, weit mehr vom

Volke abhängig und deshalb noch mehr geneigt, für Brot und Spiele zu sorgen, und für Kriegsruhm.

Zwischen den Wittelsbachern und den Bonapartes bestanden verwandtschaftliche Beziehungen. Der Bruder der Mutter Napoleons III., Eugène Beauharnais, war mit einer Schwester Ludwigs I., des Großvaters Ludwigs II., verheiratet gewesen. Der Enkel konnte darin nur eine Mesalliance zwischen einer Prinzessin aus altem Geschlecht und einem nicht einmal durch eigene Verdienste, sondern durch die Förderung seines Stiefvaters Napoleons I. Emporgekommenen erblicken.

Napoleon III. pflegte persönliche Erinnerungen an Bayern. Seine Mutter, Exkönigin Hortense, hatte vorübergehend in Augsburg gewohnt. Dort besuchte Prinz Louis Napoleon das Gymnasium von St. Anna; sein Deutsch behielt zeitlebens Augsburger Akzent.

Und wie der erste war auch der dritte Napoleon ein Protektor des Königreiches Bayern. Nach der Niederlage von 1866 hatte er sich darum bemüht, daß Bayern günstige Friedensbedingungen und – durch den Prager Frieden – die Zusicherung einer internationalen unabhängigen Existenz erhalten hatte.

Aus Eigennutz hatte Napoleon III., wie schon Napoleon I., seine schützende Hand über Bayern gehalten. Paris war jetzt wie damals an Pufferstaaten zwischen Frankreich einerseits und Österreich und Preußen andererseits interessiert. Er wollte es deshalb nun nicht dulden, daß durch eine Einbeziehung der süddeutschen Staaten in den Norddeutschen Bund an Frankreichs Ostgrenze ein mit preußischen Energien und deutschnationalen Emotionen aufgeladenes Reich entstünde.

Auf der Pariser Weltausstellung, im Juli 1867, begegneten sich Napoleon III. und Ludwig II. Der Kaiser der Franzosen wollte in dieser großen Fortschrittsschau Paris als die Lichtermetropole und Frankreich als das Mutterland der Zivilisation präsentieren – und sich als den Größten unter den geladenen und gekommenen Großen, insgesamt 12 Kaiser und Könige.

Der König von Bayern, der inkognito unter dem Namen eines Grafen von Berg gekommen war, zeigte sich kaum an der Präsentation der Realien des 19. Jahrhunderts interessiert, etwas mehr an der Ausstellung von Werken bayerischer Künstler und am Ergebnis eines musikalischen Wettbewerbs, bei dem das Musikkorps des 1. Bayerischen Infanterie-Regiments mit militärischen Versionen Wagnerscher Kompositionen einen zweiten Preis errang.

Ludwig II. hatte die Gelegenheit der Weltausstellung wahrgenommen, um Stätten seiner Vorstellung vom französischen Königtum zu sehen. Napoleon III. zeigte ihm jedoch nur solche, die mit der Geschichte der Bourbonen und der Bonapartes verknüpft waren, um durch die Kontinuität der Grande Nation die Legitimität des Volkskaisers zu demonstrieren.

Der Wittelsbacher kam nach Compiègne, das an die Jagden Ludwigs XV. wie an die Hochzeitsnacht Napoleons I. mit der österreichischen Kaisertochter Marie Louise erinnerte. Und in die Tuilerien, das Schloß Ludwigs XVI., das von den Revolutionären gestürmt worden war und dann Residenz der Überwinder der Revolution wurde, Napoleons I. wie Napoleons III., die Frankreich und Europa die Ruhe und die Ordnung wiedergegeben hatten.

Vor den Tuilerien, auf der Place du Carrousel, stand der kleine Triumphbogen, auf dem Napoleons I. Siegesbericht des Jahres 1805 eingemeißelt war, in dem es unter anderem hieß: »Bayern wird befreit ... Der Sieger von Austerlitz erhebt seine Stimme, und es fällt das deutsche Reich, der Rheinbund nimmt seinen Anfang, die Königreiche von Bayern und Württemberg sind geschaffen ...«

Er solle das damals Erreichte nicht dadurch gefährden, daß er sich zu tief mit den Preußen einlasse, warnte in Paris der Kaiser der Franzosen den König von Bayern. Als sie sich, wenige Wochen später, im August 1867 auf dem Augsburger Bahnhof wiedersahen und während der gemeinsamen Bahnfahrt bis Rosenheim miteinander sprachen, dürfte der Kaiser den König daran erinnert haben.

Doch der Anlaß der Reise Napoleons III. war wenig geeignet, Ludwig II. zu bewegen, sich zu tief mit Frankreich einzulassen. Der Kaiser der Franzosen fuhr nach Salzburg, um dem Kaiser von Österreich, Franz Joseph I., sein Beileid auszusprechen. Dessen Bruder Maximilian, der sich von Napoleon III. hatte verleiten lassen, den Kaiser im französischen Protektorat Mexiko zu spielen, war von den Mexikanern erschossen worden. Bei dieser Gelegenheit suchte der Kaiser der Franzosen den Kaiser von Österreich für eine Abwehrfront gegen eine weitere Ausdehnung Preußens zu gewinnen. Den König von Bayern hätte er gerne als Dritten in diesem Bunde gesehen.

Aber Franz Joseph I., der eben einen Krieg gegen Preußen verloren hatte, war, selbst wenn er willens gewesen wäre, nicht in der Lage, einen neuen Krieg zu riskieren. Und Ludwig II. besaß weder die Macht noch die Kraft, sich Preußen und der deutschen Nationalbewegung zu widersetzen, konnte nur hoffen: »Vor Preußens Krallen wolle uns Gott bewahren!«

Ob man den militärischen Allianzvertrag mit Preußen nicht doch noch aufkündigen könne, fragte er im Sommer 1869 den Fürsten Hohenlohe, der erwiderte, das sei weder rechtlich noch politisch möglich. Auch der neue leitende Minister, Graf Bray-Steinburg, konnte ihm nichts anderes sagen.

Insgeheim mochte Ludwig dem Führer der patriotischen Volkspartei, Joseph Edmund Jörg, recht geben, der erklärte: »Nicht genug, daß wir unsere politische Abdankung vollzogen haben, wir sollen auch noch unsere Armee verdoppeln, unseren Staat in einen Militärstaat und Bayern in eine große Kaserne verwandeln – um die preußischen Prätentionen gegen alle Welt zu verteidigen.«

Offen konnte sich der König nicht auf die Mehrheitspartei berufen, sondern mußte seinem Ministerium folgen. Das neue, unter Bray-Steinburg, steuerte zwar in der Innenpolitik einen etwas gemäßigteren Kurs, hatte aber in der Deutschlandpolitik in der durch Zollvereinsvertrag wie Schutz- und Trutzbündnis festgelegten Richtung zu bleiben.

In der Militärallianz, die 1866 geheim geschlossen und 1867 bekanntgemacht worden war, hatte sich Bayern verpflichtet, im Kriegsfall seine volle Kriegsmacht Preußen zur Verfügung und unter den Oberbefehl des Königs von Preußen zu stellen.

Im Juli 1870 drohte ein Krieg zwischen Frankreich und Preußen. Die Kandidatur eines Sigmaringer Hohenzollernprinzen für den spanischen Thron hatte die Franzosen alarmiert. Sie erkannten die Gefahr, daß Frankreich, wie in der Vergangenheit von den Habsburgern, in der Gegenwart von den Hohenzollern umklammert werden würde. Und sie wollten die Gelegenheit ergreifen, Preußen, das immer größer und gefährlicher zu werden schien, in die Schranken zu weisen.

Durch den Verzicht des Thronkandidaten schien die Kriegsgefahr gebannt zu sein. Das paßte den Franzosen nicht, die den Krieg wollten und einen Kriegsgrund dahinschwinden sahen. Auch Bismarck kam das ungelegen, der annahm, daß Süddeutschland nur durch einen Nationalkrieg gegen den »Erbfeind« der deutschen Nationalbewegung in den Norddeutschen Bund hineinmanövriert werden könne.

Der französische Übermut, der eine Demütigung Preußens wollte, und eine Ungehörigkeit des französischen Botschafters Benedetti gegenüber König Wilhelm I. in Bad Ems kamen Bismarck zustatten. Dem Bericht über den Vorfall gab er in der »Emser Depesche« einen Ton, der die Franzosen zum Krieg provozieren und die Deutschen für den Krieg mobilisieren sollte.

Am 14. Juli 1870 übermittelte Bismarck dem preußischen Gesandten in München die »Emser Depesche« mit einem besonderen, für Ludwig II. bestimmten Zusatz: »Seine Majestät der König von Bayern wird ein Gefühl dafür haben, daß Benedetti den König auf der Promenade wider dessen Willen provozierend angeredet hat.«

Siegmund Freiherr von Pranckh

Ludwig II. hatte – das wußte Bismarck – ein überempfindliches Gefühl für unausgesprochene wie ausgesprochene Majestätsbeleidigungen. Aber ihm war auch – das ahnte Bismarck – unter allen Umständen daran gelegen, daß der Frieden erhalten blieb.

Sein Minister Bray-Steinburg war um Friedensvermittlung bemüht. Bereits am 10. Juli 1870 hatte er dem österreichischen Reichskanzler Beust geschrieben, daß Bayern den Friedensbemühungen der Großmächte sympathisierend gegenüberstehe. Am 14. Juli bat er den englischen Gesandten, Sir Henry Howard, seine Regierung möge Schritte zur Verhinderung eines Krieges unternehmen. Am 15. Juli wies er den bayerischen Gesandten in London an, die englische Regierung um Friedensvermittlung zu bitten; er wisse sich in diesem Bemühen mit Österreich und Württemberg einig, das seinerseits von Rußland unterstützt werde.

Doch die Lawine war nicht mehr aufzuhalten. Am 14. Juli hatte der bayerische Kriegsminister Siegmund von Pranckh, ohne Rückfrage bei Bray-Steinburg und Ludwig II., eine Anfrage Bismarcks, auf welche Unterstützung durch Bayern er bei einem französischen Angriff rechnen könne, beantwortet: Er, der Kriegsminister, verpflichte sich, die beiden bayerischen Armeekorps nach den Bestimmungen des in Berlin bekannten Mobilisierungsplanes in Kriegsstärke zu stellen.

Zum Unterschreiben des Mobilmachungsbefehls brauchte man den König. Dieser war wie so oft, wenn es brenzlig wurde, in seine Berge geflüchtet. Hofsekretär Düfflipp beschwor ihn am 14. Juli, in sein Hoflager nach Berg zurückzukehren. Die Wolken hätten sich doch nach dem Verzicht des Hohenzollern auf die Thronkandidatur verzogen, entgegnete Ludwig. Der Horizont habe sich noch mehr verdüstert, erklärte Düfflipp und legte als Beweis die neueste Nummer der »Allgemeinen Zeitung« vor.

Am späten Abend des 15. Juli kehrte der König nach Berg zurück. Kabinettssekretär Eisenhart empfing ihn mit vorwurfsvollem Blick und einem Berg von Depeschen. Mit dem Ergebnis seines Vortrages war er nicht unzufrieden: »Der König erfaßte, vermöge seiner raschen Auffassungsgabe, sofort in richtiger Weise die Sachlage, drückte indes wiederholt den dringenden Wunsch nach friedlicher Beilegung des Konfliktes aus, ohne jedoch den Zweifeln des Kabinettssekretärs an der Erfüllung des königlichen Wunsches entgegenzutreten.«

Eine Entscheidung, ob gemäß dem Schutz- und Trutzbündnis der Bündnisfall gegeben sei und Bayern an die Seite Preußens treten müsse, wollte Ludwig II. noch nicht treffen. Der angekündigte Antrag des Staatsministers Bray-Steinburg sei abzuwarten, erklärte der Kabinettssekretär, der sich stehend von elf Uhr abends bis halb vier Uhr morgens die beim Auf- und Abgehen zustande gekommenen Überlegungen des Königs anhören mußte.

Mit dem Frühzug aus München traf Ministerialsekretär Graf Berchem am 16. Juli, sechs Uhr morgens, in Berg ein. Er überbrachte den Antrag des Ministerrates auf Mobilmachung, den dieser am Vortag beschlossen hatte. Frankreich werde Preußen den Krieg erklären, hieß es in der Begründung, und ein Angriffskrieg erfordere sowohl nach dem Schutz- und Trutzbündnis von 1866 wie nach älterem deutschen Bundesrecht die Teilnahme Bayerns am Verteidigungskrieg – zum Schutze des deutschen Gebietes im allgemeinen und der bayerischen Pfalz im besonderen.

Der Bote, Graf Berchem, fügte mündlich hinzu, daß in München große Aufregung herrsche und der Kriegsminister erklärt habe, daß er jede Verantwortung ablehnen werde, wenn er nicht umgehend den Mobilmachungsbefehl erhalte. Das Volk und die Minister drängten auf eine Entscheidung.

Der König wurde geweckt. In seinem blauen Himmelbett liegend, ließ er sich von Eisenhart den Beschluß des Ministerrates und die Mitteilungen des Ministerialsekretärs vortragen. Dann entstand eine längere Pause.

Schließlich richtete sich Ludwig II. in den Kissen auf und sagte: »Mein Entschluß ist gefaßt, bis dat qui cito dat (doppelt gibt, wer schnell gibt).«

»J'ordonne la mobilisation; informez en le Ministère de la guerre. Louis.« In einem französisch abgefaßten Telegramm befahl der König von Bayern am 16. Juli 1870 die Mobilmachung an der Seite Preußens, das er fürchtete, gegen Frankreich, das er schätzte.

Der französische Gesandte in München, Marquis de Cadore, war nicht überrascht. Er hatte vorausgesagt, daß Bayern nichts anderes übrigbleiben würde, als mit Preußen zu gehen, und daß von König Ludwig II. nicht zu erwarten wäre, daß er die Willensstärke und die Tatkraft aufbringen könnte, seine Krone zu verteidigen, die er seit Jahren in Gefahr gesehen hätte. »Herr von Bismarck«, habe ihm Ludwig II. geklagt, »will aus meinem Königreich ein preußische Provinz machen, es wird leider nach und nach soweit kommen, ohne daß ich es verhindern kann.«

Das Ende der bayerischen Außenpolitik war bereits gekommen. Noch am 16. Juli 1870 hatte Bray-Steinburg unter Einschaltung des englischen Gesandten in München, Sir Henry Howard, eine Friedensvermittlung versucht. Es war eine letzte Aktion der selbständigen königlich bayerischen Diplomatie. In Paris packte der bayerische Gesandte, Graf von Quadt, seine Koffer – für einen »längeren Urlaub«, denn die Beziehungen zwischen Bayern und Frankreich wurden offiziell nicht abgebrochen.

Der König müsse in dieser kritischen Zeit in seine Hauptstadt kommen, erklärte Kriegsminister Siegmund von Pranckh, den Ludwig II. am Nachmittag des 16. Juli 1870 zusammen mit dem Ministerratsvorsitzenden Bray-Steinburg in Berg empfangen hatte. »Das tue ich nicht«, erwiderte er, aber er tat es dann doch, kehrte nach München zurück, wo ihn eine Begeisterung empfing, die weniger dem König von Bayern als dem Bundesgenossen Preußens und dem Verteidiger Deutschlands galt.

»Soll ich noch einmal ans Fenster gehen?« fragte er Eisenhart, als ihm am Nachmittag des 17. Juli vor der Residenz eine Menschenmenge zujubelte. Der Kabinettssekretär deutete dies als eine am König noch nie wahrgenommene Lust, sich in der Zustimmung des Volkes zu baden.

Im Hoftheater fühlte sich Ludwig wohler, wo Wagners »Walküre« gegeben wurde, an diesem Abend zum letztenmal für längere Zeit. Denn die im Theaterorchester mitwirkenden Militärmusiker mußten nun den Bayern, die an der Seite der Preußen ins Feld rückten, den Marsch blasen.

König und Staat mußten Opfer bringen, finanzielle zuerst. Das Hofsekretariat verlangte die Einschränkung der Privatausgaben des Monarchen, für Pferde, Gemälde, für die Gestaltung des Wintergartens in der Residenz. Der Kriegsminister forderte für den Krieg an der Seite Preußens zunächst 26,7 Millionen Gulden – fast soviel, wie man nach dem verlorenen Krieg an der Seite Österreichs an Preußen hatte zahlen müssen.

Das Ministerium mußte den Landtag um Bewilligung der Kriegskosten ersuchen, nicht nur weil dies die Verfassung verlangte, sondern auch weil es angebracht schien, in einer Angelegenheit, in der das Volk seine Haut zu Markte tragen sollte, sich der Mitverantwortung der Volksvertreter zu versichern.

Der Berichterstatter des Ausschusses der Kammer der Abgeordneten, Joseph Edmund Jörg, plädierte im Plenum für bewaffnete Neutralität. Staatsminister Bray-Steinburg erinnerte die Abgeordneten daran, daß sie nicht über Krieg und Frieden, sondern lediglich über die Finanzierung eines Krieges zu befinden hätten. In der Debatte spaltete sich die Patriotische Volkspartei. »Wir wollen Deutsche sein und Bayern bleiben«, erwiderte der Patriot Professor Sepp dem Patrioten Jörg, der behauptet hatte, dieser Krieg sei aus preußischer Großmachtpolitik hervorgegangen, er berühre weder die Bündnispflicht Bayerns noch die Ehre und Integrität Deutschlands.

Die Debatte hatte am späten Nachmittag des 19. Juli 1870, dem Tag der Kriegserklärung Frankreichs an Preußen, begonnen und endete am 20. Juli zwei Uhr nachts. Der Antrag des Ausschusses auf bewaffnete

Neutralität wurde mit 89 gegen 58 Stimmen verworfen, der Regierungsantrag auf Bewilligung der Kriegskredite mit 101 zu 47 Stimmen angenommen.

Deutsche Patrioten bayerischen Stammes zogen mitten in der Nacht zur Residenz. Sie sangen die »Wacht am Rhein« und ließen König Ludwig II. hochleben, der bei dem Gedanken, was ihm und seinen Bayern bevorstand, um den Schlaf gebracht war.

Die preußischen Farben, schwarz und weiß, wehten am 27. Juli 1870 zum erstenmal in München. Sie waren zur Begrüßung des preußischen Kronprinzen Friedrich Wilhelm aufgezogen. Er kam in die bayerische Hauptstadt, um das Kommando über das bayerische Heer zu übernehmen, das der von ihm geführten III. Armee unterstellt worden war.

Von den bayerischen Soldaten hielt der neununddreißigjährige Hohenzoller, dem Bayern, die an Wagner geschult waren, eine Siegfriedfigur attestierten, nicht viel. »Eine wenig zuverlässige Armee«, grollte er, und sein preußischer Blick gewöhnte sich nur schwer daran, daß im tiefen Bayern »eben alles anders ist als bei uns, auch Schwerfälligkeit und auffällige Beleibtheit bereits unter den jüngeren Altersklassen vorwalten.«

Vom fünfundzwanzigjährigen Obersten Kriegsherrn dieser Bajuwaren hielt der Preuße noch weniger. Selbst in großer Generalsuniform, die er samt dem Bande des preußischen schwarzen Adlerordens zum Empfang des Kronprinzen und Generalfeldmarschalls hatte anlegen müssen, vermochte er ihm nicht zu imponieren. »Ich finde ihn auffallend verändert«, notierte Friedrich Wilhelm, »seine Schönheit hat sehr abgenommen, er hat die Vorderzähne verloren, sieht bleich aus und hat etwas Nervös-Unruhiges in seiner Art zu sprechen, so daß er die Antwort auf eine Frage nicht abwartet, sondern während des Sprechens des Antwortenden bereits neue, andere Dinge betreffende Fragen stellt.«

Er hatte eben zu viele Fragen auf dem Herzen, vor allem, wie es der Preuße mit der Wahrung der bayerischen Souveränität halten wolle. Unsicher, wie er war, hatte er seine Hauptfrage schriftlich formuliert, in einem Brief an den Kronprinzen von Preußen die Hoffnung ausgedrückt, daß Bayern, das als selbständiger Staat in den Krieg ziehe, auch an dessen Ende noch ein selbständiger Staat sein werde. »Ich glaube von der erleuchteten Einsicht Deines erhabenen Vaters«, schrieb Ludwig II., »annehmen zu dürfen, daß es auch sein Wille ist, daß Bayerns staatliche Integrität – gegenüber der deutschnationalen Richtung – aus jenem Kampfe unversehrt hervorgehe und fortan erhalten bleibe.«

Dem König von Bayern blieb nur noch der Glaube an die Großmut Preußens und die Hoffnung auf Scho-

Kronprinz Friedrich Wilhelm von Preußen

nung Bayerns – durch eine Macht, die nicht seine Liebe hatte.

Ludwig II. strengte sich an, die preußischen Götter gnädig zu stimmen. Beim Empfang Friedrich Wilhelms strahlte er, als sei Richard Wagner zurückgekehrt. Er fuhr mit seinem Gast im offenen Wagen durch die Stadt. Er besuchte mit ihm die Festvorstellung von »Wallensteins Lager« in seinem Hoftheater, wo es von Militär wimmelte. Er hörte sich den Prolog seines Hofschauspielers Ernst Possart an, in dem es hieß: »Der König rief: Mag denn das Schicksal walten, / Ich will dem Bund'sgenossen Treue halten!«

Wem aber galten die Huldigungen der Münchner Bevölkerung und des uniformierten Theaterpublikums? Dem König von Bayern, der seine Bündnispflicht wohl oder übel hatte erfüllen müssen? Oder dem Kronprinzen von Preußen, der offen sagte, daß er für den Eintritt der süddeutschen Staaten in den Norddeutschen Bund und dessen Erhebung zu einem von nationalliberalem Geiste erfüllten Reiche kämpfe?

Die Mutter, die Preußin Marie, war überglücklich, daß das Land ihrer Geburt und das Land ihrer Wahl nicht, wie 1866, gegeneinander, sondern miteinander in den Krieg zogen. Dem Sohn fiel es schwer, einen halben Tag lang, vom Nachmittag bis in die Nachtstunden des 27. Juli, ein freundlich-ergebenes Gesicht aufzusetzen. Ein bissiges Wort konnte er sich nicht verkneifen. Während der Festvorstellung von »Wallensteins Lager« sagte er zu Friedrich Wilhelm, Schiller habe demokratische Tendenzen, und wohl deshalb setze man ihm nicht gerne ein Denkmal in Berlin.

Der König brachte den Kronprinzen noch zur Bahn, mit der dieser, wie es in der deutschen Patriotensprache hieß, an den vom »Erbfeind« bedrohten Rheinstrom fuhr. Ludwig II. dachte nicht im entferntesten daran mitzukommen. Militärisch hatte er nichts zu befehlen, und wäre es ihm erlaubt worden, hätte er es nicht gekonnt und nicht gewollt. Und die fürstlichen Schlachtenbummler und künftigen Vasallen im preußischen Hauptquartier zu vermehren, verbot ihm sein Stolz.

Diese Mission, die für Wittelsbacher eine Passion war, übertrug er seinem Bruder Otto und seinem Onkel Luitpold. Dessen Söhne Leopold und Arnulf standen als Berufssoldaten bei der Truppe. Dem ältesten Sohn, dem nachmaligen König Ludwig III., machte seit 1866 die durch eine preußische Kugel erlittene Beinverletzung zu schaffen.

»Die kalten Fluten des Alpsees ziehen mich an«, äußerte Ludwig II., der den bramarbasierenden Preußen in München und die für den Preußen begeisterten Münchner nur mit Mühe zu ertragen vermochte hatte. Es zog ihn zurück in die Einsamkeit, in seine Traumwelt, wo es keine Kriege auszufechten gab, wo er unangefochten der König und Herr blieb.

Unterdessen marschierten die bayerischen Truppen – 55 000 Mann unter ihren Generälen Ludwig von der Tann und Jakob von Hartmann – mit den preußischen Truppen nach Frankreich hinein, von Sieg zu Sieg.

Schon in den ersten Schlachten, bei Weißenburg und Wörth, zeichneten sich die Bayern dermaßen aus, daß selbst ihr preußischer Oberbefehlshaber Friedrich Wilhelm mit ihnen zufrieden war: »Brav habt ihr Bayern euch gehalten«, sprach er einen an, der erwiderte: »Ja, Hoheit, Königliche. Hätten *Sie* uns g'führt anno Sechsasechzge, da hätten S' g'schaugt, wia mir die Malefizpreiß'n außa g'stampert hätten!«

In bayerischen Wirtshäusern wurde auf den Heldenmut der bayerischen Löwen getrunken, der »blauen Teufel«, wie sie von Franzosen wegen ihrer hellblauen Uniformen genannt wurden. Im bayerischen Königsschloß dürstete man weniger nach Siegesmeldungen.

Am 7. August 1870, einen Tag nach der Schlacht bei Wörth, traf der Bericht telegraphisch ein, zunächst nur eine Hälfte, ohne das Ergebnis. Kabinettssekretär Eisenhart eilte mit dem ersten Teil zum König, der eben ausfahren wollte: »Ein Telegramm von höchster Wichtigkeit über eine große und wie es scheint siegreiche Schlacht. Der Schluß mit der Entscheidung steht noch aus. Majestät müssen mit der Ausfahrt noch etwas warten!« Ludwig II. fuhr ihn an: »Ein König muß niemals etwas!«, fuhr davon und blieb länger als gewöhnlich fort.

Am 1. September 1870, dem Tag des großen Sieges bei Sedan, für den sich die Bayern besonders eingesetzt hatten, kam der König von Berg nach München. Am 2. September, als eine französische Armee und der Kaiser der Franzosen in Gefangenschaft gingen, empfing Ludwig II. eine russische Großfürstin. Zur Sedanfeier am 3. September wollte er nicht bleiben.

Die Königinmutter, die Preußin, erntete, an einem Fenster der Residenz stehend, die Begeisterung der Münchner; »des Monarchen Wegbleiben, das Verschmähen der Huldigung«, berichtete Luise von Eisenhart-Kobell, »rief eine Mißstimmung im Publikum hervor«.

Sie wäre noch tiefer gewesen, wenn es des Königs Antwort auf eine Anfrage wegen der Beflaggung der Staatsgebäude erfahren hätte. »Da es kein deutsches Kaisertum, keine deutsche Republik, keinen deutschen Bund bis jetzt gibt, die sogenannten deutschen Farben mithin Farben eines geographischen Begriffes in Wahrheit sind, so will Ich, daß nur bayerische oder wenn es besser ist, gar keine Fahnen auf den Regierungsgebäuden ausgesteckt werden«, verfügte Ludwig II. »Ich glaube sicher, daß es morgen regnen wird. Alles ist schwarz überzogen, der Wind saust, ich komme also nicht, vielleicht aber, wenn wirklich einmal Frieden ist ...«

Mehr und mehr Bayern wollten einen nationalen Sieg und ein nationales Reich. Nach den Sedanfeiern schwollen die Petitionen bayerischer Städte zu einer Papierflut an, die über Ludwig zusammenzuschlagen drohte. Alle verlangten das gleiche wie die Münchner Gemeinde-Kollegien, die den Anfang gemacht hatten: Der König möge »durch Vereinbarung mit den verbündeten Staaten die Vollendung des deutschen Bundesstaates auf Grundlage der Verfassung des derzeitigen Norddeutschen Bundes als Abschluß des opferreichen nationalen Kampfes herbeiführen.«

Es war höchste Zeit, die nationale Flut zu kanalisieren, bevor die ganze königlich bayerische Selbständigkeit hinweggeschwemmt würde. Die Minister stellten am 12. September 1870 den Antrag, mit dem Norddeutschen Bund zu verhandeln – über eine verfassungsrechtliche Verbindung, nicht über einen Beitritt.

Der König wollte wissen, wie sie sich das vorstellten, verlangte eine genaue Skizze des Bundesvertrages. Da in dieser eine Wahrung wichtiger Kron- und Landesrechte hervorgehoben wurde, erklärte er sich im großen und ganzen damit einverstanden.

Auf dieser Grundlage wurde, auf Einladung Bayerns, vom 22. bis 26. September 1870 in München verhandelt. Bismarck entsandte Rudolf Delbrück, den Präsidenten des norddeutschen Bundeskanzleramts, der einen eigenen Verfassungsentwurf ausgearbeitet hatte – für einen einheitlichen, zentral regierten Nationalstaat.

Dies entsprach nicht den Plänen Bray-Steinburgs, auch nicht denen des nach München gekommenen württembergischen Ministers Hermann von Mittnacht. Und erst recht nicht den Vorstellungen Ludwigs II. Bei den Audienzen, die er dem Preußen und dem Württemberger getrennt in Berg gab, scheute er davor zurück, die Problematik anzuschneiden. Gegenüber Delbrück ließ er kein Sterbenswörtchen verlauten, zu Mittnacht sagte er: »Aber nicht wahr, in den Norddeutschen Bund treten wir nicht ein?«

Seine Minister suchten einen Kompromiß zwischen unumgänglichen Zugeständnissen an einen gesamtdeutschen Bund und unabdingbarem Festhalten an einzelstaatlichen Rechten. Das lief auf eine föderative Verfassung hinaus, die den süddeutschen Staaten, Bayern vor allem, mehr Selbständigkeit als den Mitgliedern des Norddeutschen Bundes belassen sollte.

Wilhelm I. würde gerne mit Ludwig II. »eine freundschaftliche Besprechung über das Ob und Wie der Gründung eines Deutschen Reiches mit vollständiger Wahrung und Aufrechterhaltung der Rechte Bayerns« führen, hatte Delbrück mitgeteilt. Es wäre gut für Bayern, drängte das bayerische Ministerium, wenn sein König die Belange der Krone und des Landes dort verträte, wo die Entscheidung fallen werde, im Hauptquartier des Oberbefehlshabers der deutschen Truppen.

Nachdem Paris, die Hauptstadt des nun republikanischen Frankreichs, eingeschlossen worden war, weilten Wilhelm I. und Bismarck in Versailles. Die Königsstandarte des Hohenzollern wehte über den Bourbonenlilien, und vor dem Schlosse Ludwigs XIV. exerzierten preußische Soldaten.

Nein, unter diesen Umständen wollte Ludwig das Schloß des Sonnenkönigs nicht sehen. Auch in dessen Prunkbett, das Bismarck für ihn bereithielt, hätte er nicht von seinem monarchischen Vorbild träumen können, hätte ihn der Alp bedrückt, er sei ein preußischer Präfekt geworden.

Der König von Bayern wollte nicht in der Suite eines Königs von Preußen reiten, »sich vor Europa lächerlich machen«, wie Exminister Hohenlohe meinte. »Mit jedem Tag«, ließ Ludwig den Hofsekretär Düfflipp wissen, »bekommen Majestät mehr die Überzeugung, wie unmöglich es Ihm ist, die in Aussicht stehende Reise nach Frankreich anzutreten. Majestät glauben daher, daß es notwendig ist, irgendeine Krankheit vorzuschützen, z. B. Sehnendehnung und möchten Herr Hofrat Sorge tragen, daß dieses unter dem Publikum und den Soldaten bekannt werde.«

In das bayerische Oberland, nicht auf den französischen Kriegsschauplatz und in das preußische Hauptquartier zog es ihn, »nach den geliebten Bergen«, wie er der Mutter schrieb, »wo es so wohltuend ist, wenn auch nur auf kurze Zeit die Leiden der politischen Lage, die oft unerträglich sind, vergessen oder doch gemilderter fühlen zu können«.

Nach Versailles ließ er seine Minister ziehen, Außenminister Bray-Steinburg, Justiz- und Kultusminister Lutz, Kriegsminister Pranckh – mit unguten Gefühlen, die Hohenlohe interpretierte: »Man wird die Dynastie im Stich lassen von seiten der Bürokratie, um sich mit Preußen gut zu stellen, von seiten der Armee, um eine gute Stellung zu den norddeutschen Kameraden zu haben, und von seiten des Volks, das den König wegen seiner Untätigkeit nicht achtet.«

Ludwigs Beichtvater, Kanonikus Trost, leistete geistlichen Beistand, gab ihm zu verstehen, daß ein gesamtdeutscher Bund in Gottes Ratschluß liege. Philosophieprofessor Huber, dem der König geneigt war, gab ihm zu bedenken, daß ein Beitritt zum Norddeutschen Bund die Stellung des Souveräns gegenüber Preußen nicht unbedingt schwächen, gegenüber der Kirche unbedingt stärken würde.

Wenn dem nun einmal so wäre, dann wollte er wenigstens etwas bezahlt bekommen, nicht nur selber bezahlen.

Am 31. Oktober 1870 ließ er seinen Kabinettssekretär Eisenhart an Bray-Steinburg in Versailles schreiben: »Seine Majestät der König haben mich wiederholt beauftragt, Euer Exzellenz mitzuteilen, daß allerhöchst dieselben der angenehmen Hoffnung leben, es werde Euer Exzellenz gelingen, für Seine Majestät 2 Millionen zu ermitteln.« Es könnten Francs oder Gulden sein.

Am 1. November 1870 schrieb Eisenhart an Bray-Steinburg: »Ein zweites Thema, das Seine Majestät sehr häufig berühren, ist die Gebietsvergrößerung. Und ich glaube in der Tat, daß hiedurch sehr viele die politischen Einbußen (die wir denn doch erleiden) leichter verschmerzen würden.«

1866 hatte Bayern an Preußen 30 Millionen Gulden zahlen und ein paar kleinere Gebiete abtreten müssen. Wäre es nicht recht und billig gewesen, wenn Bayern 1870 einiges von dieser Summe und ein paar größere Gebiete zurückbekommen hätte? Über Geld ließ Bismarck mit sich reden. Gebietsgewinne stellte er zwar in Aussicht, aber er konnte und wollte sie nicht gewähren.

Eine Landbrücke zwischen dem rechtsrheinischen und dem linksrheinischen Bayern, dem Gebiet der ehemaligen Kurpfalz um Heidelberg und Mannheim, wäre dem Pfälzer Wittelsbacher am liebsten gewesen. Doch dies wäre auf Kosten des Großherzogs von Baden, des Schwiegersohnes Wilhelms I. und eines Vorkämpfers des Norddeutschen Bundes in Süddeutschland, gegangen. Auch die Deutschnationalen hätten sich einen solchen Länderschacher verbeten, den Bayern nicht einmal auf dem Wiener Kongreß hatte durchsetzen können.

Auch in dem von Frankreich zurückgewonnenen Elsaß war für Bayern, zur Arrondierung der Rheinpfalz, nichts zu holen. Es sollte – mit Lothringen – ein dem künftigen Reich unmittelbar unterstelltes Reichsland werden. Wäre das Elsaß bayerisch geworden, hätten sich der französische Revanchismus und Revisionismus zunächst gegen das von Napoleon I. geschaffene Königsreich und seinen frankophilen König gerichtet.

Bray-Steinburg hatte dies erkannt, doch Ludwig II. drängte ihn, er möge die Angelegenheit einer Gebietsvergrößerung »recht bald mit dem Grafen Bismarck zur Besprechung bringen«. Der preußische Taktiker ließ, um seinen bayerischen Kontrahenten gefügiger zu machen, den Wunsch nach einem Territorialgewinn als erfüllbar erscheinen. Als er erreicht hatte, was er wollte, den Anschluß Bayerns an den Norddeutschen Bund, zeigte er die kalte Schulter.

»So wurde«, resümierte Bray-Steinburg, »durch den großen Staatsmann, dessen Devise ›Macht vor Recht‹ ist, ein feierlich zugesagter Akt internationaler Gerechtigkeit – nicht durch Macht oder vielmehr Hinterlist, nein durch List – vereitelt.«

Ludwig schwante nichts Gutes. Seine Ahnungen wurden durch Berichte seines Gesandten in Berlin, Pergler von Perglas, genährt. Zwar wurden im Hauptquartier Versailles und nicht in der Hauptstadt Berlin die Entscheidungen getroffen, aber im Zentrum des Preußentums und des Nationalliberalismus war zu hören, warum, wozu und wie sie gefällt werden sollten. Der konservative Diplomat fühlte sich verpflichtet, seinem Monarchen reinen Wein einzuschenken.

Ein Eintritt Bayerns in den Norddeutschen Bund, der dem Einheitsstaat entgegengehe, bedeute »das Aufgehen Deutschland inklusive des Südens in die preußische Hegemonie«, mahnte Perglas. Doch nicht nur Bayern, sondern schließlich auch Preußen werde auf der Strecke bleiben. Denn der von Bismarck im Bündnis mit den Nationalliberalen eingeschlagene Weg werde zur Demokratie, zum Ende der Monarchie führen.

Und damit werde ein Zeitalter der Kriege eröffnet: Denn ein preußisch-deutscher Einheitsstaat im Zentrum des Kontinents werde das europäische Gleichgewicht stören und damit den europäischen Frieden gefährden. »Die Bismarcksche Politik von Blut und Eisen trägt ihre traurigen Früchte für Deutschland, dessen Regierungen und Völker sämtlich für dieselben einstehen müssen.«

Perglas traute Bray-Steinburg nicht über den Weg. Ohne Ermächtigung des Königs hatte der Minister die

Verhandlungen in Versailles mit dem Zugeständnis eröffnet, daß Bayern geneigt sei, dem Oberhaupt des zu schaffenden Bundes den Kaisertitel zuzubilligen. Bray-Steinburg mochte dabei an den Kaiser des Heiligen Römischen Reiches Deutscher Nation denken, der nur ein Primus inter pares gewesen war.

Preußen und Nationalliberale hätten andere Vorstellungen von einem deutschen Kaisertum, berichtete Perglas. Ein gekrönter Helm sei als Symbol des neuen Kaiserreiches vorgesehen, in dem der Hohenzoller kommandiere und die Vasallen gehorchen müßten.

In einem solchen Kaiserreich wollte Ludwig nicht mehr König sein. Er dachte, wieder einmal, an Abdankung. »Es wird gut sein, das Dekret baldigst zu entwerfen«, wies er den Kabinettssekretär an. Seinen Bruder Otto, der die Krone übernehmen sollte, beorderte er aus Versailles zurück. »Ich sehe ihn als den König an; nur an einem einzigen dünnen Faden hängt noch die Sache, dann wird es heißen: ›Le Roi Louis II. est mort, vive le Roi Othon!‹«

Als Otto am 5. November 1870 in Hohenschwangau vor ihm stand, bleich und fiebrig, sah der fünfundzwanzigjährige Ludwig, daß die Nerven des zweiundzwanzigjährigen Bruders unter Krieg und Politik noch stärker als die eigenen gelitten hatten, Othon dem Abgrund näher zu sein schien als Louis.

Er sandte ihn nach Versailles zurück und schickte sich in das Unabänderliche.

Versailles, das Kanaan seiner Königsträume, wurde zum Golgatha seiner Königswirklichkeit. Die bayerischen Unterhändler suchten zwar mit der bayerischen Souveränität ihre eigene Macht zu erhalten. Aber sie wurden vom nationalen Strom mitgerissen, der auf ein nationales Reich zufloß. Und sie waren Bismarck nicht gewachsen, der möglichst viel für ein von Preußen geführtes Deutschland erreichen wollte.

Zunächst versuchte Bray-Steinburg um einen Beitritt Bayerns zum Norddeutschen Bund herumzukommen, einen »weiteren« statt einen »engeren« Bund zu erlangen. Bismarck stellte ihn vor die Alternative: Entweder Eintritt Bayerns in einen »engeren« Bund auf der Grundlage der norddeutschen Bundesverfassung mit Ausnahmebestimmungen für Bayern – oder lediglich internationale, völkerrechtliche Verträge, eine Erneuerung des Schutz- und Trutzbündnisses, doch keinen unkündbaren Zollverein, also fortgesetzte Militärlasten ohne gesicherte wirtschaftliche Vorteile.

Bismarck, der mit den Vertretern der süddeutschen Staaten getrennt verhandelte, um sie gegeneinander auszuspielen und zusammen zu überwinden, drohte mit einer Isolierung Bayerns. Baden sowieso, nun aber auch Württemberg seien bereit, ohne Bayern dem Norddeutschen Bund beizutreten. Allein auf weiter Flur möge es dann zusehen, wie es mit äußeren Feinden und den Freunden der Nation im eigenen Lande fertig werde.

Bray-Steinburg wurde weich geklopft. Eingangs hatte er erklärt, er sei nur ermächtigt, über einen »weiteren« Bund zu verhandeln. Ohne eine neue Vollmacht vom König einzuholen, erklärte er sich nun zu Verhandlungen über einen »engeren« Bund bereit.

Das sei eine »Änderung mehr in der Form als dem Wesen nach«, versuchte er nachträglich dem König einzureden. Er und seine Ministerkollegen hätten sich darauf erst eingelassen, nachdem Bismarck schriftlich versichert habe, »die Bayern besonders zu machenden Zugeständnisse in Form von besonderen Konventionen und gleichsam von Beilagen oder Zusätzen zur Bundesverfassung« festzuschreiben.

Die Drohung, daß die deutsche Frage ohne, ja gegen Bayern gelöst werden könnte, die Vorstellung, wie verheerend dies innenpolitisch wie außenpolitisch wirken müßte, zwangen die bayerischen Minister auf die Knie.

Am 23. November 1870 unterzeichneten sie in Versailles die Novemberverträge. Bayern schloß, wie Baden, Hessen-Darmstadt und Württemberg, einen »ewigen Bund« mit dem Norddeutschen Bund, vertreten durch den König von Preußen. Als Verfassung dieses Deutschen Bundes, für den der Name Deutsches Reich vorgesehen war, wurde die des Norddeutschen Bundes übernommen, jedoch unter Änderung und Einschränkung einzelner Bestimmungen – vor allem zugunsten Bayerns.

Dem Königreich wurden Reservatrechte eingeräumt: Diplomatisches Vertretungsrecht und ständiger Vorsitz Bayerns im diplomatischen Ausschuß des Bundesrates; Militärhoheit im Frieden und eigenes Heeresfinanzwesen; bayerische Post, Telegraphie und Eisenbahn; Beibehaltung des Heimat- und Niederlassungsrechts; Besteuerung von Bier und Branntwein.

In einem Geheimvertrag verpflichtete sich Preußen, daß zu Friedensverhandlungen nach einem Bundeskrieg stets ein bayerischer Bevollmächtigter zugezogen werden würde. Und es verzichtete auf Eigentumsansprüche auf die in der Münchner Pinakothek befindliche ehemalige Düsseldorfer Galerie.

»Die große Mehrzahl dieser Zugeständnisse sind Bayern allein mit Ausschluß aller übrigen dem Bunde beigetretenen Staaten bewilligt worden. Sie sind also wirkliche Privilegien, mittels welcher die Krone Bayern eine mittelbare Einflußnahme auch auf europäische Verhältnisse gesichert ist«, versuchte Bray-Steinburg den König in Hohenschwangau zu beruhigen, den die »Räte der Krone« vor vollendete Tatsachen gestellt hatten.

Was Ludwig II. dabei empfinden würde, konnte sich Bray-Steinburg vorstellen, weil er ähnlich empfand, wie er seiner Frau gestand: »Dies ist der Anfang des neuen Deutschlands, und, wenn unsere Entwürfe genehmigt werden, das Ende Altbayerns.«

Das Ende des alten Bayerns, der Selbständigkeit des Landes, der Unabhängigkeit des Staates und der Souveränität des Königs – Ludwig II. wußte, was ihm seine Minister eingehandelt hatten. Dennoch verweigerte er den Novemberverträgen nicht seine Zustimmung: »Zwar hätte ich gewünscht, daß es möglich gewesen wäre, in der Bundesverfassung das föderative Prinzip entschiedener zur Geltung zu bringen; doch will Ich deshalb den getroffenen Vereinbarungen Meine Genehmigung nicht versagen ...«

Es blieb ihm nichts anderes übrig. Die bayerischen Minister, die regierten, hatten gehandelt. Das bayerische Volk, zumindest sein ausschlaggebender Teil, erwartete, daß »Ludwig der Deutsche« zustimmte, und die bayerische Armee wollte sich den deutschen Siegeslorbeer nicht nehmen lassen.

»Viel fürchte ich von dem Einflusse der nun bald zurückkehrenden Truppen, die jene verdammten preußenfreundlichen, deutschschwindlerischen Ideen im ohnehin schon angesteckten Volke noch mehr verbreiten werden«, schrieb Ludwig seiner alten Erzieherin, Sybille Meinhaus, nunmehrigen Baronin Leonrod. Und: »In Bayerns Interesse lag es, daß ich so handelte, denn hätte ich jene so schweren Opfer für die Krone wie für das Land nicht gebracht, so wären wir über kurz oder lang (was mit Bestimmtheit vorauszusagen war) zu noch viel größeren, schmerzlicheren gezwungen worden, ohne daß der Schein der Freiwilligkeit zu retten gewesen wäre ...«

Ohnmacht und Furcht hätten den König von Bayern in Reih und Glied gebracht, berichtete der preußische Gesandte in München, Graf Werthern. Die Trauer halte an: Seit der Unterzeichnung der Versailler Verträge gehe Ludwig II. in Schwarz, trage Hemdknöpfe und eine Uhrkette aus Trauer-Jaspis.

»Wehe, daß gerade ich zu solcher Zeit König sein mußte«, klagte er Therese von Gasser, einer Hofdame seiner Mutter. »Ich habe seit dem Abschluß jener unseligen Verträge selten frohe Stunden, bin traurig und verstimmt, was bei allem, was ich durch die politischen Vorkommnisse zu dulden und zu leiden habe, nicht anders sein kann.«

»Die deutsche Einheit ist gemacht und der Kaiser auch«, hatte Bismarck am 23. November 1870, nach der Unterzeichnung der Verträge mit Bayern, gesagt und hinzugefügt: Zeitungen würden unzufrieden sein, mancher Historiker werde ihn tadeln, »der dumme Kerl hätte mehr fordern sollen; er hätte es erlangt, sie hätten gemußt; und er kann recht haben – mit dem Müssen. Mir aber lag mehr daran, daß die Leute mit der Sache innerlich zufrieden waren – was sind Verträge, wenn man muß! –, und ich weiß, daß sie vergnügt fortgegangen sind.«

In der Versailler Runde, die mit Bismarck das Ereignis mit Champagner feierte, kam die Rede auf den König von Bayern. Ludwig II. lebe in seinen Träumen, erklärte Bismarck. »Aber der junge König ist doch ein so netter Mensch«, meinte Geheimrat Abeken. »Das sind wir alle hier auch«, erwiderte Bismarck.

Der preußische Ministerpräsident und Bundeskanzler des Norddeutschen Bundes, der Reichskanzler werden wollte, brauchte diesen netten Menschen noch. Der neue Bund sollte den Namen Deutsches Reich und der Bundespräsident den Titel Deutscher Kaiser führen. Die Nationalbewegung verlangte diese Krönung des Einigungswerkes. Der Kronprinz von Preußen sah sich schon als neuer Barbarossa. Doch Wilhelm I. wollte bleiben, was er war, König von Preußen, der Macht in Händen hatte, nicht ein deutscher Kaiser unseligen Angedenkens werden, der mangels Macht nach den Sternen griff.

Um den Widerwillen des Preußenkönigs zu überwinden und den deutschen Reichsromantikern zu Willen zu sein, kam Bismarck auf den Gedanken, Wilhelm I.

die Kaiserwürde durch Ludwig II. anbieten zu lassen, durch den König von Bayern, der nach dem König von Preußen der zweitgrößte Bundesfürst war.

Zugleich versprach sich Bismarck davon eine heilsame Wirkung auf den widerspenstigen Wittelsbacher. Die Geschichte lehre, bedeutete er ihm, daß die großen Fürstenhäuser Deutschlands »durch das Vorhandensein eines von ihnen gewählten deutschen Kaisers in ihrer hohen europäischen Stellung nicht beeinträchtigt wurden«.

Doch der König von Bayern wollte nicht zurück in die Geschichte, in der die Wittelsbacher nur Kurfürsten gewesen waren. Erst recht nicht wollte er vorwärts in eine Zukunft, die keineswegs von dem – nicht von deutschen Kurfürsten gewählten, sondern durch preußische Macht eingesetzten – Hohenzollernkaiser bestimmt werden würde. »Den weiteren Ausbau der Verfassung im Sinne des Einheitsstaates und demokratischer Tendenzen hofft der Reichstag mit der Zeit zu bewerkstelligen«, hatte der bayerische Gesandte Pergler von Perglas aus Berlin berichtet.

Bismarck dachte an einen mittelalterlichen Reichstagen ähnelnden Fürstenkongreß in Versailles, auf dem der Wittelsbacher, umgeben von den anderen deutschen Bundesfürsten, dem Hohenzollern die Kaiserwürde anbieten könnte. Das sollte alle beeindrucken: Ludwig II., der eine Hauptrolle auf historischer Bühne spielen dürfte. Wilhelm I., dem die Krone nicht – wie 1849 seinem Bruder Friedrich Wilhelm IV. – von Volksvertretern, sondern von seinesgleichen angetragen würde. Und nicht zuletzt die Reichstagsabgeordneten, die belehrt werden müßten, daß das Nationalreich eine Fürstenunion deutscher Prägung und kein Nationalstaat nach westeuropäischem Muster sei.

Den Überbringer der Einladung, Fürst Lynar, empfing der König von Bayern nicht; er leide an Zahnrheumatismus, ließ er ihm ausrichten. Bismarck habe

Schloß Trianon, das Marie-Antoinette, die Lieblingskönigin Ludwigs II., geschätzt hatte, für ihn herrichten lassen, hinterließ der Bote.

»Das hätte ich auch nicht gedacht, daß ich einmal Haushofmeister von Trianon spielen würde«, äußerte Bismarck, der diese Rolle dann doch nicht bekam. »Ich weiß recht gut«, sagte Ludwig, »daß in mancher Hinsicht eine Reise von mir in's Hauptquartier ratsam wäre und politische Vorteile brächte; das versteht sich von selbst, aber ich fühle mich leidend und angegriffen; auch hängt meine Reise von den gewünschten Garantien ab ...«

Damit schien er nicht nur eine Gewähr für seine Souveränität, sondern auch die Gewährung der von ihm erhobenen Forderungen nach Territorialgewinn und Geldzuweisung gemeint zu haben: Gebiete in Nordbaden oder im Elsaß, ein paar Millionen in Francs oder in Gulden.

»Ganz geheim« telegraphierte am 19. November 1870 der preußische Gesandte in München, Graf Werthern, an Bismarck: »Der König von Bayern ist durch Bauten und Theater in große Geldverlegenheit geraten. Sechs Millionen Gulden würden ihm sehr angenehm sein, vorausgesetzt, daß die Minister es nicht erfahren. Für diese Summe würde er sich auch zur Kaiserproklamation und Reise nach Versailles entschließen. Zweck der Reise des Grafen Holnstein ist, mit Ew. Exzellenz hierüber zu sprechen.«

Oberststallmeister Graf Max von Holnstein, der Vertraute des Königs von Bayern wie des preußischen Gesandten, übernahm die Rolle des Kuriers zwischen Ludwig II. und Bismarck. Zum erstenmal war er am 5. November 1870 in Versailles eingetroffen, ein zweites Mal kam er am 25. November, als Überbringer von Geldwünschen seines Königs.

Ludwigs »Roßober« wandte sich nicht an den bayerischen Verhandlungsführer Bray-Steinburg, das

Schmiedlein, das solche heißen Eisen nicht anzufassen wagte, sondern direkt an den Reichsschmied Bismarck.

Auch dieser griff zur langen Zange. Jedenfalls setzten die Zahlungen an Ludwig II. – an seine Hofkasse, nicht an die Staatskasse – erst im Jahre 1873 ein, über Schweizer Banken, ganz geheim, »in der Form eines Darlehens«, wie Bismarck später verriet, »aber ohne jede Hoffnung auf Deckung«. Der König erhielt zunächst jährlich 300000 Mark, »in den letzten Jahren«, wie Bismarck 1885 verlauten ließ, »erheblich mehr«. Insgesamt – bis zu seinem Tode – erhielt der König an diesen laufenden Zuwendungen gut fünf Millionen Mark. Graf Holnstein kassierte davon zehn Prozent Provision. Zusätzlich ließ Bismarck 1884 dem König einen Betrag von einer Million Mark zukommen.

Derartige Summen konnte Bismarck nicht der preußischen Staatskasse entnehmen. Sie flossen aus dem »Welfenfonds«. Dies war die aus dem Vermögen des welfischen Hauses entnommene Abfindungssumme für den von den Preußen entthronten König von Hannover, die dieser jedoch nicht ausbezahlt bekam, weil er sich weigerte, formell auf seinen Thron zu verzichten. Bismarck verwendete Gelder aus dem auf 48 Millionen Mark bezifferten »Welfenfonds« zur politischen Beeinflussung von Journalisten, von denen er einige selber als »Reptilien« bezeichnet hatte. Man sprach deshalb auch vom »Reptilienfonds«.

Auch König Ludwig II. von Bayern erhielt Geld aus diesem Fonds. So wurde mit dem Geld eines um seine Souveränität gebrachten Monarchen ein um seine Souveränität besorgter Monarch bedacht.

Mit der ersten Rate, die Ludwig am 25. September 1873 erhielt, leistete er bereits am 26. September eine Anzahlung auf die Herreninsel im Chiemsee. Hier wollte er durch ein Schloß nach dem Muster von Versailles in der Idealität ein Königtum demonstrieren, das ihm in der Realität abhanden gekommen war.

In das preußische Hauptquartier in Versailles hatte sich Ludwig II. nicht mehr zu bemühen brauchen. Bray-Steinburg hatte bereits am 21. November 1870 mitgeteilt, Bismarck habe ihm eröffnet, der König von Bayern könne dem König von Preußen das Angebot der Kaiserwürde auch schriftlich einreichen.

Bismarck und Holnstein kamen ihm am 27. November entgegen. »Wissen S' was, Exzellenz, schreiben S' gleich selbst einen Brief auf, wie er sein soll, sonst gibt's hintennach doch wieder Anstand«, sagte der Oberststallmeister zum Kanzler. Dieser setzte sich an einen abgedeckten Eßtisch und verfaßte »auf durchschlagendem Papier und mit widerstrebender Tinte« zwei Briefe und einen Entwurf.

Im ersten Brief versuchte der preußische Junker sich als entfernter Vasall des Wittelsbachers hinzustellen: Eines der Bismarckschen Güter sei von einem Wittelsbacher verliehen worden, dem Markgrafen Ludwig von Brandenburg.

Im zweiten Brief appellierte Bismarck an das Majestätsbewußtsein Ludwigs II.: Die Kaiser-Initiative müsse von dem mächtigsten der dem Bunde beitretenden Fürsten ausgehen. Und er schürte dessen Angst vor Demokraten: Nur so könne verhindert werden, daß das Kaiser-Angebot von den Volksvertretungen gemacht werde.

Das dritte Schriftstück war der Entwurf des »Kaiserbriefes« an den König von Preußen und – in zu verändernder Fassung – an die anderen Bundesfürsten. »Demselben liegt der Gedanke zu Grunde, welcher in der Tat die deutschen Stämme erfüllt: der deutsche Kaiser ist ihr Landsmann, der König von Preußen ihr Nachbar; nur der *deutsche* Titel bekundet, daß die damit verbundenen Rechte aus freier Übertragung der deutschen Fürsten und Stämme hervorgehen.«

Noch an diesem 27. November 1870 trat Holnstein mit den drei Schreiben die Reise nach Hohenschwangau an. Dort traf er am 30. November ein. Ludwig hatte sich wegen Zahnschmerzen ins Bett gelegt, wo er die von Moritz von Schwind entworfenen Darstellungen aus Tassos »Befreitem Jerusalem« vor Augen hatte: »Der in Zauberschlaf gesungene Rinaldo« und »Armida entführt den schlafenden Rinaldo«.

Weniger Holnsteins Überredungskunst als dessen etwas rauhe Überzeugungskraft fürchtete Ludwig. Er ließ ihn ein paar Stunden warten, empfing ihn erst, als Bismarcks Bote angekündigt hatte, Punkt 18 Uhr sich auf die Rückreise nach Versailles zu begeben, mit oder ohne Antwort. Ludwig blieb im Bett, in Decken gewikkelt, zeigte sich eineinhalb Stunden lang unzugänglich.

Holnstein behielt – wie er weiter erzählte – die Uhr in der Hand, verwies auf den auf 18 Uhr, den festgesetzten Abreisetermin, vorrückenden Zeiger. Sollte bis dahin Majestät den »Kaiserbrief« nach Bismarcks Entwurf nicht geschrieben haben, müßte er ohne denselben abfahren, und man werde sich in Versailles anders zu helfen wissen. Der König von Bayern hätte damit zu rechnen, daß seine vor Paris stehenden Truppen den König von Preußen als Imperator ausriefen. Dadurch käme Ludwig II. in eine Lage, der er sich am besten durch einen Aufenthalt in der Schweiz entziehen würde.

Ludwig stand auf, ging an den Schreibtisch. Es sei kein Papier da, behauptete er, doch als Holnstein nach dem Diener schellen wollte, um welches herbeischaffen zu lassen, war auf einmal Papier da.

Ludwig II. schrieb, mit geringfügigen Änderungen, den »Kaiserbrief« nach dem von Holnstein überbrachten Entwurf Bismarcks. Darin bat er Wilhelm I. – vorbehaltlich der sicher zu erwartenden Zustimmung der gleichzeitig angeschriebenen Bundesgenossen – im Namen der deutschen Fürsten, »daß die Ausübung der Präsidialrechte des Bundes mit der Führung des Titels eines deutschen Kaisers verbunden werde«.

Wäre der »Kaiserbrief« nicht geschrieben worden, hätte dies in der Sache nichts geändert. Seine Minister hatten in Versailles die Verträge über den Eintritt Bayerns in den von Preußen geführten Bund unterzeichnet, und alle anderen deutschen Fürsten standen bereit, Kaiser und Reich zu proklamieren. Daß er aber diesen ihm diktierten Brief geschrieben hatte, erschien ihm – die Tinte war noch nicht trocken – als unverzeihlicher Verstoß gegen die Formen, die der König von Bayern zu wahren gehabt hätte.

Der »Kaiserbrief« König Ludwigs II. von Bayern

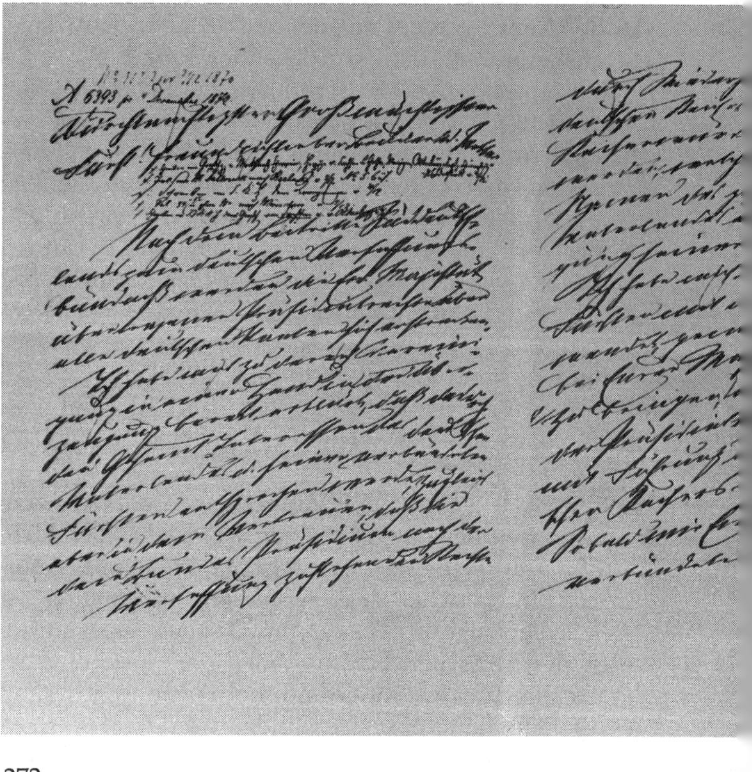

Kaum hatte er ihn geschrieben, suchte er die Verantwortung abzuwälzen. Mit dem »Kaiserbrief« war Holnstein noch am Abend des 30. November von Hohenschwangau nach München geeilt, um ihn vom Kabinettssekretär siegeln zu lassen. Im Begleitschreiben Ludwigs II. an Eisenhart hieß es:

»In aller Eile diese Zeilen: Lesen Sie beiliegenden Brief an den König Preußens. Mittlerweile werden Sie Näheres über die deutsche Verfassungsfrage durch meine Minister gehört haben, und aus diesem Grunde

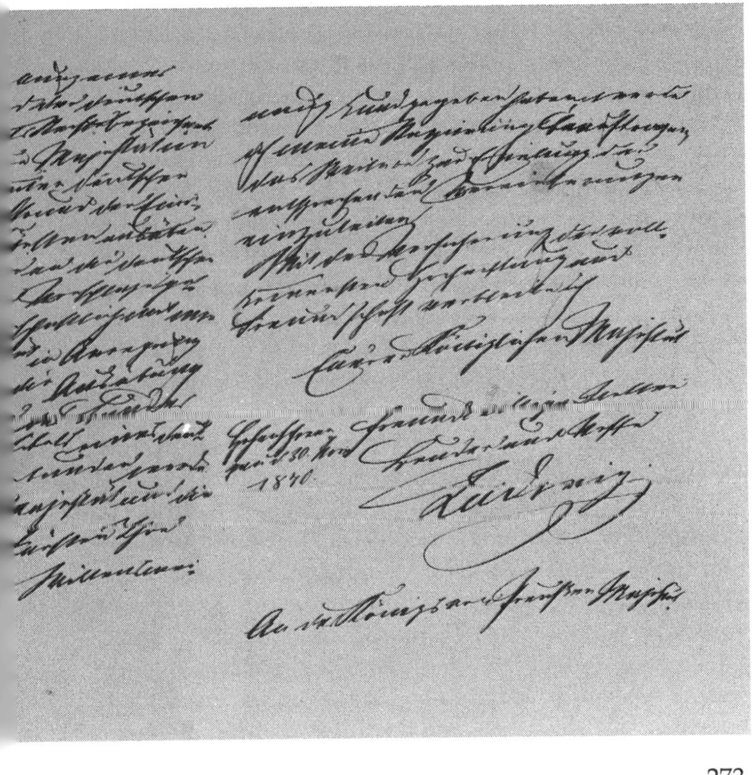

werden Sie imstande sein, die Sachlage richtig beurteilen zu können. Sollte ein anders gefaßter Brief daher als besser und angemessener sich herausstellen, sollten die Opfer, die man im Verfassungsentwurf von mir verlangt, zu groß sein, gut, so zerschlägt sich die Sache, und ich ermächtige Sie, den Brief an den König von Preußen zu zerreißen ...«

»Ich lege die Angelegenheit in Ihre Hände«, erklärte die Majestät dem Kabinettssekretär. Dieser wußte, was er zu tun hatte. Die Staatsminister, mit denen Holnstein im selben Zug von Versailles nach München gekommen war, hatten Bismarcks Entwurf gelesen, gebilligt und geringfügig geändert. Der Kabinettssekretär, der von Holnstein im Residenztheater aufgespürt worden war, siegelte den nach dieser Vorlage geschriebenen »Kaiserbrief« seines Königs am 1. Dezember 1870, um halb ein Uhr, eine halbe Stunde nach Mitternacht.

Bismarcks Kurier Holnstein fuhr damit noch beim preußischen Gesandten vorbei und um sechs Uhr morgens in Richtung Versailles. Dem bereits abgefahrenen Zug dampfte er mit einer Lokomotive nach, erreichte ihn noch. Den Namen des Lokomotivführers notierte er auf der Manschette. Auch er sollte belohnt werden.

Am 3. Dezember 1870 war Holnstein wieder in Versailles. Noch am selben Tage überreichte der im Hauptquartier weilende Prinz Luitpold Wilhelm I. den »Kaiserbrief« Ludwigs II.

»Der Graf Holnstein hat sich durch diese in einer schlaflosen Woche zurückgelegte doppelte Reise und durch die geschickte Durchführung seines Auftrags in Hohenschwangau ein erhebliches Verdienst um den formalen Abschluß unsrer nationalen Einigung durch Beseitigung der äußeren Hindernisse der Kaiserfrage erworben«, bilanzierte Bismarck. Einer seiner Gegner, der badische Liberale Franz von Roggenbach, meinte, man werde nie wieder einen König von Bayern finden, der wegen Zahnschmerzen die Kaiserkrone anbiete.

Seine Gewissensnöte versuchte Ludwig durch Selbstzuspruch zu lindern: Der König vermöge nicht Widerstand zu leisten, »da Volk und Armee sich dagegen stemmen würden und die Krone mithin allen Halt im Lande verlöre«. Es sei jammervoll, daß es so kam, aber nicht mehr zu ändern, hatte er seinem Bruder Otto nach Versailles geschrieben. Dieser, der den Ereignissen dort näher war und die Folgen klarer sah, hatte ihm geantwortet: »Ich beschwöre Dich, das Schreckliche nicht zu tun! Wie kann es denn für einen Herrn und König eine zwingende Gewalt geben, seine Selbständigkeit dahinzugeben und außer Gott noch einen Höheren über sich anerkennen zu müssen!«

Ludwig II. hatte abgedankt, auch wenn er noch die Krone trug. Der Bayernkönig hatte sich dem Preußenkaiser unterworfen. Und schien dabei die Achtung vor sich selber verloren zu haben.

11

Bayern im Reich

Königstreue bayerische Patrioten versuchten, mit der Souveränität ihres Landes die Souveränität ihres Königs zu erhalten. Die Versailler Verträge mußten, weil verfassungsändernd, dem Landtag zur Zustimmung vorgelegt werden.

Am 1. Januar 1871 sollten sie ratifiziert sein, der Reichsgründungstag gefeiert werden. Die Kammer der Reichsräte nahm sie zwei Tage vorher, am 30. Dezember 1870, an. In der Kammer der Abgeordneten zögerte die Patriotische Volkspartei die Beratungen hinaus. Der Ausschuß, in dem sie eine klare Mehrheit hatte, lehnte am 11. Januar 1871 die Novemberverträge ab.

Dies sei die letzte Gelegenheit, mit der Selbständigkeit Bayerns die natürlich gegebene und historisch gewachsene staatenbündische Gliederung Deutschlands zu retten, meinte der Berichterstatter Joseph Edmund Jörg. Und eine letzte Chance, die Gefahr einer Epoche von Eisen und Blut abzuwenden. Dieses Reich sei ein unvollendeter Nationalstaat, der sich vorbehalte, die draußen gebliebenen Angehörigen der deutschen Nationalität heimzuholen, und bedeute somit eine ständige Gefahr für den Frieden. Gegen den preußisch-deutschen Militärstaat würden sich Frankreich und Rußland verbünden, der Gewinner werde Rußland sein, der nächste Krieg werde »nicht einmal auf Europa beschränkt bleiben, sondern auch die Nordamerikanische Union in seinen Strudel hineinziehen«.

Gegner der Reichsverfassung verwiesen auf den »Scheinföderalismus«, auf die Vorherrschaft Preußens in einem Bund, in dem es die einzige Großmacht, sein König erblicher Kaiser und Bundesfeldherr, sein Ministerpräsident zugleich Reichskanzler und Vorsitzender des Bundesrates sei. Demokraten kritisierten den »Scheinkonstitutionalismus«: Der Reichstag werde zwar nach einem demokratischen Wahlrecht gewählt, besitze aber nicht Befugnisse eines modernen Parlaments.

Bayern habe Opfer zu bringen, räumte das Ministerium ein. Der König müsse Rechte an den Kaiser abtreten, die Staatsregierung an den Bundesrat, der Landtag an den Reichstag. Die finanziellen Lasten seien beträchtlich. »Aber auf der anderen Seite begründen wir«, erklärte Bray-Steinburg, »ein deutsches föderatives Bündnis, eine mächtige Gemeinschaft« von 41 Millionen Deutschen, in der das 5 Millionen Einwohner zählende Bayern eine bevorzugte und einflußreiche Stellung erhalten habe, militärisch gesichert sei, politisch wirken könne und wirtschaftlich gedeihen werde.

Befürworter der Reichsverfassung verwiesen darauf, daß in dieser Fürstenföderation die bayerische Monarchie im Prinzip gesichert, in diesem Verfassungsbund die Existenz der Mitgliedsstaaten verbrieft, eine weitgehende Eigenständigkeit der einzelstaatlichen Gesetzgebung, Verwaltung und Rechtssprechung gewahrt und die Mitwirkung der 25 Bundesmitglieder an der Bundesgewalt durch die starke Stellung des Bundesrates garantiert sei.

Die Bayern zugebilligten Reservatrechte wurden aufgezählt und auf seine 6 von 58 Bundesratsstimmen hingewiesen, gegenüber »nur« 17 preußischen. Durch den Vorsitz im ständigen Bundesratsausschuß für Auswärtige Angelegenheiten glaubten Befürworter der Reichsverfassung auch die von Bismarck betriebene Reichsaußenpolitik beeinflussen zu können.

»Die Proklamierung des Deutschen Kaiserreichs«. Gemälde von Anton von Weber

Schließlich, am 21. Januar 1871, nahm die Kammer der Abgeordneten die Novemberverträge mit 102 gegen 48 Stimmen an, mit 2 Stimmen über der erforderlichen Zweidrittelmehrheit. Die Regierung hatte gedroht, den Landtag aufzulösen und Neuwahlen auszuschreiben, die in der Siegesstimmung und Reichsbegeisterung dieser Tage wahrscheinlich eine deutschpatriotische Mehrheit erbracht hätten. Bei der Abstimmung waren die bayerischen Patrioten wiederum getrennte Wege gegangen: 47 stimmten dagegen, 32 dafür.

»Wo der König ist, da gehören die wahren Patrioten hin«, hatte der bayerische Patriot Huttler erklärt. Der König hatte die Novemberverträge genehmigt, den Kaiserbrief geschrieben. Wie schwer ihm das gefallen war, ahnten sie, doch sie wußten nicht, daß er noch einen Versuch unternommen hatte, wenigstens etwas von dem zurückzuholen, was er hingegeben hatte.

Das Inspektionsrecht über seine Truppen im Frieden und den Oberbefehl im Kriege hatte er dem preußischen Bundesfeldherrn zugestehen müssen. Ob er nicht wenigstens darauf verzichten könne, sich im Kriegsfalle auch von den bayerischen Truppen den Fahneneid leisten zu lassen, ließ er am 3. Januar 1871 durch Prinz Luitpold bei Wilhelm I. anfragen. Er holte sich eine Abfuhr.

Vor schlimmerem hatte ihn Bismarck bewahrt. Wenn er schon Kaiser werden sollte, dann wollte der König von Preußen zumindest »Kaiser von Deutschland« werden, was nicht nur eine Titelerhöhung, sondern auch einen Machtanspruch zum Ausdruck gebracht hätte. Bismarck setzte nach heftigen Auseinandersetzungen mit Wilhelm I. den Titel »Deutscher Kaiser« durch, was weniger preußisch-anspruchsvoll und genauso deutsch-großartig klang. Der Reichskanzler wollte den Bundesfürsten, vornehmlich dem König von Bayern, nicht noch mehr zumuten.

Auf die Abstimmung der bayerischen Kammer der Abgeordneten gedachte Bismarck indessen nicht zu warten. Drei Tage vor deren Entscheidung, am 18. Januar 1871, wurde in Versailles der König von Preußen zum Deutschen Kaiser proklamiert – im Spiegelsaal des Schlosses Ludwigs XIV., mit Hurra, Säbelschwenken und »Heil Dir im Siegerkranz!«

Prinz Otto von Bayern, der dies alles miterleben mußte, schrieb seinem Bruder: »Ach, Ludwig, ich kann Dir gar nicht beschreiben, wie unendlich weh und schmerzlich es mir während jener Zeremonie zumute war, wie sich jede Faser in meinem Innern sträubte und empörte gegen all das, was ich mitansah ... Alles so kalt, so stolz, so glänzend, so prunkend und großtuerisch und herzlos und leer.«

Einen Unteroffizier, der König und nun sogar Kaiser geworden sei, sah der Wittelsbacher Ludwig II. im Hohenzollern Wilhelm I. Er sei ein vortrefflicher Infanterie-General, suchte ihn Felix Dahn, ein deutsch-nationaler Barde, zu verteidigen. »Das ist auch was Rechtes«, erwiderte der König von Bayern.

Emanuel Geibel, einem Hofdichter seines Vaters, dem »Liederschwan aus dem Norden«, hatte er 1868 die Pension aus der Hofkasse entzogen, weil er König Wilhelm bei dessen Besuch in Lübeck mit den Versen begrüßt hatte: »Und sei's als letzter Wunsch gesprochen, / Daß noch dereinst dein Aug' es sieht, / Wie über's Reich ununterbrochen / Vom Fels zum Meer dein Adler zieht.«

Nun hatte sich der Adler auch im Reiche des Löwen niedergelassen. Und der König von Bayern mußte ihn begrüßen, etwa am 13. Juli 1874 in München, auf der Durchreise Wilhelms I. nach Bad Gastein.

Ludwig II. begnügte sich damit, dem Kaiser ein Essen im Königssalon des Bahnhofes zu geben, das er mit der Bemerkung würzte: In Bayern werde es besonders begrüßt, daß Bismarck bei dem am selben Tag verübten

Attentat nicht ernstlich verletzt worden sei, »denn wäre der nicht gewesen, hättest Du uns schon 1866 annektiert und seither schon öfters«.

Dem Reichskanzler schrieb er: Er vertraue auf ihn, daß das föderative Prinzip die Grundlage der neuen Ordnung der Dinge in Deutschland sein und bleiben werde. Bismarck versicherte ihm: Er werde sich für die Erhaltung der Rechte, welche die Bundesverfassung den Bundesmitgliedern sichere, stets einsetzen.

Der Preuße hatte dem Bayern viel abverlangt, doch Ludwig einiges dafür gegeben und ihm die Hoffnung gelassen, daß die Opfer nicht größer und die Zuwendungen nicht kleiner werden würden. So klammerte sich der König an den »Eisernen Kanzler«, auch aus Respekt vor dem willensstarken und zupackenden Mann, der genau das Gegenteil von ihm war, ihm sozusagen als Holnstein in Großformat erschien.

Ihm unter die Augen zu treten, wagte er nicht. Ludwig II., meinte die Fürstin Bismarck, halte ihren Mann für Siegfried und fürchte, daß sich dies bei persönlicher Begegnung nicht bewahrheiten könnte. Wahrscheinlich fürchtete er im Gegenteil, daß dieser Siegfried aus der Nähe noch mächtiger auf ihn einwirken könnte, als er es schon aus der Ferne vermochte.

Ludwig schrieb ihm ab und zu eigenhändige Briefe, schmeichelte einmal, daß er »in der Reihe der großen Männer unseres Jahrhunderts den hervorragendsten Platz« einnehme. Und stellte Bismarck bei dessen Kissinger Kuraufenthalten königliche Kutschen zur Verfügung – dem Reichsgründer, der es, wie er selber sagte, dem König von Bayern nicht hatte zumuten wollen, »in einem Einspänner hinter dem Reichsomnibus herzufahren«.

Bismarck hatte Verständnis für einen Monarchen, der Kronrechte nicht aufgeben wollte, und zeigte Zufriedenheit mit Ludwig II., der es zugunsten von Kaiser und Reich getan hatte.

Nur einmal, im Jahre 1863, habe er ihn zu Gesicht bekommen, resümierte Bismarck, »ich bin aber mit ihm, seit er bald nachher den Thron bestiegen hatte, bis an sein Lebensende in günstigen Beziehungen und in verhältnismäßig regem brieflichem Verkehre geblieben und habe dabei jederzeit von ihm den Eindruck eines geschäftlich klaren Regenten von national deutscher Gesinnung gehabt, wenn auch mit vorwiegender Sorge für die Erhaltung des föderativen Prinzips der Reichsverfassung und der verfassungsmäßigen Privilegien seines Landes.«

Bismarck nahm Ludwig II. auch noch in Schutz, nachdem ihm bayerische Minister Regierungsunfähigkeit und bayerische Mediziner Geisteskrankheit attestiert hatten. »Sein königliches Bewußtsein«, erklärte er dem Würzburger Redakteur Anton Memminger, »war nicht bloße Eitelkeit, sein mehrseitiges Wissen nicht blendende Allwisserei, sein staatsmännisches Tun keine Torheit.«

In die Nacht des Wahnsinns habe ihn nicht zuletzt die zunehmende Angst getrieben, er könnte noch die letzten Reste seiner Selbständigkeit einbüßen, meinte sein Hofsekretär Ludwig Bürkel. Ludwig II. traute den Hohenzollern nicht, Wilhelm I. und, vor allem, dessen Thronerben Friedrich Wilhelm nicht.

Der Kronprinz von Preußen war nun auch Kronprinz des Reiches, das er herbeigesehnt hatte und das er mehr noch als sein preußisches Vaterland liebte. Friedrich Wilhelm verkörperte all das, was Ludwig Unbehagen verursachte und Furcht einflößte: das preußische Militär, die großpreußische Macht, die Reichsromantik, den Nationalliberalismus, den Unitarismus, der aus dem föderalistischen Bundesstaat einen zentralistischen Einheitsstaat machen wollte.

Mit dem vierzigjährigen Friedrich Wilhelm, in dessen Namen sich schon Friderizianismus und Wilhelminismus potenzierten, hatte der sechsundzwanzigjährige Ludwig zu rechnen. Am 16. Juli 1871 mußte er mit ihm in seiner Haupt- und Residenzstadt den Triumph Deutschlands über Frankreich und des Deutschen Reiches über das Königreich Bayern feiern.

Der Frieden war ihm eine Feier in München wert, das nicht, wie Berlin, eine Siegessäule, sondern einen Friedensengel bekommen sollte. »In meiner kurzen Regierungsepoche nun schon zwei unselige Kriege«, hatte Ludwig am 24. März 1871 der Baronin Leonrod geklagt. »Sehr hart für einen Fürsten, der den Frieden liebt! Das rauhe Kriegshandwerk, lange geübt, verwildert die Sitten der Menschen, macht sie unfähig, große, erhabene Ideale zu fassen, stumpft sie ab für geistige Genüsse, denn diese allein sind imstande, dauernd zu fesseln, diese allein gewähren wahre Wonne und innere Befriedigung.«

Am 26. Februar 1871 war der Vorfriede von Versailles geschlossen worden: Frankreich mußte das Elsaß und Lothringen abtreten und innerhalb von drei Jahren fünf Milliarden Goldfrancs (vier Milliarden Goldmark) bezahlen. Am 10. Mai 1871 wurden die Bestimmungen des Vorfriedens im Frieden von Frankfurt am Main bestätigt. Am 16. Juni 1871 zog Kaiser Wilhelm I. in die Reichshauptstadt ein, an der Spitze seiner siegreichen Truppen, darunter auch eine bayerische Einheit.

Die Berliner Haupt- und Staatsaktion sollte einen Monat später in München nachgespielt werden: mit Kronprinz Friedrich Wilhelm, dem Oberbefehlshaber bayerischer Truppen im gemeinsam gewonnenen Krieg, in der Hauptrolle. Und dem König von Bayern, der zu Hause geblieben war, in der Nebenrolle.

»Denke nur, Otto«, klagte Ludwig eine Woche vorher dem Bruder, »aus politischen Gründen, gedrängt von allen Seiten, habe ich mich veranlaßt sehen müssen, zum Truppeneinzug den Kronprinzen von Preußen einzuladen, was mich geradezu zur Verzweiflung bringt.«

Bismarck im Norddeutschen Reichstag

»Heute tue ich meinen ersten Vasallenritt«, erklärte Ludwig II. am 16. Juli 1871, als er seinen Rappen bestieg, der, um stillzuhalten, eine Morphiumspritze bekommen hatte. An der Seite Friedrich Wilhelms nahm der König auf dem Odeonsplatz den Vorbeimarsch der durch das Siegestor eingezogenen bayerischen Truppen ab. Ludwig II. hielt vor dem Reiterdenkmal Ludwigs I., des Großvaters, der den Enkel gewarnt hatte: »Verhüte, daß es nicht in der Geschichte heißt: Ludwig II. grub das Grab der bayerischen Monarchie!«

Am 17. Juli war Friedrich Wilhelm auf die Roseninsel im Starnberger See geladen. Ludwig II. sah an diesem Tage nur die Dornen. Als er beim Spaziergang dem preußischen Kronprinzen eröffnete, er wolle ihm ein bayerisches Ulanenregiment verleihen, erwiderte dieser spitz, er müsse erst seinen Vater um Erlaubnis fragen. Er selber bezweifle, ob ihm bei seinem Umfang eine bayerische Ulanenuniform passe.

Ludwig reichte es. Er blieb am Abend dem Militärbankett im Glaspalast zu Ehren des Kronprinzen fern. Friedrich Wilhelm brachte keinen Trinkspruch auf den König von Bayern aus, bayerische Generäle und Offiziere tranken auf den König von Preußen, den Deutschen Kaiser.

Ludwig II. schloß sich in Berg ein, notierte in sein Tagebuch: »Feste, Theater, Fahrt des Kronprinzen v. Pr. Gegenwart *sehr* störend und unangenehm!« Und: »Alpenglöcklein wonnselig klangen, wie sie Frieden künden. Friede komm!«

»Die Folgen von 70 und 71 verbittern mir die Existenz«, klagte Ludwig II. »Das elende deutsche Reich, wie es sich leider dank dem nüchternen, ideallosen Preußentum unter jenem märkischen Junker gestaltet hat«, ekele ihn »im höchsten Grade« an.

Noch wurde die von Michael Oechsner gedichtete und von Konrad Max Kunz vertonte Bayernhymne gesungen, deren dritte Strophe lautete: »Gott mit Ihm, dem Bayerkönig! Segen über sein Geschlecht! Denn mit seinem Volk in Frieden wahrt er dessen heilig Recht. Gott mit Ihm, dem Landesvater! Gott mit uns in jedem Gau! Gott mit dir, du Land der Bayern, Deutsche Heimat – Weiß und Blau ...«

Die Bayernhymne sollte »Andantino« gesungen werden, also ruhig schreitend. Zunehmend wurde sie so gespielt, wie nun vieles im bayerischen Gliedstaat des Deutschen Reiches intoniert wurde – von Militärmusik, im Marschtritt, im Fortschrittstempo der Gründerzeit.

Am liebsten hätte der Bayerkönig, der das Wort »schneidig« nicht mehr hören konnte, alle preußischen

Einzug der siegreichen bayerischen Truppen in München

Musiker und Unteroffiziere aus seinem Heer entfernt. War es aber überhaupt noch sein Heer?

Zwar hieß es in den Versailler Verträgen: »Das Bayerische Heer bildet einen in sich geschlossenen Bestandteil des Bundesheeres mit selbständiger Verwaltung, unter der Militärhoheit S. M. des Königs von Bayern; im Kriege – und zwar mit Beginn der Mobilisierung – unter dem Befehle des Bundesfeldherrn« – des Deutschen Kaisers und Königs von Preußen.

Dieses bayerisch-deutsche Heer wurde der Militärgesetzgebung und der Militärgerichtsbarkeit des Reiches unterworfen. Es wurde so organisiert, formiert und instruiert, bewaffnet und ausgerüstet wie das preußisch-deutsche Heer. Darüber wachten die preußischen Militärbevollmächtigten in Bayern in Ausübung des Inspektionsrechts des Bundesfeldherrn.

Dem Kaiser war mehr gegeben worden, als dem König belassen worden war. Bayerische Soldaten, die vom militärischen Wilhelm I. mehr hielten als vom unmilitärischen Ludwig II., fanden dies recht und billig. Bayerische Veteranen, die ihre im Deutsch-Französischen Krieg unter preußischem Kommando errungenen Siegeslorbeeren pflegten, ließen lieber den Kaiser hochleben, der Anno 70/71 dabeigewesen, als den König, der zu Hause geblieben war. »Über die Devise der bayerischen Veteranen sind Seine Majestät im höchsten Grade entrüstet, weil die Worte ›für Kaiser‹ darin enthalten sind«, ließ Stallmeister Hornig im Allerhöchsten Auftrag Kabinettssekretär Ziegler wissen.

»Ich hasse, ich verachte den Militarismus«, erklärte Ludwig. Er paßte nicht in sein Weltbild. In ihm erblickte er eine ständige Bedrohung des europäischen Friedens, zu dessen Erhaltung Bayern direkt nichts mehr beitragen konnte. Denn es gab keine selbständige bayerische Außenpolitik mehr.

Zwar besaß Bayern den ständigen Vorsitz im Bundesratsausschuß für Auswärtige Angelegenheiten.

Aber die Reichsaußenpolitik wurde im Reichskanzleramt gemacht. Bayerische Gesandte saßen in Wien, St. Petersburg, in Rom beim Heiligen Stuhl wie am Hofe des Königs von Italien. In Bern gab es einen bayerischen Ministerresidenten und in Paris einen bayerischen Geschäftsträger. Ihn – und den französischen Geschäftsträger in München – wieder in den Gesandtenrang zu erheben, verhinderte Berlin.

Ohnehin waren die bayerischen Diplomaten nur noch Statisten auf der außenpolitischen Bühne. Nicht einmal mehr als Briefträger, geschweige denn als Vermittler konnte sie ihr König einsetzen. So beschäftigte er sie mit Angelegenheiten, die ihm ohnedies näher lagen als die Welthändel: mit der Beschaffung von Büchern, Bildern und Vorbildern für sein Traumimperium, das er sich jenseits des Königreiches Bayern und des Deutschen Reiches schuf. Die speziellen Mittel dafür bekam er von Bismarck, so daß sich die Reichsgründung wenigstens in einem Bereich, auf seinem Lieblingsgebiet, für ihn auszahlte.

Die bayerische Staatskasse registierte nicht nur Ausgaben. Dem Reich flossen die Einnahmen aus den Zöllen und Verbrauchssteuern zu, Bayern erhielt – wie die anderen Einzelstaaten – die Erträgnisse der übrigen, besonders der direkten Steuern. Davon waren allerdings »Matrikularbeiträge«, entsprechend der jeweiligen Bevölkerungszahl, an das Reich abzuführen.

Der bayerische Staatshaushalt hatte von Anfang bis Mitte der siebziger Jahre Überschüsse zu verzeichnen: 2,6 Millionen Mark 1871, 12 Millionen 1872, 11,8 Millionen 1873, je 9,2 Millionen 1874 und 1875. Das Plus war nicht zuletzt der französischen Kriegsentschädigung zu verdanken, von der auch die deutschen Einzelstaaten etwas abbekommen hatten.

Materiell jedenfalls schien sich die Reichsgründung gelohnt zu haben, en detail für den Wittelsbacher König und den bayerischen Staat, en gros für das national-liberale Bürgertum. Es hatte sich für das Reich engagiert und wollte und konnte nun in ihm und von ihm profitieren.

Der Reichsgründung folgte die Gründerzeit. Im engeren Sinne war »Gründung« – so ein Konversations-Lexikon der Wilhelminischen Zeit – »Errichtung einer wirtschaftlichen Unternehmung, insbesondere eine neue Aktiengesellschaft«. Im weiteren Sinne bedeutete »Gründung« wirtschaftlichen Aufschwung, gesellschaftlichen Aufstieg, die Entstehung eines neuen Stiles, auch eines neuen Geistes.

»Gründerzeit« wurden jene siebziger Jahre genannt, in denen Deutsche dem militärischen Sieg über Frankreich und dem politischen Erfolg der Reichsgründung einen wirtschaftlichen Boom folgen lassen wollten, der im selben Tempo, in dem der »Erbfeind« geschlagen worden war, den Reichsbürgern ökonomischen Gewinn und gesellschaftlichen Fortschritt bringen sollte.

Startkapital lieferten die fünf Milliarden Francs, gleich vier Milliarden Mark, der französischen Kriegsentschädigung. Aus der ersten Milliarde wurden der Reichsinvalidenfonds, der Reichsfestungs- und Reichseisenbahnfonds sowie der Reichskriegsschatz im Juliusturm von Spandau gebildet. Mit der zweiten Milliarde wurden Kriegsanleihen getilgt. Eineinviertel Milliarden dienten dem Ersatz von Kriegsschäden und der Neuausrüstung der Armee, was enorme Aufträge für die Industrie bedeutete. Eine halbe Milliarde floß direkt den Einzelstaaten zu. Der Rest wurde für Zuwendungen an Militärs und Politiker verwendet, vor allem zur Prägung neuer Münzen – Goldstücken zu zehn und zwanzig Mark.

Auch in Bayern, wo man mit Gulden bezahlt hatte, wurde die Reichswährung eingeführt. Die im Königreich in Umlauf gebrachten Mark-Münzen trugen auf der einen Seite das Reichswappen auf der anderen das Bild Ludwigs II.

Diese Seite konnte ihn nicht so befriedigen, daß er die Kehrseite der Reichsmedaille hätte verschmerzen können. Es beunruhigte ihn, daß mit der neuen Währung auch andere Wertungen eingeführt worden zu sein schienen, die sich mehr an materiellen als an ideellen Maßstäben ausrichteten.

Auch in Bayern war Gründerzeit. Ludwig sah die Kluft zwischen dem Realreich, aus dem er herausstrebte, und dem Idealreich, in das er hineinstrebte, breiter werden. Der König ahnte, daß in einem Bayern, in dem weniger gemeinsame Prinzipien anerkannt als einzelne Interessen verfolgt würden, die Götterdämmerung der Monarchie anbrechen müßte.

Die Bürokratie war ganz bei der Sache. Auch der Glauben an den materiellen Fortschritt, das Streben nach Wohlstand und Wohlfahrt, gehörte zu ihrem aufgeklärten Credo. In einem Staat, dessen Wirtschaft florierte und dessen Gesellschaft prosperierte, gab es Neues zu reglementieren und mehr zu administrieren, auch vom einen oder anderen zu profitieren.

Das neue Preußen war durch eine Koalition von Aristokratie und Bourgeoisie entstanden. Das neue Bayern dagegen entwickelte sich aus einer Allianz von Bürokratie und Bürgertum. Dies waren, im Unterschied zu den preußischen Geschäftspartnern, natürliche Bundesgenossen. Beide waren von der Aufklärung geprägt, auf Progression bedacht, wollten das – im modernen Sinne – immer noch rückständige Königreich unter Anleitung von Beamten und durch die Leistung der Bürger einer besseren Zukunft entgegenführen.

Der bürokratisch-bourgeoisen Gründergesellschaft standen die Stützen des Thrones – Feudaladel und Bauernschaft – gegenüber. Wie altertümliche Säulen wurden sie mit Respekt betrachtet, jedoch nicht nach Gebühr behandelt.

Der Adel spielte im bayerischen Staat nicht annähernd die Rolle wie in Preußen. Der Beamtenadel stand ohnehin im Lager der Bürokratie. Zunehmend wurden Großbürger in den persönlichen oder erblichen Adelsstand erhoben, womit das Bündnis der staatstragenden Gruppe bekräftigt wurde. Den alten niederen Adel zog es aus dem Grundbesitz in die Unternehmerwirtschaft. Der hohe mediatisierte Adel war im Reichsrat domestiziert.

Die Bauern spielten – bei aller Vorliebe für Rustikalität, die Adlige und Bürger an den Tag legten – weiterhin die Rolle, die ihnen im Schachspiel der Mächtigen von Anfang an zugedacht gewesen war. Zahlenmäßig in der Mehrheit, über die Hälfte der Bevölkerung, hatten sie nicht entfernt ein entsprechendes gesellschaftliches und politisches Gewicht.

Als neue soziale Untergruppe war die Arbeiterschaft hinzugekommen, deren Anwachsen mit der fortschreitenden Industrialisierung gekoppelt war und deren Bedeutung mit dem Ausbau der Industriegesellschaft steigen mußte, ein Stand also, der mehr Zukunftschancen als die Bauernschaft hatte.

Noch war Bayern ein Agrarstaat, ein Land der Äcker und Weiden, auch – in der Rheinpfalz und in Unterfranken – der Weinberge. Gefördert durch die bereits vor der Reichsgründung begonnene und danach verstärkte Gewerbepolitik kam die Industrialisierung voran. Gehemmt wurde sie durch den Mangel an Kohle und Eisenerz, den Grundelementen der Industrie des 19. Jahrhunderts.

Nicht nur durch »Eisen und Blut«, sondern auch durch »Kohle und Eisen« sei das Deutsche Reich geschaffen worden, wurde gesagt. Jedenfalls war die Befürchtung, von Gruben und Erzbergwerken in Preußen ferngehalten zu werden, und die Hoffnung, durch nationales Wohlverhalten vermehrten Zugang zu finden, nicht das geringste Motiv, von dem bürgerliche Unternehmer und liberale Bürger in Bayern in das Deutsche Reich getrieben wurden.

In ihm nahm nach der Textilindustrie der Maschinenbau den gewünschten Aufschwung. In der Augsburger Maschinenfabrik wurden die erste von Carl Linde entworfene Ammoniak-Eismaschine und der von Rudolf Diesel entwickelte, nach ihm benannte Motor gebaut. Mit der alten Fuggerstadt konkurrierten in der Maschinenindustrie Nürnberg und München. Im Brauereiwesen blieb die Hauptstadt führend. 1872 wurde die größte bayerische und deutsche Brauerei, das Löwenbräu, in die erste Münchner Aktienbrauerei mit 4,2 Millionen Mark Kapital umgewandelt.

Das Aktienfieber hatte auch Bayern erfaßt. München begann Augsburg als Börsenplatz zu überflügeln. 1872 und 1873 wurden im Königreich 43 Aktiengesellschaften gegründet. Viele davon waren auf Sand gebaut. Auch in Bayern verspekulierten sich Bürger, die reichlich vorhandenes Geld mit möglichst großem und schnellem Gewinn anlegen wollten. 1872 brach die Schwindelbank der Schauspielerin Adele Spitzeder zusammen.

Der Gründer-Hausse folgte eine Gründer-Baisse. In München war der Fall nicht so tief wie in Berlin, wo man, wie in allem, höher hinaus gewollt hatte. Fortschrittsglauben und Gründeroptimismus überlebten hier wie dort. Ungebrochen war die Wirtschaftskraft, unaufhaltsam der Ausbau der Industrie und der Aufstieg der Industriegesellschaft.

Das Tempo war nicht so schnell wie anderswo. Größere Städte gab es in Bayern, das 1871 genau 4863450 Einwohner zählte, nur wenige, und ihr Wachstum ging eher bedächtig vonstatten. Die Großstadtgrenze mit 100000 Einwohnern erreichten Nürnberg 1880, Augsburg 1908. München wuchs von 170000 Einwohner im Jahre 1870 auf 200000 im Jahre 1876 und 230000 im Jahre 1880. 1877 war Sendling eingemeindet worden; erst Anfang der neunziger Jahre folgten Neuhausen, Schwabing und Bogenhausen.

Die Haupt- und Residenzstadt des Königreichs Bayern war auch das Zentrum der Gründergesellschaft. Nicht der Hof, schon gar nicht unter dem München mehr und mehr meidenden Ludwig II., gab den Ton an, sondern die sogenannte »Zweite Gesellschaft«. Sie war vielschichtig zusammengesetzt, aus höheren Beamten, Großbürgern, anerkannten Gelehrten, die wie der Hygieniker Max von Pettenkofer als Heilsbringer, und arrivierten Künstlern, die, wie der Porträtist Franz von Lenbach als Malerfürsten galten.

Diese gemischte Gesellschaft, ein Spezifikum Münchens, trug dazu bei, daß der Gründergeist in weißblauem Rahmen und der Reichsgeist in königlich bayerischen Grenzen blieb.

Die Bürokratie beharrte bei aller Neigung zum Reich auf ihren staatlichen Positionen, die ihnen zu Hause Einfluß und Macht verliehen. Die Bourgeoisie, auf Geldverdienen wie auf Geldausgeben bedacht, ermöglichte ein gesellschaftliches Leben, an dem Prinzen wie Künstler teilhaben konnten; die einen verliehen ihm Distinktion, die anderen Vitalität. Der technische Fortschritt, den Naturwissenschaftler vorantrieben, wurde von Geisteswissenschaftlern gebremst, die im Zweifelsfall den Ausschlag gaben.

Mehr dem alten Idealismus als dem neuen Realismus waren auch viele Künstler verbunden. Sie gaben dem Ganzen Farbe, leuchtende Farben, nicht nur, wie der Maler Karl von Piloty, auf historischen Gemälden, sondern auch im täglichen Leben. So kam es, daß München als »Weltstadt mit Herz« geschätzt und als »künstlerische Hauptstadt des Reiches« gefeiert wurde.

Die Münchner sorgten dafür, daß der Gründergeist nicht zu üppig ins Kraut schoß. Der echte Münchner, bemerkte ein Konversations-Lexikon der Wilhelminischen Zeit, zeige sich »bieder, trocknen Humors, genußfreundlich, aber bei schwerer Arbeit ausdauernd und kräftig, sehr kunstsinnig und auf seine Stadt und ihre Schönheiten stolz, wenn auch mit mancher großstädtischen Neuerung nicht immer sofort einverstanden«.

Das Volk, das Gros der Münchner also, deutete die Devise vom »Leben und Lebenlassen« auf altbayerische Weise: »Im Hofbräuhaus, wo man sich selbst bedient, statt des Tisches mit einem Faß begnügt, um Stand und Würden des Nachbars unbekümmert, mit diesem rasch ein gemütliches Gespräch anknüpft, oder in den zahlreichen Bierkellern (schattigen Gärten und Häusern bei den größeren Brauereien im Ost- und Westende der Vorstädte) spielen sich köstliche Volksbilder ab.«

Max von Pettenkofer

»Bier macht dumm, faul und impotent«, meinte Bismarck. »Es ist schuld an der demokratischen Kannegießerei, zu der sie sich dabei zusammensetzen.« Immerhin räumte der Reichsgründer ein, daß man gutes Bier in Deutschland »nur unter blau-weißer Kokarde«, aus bayerischen Brauereien bekomme.

In München konnte es 1870 aus 18, 1880 aus 28 Brauereien bezogen werden. Nach der Reichsgründung war das Bier teurer geworden. Das hielt Bayern nicht davon ab, ihrem Nationalgetränk zuzusprechen, wobei sie Reden führten, die offenbarten, daß ihnen die Teuerung die neuen Zustände keineswegs teurer gemacht hatte, und dazu beitrugen, den Bierkonsum zu steigern: 1880 waren es 2,74 Hektoliter pro Kopf der Bevölkerung.

Täglich zwei Maß Bier für den Mann, eine Maß für die Frau hielt selbst der Gesundheitsapostel Pettenkofer für ungefährlich, obgleich er warnte: »Statistisch ist nachgewiesen, daß ein unmäßiger Biertrinker durchschnittlich nur sechsundvierzig Jahre erreicht. Die Bräuknechte, welche bekanntlich viel Bier trinken, sterben im besten Mannesalter. Der Arbeiter vertrinkt oft, wie authentische Erhebungen dartun, die Hälfte seines Verdienstes.«

Der Hygieniker Pettenkofer half mit, daß wenigstens das Wasser der Gesundheit nicht mehr schadete. Kanalisation und Wasserversorgung »assanierten« die Stadt. In München waren zwischen 1851 und 1870 jährlich von 100000 Einwohnern etwa 177 an Typhus gestorben; seit 1881 waren es nur noch sechs bis acht.

Es gab echte Fortschritte und neue Möglichkeiten der Fortbewegung. 1878 fuhr die Münchner Trambahn, eine Pferdebahn auf Schienen, alle fünf Minuten von der Nymphenburger Straße zum Stiglmaierplatz (für 10 Pfennig), von der Nymphenburger Straße zum Promenadeplatz (15 Pfennig) und von der Nymphenburger Straße zum Sendlingertorplatz (15 Pfennig).

Franz von Lenbach

Die Stadt dehnte sich aus. Auch in München wurde gebaut und gebaut, wenn auch nicht so hektisch wie in Berlin, doch, was die neuen Mietshäuser betraf, genauso inhuman. »Dunkle Gänge und enge Treppen, in welche die Fenster der Magdkammer münden, sind ihre Merkmale«, bemerkte der Architekt Gabriel von Seidl.

Im Unterschied zur Reichshauptstadt begann hier der Bauboom erst ein Jahrzehnt später. Auch München wurde eine »Schablonengroßstadt«, wie der Dichter Ludwig Thoma beobachtete: »Seit Mitte der achtziger Jahre haben Gründer und Bauschwindler ihr Unwesen treiben dürfen, haben ganze Stadtviertel von schlecht gebauten, häßlichen Häusern errichtet, und keine vorausschauende Politik hat sie daran gehindert.«

Es war die Zeit des bürgerlichen »Laissez faire, laissez aller«, dem selbst die bayerische Bürokratie nicht Einhalt gebieten konnte. Das Ergebnis beklagte Ludwig

Thoma: »In meiner Schulzeit lag vor dem Siegestor ein behäbiges Dorf mit einer netten Kirche; heute dehnen sich dort fade Straßen in die Länge, die genau so aussehen wie überall, wo sich das Emporblühen in Geschmacklosigkeit ausdrückt.«

Münchner Bürger richteten sich im Zeitgeschmack ein, in Plüsch und Schwulst, mit vergoldeten Rokoko-Konsolen und wuchtigen Renaissancebüfetts aus deutscher Eiche, mit Nippes aus bronziertem Zinkguß und Gemälden, bei denen der Goldrahmen wertvoller war als das Bild.

Ein neues Rathaus wurde verlangt, selbstredend in neugotischem Stil, der an die Blütezeit des mittelalterlichen Bürgertums erinnern, als Kathedrale der Bourgeoisie dastehen sollte. Es wurde von Georg von Hauberrisser errichtet, zunächst eher bescheiden: als Backstein-Rohbau mit Sandstein-Details, mit einer Fassade von 48 Meter Länge zum Marienplatz, von 70 Meter zur Dienerstraße. Gedenktafeln mit den Namen der im Siebzigerkrieg gebliebenen Münchner wurden angebracht, und vier Statuen, die Bürgertugenden versinnbildlichten: Gewerbefleiß, Häuslichkeit, Mildtätigkeit und Bürgermut.

Je mehr das 1871 gegründete Reich emporwuchs, und je mehr von den Bürgertugenden zumindest der Bürgermut dahinschwand, desto unzureichender erschien der 1875 vollendete Neubau. An der Jahrhundertwende wuchs das heutige Rathaus empor, mit dem 80 Meter hohen Glockenspielturm, der stolz und selbstbewußt in das Blickfeld der Türme der Frauenkirche gerückt wurde.

Bei staatlichen Neubauten wurde der Renaissancestil bevorzugt, der am meisten zur Gründerzeit zu passen schien, dem Neumachen und Sichausleben, dem Streben nach Macht und Gewinn. In Neurenaissance baute Gottfried von Neureuther die Technische Hochschule und die Akademie der Bildenden Künste.

Für Neurenaissance hatte sich selbst Ludwig II. erwärmt, der alles andere als ein Machiavellist oder ein Condottiere war. Gottfried Sempers großartiger Entwurf für das Wagner-Festspielhaus auf den Gasteighöhen über der Isar hatte ihn fasziniert. Als dieser, wegen Geldmangels des Königs und Verständnislosigkeit der Staats- und Stadtbehörden, nicht ausgeführt werden konnte, schwand auch das Interesse des Königs an der Neurenaissance dahin – und mit ihm das Verlangen nach Neubauten in München überhaupt.

Mehr noch: Er begann, München zu meiden. In »der unseligen Stadt« fühlte er sich nicht mehr zu Hause. »Oft mußte ich hören«, berichtete Kabinettssekretär Ziegler, »wie schön es wäre, wenn man das verfluchte Nest an allen Ecken anzünden könnte.«

Das neue Rathaus in München.
Stahlstich aus »Über Land und Meer«

Seine Haupt- und Residenzstadt hatte sich dem Reichsgeist und dem Gründerstil geöffnet, war für ihn ein wilhelminisches Babylon geworden und die Hochburg der Bürokratie geblieben, die ihm ein Bauen in München verleidete und das Regieren in Bayern verwehrte.

Die Minister nützten nicht nur die Verfassung Ludwigs II. aus, sondern auch die Konstitution des bayerischen Staates, die ihnen konkrete Macht übertragen, dem König nur eine abstrakte Herrlichkeit belassen hatte.

Was von Montgelas begründet worden war, wurde nun im Zeichen Bismarcks gefestigt. Das Ministerium ließ den Monarchen rechts, das Volk links liegen. Bei der Erhaltung und Verstärkung seiner Macht setzte es auf den Bundesrat, durch den die Bundesregierungen an der Reichsgewalt teilhatten, und auf den Reichskanzler, der nichts von Demokratie und Parlamentarismus hielt.

Der Reichsgründer stützte sich auf die Montgelasianer. Zuständigkeiten, die er dem Bundesstaat Bayern zugebilligt hatte, wollte er nicht von einer bayerischen Volksvertretung, in der überdies die Verteidiger einzelstaatlicher Rechte die Mehrheit besaßen, sondern lieber von der bayerischen Ministerialbürokratie wahrgenommen sehen. Diese war fortschrittlich-liberal mit konservativen Gegengewichten, bayerisch-patriotisch wie deutschnational, staatserhaltend und reichsloyal, und – für Bismarck nicht das unwichtigste – rational geprägt und deshalb kalkulierbar.

In weiß-blauer Abwandlung pflegte die bayerische Staatsbürokratie schwarz-weiß-rote Elemente. So war in München einer der Partner in der von Bismarck zustande gebrachten Reichsgründungskoalition ein anderer als in Berlin: In Preußen war der Adel der Mitspieler des national-liberalen Bürgertums, in Bayern die Beamtenschaft.

Ein Prototyp des bayerischen Bürokraten und ein Protagonist des Deutschen Reiches war Johann von Lutz. Seine Übereinstimmung mit der weiß-blauen Staatstradition wie mit dem schwarz-weiß-roten Reichsgeist, keineswegs nur seine fachliche Befähigung und seine persönliche Eignung, machten ihn zum starken Mann in der Staatsregierung. Obwohl er erst 1880 Vorsitzender im Ministerrat wurde, war er bereits das Jahrzehnt davor als Staatsminister des Innern für Kirchen- und Schulangelegenheiten der heimliche Ministerpräsident gewesen. Er wurde mehr als nur der Primus inter pares wie es der Ministerialverfassung entsprach, fast so etwas wie ein Premierminister.

Sein ausgesprochener Freisinn entsprach nicht nur der Montgelas-Tradition, die der als Jurist brillierende, zum Staatsminister avancierte Volksschullehrersohn als Basis seiner Machtposition erkannt hatte und entsprechend pflegte. Sein Freisinn ließ sich vielleicht auch aus dem Umstand erklären, daß der Katholik dreimal mit protestantischen Frauen verheiratet war und die den Mischehen entsprungenen Kinder protestantisch erziehen ließ.

Stets war der Aufsteiger darauf bedacht, die Erinnerung an sein Herkommen durch ein dem erreichten Stand angemessenes Auftreten zu verdrängen. Er benahm sich wie ein Bürokrat und gab sich wie ein Bourgeois, demonstrierte in persona die politische Koalition wie die gesellschaftliche Sozietät von hoher Beamtenschaft und Großbürgertum.

Wie ein geborener Prinz oder ein geadelter Fabrikant frönte er der Jagdleidenschaft. Dabei schien der mehr im Kabinett und auf dem Parkett als in Wald und Flur versierte Würdenträger nicht immer eine gute Figur gemacht zu haben. Jedenfalls wurde in Schliersee das Schnadahüpfl gesungen: »Der Minister von Lutz, der gibt koane Ruh, und schießt er koan Treiber, so schießt er a Kuh.«

Als Minister traf er ins Schwarze, und oft und gern die Schwarzen, die bayerischen Ultramontanen, die konservative Patriotenpartei. Sie passe, meinten Lutz und seine Ministerkollegen, weder in das neue nationale und liberale Reich noch in den herkömmlichen bayerischen Beamtenstaat.

Gegen beide stellte sich die Patriotische Volkspartei, die als Zwitter erschien. Einerseits hielt sie an Traditionellem wie Königtum und Kirche fest, andererseits forderte sie, im Strom der christlich-demokratischen Bewegung, mehr staatsbürgerliche Freiheit und mehr soziale Gerechtigkeit und eine parlamentarische Regierungsform.

Es war eine Volksbewegung weiß-blauer Spielart, die Landtagswahl auf Landtagswahl gewann, 1869 mit 80 von 154, 1875 mit 79 von 156, 1881 mit 89 von 159 Mandaten die absolute Mehrheit errang. Selbst bei den Wahlen zum Reichstag, zu denen die Patriotische Volkspartei widerwillig antrat, erreichte sie nach einer ersten, in der anfänglichen nationalen Hochstimmung verständlichen Schlappe im Jahre 1871 (38 Prozent der Stimmen, 17 von 48 Mandaten) wieder klare Mehrheiten: 1874 mit 59,5 Prozent der Stimmen 32 Mandate von 48, 1877 mit 54,3 Prozent 31 Mandate, 1878 mit 53,8 Prozent 31 Mandate.

Die Patriotische Volkspartei, die sich seit 1887 Bayerische Zentrumspartei nannte, besaß die absolute Mehrheit in der Zweiten Kammer und den Löwenanteil der Reichstagssitze. Dagegen wurden die Liberalen, die sich für die staatstragende Kraft in Bayern hielten und als Reichsgründungspartei wie als Reichserhaltungspartei galten, bei den Landtagswahlen immer nur die Zweiten: 1869 mit 69 von 154, 1875 mit 76 von 156, 1881 mit 70 von 159 Mandaten. In den Reichstag zogen die bayerischen Liberalen 1871 mit 30 Abgeordneten, 1874 nur noch mit 16, 1877 mit 15, 1878 ebenfalls mit 15 Mandaten ein. In Berlin schlossen sie sich verschiedenen liberalen Fraktionen, vor allem den Nationalliberalen an.

Das Erstaunliche war, daß die hinter den bayerischen Patrioten herhinkenden bayerischen Liberalen nicht nur vom Zeitgeist, sondern auch vom Landtagswahlgesetz beflügelt waren. Während die Reichstagswahlen direkt und geheim waren, wurde über die Zusammensetzung der Zweiten Kammer weiterhin öffentlich und indirekt, über Wahlmänner, bestimmt. Dieses zeitwidrige Wahlrecht sowie die vom Ministerium vorgenommene Einteilung der Wahlbezirke begünstigte die Besitzenden, die Städter, die Liberalen.

Auf diese Weise erhielten die Liberalen bei den Landtagswahlen 1875 mit 1967000 Stimmen 76 Mandate, die Patrioten mit 2800000 Stimmen lediglich 79 Mandate.

Von demokratischen Wahlen konnte in Bayern – ähnlich wie in Preußen – keine Rede sein. Einst waren solche auch von Liberalen gefordert worden. Seitdem sie weniger auf Durchsetzung von Grundsätzen als auf Einstreichen von Gewinnen programmiert waren, widersetzten sie sich der Einführung eines gerechteren, sie benachteiligenden Wahlrechtes. Auch eine gesetzliche, also nicht vom liberalen Ministerium manipulierte Wahlbezirkseinteilung wußten sie zu verhindern. Diesbezügliche Anträge der Patrioten beziehungsweise des Zentrums erreichten nicht die erforderliche Zweidrittelmehrheit in der Zweiten Kammer.

Immerhin wurde 1881 das geheime Wahlverfahren eingeführt. Erst 1906 kam mit Zweidrittelmehrheit – die Liberalen waren abgestiegen, die Sozialdemokraten stiegen auf – eine gesetzliche Regelung der Wahlbezirkseinteilung und die direkte Wahl der Abgeordneten zustande.

In den siebziger Jahren waren die Liberalen in der Lage gewesen, den demokratischen Fortschritt zu hemmen. Das paßte und nützte dem liberalen Ministerium.

Die Zustimmung der liberalen Fraktion im Landtag nahm es gerne an, brauchte sie aber im Grunde nicht. Denn die Staatsminister waren unabhängig von Mehrheitsentscheidungen im Parlament. Sie regierten ungeachtet des Mehrheitswillens des Volkes, gegen die konservative Landtagsmehrheit.

Bayern hatte kein parlamentarisches Regierungssystem. Seine Regierungsform war in der Theorie eine konstitutionelle Monarchie, doch in der Praxis eine Ministeroligarchie. Wie in Preußen war die Monarchengewalt durch in der Verfassung aufgeführte Volksrechte beschränkt. Doch der Landtag, der sie vertreten sollte, besaß hier wie dort nicht hinreichend Befugnis und Einfluß. In Preußen war die reale Macht bei der Krone geblieben, in Bayern wurde sie nicht vom Monarchen, sondern von der Staatsbürokratie ausgeübt – unter einem schwachen König wie Ludwig II. mehr noch denn je.

In der bayerischen Staatstheorie galt der König immer noch als der Herr. Sie wurde vom Staatsrechtslehrer Max von Seydel, einem Rechtspositivisten, formuliert und interpretiert: Der »Herrscherwille« sei »über dem Staat«, und »das Unterworfensein unter denselben gibt Land und Leuten die staatliche Eigenschaft«. Alles Recht gehe vom König aus, der über dem Recht stehe und alle Macht besitze.

Die Volksvertretung, so Seydel, stehe nicht neben oder gar über, sondern unter dem König. »Das Volk als solches ist nur die Gesamtzahl aller Untertanen und zu einer gemeinsamen Willensbestimmung gegenüber dem Herrscher rechtlich nicht organisiert.«

Das klang nach Heiliger Allianz, nicht nach konstitutioneller Monarchie. Ludwig II., der eine hohe, überspitzte Auffassung von der Königsgewalt hatte, hörte derartiges gerne. Doch er hatte die Erfahrung machen müssen, daß die bayerische Monarchietheorie nicht mit der bayerischen Staatspraxis übereinstimmte.

Seydels Staatslehre entsprach weit mehr derjenigen des preußischen Staatsromantikers Stahl als der des bayerischen Staatsrationalisten Montgelas. Den Montgelasianern im letzten Drittel des 19. Jahrhunderts war dies bewußt. Doch sie benützten diese Staatstheorie als Paravent für die Machtausübung der Staatsbürokratie.

Das Volk, dessen Repräsentanz vom Ministerium mißachtet wurde, achtete, verehrte, ja liebte den König. In seinem Namen, unter dem Vorwand, seinen Willen zu vertreten, konnte die Volksvertretung in Schranken gehalten, konnten Volksvertreter zur Räson gebracht werden – von den Ministern, die zwar im Auftrag des Königs regierten, aber nach eigenem Gutdünken und ihrer jeweiligen Auslegung der bayerischen Staatsräson.

Das monarchische Prinzip war in Bayern nur ein Scheinprinzip, der König von Bayern besaß nur eine Scheinsouveränität. Ein heutiger bayerischer Historiker, Karl Möckl, sprach von einer »Schutzideologie für die beherrschende Stellung der Exekutive (Regierung, Verwaltung und Militär), für die mangelhafte Berücksichtigung rechtsstaatlicher Prinzipien und für das fehlende Streben der führenden Schichten nach sozialem Ausgleich.«

Dies hatte Ludwig II. instinktiv begriffen. Er besaß so etwas wie einen sechsten Sinn für alles, was die Souveränität des Monarchen auch nur im entferntesten berühren könnte. Die massiven Eingriffe trafen ihn wie Keulenschläge. Die Minister demolierten seine innere Landeshoheit im Verein mit Bismarck, der seine äußere Landeshoheit schwer beschädigt hatte.

Er ging ihnen aus dem Weg. Zum Vortrag empfing er sie immer seltener, schließlich gar nicht mehr. Den unumgänglichen Verkehr ließ er über das Kabinettssekretariat abwickeln. Hoftafeln, bei denen er auch mit Ministern an einem Tisch hätte sitzen müssen, vermied er zunehmend. Konnte er nicht entrinnen, trank er sich vorher Mut an, weil ihm zumute war, »als gehe es zum Schafott«.

Der Kenner der französischen Geschichte kannte sicherlich den Ratschlag, den Ludwig XVI. von Mirabeau erhalten hatte: Der König solle sich gegen den Adel und mit dem Volk an die Spitze der Reformbewegung stellen, um eine Revolution zu vermeiden. Der König von Frankreich hatte es vorgezogen, als Revolutionsopfer und nicht als gekrönter Reformer in die Geschichte einzugehen. Und Ludwig II. von Bayern wollte, vor die Wahl gestellt, lieber ein Ministerkönig bleiben als ein Volkskönig werden.

Das Anti-Demokratische und Anti-Parlamentarische hielt sie zusammen: die Minister, die ohne und gegen die Landtagsmehrheit regierten, Bismarck, der eine »parlamentarische Herrschaft für schädlich und unmöglich« hielt, und Ludwig II., der wissen ließ: »Die Leute sollen ordentlich sein und tun, was Seine Majestät wollen, und ihn im übrigen ungeschoren lassen.«

»Roh ist mein Volk«, seufzte der Bayernkönig. Nach dem Motto: »Der Mensch ist gut, aber die Leut sind ein Gesindel«, mochte er den einen oder anderen Bayern ertragen, nicht aber die Bayern en bloc. Die Masse, das Produkt der Industriegesellschaft und der Produzent der Demokratie, beunruhigte ihn: »Oh, wehe denen, die mit der Masse zu tun haben ...«

Er scheute den Kontakt mit der Menge, verabscheute auch das »Ovationsgebrüll« ergebener Untertanen. »Ich will ja gern reisen; kann denn aber ein Volk seine Liebe zu seinem Könige nicht anders bezeigen, als daß es immer vor ihm herumkriecht und ›Hoch‹ dazu schreit?«

»Plebsereien« waren ihm zuwider, die Unterwürfigkeit des Volkes vor dem Herrscher, noch mehr das Anbiedern des Herrschers beim Volk, die »Servilität nach unten«, wie es in diesen Zeiten so mancher Monarch für angebracht hielt. »Revolution machen sie ja doch nicht«, meinte er, weder die Weiß-Blauen noch die Schwarz-Weiß-Roten.

Schon gab es Rote, die selbst im Bayernland an Revolution zu denken schienen. Noch steckte die Sozialdemokratie in den Anfängen. Zunächst gab es Anhänger Lassalles, die auf den nationalen Staat setzten. Im Unterschied zu Bismarck konnte Ludwig II. darin nicht einen zumindest taktisch zu nützenden Umstand sehen. Im Jahre 1869 bat er den Innenminister besorgt um »Angabe der Mittel, mit welchen die Regierung dieser außergewöhnlichen Bewegung, welche immer größere Dimensionen annimmt, entgegenzutreten gesonnen ist«.

Nach der Reichsgründung formierten sich auch in Bayern die Anhänger Bebels, die im Sinne von Karl Marx die Weltrevolution im Sinn hatten. In der Politik spielten sie noch keine Rolle. 1881 gelangte der erste bayerische Sozialdemokrat in den Reichstag, der Nürnberger Karl Grillenberger. 1893 gewannen die Sozialdemokraten ihre ersten fünf Sitze in der Zweiten Kammer. Die Zahl ihrer Wähler wuchs, hielt sich jedoch in der Zeit Ludwigs II. in bescheidenen Grenzen. Bei den Reichstagswahlen errangen die Sozialdemokraten 1871 0,4, 1874 2,2, 1877 3,7, 1878 3,3, 1881 4,5, 1884 5,5 Prozent der Stimmen.

Weniger ihre Stimmzettel als ihre Agitationsmittel fürchtete Ludwig, Anschläge auf den Staat und Attentate auf den König. Nach Schwabing, »wo die Sozialisten wohnen«, begab er sich ohnehin nicht. Aber selbst für seine immer seltener werdenden Ausfahrten und Spaziergänge im Englischen Garten verlangte er Sicherheitsvorkehrungen, wie sie erst wieder im fortgeschrittenen 20. Jahrhundert üblich wurden. Fast hinter jedem Baum und Strauch steckte ein Gendarm. »Wandelte er eine kurze Strecke zu Fuß«, berichtete Gottfried von Böhm, so habe ihn »von allen Seiten ein Eklaireurdienst von bewaffneter Mannschaft« umgeben, verließ er »in Laim den Eisenbahnwagen, um mit einem Viererzug in die Residenz einzufahren, so war ein ganzer Kordon von berittener und anderer Schutzmannschaft aufgestellt«.

Je mehr ihn – was für ein Symptom von Paranoia gehalten wurde – Verfolgungswahn ergriff, desto größer wurde seine Angst vor Sozialisten und Anarchisten, die für ihn Brüder mit gleicher Kappe waren, der Jakobinermütze.

Während einer Weihnachtsmesse verließ er fluchtartig die Hofkirche, weil er meinte, eine Bombe sei geplatzt. Dabei hatte nur ein Gendarm seinen Helm fallen lassen. Kabinettssekretär Ziegler suchte ihn zu beruhigen: Der Deutsche Kaiser und der russische Zar seien verständlicherweise Zielscheiben für Attentäter, doch wohl kaum der König von Bayern. »Sie glauben wohl, bei mir verlohne es sich nicht der Mühe«, herrschte ihn Ludwig an.

Auf Wilhelm I. wurden 1878 zwei Anschläge verübt. Alexander II. fiel 1881 einem Attentat zum Opfer. Ludwig II. wurde kein Haar gekrümmt.

»Eure Majestät können zu jeder Stunde des Tages und der Nacht in München und im Englischen Garten allein spazierengehen; ich hafte dafür, daß nichts passiert«, versicherte dem König Innenminister Max von Feilitzsch.

Seine Räte hätten »dazu rosig gefärbte Anschauungen«, tadelte der König. Schon dachte er an die Schaffung einer »Separat-Polizei«, so etwas wie einer geheimen Königs-Polizei, die er seltsamerweise »Koalition« nannte. Sie sollte unabhängig und unbemerkt von der regulären Polizei, ohne Wissen der Minister »die Stimmung im Lande beobachten, Ungehörigkeiten sofort anzeigen und insbesondere gegen alle für Seine Majestät ungünstigen Gerüchte, Urteile pp. auftreten«, wie Kabinettssekretär Ziegler berichtete, den Ludwig als Chef dieser Truppe vorgesehen hatte.

Es gelte, die »schlechten Elemente, die überall verbreitet und leider zum großen Teil sehr geschickt organisiert sind«, wirksam zu bekämpfen, verlangte der König. Die Staatsbehörden waren nicht untätig. Kein Sozialdemokrat durfte Beamter werden. Bereits 1874/75 war aufgrund des bayerischen Vereinsgesetzes gegen sozialdemokratische Vereinigungen eingeschritten worden. Das nach den Anschlägen auf Wilhelm I. von Bismarck durchgesetzte Reichsgesetz »wider die gemeingefährlichen Bestrebungen der Sozialdemokratie« wurde auch in Bayern durchgeführt.

Das Sozialistengesetz brachte König, Minister und Reichskanzler in eine Front. Ludwig II., der das Anwachsen der Sozialdemokratie auf »preußische Einflüsse« zurückgeführt hatte, fand es angebracht, daß ihm auf preußische Initiative Einhalt geboten werden sollte. Bismarck verzeichnete mit Genugtuung eine Übereinstimmung zwischen Reichskanzler und Bayerkönig. Und die bayerischen Minister begrüßten es, daß man gemeinsam nicht nur der parlamentarischen, sondern auch der außerparlamentarischen Opposition die Stirn bot.

Am liebsten hätte Ludwig II. die Sozialisten auch noch außerhalb der Reichsgrenzen verfolgt. »Der Kabinettssekretär«, berichtete Friedrich von Ziegler, »erhielt fortwährend Befehle, den sozialdemokratischen Unfug in England und Amerika endlich einmal abzustellen, Versammlungen zu verhindern ...«

Sozialisten und Anarchisten fürchtete er als Avantgardisten einer Entwicklung, die mit der Fanzösischen Revolution begonnen hatte und in einer Weltrevolution enden könnte. Aber auch in den gemäßigten Parteien sah er Nachfolger der Jakobiner, die nichts anderes im Sinn hätten, als Monarchien zu stürzen und Monarchen zu beseitigen.

Wie die Französische Revolution war auch der Montgelasianismus der Aufklärung entsprungen. Aber die von ihm geprägten Bürokraten duldeten den Monarchen, weil sie ihn zur Beglaubigung ihrer Macht im Staate brauchten. Wenn er also schon eine Bevormundung hinnehmen mußte, dann noch lieber durch das Ministerium als durch den Landtag, ein Parlament, das der Monarchensouveränität die Volkssouveränität entgegensetzte – in Bayern freilich in derart gedämpfter Weise, daß man später sogar von einer »königlich bayerischen Sozialdemokratie« sprechen konnte.

Selbst wenn er einen starken Willen zur Macht und die erforderliche Befähigung, sie auszuüben, besessen hätte, so hätte ihm dies weniger die bayerische Verfassung als die bayerische Verfassungswirklichkeit verwehrt.

Überdies war das Ministerium darauf bedacht, ihn die starke Hand nicht spüren zu lassen. Die Minister näherten sich ihm unter Katzbuckeln und auf Katzenpfoten, ließen die Krallen nur vermuten. Und sie störten nicht die Kreise seiner königlichen Liebhabereien, förderten diese eher, weil sie den Schein seines Königtums erglänzen ließen, wodurch die Schatten seiner Königsherrschaft überstrahlt wurden.

Immerhin hatte der konstitutionelle Monarch das Recht, Minister zu berufen und abzuberufen. Aber das war, wie alles, was die Machtbefugnisse des Königs betraf, mehr oder weniger Formsache. Die Bürokratie verstand es, ihr genehme Kandidaten durchzusetzen – nicht zuletzt mit Hilfe des Kabinettssekretariats. Dieses war und blieb die Leitstelle der Personalpolitik wie der Staatspolitik, besetzt mit einem Exponenten der liberalen Führungsschicht, einem Mitglied der Beamtenschaft, einem Vertrauensmann des Ministeriums und Manipulator des Monarchen.

So kam es, daß Ludwig II. seine Minister schalten und walten ließ, gegenüber dem Landtag absicherte, gegen die konservative Kammermehrheit deckte, die reichsfreundliche Politik des bayerischen Ministeriums, die ihm widerstrebte, nicht bremste und dessen freisinnige und staatskirchliche Politik, mit der er weitgehend übereinstimmte, billigte und unterstützte.

Der Kulturkampf wurde auch in Bayern geführt, in einem Land, das im Jahre 1871 mehr als 71 Prozent Katholiken und nicht einmal 28 Prozent Protestanten zählte, ein katholisches Herrscherhaus und eine katholisch-konservative Landtagsmehrheit besaß.

Wer indessen im 19. Jahrhundert vom »katholischen Bayern« sprach, konnte damit allenfalls die Grundstimmung beim Gros der Bevölkerung, nicht die Grundeinstellung des Staates meinen. Dessen Leitung, die Staatsbürokratie, war etatistisch und laizistisch, und das Bildungs- und Besitzbürgertum, die gesellschaftliche Führungsschicht, pflegte den Freisinn. Und Ludwig II., der in der Öffentlichkeit als König von Gottes Gnaden, also auch getragen von den Gebeten der Gottgläubigen und Kirchentreuen, erscheinen wollte, hatte eine private Meinung, die sich mit der Auffassung der staatstragenden Kräfte weithin deckte.

»Das Volk«, schrieb er dem österreichischen Kronprinzen Rudolf, dem Sohn Elisabeths und Franz Josephs I., »soll nur seinem guten katholischen Glauben treu bleiben mit den wohltuenden Vertröstungen auf ein Jenseits, seinen Wundern und Sakramenten, dem Gebildeten aber können, wie Du so richtig sagtest, diese veralteten Anschauungen unmöglich genügen.«

In Bayern war der Kulturkampf keineswegs nur eine Folge des Beitritts zum Reich. Sicherlich, der bayerische Staat hatte im Gleichschritt mit Bismarcks preußischer Staatskirchenpolitik und dem Antiklerikalismus der Nationalliberalen mitzumarschieren. Aber er tat es mit einer Begeisterung, die er nicht bei allen Reichsaktivitäten an den Tag legte. Mitunter schien es, als würde das Kommando nicht in Berlin, sondern in München gegeben.

Hier war das, was nun Kulturkampf genannt wurde, bereits zur Gewohnheit geworden. In Bayern war die Auseinandersetzung zwischen Staat und Kirche so alt wie das Königreich. Seit Montgelas war die Staatsführung bestrebt gewesen, den Einfluß der Kirche in einem von Haus aus katholischen Land zurückzudrängen, die Hoheit des Staates, der vom antiklerikalen Geist der Aufklärung erfüllt und von Christen beider Konfessionen bevölkert war, auch auf den geistlichen Bereich auszudehnen.

Ein neuer Abschnitt dieses Konflikts hatte mit dem Vatikanischen Konzil von 1869/70 begonnen. Die katholische Kirche versuchte den Etatismus und Liberalismus abzuwehren, der moderne Staat hingegen erblickte darin einen Angriff auf seine Souveränität. Und die Freisinnigen aller Länder, einschließlich Bayerns, vereinigten sich im Kampfe für die laizistische Kultur.

Der König von Bayern hatte in diesem Kulturkampf von Amts wegen an der Seite des Staates zu stehen. Dabei ging es ihm weniger um die Präpotenz des Staates und schon gar nicht um eine Übermacht des Staatsministeriums. Vorrang für ihn hatte die Omnipotenz des Königs, die Wahrung der Allmacht des Monarchen, die ihm von Montgelasianern wie Bismarckianern abgesprochen wurden und die er wenigstens gegenüber dem Papst und den Bischöfen betonen wollte.

Das Vatikanum hatte die monarchische Gewalt des Papstes über die Kirche in einer Zeit bekräftigt, in der im weltlichen Bereich Monarchen immer weniger gefragt waren, selbst der König von Bayern, wie Ludwig argwöhnte, nur noch geduldet war.

Würde der Machtanspruch des Papstes an den Grenzen des Bereichs des Königs haltmachen? Das Dogma von der Unfehlbarkeit des Heiligen Vaters bei Entscheidungen des kirchlichen Lehramtes wurde auch von Ludwig II. als Anspruch Pius' IX. gedeutet, wie die großen Päpste des Mittelalters auch unfehlbare weltliche Entscheidungen mit unbedingter und unbegrenzter Geltung fällen zu dürfen, ja zu müssen.

Das Unfehlbarkeits-Dogma wurde von Ludwig II. wie von seinem Ministerium für staatsgefährlich gehalten. Dieses hatte die bayerischen Bischöfe ermahnt, auf dem Konzil an keinen Beschlüssen mitzuwirken, »welche mit den Grundprinzipien der bayerischen Staatsverfassung, mit der allgemeinen Staatswohlfahrt, mit der Eintracht der verschiedenen Religionsgenossenschaften und mit der garantierten Gewissensfreiheit in Widerspruch stehen würden«.

Bei der vorläufigen Abstimmung am 13. Juli 1870 stimmten die Erzbischöfe von München und Bamberg sowie der Bischof von Augsburg gegen die Unfehlbarkeit des Papstes. Dafür sprachen sich die Bischöfe von Regensburg und Eichstätt aus. An der Schlußabstimmung beteiligten sich die meisten Opponenten nicht mehr. Die »Constitutio dogmatica prima de ecclesia Christi« wurde mit 547 gegen 2 Stimmen angenommen und am 18. Juli 1870 im Petersdom verkündet.

Der bayerische Episkopat hatte sich an das Dogma von der Unfehlbarkeit zu halten. Dagegen stellte sich der Münchner Theologe Ignaz von Döllinger. 1799 in Bamberg geboren, war er auch geistig mit dem Jahrhundert gegangen, an dessen Schwelle er zur Welt gekommen war. Im Zeitalter der Restauration und Romantik war er katholischer Priester und Kirchenhistoriker geworden. Im Kölner Kirchenstreit von 1837 focht er an der Seite von Joseph Görres für die Unabhängigkeit der Kirche vom Staat. Als Abgeordneter der Frankfurter Nationalversammlung von 1848 plädierte er für Glaubens- und Gewissensfreiheit, visierte eine deutsche Nationalkirche an. Anfang der sechziger Jahre, als sich die deutsche Nationalbewegung neu formierte und die italienische Nationalbewegung vor dem Ziel stand, verlangte er die Auflösung des Kirchenstaates, der dieses noch verbaute.

Döllinger schien aus der Geschichte, seinem wissenschaftlichen Metier, gelernt zu haben, daß alles im Fluß sei, und daraus die Konsequenz zu ziehen, daß auch der katholische Priester, der er war, im Strom mitzuschwimmen habe. Damit geriet er in Widerspruch zu seiner Kirche, die sich der Zeitströmung entgegenzustellen suchte.

Der streitbare Mann – ein politischer Priester nach dem Sinne der Liberalen, nicht der Ultramontanen – widersetzte sich dem »Syllabus«, der Verurteilung der »hauptsächlichsten Irrtümer unserer Zeit« durch den Papst wie dem Dogma von der Unfehlbarkeit des Papstes.

Damit geriet Döllinger in das Lager des Staates, dessen Eingriffe in den Bereich der Kirche er einst zurückgewiesen hatte. Er erhielt die Anerkennung des bayerischen Staatsministeriums wie den Beifall deutscher Liberaler. Und behielt die Sympathie seines Königs, an dessen Erziehung er mitgewirkt hatte, dem er als Stiftspropst an der Hofkirche von St. Cajetan – der Theatinerkirche vis-à-vis der Residenz – räumlich wie geistig nahe blieb.

Bereits 1869, nachdem Döllingers Schrift »Der Papst und das Konzil« erschienen war, belobigte Ludwig den Mann und seinen Kampf in einem Handbillet.

Zum 71. Geburtstag am 28. Februar 1870 – die Entscheidung in Rom war noch nicht gefallen – wünschte er ihm gutes Gelingen, »die jesuitischen Umtriebe zu Schanden zu machen und dadurch den Sieg des Lichtes über die menschliche Bosheit und Finsternis zu erringen«.

Am 72. Geburtstag – das Dogma war verkündet worden – wurde Döllinger, der sich nicht unterwerfen wollte, von seinem König ermutigt: »Kaum habe ich nötig, hervorzuheben, wie hoch mich Ihre so entschiedene Haltung in der Unfehlbarkeitsfrage erfreut.« Er sei ein »wahrer Fels der Kirche, nach welchem die im

Hofprediger Ignaz von Doellinger

Sinne des Stifters unserer heiligen Religion lebenden Katholiken in unerschütterlichem Vertrauen und hoher Verehrung blicken dürfen.«

Die Amtskirche war anderer Meinung. Um die drohende Exkommunikation Döllingers abzuwenden, lud Ludwig II. am 16. April 1871 den Erzbischof von München, Gregor Scherr, zu Tisch. Das kostete ihn Überwindung, denn er verübelte es dem Kirchenfürsten, daß er erst gegen das Dogma gestimmt und dann sich der Mehrheitsentscheidung gebeugt hatte. »Sein Fleisch ist eben stark, und sein Geist ist schwach, wie er aus Versehen einst selber in einem Hirtenbrief verkündet hat«, mokierte sich der König über den Erzbischof in einem Brief an Döllinger.

Er könne nicht anders, erklärte der Erzbischof, ein katholischer Luther gewissermaßen, dem König. Am Tage darauf wurde Döllinger exkommuniziert. Ludwig II. versicherte seinen Bossuet – so hieß der Hofprediger

Ludwigs XIV. und Vorbeter des französischen Staatskirchentums – »der Fortdauer seiner besonderen Huld und Gnade«. Er solle nicht nur Stiftspropst bleiben, sondern auch seine kirchlichen Funktionen weiterhin ausüben. Dies könne er nicht tun, antwortete Döllinger, weil dadurch weniger er selbst als der König in ein schiefes Licht und in eine schwierige Lage geriete.

Bismarck hatte Ludwig bereits sagen lassen, im unvermeidlichen Konflikt zwischen Staat und Kirche dürfe der König sich »nicht in die erste Reihe stellen, müsse aber mit Samthandschuhen den eisernen Griff handhaben«. Diesen wendete sein Ministerium an, hier nicht nur mit amtlicher Genehmigung, sondern auch persönlicher Billigung des Monarchen.

Kultusminister Lutz ließ den bayerischen Episkopat wissen, daß die römischen Konzilsbeschlüsse ohne Placet des Königs von Bayern nicht in Kraft gesetzt werden könnten. Die bayerischen Bischöfe verkündeten das Dogma von der Unfehlbarkeit des Papstes ohne Placet. Sie meinten, daß dies Angelegenheit der Kirche und nicht des Staates sei. Und sie verwiesen darauf, daß 1854 bei der Verkündung des Dogmas von der Unbefleckten Empfängnis Mariens auch kein Placet erforderlich gewesen sei.

Nun aber tat Lutz so, als sei eine Vergewaltigung des Staates durch die Kirche zu befürchten. Dem Erzbischof von Bamberg, der als einziger das Placet erbeten hatte, schlug er es mit der Begründung ab: Die Konzilsdekrete widersprächen den Prinzipien des bayerischen Staatsrechtes und gefährdeten die politischen und sozialen Grundlagen des Staates.

Die Gegenmaßnahmen trieb Lutz nicht so weit, wie es Freisinnige und Altkatholiken, die sich von der römisch-katholischen Kirche trennten, von ihm verlangten: bis zur Kündigung des Konkordates, der Trennung von Staat und Kirche. Lutz ging so weit, wie es zur Wahrung der Interessen des Staates notwendig schien und bei den Mehrheitsverhältnissen im Landtag möglich war: Abtrünnigen versprach er staatlichen Schutz, Romtreuen drohte er mit staatlicher Gewalt.

Um sie zu rechtfertigen, hätte es staatlicher Gesetze bedurft. Auf Landesebene waren sie jedoch mit der katholisch-konservativen Mehrheit in der Zweiten Kammer nicht zu machen. Deshalb führte Lutz den Kulturkampf, den er führen zu müssen glaubte, auf dem Verwaltungsweg, mit der Routine des Staatsbürokraten – und auf dem Umweg über die Reichsgesetzgebung.

Bei Initiativen im Bundesrat war die Staatsregierung nicht an den Landtag gebunden. Bei Beschlüssen gab der Reichskanzler den Ausschlag, der als preußischer Ministerpräsident bereits den Kulturkampf begonnen hatte. Und im Reichstag besaßen die Liberalen die Mehrheit.

Bayern beantragte einen Zusatz zum Reichsstrafgesetzbuch zwecks Unterbindung der »maßlosen Agitation« von der Kanzel. Bismarck hatte auf Anfrage eine Mehrheit im Bundesrat in Aussicht gestellt. Lutz erklärte vor dem Reichstag, nicht nur in Bayern, in ganz Deutschland müßte ein »System von Bollwerken« gegen kirchliche Übergriffe errichtet werden.

Ein Anfang wurde am 10. Dezember 1871 mit der »Lex Lutz«, dem Kanzelparagraphen, gemacht: Dem Geistlichen, der »vor Mehreren Angelegenheiten des Staates in einer Weise, welche den öffentlichen Frieden zu stören geeignet scheint, zum Gegenstande einer Verkündigung oder einer Erörterung macht«, wurde eine Gefängnisstrafe bis zu zwei Jahren angedroht.

Weitere Reichsgesetze folgten. 1872 wurden die Niederlassungen von Jesuiten und Redemptoristen verboten und aufgelöst. 1874 ermächtigte das Expatriierungsgesetz die Regierungen, Geistliche des Landes zu verweisen oder ihre Bewegungsfreiheit im Lande zu begrenzen. 1875 wurde die obligatorische Zivilehe im ganzen Reich eingeführt.

In Preußen, wo es im Landtag eine Kulturkampf-Mehrheit gab, traten zusätzliche Kulturkampf-Gesetze in Kraft. In Bayern, in dessen Zweiter Kammer Freisinnige und Staatsgläubige in der Minderheit waren, erließ die liberale Staatsregierung eine Reihe von Kulturkampf-Verordnungen. Katholischen Erziehungsanstalten wurde die Tätigkeit erschwert, katholischen Theologen der Besuch des Collegium Germanicum in Rom untersagt. Die Schulsprengel-Verordnung von 1873 sollte von der Konfessionsschule weg und hin zur Simultanschule führen. Dem widersetzten sich nicht nur Katholiken, sondern auch Protestanten.

Zunehmend wurde auch evangelischen Christen bewußt, was katholische Priester ihren Gläubigen von Anfang an gepredigt hatten: Der Kulturkampf – auch und gerade in Bayern – sei eine Fortsetzung des Ringens des Staates um Ausdehnung seiner Macht mit alten obrigkeitsstaatlichen Methoden und unter Berufung auf moderne freiheitliche Richtungen.

Besonders deutlich wurde dies an der am 20. November 1873 verordneten Zurücknahme der am 8. April 1852 gewährten Modifikation des Montgelasschen Staatskirchenrechtes. Die Zusicherung, im Zweifelsfall sich nicht an das vom Staat erlassene Religionsedikt, sondern an das mit der Kirche ausgehandelte Konkordat zu halten, war ein Zugeständnis an kirchliche Interessen wie an freiheitliche Tendenzen gewesen.

Es schien nicht mehr in die neue Zeit zu passen, in der im Reich der Obrigkeitsstaat gestärkt worden war, allerdings durch das Reich auch die bayerische Eigenstaatlichkeit geschwächt wurde – nicht zuletzt im Kulturkampf durch den Griff der bayerischen Staatsbürokratie nach der Reichsgesetzgebung.

Der stolze bayerische Löwe habe sich aus Furcht vor selbstgemachten Gespenstern unter die Fittiche des Adlers geflüchtet, bemerkte der Zentrumsführer und Bismarck-Gegner Ludwig Windthorst. Dies gewahrte auch der König von Bayern, der den Rest an Souveränität, der ihm nach der Reichsgründung verblieben war, noch weiter dahinschwinden sah.

Aber was konnte er schon dagegen tun? An der Hoheit des Staates und damit des Königs mußte er festhalten, auf die katholisch-konservative Mehrheit und damit auf Volkssouveränität und Volksherrschaft durfte er nicht setzen. Selbst wenn er es gewollt, hätte er es nicht gekonnt. Die Minister hatten ihm den Kabinettssekretär Eisenhart ins Vorzimmer gesetzt, wo dieser darüber wachte, daß Ludwig II. auf dem Boden der Staatsräson und im Rahmen der Reichsloyalität blieb.

So tat er denn, was man von ihm verlangte. Er verweigerte das königliche Placet zur Verkündung des Unfehlbarkeits-Dogmas, genehmigte Lutzens Promemoria zum Kanzelparagraphen und unterzeichnete die Verordnung, mit der die Zugeständnisse, die sein Vater, Maximilian II., der Kirche gemacht hatte, wieder zurückgenommen wurden.

Papst Pius IX., der Ludwig II. im Jahre 1873 ersuchte, der Kirche nicht noch mehr Schwierigkeiten zu machen, erhielt eine abweisende Antwort. Auch der Patriotischen Volkspartei zeigte der König die kalte Schulter. Als sie 1875 wiederum die absolute Mehrheit in der Zweiten Kammer gewonnen hatte, bat sie den König, er möge eine dem Volkswillen entsprechende Regierung berufen, die nicht, wie die amtierende, Rechte der Krone und des Landes Stück für Stück preisgebe. »Ich finde Mich nicht veranlaßt, die Adresse der Abgeordnetenkammer entgegenzunehmen«, verlautbarte der König. Damit hätte er, wie er meinte, dem Parlamentarismus einen kleinen Finger gereicht, dem schon bald die ganze Hand folgen müßte. Da blieb er lieber in den Händen des Ministeriums, was ihm als das kleinere Übel erschien.

Der »Osservatore Romano« warnte ihn, sein Volk gegen sich aufzubringen. Noch ließen es die Führer der

Patriotenpartei nicht am schuldigen Respekt fehlen. Ihre Abgeordneten drückten sich mehr oder weniger gewählt aus. Doch draußen im Lande nahm man auch in dieser Beziehung kein Blatt vor den Mund.

Die Minister berührte dies kaum. Ihre Selbstsicherheit beruhte auf ihrer originären Machtstellung, der Rückendeckung, die ihnen der König nolens volens gewährte, und der Kenntnis des Dilemmas der Opposition: Die Monarchie, deren Erhaltung in ihrem Programm mit an erster Stelle stand, konnte von ihr nicht durch massive Kritik am Monarchen in Frage gestellt werden.

Beunruhigend war, daß der Kulturkampf die Katholiken nicht von der Kirche weg, sondern mehr zur Kirche hin trieb. Dies war ein kontraproduktiver Effekt des Unternehmens. Selbst die Königinmutter, die Preußin und Protestantin Marie, wurde katholisch.

Die Sensation gab der Sohn im Königszelt auf dem Oktoberfest 1874 bekannt. »Die eine Partei beklagte es, die andere freute sich darüber«, kommentierte Luise von Kobell. König Ludwig II. nahm es hin, Kaiser Wilhelm I. warf der Base vor, daß sie das erste Mitglied des Hohenzollernhauses sei, das zur katholischen Kirche übertrete, und das »in einem höchst ungünstigen Moment«. Für ein »evangelisches und preußisches Herz« sei das schwer zu ertragen. Sie müsse verstehen, »Daß vor der Hand Dein Erscheinen bei uns nicht wünschenswert sein kann«.

Der Zorn des Hohenzollern verschaffte dem Wittelsbacher Genugtuung, für die religiösen Motive der Mutter zeigte der Sohn Verständnis. Der Kulturkampf hatte ihn nicht davon abgehalten, seine kirchlichen Pflichten zu erfüllen, auch wenn dies zunehmend aus bloßer Gewohnheit und abnehmend aus innerem Bedürfnis geschah.

Es traf ihn doppelt, nicht nur als Monarchen, sondern auch als Katholiken, als der Erzbischof von München 1875 in einem Hirtenbrief daran erinnerte, daß »das letzte Jubeljahr 1826 unter aktiver Teilnahme des Königs Ludwigs I., als eines gläubigen Sohnes der Kirche, in würdiger und erhebender Weise begangen werden konnte, daß aber leider die gegenwärtige Jubelfeier nicht wie sonst sich entfalten könne«.

Der König kam nicht zum Schluß des vierzigstündigen Gebetes in der Michaelskirche. Auch dem sonntäglichen Hochamt in der Allerheiligen-Hofkirche wohnte er nicht mehr bei. 1874 war er zum letztenmal in der Münchner Fronleichnamsprozession mitgegangen, hinter dem vom Erzbischof getragenen Sanktissimum. 1877 ließ er sich im Schloßgarten von Berg eine Kapelle bauen, um sich nicht mehr zur Sonntagsmesse in die Dorfkirche von Oberberg begeben zu müssen.

Diese Abstinenz war weniger eine Konsequenz des Kulturkampfes als ein Teil seines Rückzuges aus der Öffentlichkeit. Doch die innenpolitischen Ereignisse in der ersten Hälfte der siebziger Jahre verstärkten dessen Motive und beschleunigten das Tempo.

Der konstitutionelle Monarch hatte zweimal vergeblich versucht, einen Ministerpräsidenten seiner Wahl einzusetzen. Er wollte damit kaum dem Mehrheitswillen seines Volkes entgegenkommen und schon gar nicht eine kirchenfreundliche Regierung bilden. Vor allem wollte er damit den königlichen Willen gegenüber dem Staatsministerium durchsetzen und das Königreich auf mehr Distanz zum Kaiserreich bringen.

Ohne direktes Engagement des Königs war der Ministerpräsidentenwechsel des Jahres 1871 vonstatten gegangen. Graf Otto von Bray-Steinburg schied aus, weil er die von Lutz betriebene und von Ludwig II. gedeckte Kirchenpolitik nicht mitverantworten wollte.

An seine Stelle trat der Altliberale Graf Friedrich von Hegnenberg-Dux, der sich selbst einen politischen Landwehrmann nannte. Mit einundsechzig war er alt genug, um den Ambitionen des Kultusministers Lutz auf den Ministerpräsidentensessel nicht allzu lange im Wege zu stehen. Und er war noch so jung, daß Lutz vorerst, während des Kulturkampfes, zwar die Politik bestimmen konnte, aber in der Öffentlichkeit nicht als Hauptverantwortlicher dastehen mußte.

Doch schon nach einem Jahr, am 2. Juni 1872, starb Hegnenberg-Dux. Als Nachfolger wurde der Reichstagsabgeordnete Chlodwig Fürst zu Hohenlohe-Schillingsfürst ins Spiel gebracht, der am Ende der sechziger Jahre als bayerischer Ministerpräsident Reichspolitik und Kulturkampf präludiert hatte. Nun hätte er gerne voll in die Saiten gegriffen.

Den Einsatz verhinderte Lutz, der in ihm einen Konkurrenten sah, und der König, der es Hohenlohe nicht verzieh, daß er ein Reichsherold gewesen war, und befürchtete, daß er ein Reichsstatthalter werden wolle. Dem König schwebte ein Ministerpräsident vor, der die eigenstaatlichen Interessen und königlichen Rechte entschiedener vertrat. Dazu schien sein Gesandter in Stuttgart, Freiherr Rudolf von Gasser, bereit und geeignet zu sein.

Der Dreiundvierzigjährige, in St. Petersburg als Sohn eines geadelten deutschen Bankiers geboren, mit einer ehemaligen Hofdame der Mutter Ludwigs II. verheiratet, entstammte der neuen »Zweiten Gesellschaft«, fühlte sich jedoch dem Ersten Stand, der alten Hofgesellschaft, zugehörig. Als bayerischer Berufsdiplomat konnte er es nicht verwinden, daß es seit der Reichsgründung keine selbständige bayerische Außenpolitik mehr selbstbewußt zu vertreten gab.

»Der König hat hinter dem Rücken Eisenharts Gasser beauftragt, ein neues Ministerium zu bilden!« notierte Hohenlohe am 1. August 1872. Nicht nur der übergangene Kandidat, alle nationalen Liberalen außerhalb und innerhalb der bayerischen Behörden waren aufgebracht. Was sie Ludwig II. auferlegt hatten, was er bisher getragen hatte, schien er auf einmal abschütteln zu wollen: seine Abhängigkeit vom Kabinettssekretär und Ministerium, von der bayerischen Staatsbürokratie, dem preußischen Kaiser und dem Deutschen Reich.

Dem König wie seinem Kandidaten mußte gezeigt werden, wer die Macht in diesem Staate besaß. Demonstrativ traten sämtliche Minister zurück. Ludwig II. begriff, beugte sich dem Druck, verzichtete auf Gasser, der auf seinen Gesandtenposten zurückkehrte.

Zumindest ein repräsentativer Staatsminister des Königlichen Hauses und des Äußern – diese Position war mit dem Vorsitz im Ministerrat verbunden – hätte Gasser werden können. Eine gute Figur als Hof- und Außenminister machte auch der zweiundfünfzigjährige Freiherr Adolph von Pfretzschner, den der Monarch, wie es von ihm verlangt wurde, am 1. September 1872 berief.

»Finanzadonis« nannten Berliner Hofdamen den bisherigen bayerischen Finanzminister, der Allüren an den Tag legte, wie sie mit einem obersten Staatsbuchhalter gewöhnlich nicht in Verbindung gebracht wurden. Als Vorsitzender im Ministerrat machte er eine weniger gute Figur, ergriff ungern die Zügel, ließ sie schleifen.

Deswegen waren schließlich die Ministerkollegen auf ihn verfallen. In den Ressorts, mit Ausnahme des Finanzministeriums, gab es keinen Wechsel. Die Ressortchefs machten die Politik, die sie für richtig hielten – in erster Linie Kultusminister Lutz, der nun noch mehr als vorher machen konnte, was er wollte.

Drei Jahre später, 1875, mußten sie wieder Position und Politik abschirmen. Ludwig II., der im via Reich geführten Kulturkampf immer mehr Landeskompetenzen und Kronrechte dahinschwinden sah, hielt nach einem Ministerpräsidenten Ausschau, der den Unitarismus, die Entwicklung zum deutschen Zentralstaat und Einheitsreich, aufzuhalten vermöchte.

Sein Blick fiel auf den Freiherrn Georg Arbogast von und zu Franckenstein. Aus fränkischem Reichsrittergeschlecht, 1825 als Sohn eines österreichischen Offiziers geboren, hätte das erbliche Mitglied der bayerischen Kammer der Reichsräte lieber ein österreichisch-deutsches als ein preußisch-deutsches Reich gehabt. Als Abgeordneter der Patriotischen Volkspartei und Fraktionsvorsitzender des Zentrums im Reichstag suchte der konservative Katholik einen Mittelweg zwischen dem römischen Universalismus und dem deutschen Nationalismus, der bayerische Föderalist einen Ausgleich zwischen Partikularismus und Zentralismus.

Franckenstein schien der Mann zu sein, der das bayerische Staatsschiff zwischen den Extremen in München und in Berlin hindurchzusteuern vermöchte, den König auf der Kommandobrücke respektieren würde und der Besatzung, dem Volk in seiner konservativen Mehrheit, das staats- und monarchieerhaltende Gefühl geben könnte, daß nicht nur seine Dienste, sondern auch seine Meinungen gefragt seien.

Auf die Dauer war in Bayern nicht unter Mißachtung des Mehrheitswillens zu regieren. Das schien Ludwig II., bei aller Abneigung gegen das sich politisch äußernde und nach parlamentarischer Mitwirkung verlangende Volk, bemerkt zu haben; zumindest war es ihm nahegelegt worden. Ein paar Zugeständnisse würde man wohl machen müssen, aber sie sollten von einem Regierungschef gemacht werden, der dabei König und Staat nichts vergab.

Ludwig II. fragte bei Franckenstein an, ob er bereit sei, nach einem neuen absoluten Wahlsieg der Patriotischen Volkspartei bei den Landtagswahlen im Juli 1875 ein dieses Abstimmungsergebnis berücksichtigendes Ministerium zu bilden. Franckenstein lehnte das Angebot am 10. Mai 1875 mit reichspolitischer Begründung ab: »Man würde in der Berufung eines Ministeriums mit meinem Namen den Beginn einer systematischen

Opposition gegen die dermalige Reichsregierung erblicken oder doch zu erblicken den Anschein nehmen und willkommene Veranlassung dafür gegeben erachten, eine ausgesprochen feindliche Stellung gegen Bayern einzunehmen.«

Wie die Dinge nun einmal lagen, konnte Bayern nur im, nicht gegen das Reich reüssieren. Auch Franckenstein wußte das. Aber er wollte vom Reich mindestens so viel für Bayern nehmen, als dieses ihm gegeben hatte und immer noch geben mußte.

Die sogenannte »Franckensteinsche Klausel«, das Reichsgesetz von 1879, das die Verteilung der Einnahmen aus Zöllen und Tabaksteuer neu regelte, begünstigte die Einzelstaaten. Der bayerische Staatshaushalt kam aus den roten Zahlen – 1878: minus 9,7 Millionen; 1879: minus 13,4 Millionen – heraus, verbuchte 1882 ein Plus von 6 Millionen Mark.

Das wurde Franckenstein von Ludwig II. hoch angerechnet, gegen die Enttäuschung aufgerechnet, die er dem König 1875 durch seine Absage, ein neues Ministerium zu bilden, bereitet hatte. Daraufhin hatte es der Monarch noch einmal mit Gasser versucht, der das Plus zu haben schien, daß er sich auf Bayern zu konzentrieren gedachte, aber eben auch mit dem Minus belastet war, daß er bereits einmal, 1872, gescheitert war.

Inzwischen war Gasser als bayerischer Gesandter von Stuttgart nach Dresden gegangen, wo er seine Versuche fortsetzte, Bayern, Württemberg und Sachsen zu einer einzelstaatlichen Interessengemeinschaft im und gegen das Reich zusammenzubringen. Ludwig II. wäre diesem Ziel gerne mit einem solchen Ministerpräsidenten entgegengegangen. Aber die Verhandlungen mit ihm blieben bereits im Vorfeld stecken.

Die alten Minister waren auf der Hut, hielten sich auch nach dem neuen absoluten Wahlsieg der Patriotischen Volkspartei im Jahre 1875 auf ihren Sesseln.

Pfretzschner blieb Ministerpräsident, Kultusminister Lutz der starke Mann.

Von Politik dürfe mit ihm nicht mehr gesprochen werden, »ohne daß Majestät um etwas fragen«, hatte Ludwig II. bereits Anfang der siebziger Jahre seiner Umgebung befohlen. Er fragte immer weniger, weil er zunehmend Antworten erhielt, die nicht seinen politischen Vorstellungen und seiner Auffassung vom Königtum entsprachen.

Die Macht lag in der Hand des Ministeriums, das in vielem, in Wesentlichem anders handelte, als er es getan hätte, wenn er gedurft hätte. Der Monarch war in den Händen des Kabinettssekretärs, der ihn so lange bearbeitete, bis er Handlungen der anderen für seine eigenen ausgab.

Den Ministern, die er immer weniger sehen wollte, fügte er sich, den Kabinettssekretär Eisenhart, den er beinahe täglich ertragen mußte, trat er. Er ließ ihn in Winterkälte wie Sommerhitze stundenlang im Schloßhof warten, bis er ihn empfing, anschließend beim Vortrag so lange stehen, bis er fast umfiel. Schließlich entließ er den Mann, der seit dem 5. Januar 1870 für ihn gearbeitet und ihn bearbeitet hatte, auf ungewöhnliche Weise.

Am 11. Mai 1876, als sich der Kabinettssekretär reisefertig machte, um mit dem Hof von München nach Berg zu übersiedeln, eröffnete ihm Hofsekretär Düfflipp, »daß Seine Majestät keinen Befehl bezüglich eines Wagens für den Kabinettssekretär gegeben habe und daß er, Düfflipp, sicher annehmen könne, es stehe ein Personalwechsel in der Stelle des Kabinettschefs unmittelbar bevor«.

Eisenharts Frau, Luise von Kobell, konstatierte nüchtern: »Mein Mann, durch frühere ähnliche Fälle an oft unerwartet auftretende Entschlüsse des Königs gewöhnt, verstand sofort die Sachlage und betrachtete sich als entlassen.«

Am liebsten hätte der König sich selber entlassen, sein Land verlassen, in dem er nicht herrschen und regieren durfte. Und sich ein neues Land fern von Bayern gesucht.

In allerhöchstem Auftrag bereiste Franz von Löher, der Vorstand des bayerischen Reichsarchivs, 1872 und 1875 griechische und kanarische Inseln, Zypern und Kreta. Er suchte ein Eiland, auf das sich Ludwig II. zurückziehen, wo er König und Herr sein könnte. Das Unternehmen brachte dem Beamten die Anstrengungen und Vergnügungen einer insgesamt halbjährigen Reise, dem Monarchen jedoch nicht das gewünschte Ergebnis.

Ludwig II. bei der großen Münchner Fronleichnamsprozession

So beschloß er, gewissermaßen den Weg in die innere Emigration anzutreten, sich Schritt für Schritt zurückzuziehen von einem Amt, dessen volle Ausübung ihm verwehrt wurde, und vom Ort der Amtshandlungen, der Haupt- und Residenzstadt München.

Im Jahre 1874 hatte er zum letztenmal an der Fronleichnamsprozession teilgenommen. Im Jahre 1875 hielt er auf dem Oberwiesenfeld die letzte Königsparade ab. Die Bayernhymne erklang, die Regimenter zogen am Bayerkönig vorbei, bayerisches Volk feierte den Landesvater. Ludwig II., berichtete der »Bayerische Kurier«, »konnte nur mühsam durch die ihm huldigende Volksmasse vorwärts gelangen und mußte im Schritt reiten«.

Vielleicht umringten sie ihn, weil sie ahnten, daß er zum letztenmal unter ihnen weilte, sie ihn wenigstens noch ein paar Augenblicke länger in ihrer Mitte haben wollten.

12

Verweigerung und Ausstieg

Mit Dreißig erschien er, in Generalsuniform und auf hohem Roß, in martialischer Dekoration und aus gehöriger Distanz, fast noch so jugendlich-schön, wie sie ihn mit zwanzig öfter und näher gesehen hatten.

Aus der Nähe betrachtet, sah er nicht mehr so gut aus, wie sie ihn in Erinnerung hatten und wie er selber im Gedächtnis bleiben wollte, und auch dies war ein Grund, warum er sich immer weniger blicken ließ.

Er habe den König, den er längere Zeit nicht mehr zu Gesicht bekommen habe, nicht zu seinem Vorteil verändert gefunden, bemerkte der ehemalige Justizminister Eduard von Bomhard. Fürst Hohenlohe, der ehemalige Ministerpräsident, wunderte sich nicht: »Ich mache die Erfahrung, daß leidenschaftliche Charaktere am schnellsten alt werden, während ruhige Naturen die äußere Hülle am wenigsten abnutzen und sich deshalb ›konservieren‹.«

Ludwigs Gesicht war bleich geworden, von Passionen gezeichnet, aufgedunsen wie ein Schwamm, der zuviel und zu Verschiedenartiges aufgesogen hatte. Die Augen wurden trüb, der Blick starr. Der Mund war eingefallen, nachdem Zahn um Zahn ausgefallen war; ein künstliches Gebiß kam für ihn nicht in Frage.

Seine Hünengestalt hätte weiterhin imponieren können, wenn sie nicht so füllig geworden, dieser Falstaff nicht so schwermütig erschienen wäre, keine so dunklen, schlecht sitzenden Anzüge getragen hätte.

Die Dickleibigkeit war seiner sitzenden Lebensweise zuzuschreiben, auf Unmäßigkeit bei Tisch zurückzuführen. Er aß viel und schnell, mitunter alles durcheinander. Und er trank immer mehr, Champagner, Wein, Liköre, zunehmend Arrak, der orientalische Träume vorgaukelte und exotische Räusche verschaffte.

Seine Hand wurde zittrig, seine Schrift fahrig, schließlich zum Kürzel der Unkonzentriertheit und Unstetigkeit, zur Hieroglyphe eines rätselhaft dunklen Wesens.

»Alles an ihm war eigentümlich bis zur Groteske, war originell bis zur Bizarrerie, war theatralisch, war Schaugepränge, war ganz und gar ungewöhnlich«, bemerkte der Schriftsteller Felix Philippi, der ihn im Sommer 1879 bei Partenkirchen heimlich beobachtete.

»Wenige Schritte vor mir blieb er stehen, er nahm den weichen Hut, dessen weit ausgeschweifte Krempe ein in der Sonne funkelnder Brillantstern zierte, ab, und ich sah diesen merkwürdigen Kopf mit dem sehr kunstvoll gekräuselten Haar und dem absichtlich stilisierten Bart ... Trotz der sommerlichen Wärme in einen dicken Wintermantel gehüllt, ging er langsam weiter. Er ging eigentlich nicht, wie andere Menschenkinder gehen, er trat auf wie ein Schauspieler, der in einem Shakespeareschen Königsdrama im Krönungszuge erscheint, in scheinbar einstudiertem Takt mit jedem seiner gewaltigen Schritte den weit nach hinten gelehnten Kopf bald nach rechts, bald nach links werfend und mit ausladender Bewegung den Hut vor sich haltend.

So absonderlich wie sein Leben, sein Tun und Lassen, war sein Äußeres«, resümierte Felix Philippi. »Mit dem unabweislichen Gefühl: ›Dieser Mann denkt und fühlt nicht mehr richtig!‹ ging ich nach Haus.«

Ludwigs Bruder Otto war bereits für unheilbar geisteskrank erklärt und in Gewahrsam genommen worden.

Der kranke König Otto I.

Seit 1871, dem Jahr der Reichsgründung, war der einzige Bruder des unverheirateten Königs, der Thronfolger also, in Schloß Nymphenburg unter Beobachtung gestellt worden. Otto haßte Preußen wahnsinnig, litt an Halluzinationen, glaubte, in alle Ewigkeit verdammt zu sein, weil er unwürdig kommuniziert habe. Einmal stürmte er während des Hochamts in die Frauenkirche, warf sich auf die Stufen des Altars und bekannte lauthals seine Sünden.

Bei der Parade im August 1875 war Prinz Otto in der Oberstenuniform seines Chevaulegerregiments im Gefolge des Königs geritten. Noch im selben Jahr mußte er in Schloß Fürstenried bei München für immer interniert werden.

Die Brüder hatten sich nie gut verstanden, weil sie zu verschieden waren. Otto sei »ein ganz gewöhnlicher Mensch«, hatte Ludwig Ende der sechziger Jahre konstatiert, »ohne nur den geringsten Sinn für Hohes und

Schönes. Er ist den ganzen Tag oft auf der Jagd, viel in Gesellschaft meiner flachen, geistlosen Vettern und des Abends viel im Aktientheater, wo er besonders für das Ballett schwärmt.«

Eines schienen sie gemeinsam zu haben – die erbliche Belastung. Als Otto von ihr niedergedrückt wurde, war Ludwig tief erschüttert. Es war nicht nur Mitleid mit dem Bruder, den er besuchte und zu trösten versuchte, dessen Ärzten er verbot, Zwangsmittel anzuwenden, und gebot, im Kranken den Prinzen zu achten. Ludwig hatte Angst bekommen, er, der Erstgeborene Maximilians und Maries, könnte ähnlich enden wie der Zweitgeborene.

Schon wurde derartiges angedeutet. Der Schriftsteller Felix Philippi verwies auf »das majestätische Bild, auf welches krankhafter Stolz, krasse, nicht mehr mit Wirklichkeit rechnende Überhebung und bis zur Sinnesverwirrung gesteigertes Bewußtsein des Gottesgnadentums ihre Schatten warfen«, gab den Eindruck wieder, den er Ende der siebziger Jahre bei einer flüchtigen Begegnung gewonnen hatte.

Wer mit Ludwig redete, konnte auch noch zu dieser Zeit Erfahrungen sammeln, wie sie der Schriftsteller Felix Dahn im Jahre 1873 gemacht hatte: »Er zeigte sich ebenso genau unterrichtet wie grundgescheit, scharf, ja sogar ein wenig rabulistisch, dialektisch, spitzfindig in seinen Erwiderungen: es ergötzte ihn offenbar, sich im Streite gewandt und glatt zu erweisen...«

Das geistige Rüstzeug, sich mit Zeitgenossen auseinanderzusetzen, schien er, zumindest bis auf weiteres, zu besitzen und handhaben zu können. Was diesen immer eigenartiger und befremdender vorkam, war das zunehmende Mißverhältnis Ludwigs zum Zeitgeist.

Sonderbar erschien seine zeitwidrige Vorstellung vom Königtum sowie die Art und Weise, wie er sich von seinem Königsamt absonderte, das er nicht so ausüben durfte, wie es ihm vorschwebte. Für abnorm wurde er auch deshalb gehalten, weil er sich den Normen seiner Zeit nicht anpassen und einfügen wollte. Für verrückt wurde er nicht zuletzt deshalb erklärt, weil er aus seiner Zeit ausrückte, ihr entrückt war.

Mit den Realitäten des Lebens hatte er von Anfang an auf gespanntem Fuß gestanden. Mit den Realien seines Jahrhunderts lebte er auf Kriegsfuß. Realien des 19. Jahrhunderts waren Rationalismus und Realismus, Naturwissenschaft, Technik und Industrie, Staatsmacht und Bürgertum, Konstitutionalismus, Nationalismus, Liberalismus und Demokratie. Alle diese Fakta und Faktoren des Zeitalters entsprachen nicht dem Weltbild Ludwigs, widersprachen seiner Auffassung vom Wesen der Monarchie und der Aufgabe des Monarchen.

Konzentriert war das ihm Widersprechende und Widerstrebende in der Stadt, in der Haupt- und Residenzstadt, im München der Gründerzeit. Deshalb mied er dieses Babel, sooft und solange er konnte. Er wäre ihm am liebsten ganz ferngeblieben, wenn ihm nicht die Verfassung vorgeschrieben hätte, mindestens einundzwanzig Tage im Jahr dort zu verweilen – die Verfassung, die auch so eine Ausgeburt des 19. Jahrhunderts war, die seine Kreise störte. Wenn er eine gesündere Natur und einen stärkeren Willen gehabt hätte, wäre er vielleicht dagegen aufgestanden, hätte protestiert und opponiert, eben wie ein wahrer König, der er sein wollte.

Warum er das nicht tat, konnte sich der preußische Staatsmann Rudolf von Delbrück bereits im Jahr 1870 nur so erklären: »Das Rätsel, weshalb ein Herr, der alle Eigenschaften besaß, um durch seine Person eine große Wirkung auszuüben, sich vor der Berührung mit der Außenwelt selbst dann ängstlich zurückzog, wenn sein Hervortreten, wie bei dem Abmarsch seiner Regimenter in den Krieg, geradezu Königspflicht war, dieses Rätsel konnte ich mir damals nur durch die Annahme lösen, daß er an seiner Fähigkeit zweifle, in der Öffentlichkeit so aufzutreten, wie seine hochgesteigerte Auffassung der Königswürde es erheischte.«

Weil er sich subjektiv nicht fähig fühlte und objektiv dazu nicht in der Lage war, suchte er einen für ihn gangbaren, ohnehin bequemeren Weg: Er begann sich seiner Zeit und seiner Aufgabe in ihr zu verweigern, schließlich auszusteigen.

»Im teuren, poesiedurchwehten Hohenschwangau«, bekannte er 1874 seiner ehemaligen Erzieherin, Frau von Leonrod, »im lieben Berg, am Ufer des herrlichen Sees, auf den Gipfeln der Berge, in der einsam gelegenen Hütte oder in der Rokoko-Pracht meiner Gemächer im Linderhofe ist es mein höchster Genuß, der sich nie erschöpft, in das Studium fesselnder Werke mich zu vertiefen (hauptsächlich historischen Inhaltes) und darin Trost und Balsam zu finden für so manches Herbe und Schmerzliche, das die traurige Gegenwart, das mir sehr zuwidere 19. Jahrhundert mit sich bringt.«

Es wurde ein Ausstieg in die Verstiegenheit. Denn es war mehr als eine Flucht aus einer Welt, mit der er nichts anfangen und in der er nichts beginnen konnte, mehr als ein Zufluchtsuchen in der Bibliothek, in der Natur, im Idyll. Es war ein Exodus in das Reich der Phantasie, in dem er sich schließlich im Phantasieren, im Irrereden und Irresein verlor.

»Ich will mich«, schrieb Ludwig 1871 an Richard Wagner, »der verdammten Höllendämmerung, die mich beständig in ihren qualmenden Dunstkreis reißen will, entziehen, um selig zu sein in der Götterdämmerung der erhabenen Berges-Einsamkeit, fern von dem ›Tage‹, dem verhaßten Feind, fern von der Tages-Sonne sengendem Schein! Fern der profanen Alltagswelt, der heillosen Politik, die mit ihren Polypenarmen mich umschlingen will und jede Poesie so gerne gänzlich ersticken möchte.«

Ein Jahr später bekam Richard Wagner, der ihm Flügel für das Entschweben geliehen hatte, zu hören: Sein Jünger sei bestrebt, in seiner »ideal-monarchisch-poetischen Höhe und Einsamkeit gleich Ihnen, angebeteter Freund, zu verharren, unbekümmert durch die geifernden Schlangenzungen«.

»Der Alpenkönig und der Menschenfeind« war Ludwig, ähnlich wie die Hauptfigur in der Zauberposse des Wieners Ferdinand Raimund, in einer Person geworden, in der die Grenzen zwischen Märchen und Wirklichkeit aufgehoben zu sein schienen.

Das Alleinsein im »Heiligtum der idealen Anschauung« mache ihn glücklich, behauptete er. »Oh, ich bin darum nicht einsam«, zitierte Ludwig II. Schillers Jungfrau von Orleans, »denn in der Öde lernt ich mich erkennen.«

In der Einöde der bayerischen Berge schien er sein Glück zu finden. »Im großen ganzen bin ich froh und zufrieden, nämlich auf dem Lande, im herrlichen Gebirge – elend und betrübt, oft im höchsten Grade melancholisch, bin ich einzig und allein in der unseligen Stadt«, bekannte er 1876 der Schauspielerin Marie Dahn-Hausmann. »Ich kann nicht leben in dem Hauch der Grüfte, mein Atem ist die Freiheit! Wie die Alpenrose bleicht und verkümmert in der Sumpfluft, so ist für mich kein Leben, als im Licht der Sonne, in dem Balsamstrom der Lüfte. Lange hier, in der Stadt, zu sein, wäre mein Tod!«

In einer Zeit, in der die Landflucht grassierte, floh Ludwig aus der Stadt auf das Land. Mit »Zurück zur Natur« meinte er etwas anderes als seinerzeit Rousseau. Der Vorläufer der Französischen Revolution wollte zurück, um in der Realität neu zu beginnen. Der Verehrer des französischen Königtums strebte über die Natur in die Idealität.

»Auf den Bergen ist Freiheit und überall, wo der Mensch nicht hinkommt mit seiner Qual«, meinte Ludwig. »Ich sehne mich sehr nach dem Aufenthalte in frischer, gesunder Luft und in schöner Gegend«, seufzte er, wenn er unbedingt in der Stadt sein mußte. Wenn ihm ein Abschied vom Land bevorstand, stöhnte er. »Ich genieße noch ein paar Wochen lang die mir so wohlbekommende kalte Bergesluft vor der unseligen Einkerkerung im wenig geliebten München.«

Wenn er schon nicht umhinkonnte, Akten zu unterzeichnen, dann lieber in Gottes freier Natur. So wurden etliche Male Staatsgeschäfte vor dem Forsthaus in Altach am Walchensee abgewickelt.

Der Förster stellte Stühle und einen Tisch auf die Wiese. Ludwig II. kam mit seinem Troß, Eisenhart mit seinem Portefeuille. »Der König«, erzählte Luise von Kobell, »setzte sich, die schottische Mütze auf dem Kopf, im Reisekostüm, an den Tisch, rückwärts von ihm, stramm aufrecht, zwei Lakaien, vor ihm stand sein Kabinettschef in schwarzem Frack, den Claquehut unter dem Arm, und berichtete mit lauter Stimme über die von den verschiedenen Ministern eingesandten Anträge und Vorschläge, dann und wann mischte sich das Tönen einer Kuhglocke darein ...«

Oft mußten sie ihm Akten auf eine seiner elf Berghütten bringen, etwa auf den Hochkopf, den Brunnenkopf oder den Herzogstand. Oder sie hatten sich zum Jagdhaus in der Vorderriß zu begeben, das Ludwig besonders liebte, der Abgeschiedenheit wegen. Er selber ging nicht auf die Jagd, und solange er da war, durfte kein Schuß in Hörweite fallen.

Sonntags kam es vor, daß in der Kapelle beim Forsthaus »vorne auf einem mit Samt ausgeschlagenen Betstuhle ein hochgewachsener Mann kniete, der sein Kreuz schlug und der Zeremonie andächtig folgte, wie der Sagknecht oder Kohlenbrenner, der durch ein paar Bänke von ihm getrennt war«.

Ludwig Thoma, der Bub des Försters in der Vorderriß, erinnerte sich weiter: »Bei seinen kurzen Spaziergängen hatte er nichts dagegen, Leuten zu begegnen, die in den Wald gehörten, und zuweilen redete er einen Jäger an.«

Noch lieber als Menschen, die in den Wald paßten, in ihm nicht allzusehr störten, waren ihm die Bäume, die still und schweigend dastanden. Vor manchem Baumriesen zog er den Hut, berührte seinen Stamm, als hoffte er, daß etwas von dessen Kraft und Macht auf ihn überginge. Die alte Linde in Linderhof durfte die Symmetrie der neuen Gartenanlage stören. In ihrem Geäst ließ er einen Freisitz errichten, auf dem er träumte und tafelte.

Natur, die ihm dienlich war, seinen Vorstellungen und Vorlieben, schätzte er am meisten, so Tiere, die ihn, wie die Schwäne, in die Lohengrin-Welt versetzten, oder Pfauen, die vor ihm Rad schlugen. Und Pferde, auf deren Rücken er den Raum überwinden und die Zeit, wie er hoffte, hinter sich lassen konnte.

Seine Lieblingspferde ließ er malen, so wie der Großvater, Ludwig I., schöne Frauen hatte malen lassen. Die Aquarelle Friedrich Wilhelm Pfeiffers zeigten das jeweilige Pferd in einer Umgebung, die den Reiter an Ausritte oder besondere Begebenheiten erinnerte: »Erda« beim Kaiserbrunnen am Plansee, »Ortwina« am Kramer bei Garmisch, »Nikur« auf der Füssener Straße, »Erna« auf dem Hochkopf, »Eboli« vor dem Schlucksenwirt bei Hohenschwangau, »Yelva« auf dem Bürschling, »Wala« vor dem Schweizerhaus der Bleckenau, »Regina« am Fuße des Tegelberges, »Hildolf« auf dem Herzogstand, »Alswidea« in der Vorderriß, »Floridiana« auf dem Brunnenkopf, »Gunloed« in Percha am Starnberger See, »Gerda« im Park und »Wuluspa« vor dem Schloß in Berg, »Antigone« bei Nymphenburg, »Lucretia« an der Kaiserstiege der Münchner Residenz.

»Cosa rara« fiel aus dem Rahmen. Der Schimmel wurde »beim Lunch« in Linderhof gezeigt, vor einem mit Forellen, Braten und Rotwein gedeckten Tisch, daran schnuppernd, doch sichtlich ohne Appetit. Wie es weiterging, ist nicht dargestellt: Das Pferd, von Ludwig an die Tafel geführt, stieß diese um, was seinen Herrn so amüsierte, daß er das Spiel mehrmals wiederholte.

Für Launen spannte er seine Pferde ein, auch vor seine Prunkkarossen und Prunkschlitten, mit denen er durch entlegene Gebirgstäler fuhr oder durch verschneite Wälder glitt – weniger auf Fahrten durch die Natur als auf Reise in seine Traumgefilde.

Der kleine Gebirgswagen genügte ihm längst nicht mehr. Hofwagenfabrikant Franz Gmelch baute nach Entwürfen von Franz Seitz einen Galawagen, eine goldstrotzende Rokokosänfte auf Rädern, eine »grandcarrosse« im Stile Ludwigs XV. Wie dieser wollte Ludwig II. in ihr ausfahren: an der Spitze vier Trompeter und ein Pauker, vor dem Wagen Reitknecht und Vorreiter, links und rechts des Wagens je ein Stallmeister, hinter ihm acht Reitknechte, uniformierte wie die Garden Ludwigs XV. – und im Wagen, auf blauem Samtpolster, eine goldgestickte Sonne auf der Rücklehne, der Bayerkönig, etwas unbequem, aber unendlich feierlich sitzend, im Kostüm des Bourbonenkönigs.

Die Ausfahrten sollten in aller Heimlichkeit erfolgen, aus zwei Gründen. Ludwig wollte die Reise in die Vergangenheit des absoluten Königtums in erhabener Einsamkeit genießen. Und der konstitutionelle Monarch konnte sich nicht gut in aller Öffentlichkeit als Verschwender präsentieren. Seine Majestät werde Sorge tragen, schrieb Stallmeister Hornig dem besorgten Hofsekretär Düfflipp, »daß von den projektierten Fahrten in dem goldenen Wagen keine Seele etwas erfahren solle«.

»Die Sache mit dem goldenen Wagen soll ganz geheimgehalten werden – den Künstlern und Gmelch ist Schweigen einzuschärfen«, befahl Ludwig. Der Hofwagenfabrikant brachte es nicht fertig, sein Prachtstück niemanden sehen zu lassen. Als Ludwig davon erfuhr, fiel Gmelch in Ungnade.

Weitere Prunkgefährte ließ er vom Hofsattler- und Hofwagenfabrikanten Johann Michael Mayer bauen. Franz Seitz, der bewährte Rokoko-Dekorateur, wurde mit dem Entwurf für einen Prachtschlitten beauftragt, nach Anweisungen des Königs: Er müsse »den geschmeidig gewundenen Rokokoformen entsprechen«; auf beide Seiten »werden elegante Schäferszenen gemalt«, nach Vorlagen von Boucher, Baudouin und Fragonard; »es ist auch nicht notwendig, daß der Kutscher einen Platz zum Sitzen bekommt, ein Brett tiefer unten zum Stehen würde genügen«.

Der »Amourettenschlitten« wurde später mit einer elektrischen Batterie ausgerüstet. Die von Putten getragene Königskrone erstrahlte nun in zeitgemäßem Licht, leuchtete auch in der Dunkelheit.

In der Nacht fuhr der König am liebsten aus, und im Winter, wenn die Welt von der sternenbestickten Dunkelheit verhüllt war und das Schneetuch auch noch die letzten Geräusche erstickte, wenn der Schlitten unaufhaltsam dahinglitt und Ludwig vollends der Wirklichkeit entglitt.

»Fahrten im Rococo-Schlitten«, notierte er, »Wonne, Jubel nicht zu nennen... und mir meine Ruh... bei magischem Mondenschein, durch den düstern, schneebedeckten Tannenwald!«

Wie Ludwig XIV. thronte Ludwig II. zuweilen im Schlitten, in goldübersätem Königskostüm, in blauem Mantel mit Hermelinbesatz, mit Samtbarett und Straußenfedern. Hatte er das Zivil des 19. Jahrhunderts angelegt, wies er sich durch eine große Brillantagraffe am Hut als ungewöhnlicher Sterblicher aus.

Der Vorreiter, eine Fackel in der Hand, war wie die Reitknechte auf den Sattelpferden à la Rokoko gekleidet. Livree, Perücke, Dreispitz und Stulpenstiefel. Der

Schlitten wurde von vier Pferden in Saffian- oder Samtgeschirren gezogen; sie trugen Federbüsche und Glokken. Bei Schimmeln war die Garnitur blau, bei Rappen rot.

»Die nächtlichen Fahrten«, bemerkte Theodor Hierneis, damals Küchenjunge in der Hofküche, »glichen in ihrer blitzartigen Geschwindigkeit einem nächtlichen Spuk, einem Märchenbild, das den wenigen Augenzeugen ein unvergänglicher Anblick, ein überirdisches Begegnis war.«

Die Nacht war die Zeit, in der seine Träume aufgingen, über dem Horizont standen, den Zenit erreichten, um mit dem Morgengrauen wieder zu versinken. »Die Vögel beginnen zu singen, es dämmert, ich muß nun schließen...«

Nachts fuhr er aus, ging spazieren, las und schrieb, ließ seine Phantasie umherschweifen. Dann schlief er lange in den Tag hinein, in der Erwartung, die Nachtträume im Tagschlaf zu verlängern.

Der Mond war sein Lieblingsgestirn. Als Kind hatte er Monde gezeichnet, als Jüngling den guten, stillen, silbernen Mond angehimmelt. Der König ließ sich sein Erscheinen anzeigen: Ein Diener, erzählte Anton von Hirschberg, sei unter tiefen Verbeugungen in das Zimmer getreten, um, wie man einen hohen Besuch anmeldet, zu verkünden, daß der Mond soeben aufgegangen sei.

Im Schlafzimmer der Majestät in Hohenschwangau schien ein künstlicher Mond auf das Bett. Er »leuchtet nach Allerhöchstderen Aussage nicht mehr so schön wie früher«, schrieb 1878 Stallmeister Hornig an Hofsekretär Bürkel. »Euer Hochwohlgeboren möchten ihn reparieren lassen.«

Im Mondlicht blühte seine Phantasie auf, die um die Sonne, genau gesagt, um den Sonnenkönig kreiste. Denn der Mondkönig träumte davon, wie Ludwig XIV. ein Roi-soleil zu sein.

»König Sonne«, erklärte Ludwig II., sei sein Ideal, in Louis Quatorze liebe er »die Poesie des Königtums«. Aber er schätzte auch die Prosa der absoluten Monarchie, wie sie Ludwig XIV. formuliert und praktiziert hatte und wie sie, zu seinem Leidwesen, nicht mehr der Realität des 19. Jahrhunderts entsprach.

Dies war nicht der geringste Grund, warum er aus seiner Zeit auszusteigen und sich in eine ihm genehme Zeit zurückzuversetzen suchte. Als solche erschien ihm auch und immer wieder das Mittelalter, die von Richard Wagner beschworene Welt der Mythen – und immer mehr das Grand-siècle, in dem der Monarch noch der König und Herr gewesen war.

Nächtliche Schlittenfahrt

Er mußte stets daran denken. »Ob der Monarch im grünen Tannendickicht dahin fuhr oder unter dem winterlich kristallisierten Reif der Äste, ob die Felsen sich über ihm auftürmten oder Farnkräuter und Huflattich sich unter ihm ausbreiteten, die Gedanken des Königs drehten sich stets um das unumschränkte Königtum«, bemerkte Luise von Kobell, die ihn recht gut kannte.

Die absolute Monarchie, die ihm vorschwebte, schien in Ludwig XIV. verkörpert gewesen zu sein. Dieser König von Frankreich herrschte – von 1643 bis 1715 – nach dem Grundsatz »Un roi, une loi, une foie – ein König, ein Gesetz, ein Glaube«, regierte nach dem Prinzip »L'état c'est moi – der Staat bin ich«. Und dieser Bourbone erbaute ein Schloß, wie es der Größe seiner Macht und dem Glanz seiner Glorie angemessen war, das Schloß von Versailles, in dem der französische Adel kaserniert, zur Hofgesellschaft degradiert war – zum höheren Ruhme des Königtums.

In seinem Tagebuch rief Ludwig II. Gott und den Sonnenkönig an, auf französisch selbstredend: »Que dieu me sancifie et la mémoire du Grand Roi Louis XIV. – Möge Gott mich heiligen und das Andenken des großen Königs Ludwig XIV.«

Den Namen hatte er mit ihm gemeinsam. Ludwig II. war nach seinem Großvater Ludwig I. benannt worden, der seinen Namen von seinem Taufpaten Ludwig XVI. und nach dem Namenspatron Ludwig IX., dem heiligen König Frankreichs, erhalten hatte. Ludwig II. glaubte an die Magie des Namens, lebte in der Vorstellung, »daß zwischen den Herrschern gleichen Namens eine Art Schicksalsverkettung bestehe«, bemerkte der Kunsthistoriker Hans Rose.

Auch die Baulust schien Ludwig II. mit Ludwig XIV. gemeinsam gehabt zu haben, freilich nicht dessen Mittel und Augenmaß. Ludwig XIV. soll auf dem Sterbebett seinem Nachfolger geraten haben: »Surtout, mon enfant, ne me suivez pas dans le goût pour les bâtiments – Mein Kind, folge bloß nicht meiner Neigung für das Bauen!«

Als Hofsekretär Philipp Pfister diese Worte des französischen Ludwigs dem bayerischen Ludwig vorhielt, bekam er sein Papier, in kleine Fetzen zerrissen, in einem Kuvert zurück. Und wurde nie mehr in Audienz empfangen.

Ludwig II. teilte nicht die Lust Ludwigs XIV. an der Jagd, hielt sich nicht, wie der Franzose, Mätressen. Paradeschlafzimmer richtete sich auch der Wittelsbacher ein. Aber er war darin nicht, wie der Bourbone, vom Lever bis zum Coucher von einer Hofgesellschaft umgeben und danach nur gelegentlich in intimer Gesellschaft eines Hofbediensteten anzutreffen, was er hinterher als Verstoß gegen Gottes Gebot wie das Sittengesetz eines Königs bereute.

»Ich schwöre und gelobe auf das Feierlichste, bei dem heiligen, reinen Zeichen der Königlichen Lilien innerhalb der nie zu durchschreitenden, unverletzlichen Balustrade, die das Königliche Bett einschließt«, schrieb Ludwig II. in der Neujahrsnacht 1873 in sein Tagebuch, »im Laufe des soeben begonnenen Jahres, so viel als nur irgend möglich ist, jeder Anfechtung auf das Tapferste zu widerstehen ... und so mich immer würdiger der Krone zu machen, die Gott Mir verliehen hat.«

»Aus der Lilie die Kraft gewonnen, allen Anfechtungen das ganze Jahr hindurch zu widerstehen«, lautete ein anderer Eintrag, und ein weiterer: »Durch den Fall entsühnt durch den belebenden stärkenden Duft der Königlichen Lilie.«

Als Symbol »der Reinheit und Unverdorbenheit« galt ihm die Lilie. Sie wurde bereits von den alten Persern als Sinnbild der Unschuld verehrt. Christliche Heiligenfiguren hielten sie in der Hand, wobei sie oft ohne Staubgefäße, »lilienrein«, abgebildet war. Ludwig VII.

nahm sie im Mittelalter als stilisiertes Ornament, »Fleur de lis«, in das französische Königswappen auf.

Ludwig II. liebte die Blume und schätzte das Symbol. Mit der bourbonischen Lilie ließ er Decken und Vorhänge, Teppiche und Möbel schmücken. Es war die weiße Blume des königlichen Romantikers, der sein Ideal nicht in der deutschen Natur, sondern in der französischen Geschichte suchte.

Die Sonne war das andere Sinnbild seiner Sehnsucht nach einem Königtum à la Roi-soleil. Sie galt als Attribut Ludwigs XIV., erstrahlte in französischen und nun auch in bayerischen Schlössern, in denen Ludwig II. sich im Glanze des Vorbildes zu sonnen suchte.

Nach kriegerischem Ruhm verlangte es den Wittelsbacher im Unterschied zum Bourbonen nicht. Dieser hatte seine Macht in Europa mit Waffengewalt auszubreiten versucht, in Kriegen gegen das alte deutsche Reich. Die Stammlande der pfälzischen Wittelsbacher waren davon besonders betroffen gewesen. Das kümmerte Ludwig II. nicht. Er respektierte die Taten Ludwigs XIV., wie sie in den Deckengemälden des Spiegelsaales zu Versailles verherrlicht worden waren: den Rheinübergang, die Züchtigung der Holländer und Deutschen durch den Sonnenkönig, der als Apollo, als Sonnengott, erschien.

Das verübelten ihm nationalgesinnte Deutsche, auch Bayern, die stolz darauf waren, daß in ebendiesem Schlosse Ludwigs XIV. der Triumph über den »Erbfeind« gefeiert, der neue Kaiser proklamiert worden war.

Hofsekretär Düfflipp wagte ihm zu sagen, er könne nicht verstehen, daß einem König von Bayern, einem deutschen König also, Darstellungen französischer Siege über die eigene Nation gefielen und daß er nicht lieber seine Schlösser mit Darstellungen bayerischer und damit deutscher Waffentaten schmücke. Der Hofsekretär fiel vorübergehend in Ungnade.

In einem Drama von Julius Leopold Klein über Kardinal Richelieu, der den Grund für die französische Großmacht gelegt hatte, störten ihn deutsch-nationale Töne. Der König ließ 1874 nachfragen, »wann Klein das letzte Stück seiner Trilogie ›Richelieu‹ geschrieben hat. Seine Majestät glauben, erst nach den letzten Feldzügen, weil es gar so deutsch gehalten ist. Seine Majestät werden dann wahrscheinlich eine Umarbeitung dieses Stückes verlangen, und soll dasselbe ein echt französischer Geist durchwehen.«

Kaum hatte das neue Reich auf französischen Schlachtfeldern seine Feuertaufe erhalten, verlangte es den König von Bayern, in das von Deutschen besiegte und von Nationalisten gehaßte Frankreich zu reisen. Ludwig, der im allgemeinen Reisen scheute, drängte es ein zweites Mal in das, wie er bei Schiller gelesen hatte, Paradies der Länder, das Gott lieb habe wie den Apfel seines Auges, und – woran ihm besonders gelegen war – zu den Stätten der französischen Königsherrlichkeit, in das Eldorado der Monarchie.

Drei Jahre nach dem Frieden, der nur ein bewaffneter Frieden war, warf ein solches Vorhaben beträchtliche Probleme auf. Ein offizieller Besuch eines deutschen Bundesfürsten in der Französischen Republik war ohnehin nicht möglich. Aber auch eine private Visite erregte Bedenken auf seiten der französischen Regierung, die auf eine mit Ressentiments behaftete Wählerschaft Rücksicht nehmen mußte, wie bei deutschen Behörden, die weder die persönliche Sicherheit des Königs verbürgt sahen noch für die nationale Zuverlässigkeit des Bayern bürgen wollten.

Die bayerischen Minister versuchten ihrem König die Reise auszureden. Als er in seiner privaten Angelegenheit weit weniger Gehör zeigte als in Staatssachen, drohten sie mit Rücktritt. Das beeindruckte Ludwig diesmal nicht. Er beharrte auf seinem Willen, ersuchte den deutschen Botschafter in Paris – unter Umgehung des bayerischen Vertreters, der auf der Seite des Ministeriums in München stand –, die erforderlichen Schritte bei den französischen Behörden zu unternehmen.

Botschafter war Fürst Hohenlohe, Ludwigs ehemaliger Ministerpräsident, der sich wunderte, daß der sonst auf seine Staatshoheit pochende Bayerkönig sich unmittelbar an die Reichsadresse wandte. Hohenlohe benachrichtigte den Reichskanzler, der nicht erbaut war, doch die Ermächtigung erteilte, bei der französischen Regierung vorstellig zu werden, »da ja doch keine Aussicht dafür bestehe, S. M. von dem höchst bedauerlichen Reiseplan abzubringen.«

Am 21. August 1874 traf Ludwig II., als erster deutscher Fürst nach dem Kriege, unter dem Decknamen eines Grafen von Berg in Paris ein, begleitet von Oberststallmeister Holnstein und Generaldirektor Schamberger. Hohenlohe begrüßte ihn an der Gare de L'Est, brachte ihn zum Palais Beauharnais, der deutschen Botschaft. »Der König war sehr erstaunt über die Pracht der ihm eingeräumten Gemächer. Er soupierte dann allein. Heute früh«, notierte Hohenlohe am 22. August, »hat er sich ein Bad bestellt und als besonderen Spaß das Frühstück in dem kleinen türkischen Kabinett neben dem Bad.«

Noch am selben Tag fuhr er nach Versailles. Er war nicht gekommen, um sich am Pomp des napoleonischen Empire zu ergötzen, sondern um sich die Pracht und Macht des Sonnenkönigs zu Gemüte zu führen.

Das Schloß von Versailles begrüßte er wie einen alten Bekannten: Ludwig XIV., in Bronze gegossen, der mit dem Marschallstab salutierte, die Cour Royale, wo über einer Fassade die Inschrift »À toutes les gloires de la France« stand, die Galerie des Glaces, deren Spiegel, gegenüber den sich auf den Park öffnenden Fenstern, Unendlichkeit vortäuschten.

»Die französischen Beamten, die ihm bei dieser Gelegenheit als Führer dienten«, berichtete Legationsrat

Rudolf Lindau, »konnten mit einiger Überraschung bemerken, daß der deutsche Fürst Versailles mindestens ebensogut wie sie, wenn nicht sogar besser kannte. Sie unterließen es deshalb auch bald, ihn auf hervorragende Gemächer, Bilder und Möbel aufmerksam zu machen, und gestatteten ihm, ungestört durch die großen Säle des ›großen‹ Königs zu schweifen...«

Am Samstag hatte er einen ersten Rundgang gemacht, am Montag – nachdem er am Sonntag in Paris einiges besichtigt hatte – fuhr er wieder nach Versailles, blieb dort zwei Tage und eine Nacht. An seinem neunundzwanzigsten Geburtstag, am 25. August 1874, sprangen die »Großen Wasser« im Park für den König von Bayern, der dem im Schloß zum Deutschen Kaiser ausgerufenen König von Preußen diese nationale Würde angetragen hatte. »Das Publikum war anständig«, notierte Hohenlohe, »nur einige Versailler Jungen wurden arretiert, die sich damit unterhielten, hinter dem König dessen Gang nachzumachen.«

Die Pariser Zeitungen – das Inkognito war schnell gelüftet worden – äußerten geteilte Meinungen. Die einen verwiesen darauf, daß Ludwig II. dem Frankreichfeldzug und der Kaiserproklamation ferngeblieben war und seine Soldaten, wie der »Figaro« schrieb, nur auf dem Piano begleitet hätte. Andere, wie der »XIXme Siècle«, behaupteten, dieser Bayerkönig sei nichts weiter als ein Satellit des Preußensterns, oder rechneten, wie der »Événement«, ihren Lesern vor, daß die Wasserspiele die Staatskasse 50000 Francs gekostet hätten, nachdem sie bereits durch die Kriegsentschädigung um 5 Milliarden Francs erleichtert worden war.

In Versailles traf Ludwig den französischen Außenminister, Herzog von Decazes. Zu einer Begegnung mit dem französischen Staatspräsidenten, Marschall Mac Mahon, kam es nicht. Er weilte ohnehin nicht in Paris, was Ludwig nur recht war, denn ihn interessierten die alten Monarchen und nicht die neuen Republikaner. »Die Franzosen der Jetztzeit«, bemerkte Legationsrat Lindau, »scheinen dem Könige von Bayern ziemlich gleichgültig zu sein, die Franzosen des 16., 17. und 18. Jahrhunderts dagegen flößen ihm das lebhafteste Interesse ein.«

»Wie an einen wundervollen Traum gedenke ich meiner Reise nach Frankreich, des endlich erschauten angebeteten Versailles«, schrieb er nach dem am 28. August 1874 beendeten, insgesamt neun Tage dauernden Ausflug. Doch es waren Wermutstropfen im Freudenbecher.

In Frankreich war er nicht nur mit dem glänzenden Höhepunkt, sondern auch mit dem düsteren Ende der absoluten Monarchie konfrontiert worden. Im Park von Versailles besuchte er das Petit-Trianon, das Lustschloß der Königin Marie-Antoinette, aus dem sie durch die Französische Revolution vertrieben wurde. In Paris sah er die Conciergerie, wo sie eingekerkert war, fuhr über die Place de la Concorde, auf der sie und ihr Gemahl, König Ludwig XVI., im Jahre 1793 enthauptet wurden.

»Eine Art von religiösem Kultus«, bekannte Ludwig seiner einstigen Erzieherin, Baronin Leonrod, »weihe ich dem Andenken dieser schönen, so tief unglücklichen Fürstin, welche aus allen Schicksalsschlägen geläutert hervorging und wahre Seelengröße zeigte, deren Natur so durch und durch erhaben und königlich war, auf dem ersten Thron der Christenheit gleich wie im tiefsten Elend.«

Vor einer Büste der Königin Marie-Antoinette in Linderhof pflegte er das Haupt zu entblößen; mitunter streichelte er die Marmorwangen. Ihr Bild hing in seinem Tiroler Absteigequartier am Fernpaß bei Lermoos, in einem der beiden im Rokokostil ausgestatteten Wirtshauszimmer, die er gemietet hatte, um sich von seinen Schlittenpartien von Hohenschwangau aus zu erholen und seine Träume fortzuspinnen – allein mit der Erinnerung an die tote Königin.

Am Tage der Hinrichtung gedachte er ihrer, schrieb in sein Tagebuch: »Trauermesse um Mitternacht, kniend und küssend die Hand der edlen und erhabenen Königin, deren (Porträt in Miniatur) Andenken wir heute mehr als jemals feiern, das, solange es monarchisch Gesinnte gibt, nicht verblassen wird.« Oder: »Am 16. Oktober, dem Jahrestag des Martyriums der erhabenen und edlen Königin Marie Antoinette *sicherlich* letzte sinnliche und profane Küsse ... Daß das Andenken des Martyriums und des heiligen Todes der großen Königin mir Kraft verleihen möge, das Böse zu überwinden, das ich verfluche, dem ich entsagen will für immer! immer! immer!«

Auch der Enthauptung ihres Gemahls gedachte er, aus Sympathie für den Monarchen, aus Sorge für die Monarchie und in Anrufung eines Nothelfers im Kampfe mit seiner homosexuellen Veranlagung: »Am 21. Januar, Jahrestag der Ermordung des Königs Ludwig XVI., Tag für immer finster und schrecklich, Trauermesse, geschworen von neuem vor dem Bild der Heiligen Jungfrau und des Jesuskindes und vor dem des heiligen Königs Ludwig IX. (weiße Fahne) küssend das Kruzifix, schwörend auch vor dem Bild des Königs Ludwig XIV. des Großen, das Böse zu überwinden, die Sinne zu meistern.«

Von den Königen von Gottes Gnaden erbat er sich übernatürliche Gaben für das Ringen mit seiner Natur. Und erhoffte sich ideellen Beistand bei der Verteidigung der Monarchie in seinem Jahrhundert, das im Zeichen der Revolution begonnen hatte. Deshalb zog es ihn nicht nur nach Versailles, wo die französischen Könige Macht demonstriert hatten, sondern auch nach Reims, wo sie gekrönt und gesalbt worden waren, im Namen dessen, der ihnen die Macht verlieh.

So reiste er am 24. August 1875 ein drittes Mal nach Frankreich. Er wollte in Reims seinen Geburtstag und seinen Namenstag feiern, die beide auf den 25. August fielen, wollte seinen Namenspatron und seine königlichen Schutzpatrone anrufen.

Das dreißigste Lebensjahr vollendete er in der gotischen Kathedrale Notre-Dame zu Reims. Ludwig dachte an die Jungfrau von Orleans, die Karl VII. hierher zur Krönung geführt hatte. Doch die Sainte Ampoule, die der Legende nach eine Taube vom Himmel für den Frankenkönig Chlodwig gebracht hatte, mit deren angeblich unversiegbarem Öl die Könige von Frankreich gesalbt worden waren, ging während der Französischen Revolution zu Bruch. Das Reimser Evangelienbuch, auf das sie den Eid abgelegt hatten, wurde seines Edelsteinschmuckes beraubt und fast gänzlich zerstört.

Es war nicht mehr so wie früher. In Reims war Heiliges entweiht und Königliches geschändet worden. In Versailles hatten der Bürgerkönig Louis Philippe und der Volkskaiser Napoleon III. dem Schloß der absoluten Monarchie ihren Stempel aufgedrückt und ein »National-Museum« eingerichtet, in dem Napoleon I. mehr als Ludwig XIV. verherrlicht wurde.

Ludwig erging es wie so manchem, der Stätten seiner Träume aufsucht und sie in der Wirklichkeit entschleiert sieht, desillusioniert wird. Fortan reiste er nur noch in seiner Vorstellungswelt. Es war einfacher und bequemer, bewahrte vor Enttäuschung und gewährte unbeschwertes und unbegrenztes Schweifen im Reiche der Phantasie.

Ludwig las und las, auch wenn er am Ufer des Alpsees oder auf einem Berggipfel saß, durch eine wunderschöne Landschaft fuhr oder durch den winterlichen Märchenwald glitt. »Fahrten im Rococo-Schlitten in (Martin, Ranke) gelesen«, notierte er. »Fahrt zu Schlux, gelesen in (François I).« Oder: »Geritten (Pagodenburg) in d. Geschichte Frankreichs v. Genonde u. in Randot gelesen.« Oder: »Zur Aussicht auf den Walchensee, gelesen (Scheffel).«

Lesen ersetzte ihm Sehen, Lektüre die Erfahrung. Seine Phantasie nährte sich aus Lesefrüchten, sein Weltbild setzte sich aus Lesestücken zusammen, seine Weltkenntnis war nicht aus dem Leben, sondern aus Büchern geschöpft, erschöpfte sich im Theoretischen.

Ludwig verschlang durchschnittlich pro Tag einen Band. Er las alte und neue Literatur, Gedichte, Romane und Dramen, Mythologisches und Historisches, Darstellungen, Memoiren und Briefsammlungen, zunehmend Werke zur französischen Geschichte des 17. und 18. Jahrhunderts. Das Aufspüren einschlägiger Bücher war fast die einzige Aufgabe des bayerischen Vertreters in Paris, ein Beschäftigung, die einen Großteil seiner Zeit in Anspruch nahm.

Eine Art Oberbibliothekar und Leibvorleser wurde der Kabinettssekretär, der nicht nur alles beschaffen, sondern auch ordnen und auswerten sollte.

»Da der König nicht alles selbst lesen wollte«, berichtete Walter von Rummel, der Schwiegersohn des seit 1876 amtierenden Kabinettssekretärs Friedrich von Ziegler, hatte sein Adlatus »über diese gesamte Riesenliteratur dem Monarchen die eingehendsten Vorträge zu halten, Auszüge aus den Riesenwerken Mercure de France, Mercure galant zu machen. Er selbst konnte die Arbeit nicht mehr bemeistern. Helfend sprang ihm seine Frau bei und fertigte für dieses Referat Auszug nach Auszug. Schon die Titel all dieser unzähligen Werke füllen ganze Bände.«

Ludwig wollte möglichst viel und alles ganz genau wissen, über Ludwig XIV., Ludwig XV., Ludwig XVI., über Königinnen und Mätressen, Prinzen und Herzöge, Gelehrte und Künstler dieser Epoche, seiner Lieblingszeit. Es interessierte ihn brennend, wie sie damals dachten und fühlten, gekleidet waren und auftraten, sich räusperten und spuckten, wo und wie sie wohnten. Auf jede Einzelheit des Versailler Hoflebens war er begierig, der Fêtes galantes wie der Hirschjagden, der Staatsaktionen und Schäferspiele, vor allem der Theateraufführungen.

Der König wurde ein Spezialist für das französische 17. und 18. Jahrhundert. Der dilettierende Historiker hatte mit den Zunftgelehrten des 19. Jahrhunderts einiges gemeinsam, im Kleinen die Liebe zum Detail, im Großen die Wertschätzung und Überschätzung der Vergangenheit. Aber Ludwig hatte aus der Geschichte nicht die Lehre gezogen, daß alles im Fluß und daher relativ sei. Für ihn war das Zeitalter der absoluten Monarchie ein absolutes Optimum, das – wenn es schon nicht verlängert worden war und erneuert werden konnte – wenigstens in seiner Einbildung fortleben sollte.

Wie ein Romantiker versuchte er sich in die Vergangenheit hineinzuversetzen, doch nicht in ein abstraktes, sondern in ein konkretes Traumland. Wie ein Historiker suchte er in Erfahrung zu bringen, wie es gewesen war, ohne daß es ihn interessiert hätte, wie es geworden war und es sich weiterentwickelt hatte.

Ludwig sammelte Kulissen, Akteure und Szenen für das Stück, das er allein und für sich selbst, mit ihm als Regisseur, Hauptdarsteller und Publikum aufzuführen gedachte. Das große Spektakulum des Grand-siècle, en reprise und da capo.

Den Stoff seiner Träume entnahm er nicht nur der Lektüre historischer Werke, sondern gewann ihn auch bei der Betrachtung zeitgenössischer Bilder, von Kupferstichen, die er sammelte, und Gemälden, die er, wenn er sie schon nicht erwerben konnte, kopieren lassen wollte, zumindest photographieren ließ.

Edmond de Goncourt, der in Frankreich das Ancien régime wiederentdeckte, wurde im Namen des Königs von Bayern gebeten, zwölf Fragen über Bilder dieser Zeit zu beantworten. Er tat es gerne, als Franzose geschmeichelt, einem fremden »Souverain amoureux de nos grands et élégants siècles« dienen zu können.

Am liebsten hätte Ludwig Denkmäler, Gebäudeteile und Inschriften aus Frankreichs großer Zeit nach Bayern geholt. Vielleicht hätte er sich derartiges als Anteil an den Reparationen gewünscht, wenn er im Deutschen Reich etwas zu sagen gehabt hätte. So mußte er sich mit Nachgebildetem und Durchgepaustem begnügen. Die französische Regierung war dabei behilflich, beispielsweise im Jahre 1873, als er einen Plan des Schlosses von Compiègne erbat und erhielt.

Alles mußte stimmen, Kulissen und Kostüme, Ort und Zeit der Handlung seiner Vorstellungen – in seinen Träumen, die für ihn das Leben waren, und auf den Brettern, die für ihn die Welt bedeuteten.

Auch im Theater wollte Ludwig alles authentisch haben, historisch verbürgt und getreu, en gros und en détail. Das lag im Zuge der Zeit, in der er lebte. Das Meininger Hoftheater war als Tourneetheater darin vorbildlich geworden, daß, wie ein Zeitgenosse rühmte, »die äußere Ausstattung der Stücke bis ins kleinste stilvoll und echt war, das heißt dem betreffenden Stück nach Zeit und Art vollständig entsprach«.

Solche Inszenierungen bevorzugte auch Ludwig II., der zwar nicht die bayerischen Haupt- und Staatsaktionen leitete, aber doch so etwas wie ein Generalintendant der bayerischen Staatsbühnen war. Er schickte Bühnenbildner zu Detailstudien an historische Schauplätze der Theaterstücke, beispielsweise für Wagners »Meistersinger« nach Nürnberg und für Schillers »Jungfrau von Orleans« nach Reims. Höchstpersönlich kümmerte er sich um Einzelheiten der Ausstattung und selbstverständlich um die Auswahl der Stücke.

In letzterem stimmte er weniger mit seiner Zeit überein. Weiterhin schätzte er auf der Sprechbühne Friedrich Schiller, zunehmend jedoch Stücke, die im Frankreich des 17. oder 18. Jahrhunderts spielten, ihm sein Lieblingsthema in immer neuen Variationen vorführten.

Altes Residenztheater, Zuschauerraum

Dabei sollte sich alles so abspielen, wie es seinen Studien nach gewesen war. Selbstredend hatten die Schauspieler französische Zitate korrekt wiederzugeben. Und die Schauplätze mußten den historischen Orten des Geschehens aufs genaueste entsprechen.

Die Szenerie hatte sich an historische Vorlagen zu halten. »Dem Dichter möchten Sie auch zu wissen machen«, wies der König Hofsekretär Düfflipp an, »daß die Erklärung des Herzogs von Anjou von Spanien nicht im Schlafzimmer stattgefunden hat, sondern in einem sogenannten Grand Cabinet. Sie möchten aus Paris einen Stich kommen lassen von Gérard, der diese Szene vorstellt, in dem letzten Akt soll die Gruppierung genauso werden wie auf dem Bild.«

Die Szenen hatten den geschichtlichen Vorgängen zu entsprechen. Ernst Possart, der Karl von Heigels »Die Aufführung der Esther in St. Cyr« zwar bühnenwirksam, aber nicht historisch exakt inszeniert hatte, erhielt noch am selben Abend vom König ein historisches Werk zugesandt, »aus dem zur Evidenz hervorging, daß die Aufführung der Racineschen ›Esther‹ in der großen Eingangshalle des Erziehungsinstituts von St. Cyr und nicht im Garten gespielt habe, daß ferner dem König Ludwig XIV. zur Rechten der kleine Prinz von Wales, zur Linken die Königin von England gesessen sei ...«

»Ich will nur den historischen Vorgang wahrheitsgetreu dargestellt wissen«, erklärte Ludwig II. Mitunter schien es, als sei ihm die Szenerie wichtiger als die Handlung. »Manche Dramen«, bemerkte der Kunsthistoriker Michael Petzet, »hat der König offenbar nur bestellt, um bestimmte Schauplätze auf der Bühne zu sehen, und einzelne Bühnenbilder wurden überhaupt ohne Zusammenhang mit einem Stück angefertigt, um vor oder nach einer Vorstellung gezeigt zu werden.«

Das Bühnenbild war oft das Sehenswerteste. Denn die Stücke, die dem französischen und deutschen Repertoire entnommen oder im Auftrag Ludwigs II. verfaßt worden waren, rissen kaum zur Bewunderung hin.

Nach einer Aufführung des Lustspieles »Der Fächer der Pompadour« fragte der König den Hofsekretär, wie es ihm gefallen habe. »Ich begreife nicht, wie Euer Majestät an dergleichen Gefallen finden können«, antwortete Düfflipp. Ludwig erwiderte: »Ich finde das Stück ja auch schlecht, aber es weht doch die Luft von Versailles darin.«

Das Münchner Theaterpublikum fand an der Repetition des Grand-siècle wenig Gefallen. Graf Adolf von Schack, der Schriftsteller und Kunstsammler, erinnerte sich: Das Lustspiel »Die Herzogin« von Julius Leopold Klein, »welches bloß dadurch seine Aufmerksamkeit auf sich zog, daß der französische Monarch darin auftrat«, mußte aufgeführt werden, obwohl es langweilig war. »Schon gegen Ende des ersten Aktes begann das Haus sich merklich zu leeren, und gegen Schluß des zweiten war kaum noch ein Zuhörer da.«

Das Publikum, das seine Vorliebe für das Ancien régime nicht teilte, hatte ohnedies sein Mißfallen erregt. »Ich kann keine Illusion im Theater haben, solange die Leute mich unausgesetzt anstarren und mit ihren Operngläsern jede meiner Mienen verfolgen. Ich will selbst schauen, aber kein Schauobjekt für die Menge sein«, erklärte er Ernst Possart, der berichtete: »Entrüstet verließ der Fürst eines Abends mitten im Akt die Vorstellung, entschlossen, sich fortan dem Publikum im Theater nicht mehr zu zeigen.«

Die erste Separatvorstellung für den König fand am 6. Mai 1872 statt, mit dem Lustspiel »Die Gräfin du Barry« von Louis Schneider nach Jacques Ancelot. Insgesamt wurden, bis zum Jahre 1885, 209 Separatvorstellungen zu später Stunde im Residenztheater oder im Hof- und Nationaltheater gegeben, meist Schauspiele, aber auch Opern.

»Das Haus war tageshell erleuchtet, und eine geradezu unheimliche Öde und Stille herrschte darin«, berichtete Luise von Kobell, die Eugène Scribes Stück »Salvoisy« übersetzt hatte und deshalb – eine seltene Gunst – mit ihrem Mann, Kabinettssekretär Eisenhart, der Premiere, einer Separatvorstellung für den König, beiwohnen durfte. »Da vernahmen wir über uns das Aufschlagen einer Türe, das heftige Rücken eines Stuhles; ein Glockenschlag, und der Vorhang hob sich, denn Ludwig II. war eben in seiner Loge eingetroffen.«

Die Schauspieler gaben ihr Bestes. »Doch schien es mir, als fehle ohne Publikum das pulsierende Leben und der elektrische Strom von Leid und Freud, der sich von einem zum anderen hinüber leitet.«

Ludwig war in seinem Lebenselement. Er genoß die Separierung vom Publikum, das Alleinsein in seiner Phantasiewelt, das Einssein mit seinen Traumgestalten – l'art pour le roi.

Der König suchte sich die Stücke selber aus. Ausschlaggebend war in der Regel, daß sie im Frankreich des 17. oder 18. Jahrhunderts spielten. Am liebsten ließ er sich nach seinen Anweisungen neue Schauspiele schreiben, zumindest wollte er vorhandene nach seinen Vorstellungen bearbeitet sehen – von »literarischen Hoflieferanten« wie Karl von Heigel, Ludwig Schneegans, Hermann von Schmid und August Fresenius.

Die Bourbonenkönige mußten im besten Licht gezeigt werden, das Königtum überhaupt mächtig und glänzend dastehen. Sätze wie »Verräter ist, wer nicht den König ehrt / Wer, wenn Er fern, des Königs Ruhm verlästert«, dürften keinesfalls gestrichen werden, ermahnte er einen Regisseur.

Liebend gerne hätte er selber den König, wenigstens auf der Bühne die Hauptrolle gespielt. Bisweilen schien er sie auch in seinem Bayern übernommen zu haben, so einmal im Jahr, am 24. April, beim Fest des Ritterordens vom Heiligen Georg.

Ludwig II. als Großmeister des St. Georgsritterordens

Mitglied des uralten bayerischen Ordens konnte nur werden, wer sechzehn adlige Ahnenreihen nachwies, acht väterliche und acht mütterliche. Ludwig II. hatte 1871 den Ordenszweck verändert, an die Stelle der »Verteidigung des christkatholischen Glaubens« die Ausübung der Werke der Barmherzigkeit gesetzt. Weiterhin zeigte das Ordenskreuz die auf einem Monde stehende Jungfrau Maria und das Motto: »Virgini immaculatae Bavaria immaculata – der unbefleckten Jungfrau das unbefleckte Bayern.«

Großmeister dieses Wittelsbacher Hausordens war der König. Beim Ordensfest in der Münchner Residenz erschien Ludwig II. in prachtvollem Ornat: Mantel aus hellblauem Seidensamt mit Hermelinkragen, Rock aus weißer Atlasseide mit Rautenmuster, Kniehose mit Brüsseler Spitzen, dunkelblauer Hut mit weißen Straußenfedern, das St. Georgskreuz an goldener Kette.

In altburgundischer, neubayerisch variierter Tracht erteilte der König den Ordenskandidaten in Turnierhelm und Harnisch, die vor ihm in der Hofkapelle knieten, den Ritterschlag.

»Stücke aus alten Weisen wurden gespielt«, schrieb Ludwig II. in sein Tagebuch, »schöner Zauber, der nicht für immer vergehen darf, glückliches Traumbild, das nicht zerrinnen sollte, o herrliche, heilige Zeit des wahren, echten Rittertums, gepriesenes gotterfülltes Mittelalter.«

In zwei vergangenen Zeiten, im christlich-germanischen Mittelalter wie in der Epoche des unumschränkten französischen Königtums spielte das Traumstück Ludwigs, auf beiden Bühnen versetzte er sich in die Hauptrolle: als Sonnenkönig wie als Lohengrin. Die erste Rolle war der Historie entnommen, die zweite der Mythologie.

Die eine spielte er als Schauspielfigur, die andere als Opernheld – nach den Worten und mit der Musik Richard Wagners.

So fuhr er – wie ein Augenzeuge, der Sänger Franz Nachbaur, erzählte – in goldenem Nachen, den Schwan am Bug, über den künstlichen See des Wintergartens in der Münchner Residenz, »die Augen leuchtend, die Lippen fest aufeinandergepreßt, die Wangen bald leichenblaß, bald flammenrot ...«

Aus Wagners Werken habe er stets die größte Begeisterung geschöpft, sagte Ludwig zu Nachbaur in den siebziger Jahren, als sich das persönliche Verhältnis zwischen Jünger und Meister merklich abgekühlt hatte.

Richard Wagner war ein Lobsänger und ein Lobhudler des preußisch-deutschen Reiches geworden. Der ehemalige Achtundvierziger erklärte, er glaube an keine andere Revolution mehr »als die, die mit dem Niederbrande von Paris beginnt«. Wilhelm I., dem dies beinahe gelungen wäre, widmete er den »Kaisermarsch«. Die Pariser verspottete er in dem Stück »Kapitulation«, das nicht auf die Bühne gelangte, doch dessen Text 1873 gedruckt wurde.

Derartiges begeisterte deutsche Nationalromantiker, die Wagner als Musikus des Nationalreiches feierten. Und verstimmte den König von Bayern, der nicht nur seine Souveränitätsverluste beklagte, sondern auch, ähnlich wie Nietzsche, eine Niederlage des deutschen Geistes zugunsten des deutschen Reiches befürchtete.

Wagner hatte auch einen Huldigungsmarsch für Ludwig II. komponiert. Er erklang am 22. Mai 1872 in Bayreuth, in der Nordostecke Bayerns, anläßlich der Grundsteinlegung des Theatergebäudes, in dem der Meister seine Bühnenfestspiele zu zelebrieren gedachte, nachdem die Münchner ihm die Gefolgschaft verweigert hatten. Ludwig II. schickte einen Gruß, der in den Grundstein des Festspielhauses eingemauert wurde: »Heil und Segen zu dem großen Unternehmen ... Ich bin heute mehr denn je im Geiste mit Ihnen vereint.«

Das war eine Übertreibung, zu der er sich, wenn die Rede auf Wagner kam, immer wieder hinreißen ließ. Den ganzen »Ring des Nibelungen«, den er finanziert hatte, hätte er lieber, laut Vertrag, in seinem Hoftheater aufführen lassen, wie es mit dem »Rheingold« und der »Walküre« der Fall gewesen war.

Inzwischen war »Siegfried« fertiggestellt, ging die »Götterdämmerung« ihrer Vollendung entgegen. Wagner wollte sie nicht in München, wo er mit den beiden ersten Teilen schlechte Erfahrungen gemacht hatte, aufführen lassen. Er brauchte die Zustimmung des Königs für die Premiere in Bayreuth, und er gewann sie, indem er – wie gewohnt – Stimmungen Ludwigs auszunützen verstand.

Beim Festmahl nach der Grundsteinlegung des Festspielhauses in Bayreuth ließ er »Bayerns herrlichen König« in absentia hochleben. Er sandte ihm den dritten Akt der »Götterdämmerung«, den Ludwig »mit Wonneschauern« quittierte. Weihnachten 1875 erhielt er die ersten drei Bände von Wagners Autobiographie, im »Vertrauen auf königliche Huld und Gnade« zu »alleinigem Besitz und gewogener Kenntnisnahme«.

Finanzielle Gegengaben des Königs ließen auf sich warten. Wagners Bitte um eine Garantieleistung für den Bayreuther Theaterbau blieb zunächst unbeantwortet, wurde dann vom Hofsekretariat abgelehnt. Schon hielt Wagner sein Festspielprojekt für gescheitert.

Doch der Jünger ließ den Meister nicht im Stich. »Nein! Nein und wieder nein! So soll es nicht enden; es muß da geholfen werden! Es darf Unser Plan nicht scheitern!« schrieb er an Wagner und leistete eine Bürgschaft von 216152 Mark. »Oh, mein huldvoller König!« bedankte sich Wagner. »Blicken Sie nur auf alle deutschen Fürsten, so erkennen Sie, daß nur Sie es sind, auf welchen der deutsche Geist noch hoffend blickt.«

Das Bayreuther Festspielhaus wurde mit der Uraufführung des »Siegfried« und der »Götterdämmerung« innerhalb der ersten Gesamtaufführung des »Rings des Nibelungen« zwischen dem 13. und 17. August 1876 eingeweiht. Ludwig blieb der Premiere des Werkes fern, das nach Wagners Eingeständnis »nur durch den König jetzt und für alle Zeiten vorhanden« sei.

Es kamen der König von Württemberg, der nichts gegeben hatte, und der deutsche Kaiser, Wilhelm I., der auf die Frage, wie ihm das Bühnenfestspiel gefallen habe, erwiderte: »Ich finde es abscheulich.«

An der Seite eines solchen Banausen mochte Ludwig nicht das Werk feiern, das auch das seine war. Im Verein mit dem Hohenzollern, der ihm die Souveränität genommen hatte und nun auch noch die Schau stahl, wollte der Wittelsbacher nicht auftreten. Er war schon verärgert genug, daß bayerische Behörden dem Kaiser die Eremitage in Bayreuth als Wohnung angeboten hatten. Vergeblich hatte der König den Hofsekretär wissen lassen: Seine Majestät sei nicht geneigt, »den König von Preußen in aller höchst dieselben Schlösser Propaganda machen zu lassen«.

Es wurde eine Kundgebung für Kaiser und Reich auf bayerischem Boden und mit bayerischem Publikum. Als Wilhelm I., in Zivil, das Festspielhaus betrat, brach ein Beifallssturm los. Nach der Vorstellung wurde ihm unter den Klängen des »Kaisermarsches« ein Fackelzug dargebracht. Und die Wasserspiele der Eremitage rauschten, bengalisch beleuchtet, für Barbablanca, den neuen Barbarossa.

Als »Ludwig der Deutsche« wäre der König von Bayern gefeiert worden, wenn er sich hätte blicken lassen. Er hatte es vorgezogen, sich den »Ring des Nibelungen«, der ihn magisch anzog, in einer Art Separatvorstellung, bei den Generalproben, anzusehen.

In der Nacht vom 5. auf den 6. August 1876 war Ludwig II. in Bayreuth eingetroffen. Den Hofzug ließ er mehrere Kilometer vor der Stadt, auf freier Strecke, halten. Wagner, der benachrichtigt worden war, erwartete ihn. Der König drückte ihm wortlos die Hand. Sie hatten sich acht Jahre lang nicht mehr gesehen.

Auf einem Feldweg fuhren sie zur Eremitage, wo Wagner noch eine Weile bei ihm blieb. Auf Seitenwegen gelangte der König am Abend zum Festspielhaus. Die Generalprobe des »Rheingold«, die auf seinen Wunsch um eine Stunde verschoben worden war, begann vor fast menschenleerem Haus. Wagner, der neben ihm in der Fürstenloge gesessen hatte, erhielt am nächsten Morgen einen Brief Ludwigs: »Die Sprache ist zu arm, um meine Begeisterung und das Gefühl des tiefsten Dankes auszudrücken.«

Die Sprache hatte es ihm bereits verschlagen, als er beim Verlassen des Festspielhauses von einer Volksmenge empfangen und gefeiert worden war. Einer Fahrt durch die ihm zu Ehren illuminierte Stadt konnte er sich nicht entziehen; er bestand jedoch darauf, daß es in geschlossenem Wagen geschah.

Ein weiteres Zugeständnis wurde ihm abverlangt. Bei der Generalprobe der »Walküre« am folgenden Tag durfte Publikum zugegen sein. So bald wie möglich zog sich der König danach in die Eremitage zurück, wo er die Wasser für sich springen ließ.

Nach der »Siegfried«-Probe wurde ihm im Park der Eremitage ein Ständchen dargebracht, von Sängern und Sängerinnen, die sich hinter Büschen versteckt hielten. »Der König«, erzählte Lili Lehmann, »ging nicht weit von uns entfernt auf und ab.«

Eine Stunde nach Beendigung der Generalprobe der »Götterdämmerung« machte sich Ludwig auf den Rückweg nach Hohenschwangau. Von dort aus schrieb er Wagner: »Sie sind ein Gottmensch, der wahre Künstler von Gottes Gnaden, der das heilige Feuer vom Himmel auf die Erde brachte, um sie zu läutern, zu beseligen, zu erlösen ...«

Noch einmal zog es ihn in den Tempel, in dem das Feuer brannte. Das war vom 27. bis 30. August 1876. An der Seite des Meisters erlebte er in Bayreuth den dritten Zyklus des »Rings des Nibelungen«, kein reiner Genuß, wie die Umstände vermuten lassen. Der neben ihm sitzende Wagner, der am Ende seiner Kraft zu sein schien, störte ihn durch nervöse Zuckungen. Bevor sich der Vorhang hob, ließ ihn ein donnerndes »Hoch« zusammenfahren, das ihm, »dem großmütigen Förderer und Beschützer der Kunst«, galt. An der Brüstung der Loge stehend, mußte er das »Ovationsopfer« ent-

Das Bayreuther Festspielhaus 1873

gegennehmen. »Ovationsgebrüll« schlug ihm auf der Rückfahrt entgegen, bei der sie seinen Wagen, entgegen seiner Weisung, durch die feierlich erleuchtete und festlich gestimmte Stadt leiteten.

Zum Empfang, den Wagner anschließend gab, ging er nicht. Er wollte nicht mehr unter Menschen, und schon gar nicht unter solche »mit langen Haaren«. Er schloß sich in der Eremitage ein, wandelte im Mondenschein durch den Park, bis in die frühen Morgenstunden.

Wie in einem Wartesaal ging er auf und ab, einem Reisenden gleich, der die Stunde der Abfahrt kaum mehr erwarten kann – den Zeitpunkt der Heimfahrt in seine Berge, wo er den Menschen entrückt war, und in seine Schlösser, in denen er seine Idealwelt in Stein und Stuck realisieren, seine Träume greifbar und besitzbar machen wollte.

13

Fluchtburgen und Traumschlösser

Linderhof war das erste Schloß, das er baute, dessen Vollendung er erlebte, in dem er öfter und länger weilte. Die alten Schlösser waren zu eng für seine Träume geworden. Er hatte sie zwar nach seinen Vorstellungen und in seinem Geschmack ausgestattet, die Wohnräume wie den Wintergarten in der Münchner Residenz, seine Gemächer in Berg und Hohenschwangau. Aber die Residenz lag im ungeliebten München, war das Haus der Wittelsbacher, nicht eines, nicht dieses Wittelsbachers. Und in Berg und Hohenschwangau hatte der Vater sich eines Stils befleißigt, der den Vorstellungen des Sohnes nicht genügte.

Das Bauen war der Könige Lust, der Wittelsbacher zumal. Sie hatten nicht nur, wie andere Monarchen, Ort und Thema von Bauten bestimmt, sondern auch deren Stil. Ludwig I. hatte seiner Haupt- und Residenzstadt vornehmlich ein klassizistisches Gesicht gegeben, Maximilian II. ihm neugotische Züge hinzugefügt.

In München gedachte Ludwig II. nicht zu bauen. Ihn zog es aus der Stadt, dem Konzentrat des ihm widerwärtigen 19. Jahrhunderts, hinaus auf das Land, zur Natur, in die Berge, wo für ihn die Freiheit wohnte, er tun und bauen konnte, wie es ihm beliebte.

Er brauchte nicht nur Fluchtburgen, sondern auch Traumschlösser. Er zog sich vor etwas zurück, aber er strebte auch zu etwas hin – in Behausungen, in denen seine Vorstellungen gegenständlich und gegenwärtig geworden waren.

Drei Traumkreise, in die er gebannt war, wollte er in seinen Bauten zu Wirklichkeit gerinnen lassen: das Grand-siècle Frankreichs, die germanisch-mittelalterliche Mythenwelt und den Märchenzauber des Orients.

Diese drei Themen und die ihnen entsprechenden Stile, seine phantastische Symphonie in drei Sätzen präludierte Ludwig II. im Graswangtal bei Ettal und Oberammergau, in Linderhof.

Hier stand bereits das von Maximilian II. erbaute »Königshäuschen«, das Ludwig II. zu einer »Königlichen Villa« erweitern lassen wollte. Zunächst, 1869, dachte er nur an den Anbau eines Schlafzimmers, dann, 1870, an ein Appartement mit Schlafzimmer, Eßzimmer, Arbeitszimmer und vier Eckkabinetten, das Ganze in Holzkonstruktion. So bescheiden waren die Anfänge seiner Bautätigkeit.

Den Grundriß zeichnete er selber, den Bauplan fertigte der Architekt Georg Dollman, sowohl den der Villa wie den des Schlosses, das sich daraus entwickelte, den steigenden Ansprüchen des Bauherrn gemäß.

Dollmann, ein Verwandter und Schüler Leo von Klenzes, des Münchner Klassizisten, hatte die griechisch-russische Kapelle in Baden-Baden und die neugotische Kirche in Giesing gebaut. Nun griff er zum französischen Barock und Rokoko, weniger aus eigenem Antrieb als auf Weisung Ludwigs, der sich sein Lustschloß nur im Stil der Bourbonenkönige vorstellen mochte.

Der Außenbau entstand 1874 als Mixtum aus Stilelementen der Zeit Ludwigs XIII. und Ludwigs XIV., komponiert von einem Architekten des 19. Jahrhunderts, der sich aus dem Repertoire der Kunstgeschichte bediente, doch in der Anwendung des Vorgegebenen und in der Abänderung der Vorlagen schöpferische Anwandlungen zeigte.

Schloß Linderhof

Die Innenausstattung nahm sich das Rokoko zum Muster, wie es in der Folgerichtigkeit der historischen Entwicklung lag: Der Barock schuf das Gehäuse, in dem das Rokoko Großangelegtes in Schäferspielen vertändelte.

Das Neorokoko war eine Reprise, die Wiederaufnahme eines bereits vor langer Zeit gespielten Stückes. Die Szenerie gestalteten Bühnenbildner, der Hoftheaterdirektor Franz Seitz, der bereits die Wohnräume Ludwigs II. in der Münchner Residenz dekoriert hatte, und der Bühnenmaler Christian Jank, der Rokoko-Interieurs für die Separatvorstellungen lieferte.

Vorbilder wurden kopiert, den Kopien jedoch eine eigene Note gegeben, die des historisierenden 19. Jahrhunderts im allgemeinen und des bayerischen Rokoko im besonderen. Der Genius loci war mit im Spiel, die Formenfülle und Farbenpracht der Rokoko-Kirchen zwischen Ettal und der Wies.

Eine eigenständige Übersetzung von in der Geschichte vorgegebenen und vom König befohlenen Mustern kam namentlich in der Gartenanlage zum Ausdruck. Ludwig II. verlangte einen Park im regelmäßigen, streng gegliederten französischen Stil. Doch die bayerische Berglandschaft setzte der Erfüllung dieses Wunsches enge Grenzen. Dem Hofgartendirektor Karl von Effner, der von Haus aus dem Landschaftsgarten zugetan war, gelang ein schöpferischer Dreiklang: im Zentrum der geometrische Garten in französischer und italienischer Manier, anschließend ein Landschaftsgarten in englischer Art, der in die bayerischen Bergwälder überging.

»Meicost Ettal« nannte Ludwig II. sein Trianon, eine Bezeichnung, in der die Buchstaben des Mottos Ludwigs XIV., »L'état c'est moi«, in anderer Reihenfolge, in königlich-bayerischer Diktion wiedergegeben waren.

Das Grand-siècle sollte im Graswangtal wiedererstehen, so wie es Ludwig vor seinem durch historische

Studien geschulten Auge hatte. Korrekt mußte es wiedergegeben werden, vornehmlich das Interieur, die Bühne des Innenraums, des Schauplatzes seines Innenlebens. Den Künstlern gegenüber ließ er keinen Zweifel, wie er es haben wollte. In die Eckzimmer sollten Gobelins mit Schäferszenen nach Boucher oder Watteau kommen. Im Spiegelzimmer »sollen die Tapeten d. h. der blaue moirée antique mit schönen Rococoverzierungen eingefaßt werden«.

Auf historische Quellentreue legte er Wert, in der Ausgestaltung seiner Privaträume wie auf der Bühne der Separatvorstellungen. »Das Bild von Herrn Maler Schwoiser ist sehr zur Allerhöchsten Zufriedenheit ausgefallen, nur ein Fehler wurde begangen, es ist der Gardensaal der Königin gezeichnet, während behandelte Scene im Gardensaal des Königs sich abwickelte.«

Er kümmerte sich um das Ganze bis ins kleinste. Entwürfe bestellter Bilder mußten ihm vor der Ausführung vorgelegt werden. Bestellungen bei der Meißner Porzellanmanufaktur durften erst erfolgen, wenn er vorher die in München gezeichneten Vorlagen gesehen und genehmigt hatte.

Der Bauherr, der auch Baumeister und Innenarchitekt sein wollte, kritisierte Ausführungen seiner Anweisungen, die ihm nicht als historisch angemessen oder als künstlerisch gelungen erschienen.

»Das Bild soll besser durchgeführt, namentlich das Bett in den Details genauer behandelt, die Gesichter edler gehalten und überhaupt der vorhandene Kupferstich mehr als Vorbild genommen werden«, tadelte der König den Bildentwurf für eine Kaffeekanne mit dem Thema »Louis XIV et Molière«. Zur Skizze des Bildes für die Untertasse – »Entrée de Louis XIV dans ses grands appartements« bemerkte er: »Bei der Ausführung soll der König in seiner Haltung und ganzen persönlichen Erscheinung edler und imponierender dargestellt werden.«

Bei einer Venusfigur fand er »die zusammengebundenen Haare zu köchinnenhaft«, gegen die Darstellung eines Levers Ludwigs XIV. wandte er ein: »Der Herr, welcher den Hut überreicht, hat eine falsche Bewegung, wie am Theater, Seine Majestät glauben wie wenn er Kegel schieben wollte.«

Wenn es um die Wiedergabe der historischen Vorlagen und seiner mit ihm verbundenen Vorstellungen ging, erwies er sich als Pedant, erwartete er von seinen Künstlern Tüftelarbeit. Ein von ihm bestelltes Bild »Lever de Marie Antoinette« wies er mit der Rüge zurück: »Hofdamen fächelten sich nicht vor Marie Antoinette und hielten keinen Dialog mit Hofkavalieren, weil ihnen die Ehrfurcht geböte, ihre Fächer gefaltet nach unten zu kehren und stillzuschweigen.«

Auch Künstler, die seine historische Sachkenntnis respektierten, konnten durch seine Kommentare in Kunstangelegenheiten verstimmt werden. Über den Hofsekretär oder gar über den Stallmeister ließ er Kritik, etwa an einem »Farbengepatz«, üben oder den Befehl übermitteln: »Daß die Figuren an diesem Plafond plastische Füße haben, will Majestät auch nicht gefallen; auch die Genien sollen nicht plastisch gemacht sein, sondern nur an den Plafond gemalt werden.«

Nicht alle fügten sich. Auf einem Lohengrin-Bild, das Ludwig bei Wilhelm von Kaulbach, dem Altmeister der Historienmalerei, bestellt hatte, mißfiel dem königlichen Schwanenritter der Schwan. In der richtigen Annahme, daß Kaulbach, der sich in seinen Buchillustrationen zu Goethes »Reineke Fuchs« als hervorragender Tierdarsteller erwiesen hatte, eine Änderung ablehnen würde, beauftragte er einen Maler der zweiten Garnitur mit der von ihm gewünschten Nachbesserung. Kaulbach »rührte keinen Pinsel mehr an« für diesen König.

Andere namhafte Künstler nahmen den Pinsel erst gar nicht für ihn in die Hand. An solchen mangelte es nicht in München, das damals die deutsche Kunstmetropole und ein europäisches Kunstzentrum war.

Im Jahre 1869, als mit dem Bau in Linderhof begonnen wurde, fand im Münchner Glaspalast eine Internationale Kunstausstellung statt. Gustave Courbet, der Begründer des »Realismus«, wurde gefeiert, Wilhelm Leibl, der Vollender des »Realismus«, entdeckt. Hans Thoma, der Maler wirklichkeitsnah gesehener und tiefempfundener Landschaften, kam nach München. Karl von Piloty, der in Farben schwelgende Historienmaler, und Franz von Lenbach, der das Charakteristische einer Person betonende und überbetonende Porträtmaler, waren noch da.

Nicht einmal Piloty, der 1874 Akademiedirektor wurde, arbeitete für die Schlösser Ludwigs II. Bei Lenbach, der Bismarck ungefähr achtzigmal malte, bestellte der König kein einziges Porträt. Erstklassige Maler standen diesem Monarchen nicht zur Verfügung, der den Stil bestimmte, Inhalt und Form festlegte, den Vollzug überwachte, Willfährigkeit verlangte.

Wenigstens im Bereich der Kunst wollte er der unbeschränkte Herrscher sein, der er im Königreich Bayern nicht sein durfte. In seinen Schlössern spielte er die Rolle, die dem von ihm gewählten Stil und den bestellten Bühnenbildern entsprach. In Linderhof war es primär die Rolle eines Bourbonen.

Dessen Kleider wollte er tragen. »Ganz ohne Aufsehen«, beauftragte er am 30. Dezember 1875 den Hofsekretär, »möchten Euer Hochwohlgeboren, nur auf kurze Zeit, aus dem Theater einige Hüte und ein schönes vollständiges Kostüm aus der späteren Periode Ludwigs XIV. und ein Kostüm aus der Zeit Ludwigs XV. recht bald hierher senden.«

Wie Ludwig XIV. wollte er in einer »Chambre de Parade« schlafen, wie Ludwig XV. die Marquise de Pompadour – nur in effigie, im Pastellbild – bei sich haben, wie Ludwig XVI. mit Marie-Antoinette soupieren. Der

Hofmechaniker Loriot hatte ein versenkbares »Tischleindeckdich« konstruiert, damit Ludwig II. eine »unbescheidene, geschwätzige Dienerschaft« vermeiden, mit seinen Phantasiegestalten allein sein konnte.

Er wollte beim Essen niemanden um sich haben, erzählte der Koch Theodor Hierneis. »Trotzdem müssen die Diners und Soupers immer für mindestens drei bis vier Personen ausreichen. Denn wenn auch der König sich immer allein zu Tisch setzt, so fühlt er sich doch nicht allein. Er glaubt sich in Gesellschaft Ludwigs XIV. und Ludwigs XV. und deren Freundinnen, Madame Pompadour und Madame Maintenon. Er begrüßt sie sogar mitunter und führt mit ihnen Gespräche, als hätte er sie wirklich als Gäste bei Tisch.«

Das Grand-siècle allein vermochte seinen Durst nach Phantastischem nicht zu stillen. Im Garten von Linderhof ließ er 1876 den Maurischen Kiosk aufstellen, der vorher im Park von Schloß Zbirow in Böhmen gestanden hatte. Auf der Pariser Weltausstellung 1878 erwarb Dollmann im Auftrag des Königs das Marokkanische Haus und verpflanzte es ins Graswangtal.

Auf der Fortschrittsschau waren Häuser aus Nordafrika, Persien und China gezeigt worden. Die Rückschau auf den alten Orient, die Sehnsucht nach den Wundern von Tausendundeiner Nacht war die neueste Mode in dem durch Progression fad und schal gewordenen 19. Jahrhundert.

Giuseppe Verdis »Aida«, anläßlich der Einweihung des Suezkanals komponiert, übertönte mit Anklängen an das alte Ägypten die Ambitionen der modernen Kolonialmächte. Julien Viaud, der als Marineleutnant Indochina für Frankreich zu erobern geholfen hatte, begann unter dem Pseudonym Pierre Loti die Wunderwelt der Lotosblumen, Tempel und Moscheen zu beschreiben. Jules Massenet beschwor, rechtzeitig zur Weltausstellung 1878, in seiner Oper »Der König von Lahore« den Zauber des alten Indiens, das jetzt als

Perle in der Krone Victorias, der Königin von Großbritannien und Kaiserin von Indien, glänzte.

Orientalisches war der letzte Schrei für Zeitgenossen, die sich nach bürgerlicher Müh und Hast in türkische Herrenzimmer zurückzogen. Perserteppiche dämpften die Schritte, schwere Vorhänge mit exotischen Mustern hielten das Tageslicht ab; auf üppigen Polstern, in schwüler Luft, beim Duft einer Tasse Mokka, beim Rauchen einer Wasserpfeife blühten Sultansträume auf.

Das Marokko-Haus, erworben 1878 auf der
Pariser Weltausstellung, aufgestellt 1878 bei Linderhof

Kein Wunder, daß auch Ludwig II. vom Orient fasziniert wurde, von dessen Pracht wie Macht. Diese Gegenden »haben etwas für mich unaussprechlich Anziehendes, Sehnsucht und selige Wonnen Erweckendes«, nicht zuletzt deshalb, »weil bei diesen Ländern allein die Entfaltung eines größeren Herrscherglanzes möglich erscheint«.

Im Schlafzimmer von Hohenschwangau erzählten Wandbilder von der Verführung des Christen Rinaldo durch die Heidin Armida in einem morgenländischen Zaubergarten. Im Orientzimmer erinnerten Ansichten von Konstantinopel und Smyrna an die Türkeireise des Vaters Maximilian.

Ludwig las einschlägige Bücher, schätzte orientalische Bilder, erwarb Stoffe aus Tunis und Teppiche aus Persien, genoß Massenets Oper »Der König von Lahore« und das indische Märchenstück »Urvasi«, für das er eine Wandeldekoration bestellte, auf daß der »Urwald, belebt von Paradiesvögeln, Papageien, Singvögeln, Elefanten und anderen Tiergattungen, vor seinem Auge vorüberziehe«.

Der Wintergarten der Münchner Residenz war ein subtropisches Gewächshaus und ein Treibhaus orientalischer Träume, mit maurischem Gemach, türkischem Prunkzelt, indischer Hütte und dem vom Bühnenmaler Jank geschaffenen Bild des Himalaja im Hintergrund.

Auf dem 1866 Meter hohen Berg Schachen bei Partenkirchen ließ er 1870 ein Königshaus errichten, dessen alpenländischer Außenbau einen türkischen Saal barg: Kaskadenbrunnen, Vasen mit Halbmonden, Bänke mit Sitzpolstern an den Längsseiten und eine kuppelartige Decke in Blau und Gold.

Hier »saß in türkischer Tracht Ludwig II. lesend, während der Troß seiner Dienerschaft, als Moslems gekleidet, auf Teppichen und Kissen herumlagerte, Tabak rauchend und Mokka schlürfend, wie es der königliche Herr befohlen hatte«, erzählte Luise von Kobell.

»Dabei dufteten Räucherpfannen und wurden große Pfauenfächer durch die Luft geschwenkt, um die Illusion täuschender zu machen.«

Orientalische Genrebilder und Traumszenerien schuf sich Ludwig auch in Linderhof, wo im Marokkanischen Haus Tschibuk geraucht und Sorbett geschlürft wurde und im Maurischen Kiosk der weiß-blaue Schahinschah auf einem Pfauenthrone saß.

Der Pfau war Indern wie Griechen heilig gewesen, galt frühen Christen als Symbol der Auferstehung und himmlischer Herrlichkeit, erst späteren Europäern als Sinnbild der Eitelkeit und des Hochmutes. Römer wie französische Ritter schätzten ihn gebraten, auch Ludwig, farciert und getrüffelt.

Im allgemeinen liebte er den Pfau als Wappentier einer orientalisch entfalteten Königsherrlichkeit. Er wünschte sich Pfauen so groß und stark, daß sie ihn in einem kleinen Wagen ziehen könnten. Man solle beim Schah von Persien, der sich derartige Musterexemplare halte, ein paar bestellen, begehrte Ludwig. Schließlich verlangte ihn danach, in einer von Pfauen beschwingten Flugmaschine über die Berge zu schweben.

Im Maurischen Kiosk begnügte er sich mit den Pfauenfiguren aus emailliertem Metallguß und bunten Glassteinen und ließ sich von ihnen, auf dem mit rotem Seidenbrokat überzogenen Diwan ruhend, in Traumsphären entführen. Dies war ein Himmel mit verschiedenen Gestirnen, die ihn gleicherweise anzogen, die er sich alle in das Graswangtal herabholte: die Sonne des Grand-siècle wie den Halbmond des Orients – und den Wagnerschen Fixstern.

Im Gebirgswald bei Linderhof, zwischen bemoosten Felsen und umgestürzten Bäumen, ließ er sich die Hundinghütte errichten, »ein Gemach aus roh gezimmertem Holz gleich der Dekoration des 1. Akts der Walküre«, nach dem Bühnenbild Christian Janks für die Münchner Uraufführung.

Die Blockhütte wurde um die von Richard Wagner vorgesehene Esche gebaut, in der das Wälsungenschwert steckte. Da in der Gegend von Linderhof kein derartiger Baum wuchs, mußte eine »Doppelbuche mit Eschenstamm-Umhüllung« genügen. Um sie herum lagerten auf Bärenfellen seine als Germanen verkleideten Lakaien, tranken Met und bemühten sich krampfhaft, als Statisten dieser Separatvorstellung dem König, der Regisseur und Publikum zugleich war, nicht unangenehm aufzufallen.

»Im nämlichen Walde«, schrieb er 1877 an Richard Wagner, »ließ ich diesen Sommer eine Einsiedlerhütte, an einen Felsen angelehnt, errichten, wie jene von Gurnemanz, nahe einer Wiese, die im nächsten Jahre zur blumigen Au sich verschönern wird; eine Quelle fließt dicht dabei, alles mahnt mich dort an jenen feierlich ernsten Karfreitagmorgen Ihres wonnenvollen ›Parsifal‹...«

Die Klause des Gurnemanz, eine Kapelle aus Baumstämmen, glich dem Bühnenbild des dritten Aufzuges von »Parsifal«, den Ludwig hier als Hauptdarsteller wie einziger Zuhörer erlebte: »Dort auf geweihter Stätte höre ich ahnungsvoll schon die Silberposaunen aus der Gralsburg erschallen; dort höre ich im Geiste die heiligen Gesänge aus Montsalvat vom unnahbaren Berge herniedertönen; dort ist mir so wohl zumute, bei jener Quelle, wo Parzival des wahren, echten Königtums Weihe empfing, das durch Demut und Vernichtung des Bösen im Inneren erworben wird...«

Den »Genuß des Versenkens in den Geist der altgermanischen und mittelalterlichen Dichtungen und Sagen« störte die bayerische Bergnatur. In der Karwoche lag über der »blumigen Au« noch Schnee. Gärtner mußten ihn abräumen und auf den Wiesen Gläschen mit Frühlingsblumen einsetzen und den Blütenteppich öfters erneuern; denn nachts kamen Hirsche und ästen ihn weg.

Mit Kunstgriffen mußte auch die Illusion in der Grotte von Linderhof aufrechterhalten werden. Die mittels Stahl und Beton errichtete künstliche Tropfsteinhöhle galt Ludwig als Verbindung der Venusgrotte aus »Tannhäuser« mit der Blauen Grotte von Capri. Das Capri-Blau mußte Stallmeister Hornig zweimal an Ort und Stelle studieren. Die Maler sollten sich die Wiener »Tannhäuser«-Inszenierung ansehen, »den Tanz der Bajaderen genau nach den Angaben Richard Wagners« darstellen.

Die Grotte war hundert Meter lang und fünfzehn Meter hoch, enthielt einen künstlichen, durch unsicht-

Der Maurische Kiosk

bare Maschinen bewegten See. Der König ließ sich nachts auf ihm herumrudern, in einem mit Rosen bekränzten und einer Amor-Figur geschmückten Muschelkahn, von zwei Schwänen auf seiner Traumfahrt begleitet. Die schwüle Luft wurde von einer Warmluftheizung produziert.

Es war Romantik plus Elektrizität. Für die Tannhäuser-Vorstellung brauchte er rotes Licht, für die Capri-Illusion blaues Licht. Mit modernen Mitteln wurde es herbeigezaubert, durch fünfundzwanzig Dynamomaschinen aus dem bei der Grotte errichteten Elektrizitätswerk, einem der ersten in Bayern.

Bühnentechnik machte das Bühnenwunder möglich, doch nicht so vollkommen, wie es sich Ludwig gewünscht hätte. Mit den Farben seiner Laterna magica war er nie zufrieden. Vor allem das Blau war ihm nie tief genug. Dem dafür zuständigen Theatermaler Otto Stoeger wurde aufgetragen, Versuch auf Versuch zu unternehmen, »bis das verlangte Blau richtig und haltbar hergestellt ist«. Wo denn Stoeger bleibe, fragte eines Tages Ludwig einen Bediensteten in Linderhof, und erhielt die Antwort: »Der macht blau, Majestät.« Der König, der diesen Ausdruck für »nicht arbeiten« nicht kannte, immer nur an die Verbesserung seines Capri-Blaus dachte, meinte: »Ah, das ist recht, er soll nur so fortfahren.«

Es »liegt Mir die Beleuchtung der Grotte, wie sie sein soll, nicht wie sie ist, sehr am Herzen«, ließ er am 30. Januar 1880 Hofsekretär Bürkel wissen. »Im Laufe der letzten Jahre wurden nur Rückschritte statt Fortschritte gemacht, daß es eine wahre Schande ist.« Wenn es Bürkel endlich gelinge, »was längst hätte gelingen sollen, so gedenke ich Sie im August zum Ministerialrat zu ernennen; wenn nicht, so auf gar keinen Fall; darauf können Sie sich gewiß verlassen!«

»Ich will nicht wissen, wie es gemacht wird, ich will nur die Wirkung sehen«, meinte Ludwig, der die Grotte, wo er Geborgenheit in einer Traumwelt suchte, der Illusion entsprechend illuminiert haben wollte. »Oh, es ist notwendig, sich solche Paradiese zu schaffen, solche poetischen Zufluchtsorte, wo man auf einige Zeit die schauderhafte Zeit, in der wir leben, vergessen kann.«

Das schrieb er im Jahre 1869, kurz bevor er mit dem – 1878 vollendeten – Bau von Linderhof begann. Zu dieser Zeit dachte er bereits an ein anderes Refugium, schon an Neuschwanstein – den Wiederaufbau der Bergruine bei Hohenschwangau »im echten Stil der alten deutschen Ritterburgen«.

Neuschwanstein ging aus einem Wiederaufbau-Projekt hervor und wuchs – in Erinnerung an Tannhäuser, Lohengrin und Parzival, im Gedenken an Richard Wagner – zum berühmtesten Märchenschloß des Märchenkönigs heran.

»Restauration der alten Burgruine« hieß es zunächst in den Bauakten. Der Sohn schien in die Fußstapfen des Vaters zu treten, Maximilians II., der die zerfallene Burg der Herren von Hohenschwangau wiederaufgebaut hatte. Deren neugotischer Stil und spätromantischen Bilder beeindruckten den jungen Ludwig, prägten sich ihm unauslöschlich ein.

Weitere Muster lernte er auf Reisen kennen. Im Jahre 1867 besuchte er die Wartburg bei Eisenach, die vom romantisch bewegten Großherzog von Sachsen-Weimar nicht unbedingt stilgetreu wiederhergestellt worden war. Der zweiundzwanzigjährige Ludwig interessierte sich weniger für das Lutherstübchen als für den Sängersaal. Im Hochmittelalter war er der Schauplatz des sogenannten »Sängerkrieges auf der Wartburg« gewesen, eines Wettstreites zwischen Minnesängern, der nur in der Poesie stattgefunden hat. Ludwig kannte aus der Literatur und Wagners Bühnenwerken die Minnesänger und schätzte besonders Walther von der Vogelweide, Wolfram von Eschenbach und Tannhäuser.

Die Münchner Neuinszenierung von »Tannhäuser oder der Sängerkrieg auf der Wartburg«, der »Handlung in drei Aufzügen« von Richard Wagner, stand bevor. Am Ort der Handlung sammelte Ludwig Anregungen für das Bühnenbild im Hoftheater und für die Szenerie, die er in einem Königsschloß nachzubauen gedachte.

Musterhaft erschien ihm auch Schloß Pierrefonds im Walde von Compiègne, das er bei seiner ersten Frankreichreise im Jahre 1867 kennenlernte. Im Spätmittelalter von Ludwig von Orléans erbaut, im 17. Jahrhundert zerstört, wurde es im Zweiten Kaiserreich als »résidence impériale complète« restauriert, mittelalterlich-mächtig und neugotisch-prächtig, reichlich übertrieben nach Art der Parvenus.

Der Baumeister, Eugène Emmanuel Viollet-le-Duc, hatte sich bereits bei der Restaurierung der Kathedrale Notre-Dame von Paris betätigt. Als Kunstschriftsteller vertrat er in der Theorie, was er in der Praxis bewerkstelligte: die Wiederbelebung des mittelalterlichen Stils mit zeitgemäßen Mitteln für zeitgenössische Zwecke.

Ludwig las Schriften des Franzosen Viollet-le-Duc und des Deutschen Wilhelm Lübke, der ebenfalls mittelalterliche Kunst vergegenwärtigte. Auch er tat es zu Nutz und Frommen des Jahrhunderts, das sein künstlerisch-kreatives Manko durch Anleihen bei schöpferischen Zeiten auszugleichen suchte, in der allgemeinen Kunstgeschichte Bauelemente für seine Besonderheit und Eigenheiten suchte.

Wie der Baumeister Viollet-le-Duc beabsichtigte der Bauherr Ludwig II. nicht, sich mit einer »restauration archéologique« zufriedenzugeben, also mit einer bis zum Schlußstein stilgetreuen Kopie des Vorbildes.

Hätte er dies tatsächlich vorgehabt, hätte er es wohl kaum vermocht. Denn auch er blieb bei aller Rück-

Schloß Neuschwanstein

wärtsgewandtheit und Rückzugssehnsucht den allgemeinen Tendenzen seiner Epoche verhaftet. Selbst die besonderen Neigungen seiner Person und sein eigenwilliges Streben nach eigener Persönlichkeit blieben mit tausend Fäden mit der Zeit, in der er lebte, verbunden.

So wurde aus der bloßen Rekonstruktion eine echte Restauration, nicht nur eine Wiederherstellung, sondern auch eine Erneuerung. Aus der Wartburg, die ihm vor Augen stand, wurde die Gralsburg, die ihm vorschwebte. Und aus der alten Schwanenburg, die er wieder aufbauen wollte, wurde die neue Burg des Schwanenritters – Neuschwanstein.

Was hätte er auch konkret wieder aufbauen sollen? Von der Burg Vorderhohenschwangau waren nur noch ein quadratischer Turm und ein paar Mauern übriggeblieben. Authentische Bilder, wie sie einst ausgesehen hatte, waren nicht vorhanden, erst recht nicht Baupläne.

Geblieben war die einzigartige Lage auf schroffem Felsen über der Pöllatschlucht, mit herrlicher Aussicht auf Schwan- und Alpsee, »auf den hehren Säuling, die Gebirge Tirols und weithin in die Ebene«, wie Ludwig an Wagner schrieb; »der Punkt ist einer der schönsten, die zu finden sind, heilig und unnahbar, ein würdiger Tempel für den göttlichen Freund, durch den einzig Heil und wahrer Segen der Welt erblühte.«

Eine Art Festspielhaus schwebte ihm vor, das sich allerdings vom künftigen in Bayreuth wesentlich unterscheiden sollte. Hier wollte der König die Mythenwelt Wagners höchstselbst verwirklichen, durch ihn und für ihn allein.

Die Bühne war, wie es dem theatralischen Sinn und Zweck entsprach, von Bühnenbildnern zu gestalten. Erste Ansichtsentwürfe bestellte Ludwig bei dem Theatermaler Christian Jank, der sich, wie gewünscht, an Wagner-Szenerien hielt. Der Burghof beispielsweise war dem Bühnenbild der Münchner Neuinszenierung von »Lohengrin«, zweiter Aufzug, nachempfunden: »Hof der Burg in Antwerpen«.

Die Bauplanung wurde 1867 Eduard Riedel übertragen. Der königliche Baurat hatte für Maximilian II. Schloß Berg renoviert. Neugotisch, mehr dem Nürnberg der »Meistersinger« als der Wartburg des »Tannhäusers« angeglichen, war sein erstes Projekt.

»Nach dem Allerhöchsten Willen Seiner Majestät des Königs soll das neue Schloß im romanischen Stil gebaut werden«, ließ Ludwig durch Hofsekretär Düfflipp mitteilen. »Es kann doch wohl kein Zweifel darüber bestehen, daß die inzwischen gemachten Errungenschaften im Gebiet der Kunst und Wissenschaften uns auch bei dem unternommenen Bau zugut kommen müssen.« Denn »ganz in die alte Zeit zurückversetzen« dürfe und könne man sich nicht; die seither gemachten Erfahrungen müßten berücksichtigt werden, »welche sicherlich schon damals verwertet worden wären, wenn sie bestanden hätten«.

Rezeptiv und kreativ zugleich war die Romanik, die dem König vorschwebte und die er vorschrieb. Historisch war es der Stil des hohen Mittelalters, der Kaiserpfalzen und Kaiserdome. Aktualisiert galt er dem gekrönten Parzival als monumentaler Ausdruck des sakralen Charakters, den er seiner Gralsburg geben wollte.

Den Vorstellungen Ludwigs entsprach das 1868 vorgelegte zweite Projekt Riedels mit Palas, Kemenate, Ritterhaus, Verbindungsbau und Torbau. Aus einer spätgotischen »Raubritterburg« war ein romanisches Schloß geworden.

Dieser Plan wurde im wesentlichen ausgeführt. Georg Dollmann, der 1874 Riedel ablöste, ein Klassizist von Hause aus, beseitigte weitere romantisch-gotisierende Zutaten, vereinfachte die Fassaden, verstärkte die formale Strenge. Das lag ganz im Sinne Ludwigs, der seine Gralsburg immer »romanischer«, monumentaler und sakraler erstehen lassen wollte.

Nicht nur den Bauplan, auch das Bildprogramm gestaltete Ludwig sinngebend mit. Der Münchner Literatur- und Kunsthistoriker Hyazinth Holland wurde 1868 beauftragt, Vorschläge für den »malerischen und plastischen Schmuck aller Gemächer der neuen Burg« zu machen und zur Ausführung geeignete Künstler zu benennen.

Auch die »Neue Burg in Hohenschwangau«, wie Neuschwanstein zu Lebzeiten Ludwigs genannt wurde, sollte ein Bilderbuch der Sage und Geschichte werden, wie es Ludwig vom alten Hohenschwangau her kannte und liebte. Doch nicht eine verschwommene romantische Vorstellung, sondern exakte wissenschaftliche Erkenntnisse sollten dabei den Pinsel führen.

Wie es gewesen war, wollte Ludwig sehen. Daher beauftragte er einen Historiker mit dem Entwurf des Bildprogramms. Holland lieferte einen Plan, der von Wotan über Walther von der Vogelweide bis Parzival ein ebenso umfassendes wie detailliertes Panorama der alten Welt der Götter, Helden und Poeten skizzierte.

Dem König habe es gefallen, schrieb Holland, aber »den Bildhauern und Architekten wollte mein Plan nicht einleuchten«. Er war zu wissenschaftlich, um künstlerisch ausgeführt werden zu können. Ludwig war mit den Änderungen einverstanden, die Georg Dollmann vornahm. Schließlich billigte er die Innenausstattung, welche die Handschrift von Julius Hofmann trug, der seit 1880 als Raumgestalter und seit 1884 als Leiter aller Bauten des Königs tätig war.

Auch im Bildschmuck und in der Raumdekoration wurde der von Ludwig gewollte Stilwandel von der Gotik zur Romanik deutlich. Gleichgeblieben war seine Absicht, sich die Vergangenheit authentisch und detailliert vergegenwärtigen zu lassen – als realistische Voraussetzung einer romantischen Verklärung.

Auch und gerade für Neuschwanstein wünschte sich der König »nur solche Maler, welche die mittelalterliche Poesie genau studieren«. Er brauchte Historienmaler, die sich an die wissenschaftlich zu ergründende »historische Wahrheit« hielten, jedenfalls an das, was Ludwig dafür hielt, als Ergebnis eigener Studien und Interpretationen.

Sein Historismus vermochte selbst seinen Wagnerianismus zu mäßigen. »Die Bilder in der neuen Burg sollen nach der Sage und nicht nach den Wagnerischen Angaben gemacht werden«, verlangte Ludwig. Vom Strom der Wagner-Begeisterung mitgerissen, strebte er zurück nach den Quellen, aus denen seine Phantasie primär schöpfte.

An der Grundsteinlegung am 5. September 1869 nahm er nicht teil. Aber in Gedanken war er von Anfang an bei der Entstehung Neuschwansteins dabei. Mitunter verfolgte er den Fortgang mit dem Fernrohr von Hohenschwangau aus. Auch hier kümmerte er sich stets um den Bau, die großen Entwürfe und die kleinsten Einzelheiten.

Die klaren Linien seines romanischen Stiles wollte er nicht verwischt sehen. So lehnte er auch den Vorschlag ab, statt Säulen steinerne Bäume in die Bogenstellungen zu setzen, mit Laubkronen und Wurzelwerk, in dem Gnomen hausten.

Abstriche von der Überlieferung duldete er nicht: »Die Maler, welche an den Bildern im dritten Stock malen (aus der Edda) müssen sich genau an die Sage halten und dürfen sich keine Willkürlichkeiten erlauben. Es kommt S. M. vor, als wenn das Bild ›Tod Siegfrieds‹ nicht genau nach der Sage gemalt wäre.«

Abweichungen von seinen Vorstellungen ließ er nicht durchgehen. So korrigierte er den Entwurf eines Lohengrin-Bildes: »S. M. wünschen, daß in dieser neuen Skizze das Schiff weiter entfernt vom Ufer ist, dann, daß die Kopfstellung Lohengrins nicht so schief ist, auch soll die Kette vom Schiff an den Schwan nicht aus Rosen, sondern Gold sein, und soll die Burg in mittelalterlichem Stil gehalten sein.«

Die Wohnräume mußten bis in die kleinste Einzelheit seinem Geschmack und seinen Bedürfnissen entsprechen: »Im Toilettenzimmer soll eine geschnitzte Bank, zwischen den Türen von Schlaf- und Wohnzimmer angebracht werden; auf derselben muß sich ein langes Kissen befinden, von demselben Stoff und Stikkerei, wie bei den Möbeln im dortigen Zimmer.« Für das Arbeitszimmer »sollen 2 Sessel bestellt werden, zu den dortigen Möbeln passend, jedoch keine Fauteuils«.

Neuromanisch wurde die Innenausstattung der Wohnräume gehalten. Lediglich Schlafzimmer und Oratorium blieben, nach den Entwürfen Peter Herwegens, neugotisch. Das Prunkbett bekam einen reich geschnitzten Baldachin, der Waschtisch einen silbernen Schwan als Wasserspender. Auf Teppichgemälden von August Spieß wurden Gottfried von Straßburgs »Tristan und Isolde« samt mittelhochdeutschen Versen festgehalten.

Der mittelalterliche Minnesang war auch in anderen Räumen präsent: im Wohnzimmer Lohengrin-Bilder von Wilhelm Hauschild, im Arbeitszimmer Tannhäuser-Bilder von Joseph Aigner, im Toilettenzimmer Eduard Illes Porträt von Walther von der Vogelweide und im Speisezimmer Ferdinand von Pilotys und Joseph Aigners Darstellungen von Sängern auf der Wartburg.

Im Sängersaal, zuerst als Schauplatz eines immerwährenden Sängerwettstreites gedacht, traf man sie nicht mehr an. An ihre Stelle waren Gestalten der Parzival-Sage getreten. Die Wartburg des Zwanzigjährigen war zur Gralsburg des Dreißigjährigen geworden.

»O Parzival, Erlöser«, rief Ludwig die Sagengestalt an, die ihn als ein Messias aus persönlichen Nöten wie politischen Schwierigkeiten befreien und zum Heile führen sollte. Bereits 1866 hatte er sein Tagebuch mit einer Zeichnung versehen: Krone, Zepter, Reichsapfel, darüber ein Kelch mit der Inschrift: »Mittels dieser Schale, Herrgott...«

Der heilige Gral war nach mittelalterlichem Glauben die Schüssel beziehungsweise der Kelch, das Gefäß, aus welchem Christus beim letzten Abendmahl gegessen oder getrunken, in dem Joseph von Arimathäa das Blut des gekreuzigten Heilands aufgefangen hatte.

Der Legende nach war der Gral mit wunderbaren Kräften ausgestattet, die jedoch nur von Reinen wahrgenommen werden konnten. Bei Wolfram von Eschenbach erschien er als kostbarer Edelstein, der von dem christlichen Ritterorden der Templeisen und ihrem Oberhaupt, dem Gralskönig, in der Gralsburg auf dem Berge Montsalvat gehütet wurde. Alljährlich am Karfreitag kam eine Taube vom Himmel herab und erneuerte die Wunderkraft des Grals.

Wolfram von Eschenbach verknüpfte die Grals-Legende mit der Parzival-Sage: Der christliche Ritter, bestrebt, das Rechte zu tun und das Heil zu erlangen, verfiel in Sünde und Leid, zweifelte an Gott, dessen Willen er sich schließlich ergab und durch dessen Gnade er zum Gral geführt und zum Gralskönig berufen wurde.

Schließlich bemächtigte sich Richard Wagner dieses Stoffes, verband Religiöses mit Magischem, die christliche Heilslehre mit moderner Erlösungssehnsucht, taufte »Parzival« in »Parsifal« um und charakterisierte ihn als reinen Toren, der durch seine Reinheit nicht nur selber das Heil erlangte, sondern auch selber zu heilen vermochte. 1877 begonnen und 1882 vollendet, wurde Wagners »Bühnenweihfestspiel« noch im selben Jahr bei den zweiten Bayreuther Festspielen uraufgeführt.

Den Vorentwurf hatte Ludwig bereits 1865 kennengelernt. »Ich bete sie an, diese höchste Liebe, das Versenken, das Aufgehen in den qualvollen Leiden des

Mitmenschen! – Wie hat mich dieser Stoff ergriffen – Ja diese Kunst ist heilig, ist reinste, erhabenste Religion.«

Der Erlösungsgedanke ergriff Ludwig. Je mehr er sich in Schuld verstrickt wähnte, desto mehr verlangte es ihn nach dem Messias. Da sein Glaube an Christus schwächer geworden war, suchte er einen neuen Heiland, glaubte ihn in Parzival gefunden zu haben. Religion und Kunst wurden für ihn eins. Auch in dieser Beziehung blieb Ludwig, der aus der Gegenwart in die Vergangenheit zurückstrebte, seiner Zeit verhaftet, der Epoche der Ersatzreligionen.

Von der Anschauung des Grals erhoffte sich Ludwig Erleuchtung und Entsühnung. 1877 schrieb er in sein Tagebuch: »Vom Himmel naht alljährlich eine Taube / Um neu zu stärken seine Wunder-Kraft, / Es heißt der Gral u. selig reinster Glaube / Erteilt durch Ihn sich Seiner Ritterschaft. / Wer nur zum Dienst des Grabes ist erkoren / Den rüstet er mit überirdischer Macht, Kraft / An dem sei jedes Bösen Trug verloren, / Wer ihn erschaut den flieht der Sünde Macht...« Es waren von Ludwig abgewandelte Verse aus dem »Lohengrin«. Der Schwanenritter war der Sohn Parzivals – der mystische Kreis schloß sich. Dem Mysterium des Gralskönigtums weihte Ludwig II. den Sängersaal in Neuschwanstein, der ursprünglich dem Preis des Minnesanges hätte dienen sollen. »Es ist der Majestät recht«, schrieb am 7. Dezember 1877 Stallmeister Hornig an Hofsekretär Bürkel, der als Baureferent fungierte, »wenn die verschiedenen Maler, die mit der Ausschmückung des Festsaales der neuen Burg betraut werden sollen, den Auftrag erhalten, Skizzen zum Parcival in Vorlage zu bringen.«

Wolfram von Eschenbachs Geschichte Parzivals beschwören die Wandgemälde von August Spieß im Sängersaal. Im Hintergrund der Sängerlaube ist der »heilige Wald« dargestellt. Der Bilderzyklus gipfelt in zwei Gemälden: Parzival wird auf die Gralsburg geleitet, erlöst Amfortas von seinen Leiden und wird Gralskönig.

Und: Lohengrin bricht von der Gralsburg auf, zur Errettung Elsas von Brabant.

Im Sängersaal wurde der Hymnus angestimmt, der im Thronsaal voll erklang. Hier, im Sanktuarium der Gralsburg, sollte nicht der König von Bayern, sondern der Gralskönig thronen. Von ihm erhoffte sich Ludwig die Erlösung seiner Person und Ludwig II. Heil für den Monarchen.

Das Ideal eines Herrschers von Gralskönigs Gnaden schwebte dem Wittelsbacher vor, der in der bayerischen und deutschen Realität kein Monarch im alten, in seinem Sinne mehr war. Im Thronsaal von Neuschwanstein wollte er dieses Ideal verherrlichen, nicht um es Volk und Staat vor Augen zu führen, sondern um es einzig und allein für sich zu besitzen – in seiner Gralsburg, die »heilig und unnahbar« über Raum und Zeit stehen sollte.

Diese Sinngebung verlangte einen angemessenen Stil. Nur der byzantinische schien ihrer würdig zu sein. In griechisch-orthodoxen Kirchen entzog die Ikonostase, die mit Ikonen bedeckte Bilderwand, das Sanktuarium, in dem die Priester die heilige Handlung vollzogen, den Blicken des Volkes. Priester und Herrscher zugleich waren im alten Byzanz die Kaiser gewesen, hatten in einer Hand die höchste geistliche und weltliche Gabe vereinigt.

Eine Gralshalle in byzantinischem Stil, nach dem großen Vorbild der Hagia Sophia in Konstantinopel und dem kleinen Vorbild der Allerheiligen-Hofkirche in München, entwarf Eduard Ille nach Ludwigs Anweisungen:

»Das Kuppelgewölbe selbst soll den Himmel, besät mit goldenen Sternen darstellen, das Blau des Himmels ist so glänzend als möglich zu behandeln. Alle Marmorsorten, die der Architekt Salzenberg in seiner Beschreibung der Sophienkirche in Constantinopel aufzählt, sind zur Verwendung in diesem Thronsaale gedacht. An der Rückseite des Saales ist eine große Nische, in welcher auf einer hohen Marmor-Estrade der Thron zu stehen kommt. Die Nische ist ganz vergoldet und werden auf diesen Grund gemalt und durch Palmen abgeteilt 6 Könige, die heilig gesprochen wurden, darüber Christus, segnend, als König des Himmels ...«

Dem Himmelskönig huldigten sechs zur Ehre der Altäre erhobene irdische Könige: Ludwig von Frankreich, Kasimir von Polen, Stephan von Ungarn, Ferdinand von Spanien, Eduard von England und der deutsche König und römische Kaiser Heinrich II. In Wandgemälden von Wilhelm Hauschild wurden Taten der »durch Erfüllen und Überwachen der göttlichen Gesetze« hervorragenden Herrscher des Mittelalters gefeiert.

Dem König des späten 19. Jahrhunderts galten sie nicht nur als Fürsprecher und Nothelfer, sondern auch als Vorbilder eines von Gott verliehenen, von dessen Geboten beschränkten, aber gegenüber den Untertanen unbeschränkten Königtums. Wie diese Heiligen wäre er gerne gewesen, ohne Furcht und Tadel. Wie diese Könige hätte er gerne regiert, souverän und absolut.

An Königsstolz mangelte es ihm nicht. Der Baumeister Julius Hofmann hatte für den Thronsaal zwei Kuppeln vorgesehen. Ludwig II. wollte nur eine Kuppel haben: ein König, ein Gesetz, eine Kuppel! Aber in seinem Bayern und in diesem Deutschland fehlte es ihm an Königsmacht: Der Thron »als Ausgang autoritativer Gesetzgebung« wurde im Thronsaal von Neuschwanstein nie aufgestellt.

Ludwig II. hatte nicht einmal die Macht, Baumeister, Maler und Handwerker zur Einhaltung seines Zeitplanes zu zwingen. Auch gute Worte, zu denen er sich herabließ, und kleine Geschenke, die er freigiebig verteilte, halfen nicht viel weiter.

Die Mittel, die er aus seiner Privatschatulle aufzubringen hatte, wurden knapp. 900 000 Mark, wurde ihm 1880 vorgerechnet, müßten jährlich zur Verfügung stehen, wenn die 1869 begonnene »Neue Burg in Hohenschwangau« bis 1892/93 fertiggestellt sein sollte.

Soviel Geld konnte er nicht mehr aufbringen, zumal er 1878 – im Jahre der Fertigstellung Linderhofs – mit dem Bau eines neuen Schlosses auf der Herreninsel im Chiemsee begonnen hatte. Das Petit-Trianon im Graswangtal genügte ihm nicht mehr zur Präsentation des Sonnenkönigtums.

Nach einem Versailles verlangte es ihn, in dem er das Gottesgnadentum, das ihm in der Gralsburg Neuschwanstein bestätigt werden sollte, in Glanz und Gloria demonstrieren könnte.

Schloß Herrenchiemsee wurde weitab von Hohenschwangau, Neuschwanstein und Linderhof gebaut, in einer Gegend des bayerischen Oberlandes, die Ludwig nicht besonders mochte.

»Seine Majestät seien für die hiesige Gegend sowohl als für den See nicht eingenommen und hätten für beide keine Vorliebe«, heißt es in der Korrespondenz des Hofsekretärs Bürkel. »Die Kunst allein müsse dieses Unangenehme angenehm machen, und Gegend und See vergessen machen.«

Auf einer Insel wollte er bauen. Die ursprüngliche Idee, sein Versailles neben sein Petit-Trianon in das enge Tal von Linderhof zu setzen, war aus Terraingründen nicht zu verwirklichen. Auf einer Bergspitze, wie Neuschwanstein, hätte eine derartige Schloßanlage weder Platz noch Sinn gehabt.

Eine Insel erschien ihm aus zwei Gründen als idealer Bauplatz. Ein See verlängerte die Perspektiven, spiegelte das Bauwerk wider, vermehrte seine Pracht. Und auf einer Insel hatte er das Gefühl, abgeschlossen von der Welt zu sein, getrennt vom bayerischen Festland, auf dem er nicht regieren durfte, fern vom Deutschen Reich, mit dem er nicht verbunden sein mochte.

Zunächst dachte er an eine Insel im Staffelsee, unweit von Linderhof und Neuschwanstein. Doch das Eiland, das er im Auge hatte, war nicht käuflich, wäre auch zu klein für sein Vorhaben gewesen. Auf die Herreninsel im Chiemsee wurde er durch öffentliche Proteste aufmerksam gemacht. Eine württembergische Firma gedachte, sie abzuholzen. Ludwig II. kaufte die Insel mit dem ersten Geld, das er von Bismarck aus dem Welfenfonds erhalten hatte.

Schloß Herrenchiemsee

Der König bewahrte die Insel vor einem Kahlschlag, verschonte sie jedoch nicht vor dem Verbauen. Auf dem Eiland hatten vom Mittelalter bis zur Säkularisation Augustiner-Chorherren gebetet und gebaut; übriggeblieben war das Langhaus der Domkirche, das als Brauhaus genutzt wurde, und ein Teil des Klostertraktes, das »alte Schloß«.

Ein neues, großes Schloß im Stile und zum Ruhme Ludwigs XIV. sollte an dieser Stelle erstehen, was we-

der deutschen Patrioten noch bayerischen Naturschützern behagte.

»Vielleicht ist noch kein Platz unpassender für eine Geschmacklosigkeit gewählt worden, als der einstmals wunderschöne Hochwald auf Herrenwörth. Um ihn zu retten, hatte der König die Insel gekauft«, kritisierte Ludwig Thoma. »Nunmehr, Ende der Siebziger Jahre, zerstörte er selber den Wald und das reizvollste Landschaftsbild, indem er den unglücklichen Abklatsch des Versailler Schlosses errichten ließ.«

Doch auch dieser Liebhaber des bayerischen Hochwaldes und Anhänger des Reichsgründers Bismarck mußte zugeben: »Am Chiemsee war man wohl zufrieden mit dem regen Leben, das sich nunmehr entwickelte.«

Nach der Grundsteinlegung im Jahre 1878 gingen dreihundert Arbeiter daran, den sumpfigen Baugrund auszuschachten. »Scharen von Arbeitern«, so Ludwig Thoma, »siedelten sich auf der Insel, aber auch auf den nächsten Ufern an; Bauführer und Paliere mieteten sich in Prien ein, die Zufuhr des Materials brachte Fuhrleuten und Schiffern guten Verdienst.«

Die Großbaustelle brachte Arbeit in eine Gegend, die abseits der Straße der Industrialisierung lag. Sie gab Menschen Brot, die in der Landwirtschaft kein Auskommen mehr fanden.

Diese Arbeitsbeschaffung, bemerkte der Schriftsteller Max Halbe, sei nicht der geringste Grund dafür gewesen, daß Ludwig II. im Oberland so verehrt worden sei. Andererseits hätten es ihm die Münchner angekreidet, daß er das viele Geld nicht in seiner Hauptstadt angelegt habe.

Die Hauptstädter kamen nicht zu kurz. Viele Aufträge, vor allem was die Ausstattung betraf, gingen an Münchner Firmen. Die Ateliers Jörres und Bornhauser arbeiteten allein an den Vorhängen des Prunkbettes in Herrenchiemsee sieben Jahre lang. Das brachte bei

Jörres 20 Stickerinnen Arbeit und Brot und der Prinzipalin zusätzlich zweitausend Rosen als Anerkennung des Königs.

Ohne Ludwigs II. vielfältige Aufträge, bemerkte der Kunsthistoriker Hans Rose ein halbes Jahrhundert danach, »wäre das spätere München nicht das geworden, was es ist, die Stadt des sichersten kunstgewerblichen Geschmacks«. Durch die dekorativen Aufgaben habe der Monarch das Münchner Kunsthandwerk erzogen. »Es war keine leichte Schule. An Geschicklichkeit und Genauigkeit stellte der König ungeheure Anforderungen.« Das meiste war Nachahmung von Formen der Vergangenheit. Doch Stilempfindungen der Gegenwart machten sich bemerkbar wie etwa erste Andeutungen des Jugendstils bei den kunstgewerblichen Gegenständen in Neuschwanstein, jedoch kaum in Herrenchiemsee.

Dieses Schloß habe, wie der Maler und Kunstschriftsteller Friedrich Pecht, ein Zeitgenosse, meinte, »weder mit seiner idyllisch schönen Umgebung, noch mit der Zeit und Nation, in der es entstanden, irgend harmoniert«. Das sollte es auch gar nicht: Ludwig II. wollte sein Versailles einzig und allein mit seiner Vorstellung vom absoluten Königtum, wie es Ludwig XIV. verkörpert und vollendet hatte, in Einklang bringen.

Die Landschaft war ihm dabei nur Kulisse. In einem Garten à la française sollte die Inselnatur kultiviert, eine Hofbühne mit Heckenwänden, dekorativen Figuren und Wasserspielen geschaffen werden. Der Chiemsee, eine weite Fläche, konnte einen Großteil der Aufgaben des Versailler Parks übernehmen, die Illusion von Unendlichkeit vermitteln.

Auf Harmonie mit der deutschen Nation legte Ludwig II. keinen Wert, aber auch nicht, wie ihm deutsche Nationalisten unterstellten, mit der französischen Nation. Diese hatte einst die Bourbonen aus Versailles vertrieben, jene, die deutschen Nationalisten, hatten im Schlosse Ludwigs XIV. nicht nur den Deutschen Kaiser als Oberherrn des Königs von Bayern proklamiert, sondern auch über den Sonnenkönig triumphiert. Gegen wen wollten die Deutschen nach der Kapitulation Napoleons III. denn noch weiterkämpfen, wurde 1870 der preußische Historiker Leopold von Ranke gefragt; er antwortete: »Gegen Ludwig XIV.!«

Nicht einmal an die bayerische Nation wollte Ludwig II. auf Herrenchiemsee, in dem Monument, das er in einer konstitutionellen, schon republikanischen Zeit dem Sonnenkönigtum setzte, erinnert werden. »Alles was Bayrisch ist müsse in Chiemsee entfernt werden«, verlangte der König von Bayern. »So die Löwen an der Balustrade. Im großen Beratungssaal seien im Teppich bayer. Rauten. Diese müßten dadurch entfernt werden, daß ein Stück eingesetzt werde.«

So gerne er Sonnenkönig gewesen wäre, zumindest ihn spielen wollte – in Herrenchiemsee, dem Memorial für Ludwig XIV., duldete er keine Gleichsetzung des Imitators mit dem Imitierten. Der Maler Eduard Schwoiser hatte dem Apollo des Deckenbildes Gesichtszüge Ludwigs II. gegeben. Er mußte sie durch jene Ludwigs XIV. ersetzen, dem es allein zustünde, in der »Chambre de Parade«, dem zentralen Raum des Schlosses, als Sonnengott zu erscheinen.

Dieses Paradeschlafzimmer war denn auch – im Unterschied zu jenem in Linderhof – nicht zum Schlafen für Ludwig II., sondern zum Paradieren vor Ludwig XIV. gedacht. Nicht genug Prunk und Pracht konnten dafür aufgeboten werden. Das Vorbild in Versailles wurde übertrumpft, ähnlich wie barocke Bilder die barocke Wirklichkeit überboten hatten. Der Throncharakter des Bettes wurde betont, das Rot kräftiger aufgetragen und Gold üppiger verwendet.

»Nie wieder«, resümierte der Kunsthistoriker Heinrich Kreisel, »hat Ludwig II. einen Raum gestaltet oder gestalten können, der ihn so lange beschäftigte, der daher so lange reifen konnte und dem er einen so unwahrscheinlichen Prunk und eine so kostbare, in jahrelanger handwerklicher Arbeit entstandene Ausstattung angedeihen lassen konnte.«

»Das kostbarste Gemach seiner Zeit« entstand im Zusammenwirken des Königs, der seine Anweisungen wie Gesetze erließ, und Künstlern, die sie befolgten, nicht ohne einen gewissen Spielraum, der ihnen belassen worden war oder den sie sich genommen hatten, auszunützen: Franz Seitz, Wilhelm Hauschild und Julius Hofmann, der 1884 auch die Bauleitung von Georg Dollmann übernahm, auf den die Bauplanung zurückging.

Der zweitwichtigste Raum war für Ludwig die Spiegelgalerie. In Versailles war sie der Schauplatz von Festen gewesen, die Ludwig II. nur noch im Geiste veranstalten wollte – in einem Festsaal, dessen Schaugepränge der Galerie des Glaces gleichkam.

Die Ausstattung sollte jener unter Ludwig XIV. ähneln, nicht dem eher tristen Zustand, den Ludwig II. 1874, ein knappes Jahrhundert nach der Französischen Revolution und drei Jahre nach der deutschen Kaiserproklamation, im Spiegelsaal von Versailles angetroffen hatte. Dementsprechend sah der Möblierungsplan vor: 47 Banquettes, 12 Tabourets, 52 Kandelaber, 33 Lüster, 8 Orangenbäume, 4 Vasen und 16 Büsten antiker Kaiser.

Historisch getreu, so wie im Versailles Ludwigs XIV., sollte alles dargestellt werden. Ludwig II. betrieb Quellenstudium fast wie ein Archivar, hielt auch Architekten, Künstler und seinen Baureferenten, den Hofsekretär, dazu an: »So möchten Herr Hofrat nach alten Büchern eine Beschreibung sämtlicher Zimmer anfertigen lassen.«

Die historische Quelle war ihm wichtig als Ausgangspunkt der Versenkung und als Anhaltspunkt der Verklärung. »Es existiert ein Werk über französische

Münzen, auf welchen die Büste Ludwigs XIV. sprechend ähnlich ist, dieses Werk soll als Vorlage dienen«, für eine Reiterstatue.

Was er in Herrenchiemsee beabsichtigte, war eine Kopie, und doch wurde mehr als eine Nachahmung daraus. Die Kopie trug das Signet des Bauherren und das Signum seines Zeitalters. Das Paradeschlafzimmer übertraf in der Sinngebung und deshalb an Prachtentfaltung die »Chambre de Parade« in Versailles. Den Grundriß des Schlosses hatte Dollmann vereinfacht, beim Bau Eigenes »im Geiste des Stils« und Neues im Sinne des 19. Jahrhunderts hinzugefügt.

Der Bauherr des Historismus folgte nicht in allem dem Stil der Gründerzeit. Von deren »Lust am Unechten« sprach der Kulturhistoriker Egon Friedell. »Es ist die Ära des allgemeinen und prinzipiellen Materialschwindels. Getünchtes Blech maskiert sich als Marmor, Papiermaché als Rosenholz, Gips als schimmernder Alabaster, Glas als köstlicher Onyx.«

Ludwig verlangte Materialechtheit. Er geriet außer sich, als er einmal feststellte, daß statt Marmor eine Imitation geliefert wurde. In der Hundinghütte bei Linderhof ließ er ein Horn aus Papiermaché entfernen. Als er zum erstenmal durch den Spiegelsaal in Herrenchiemsee schritt, gelüstete es ihn, von einem Orangenbaum eine Frucht zu pflücken. Sie war mit Draht an dem Zweig befestigt. »Alles Schwindel!« schrie Ludwig und warf die Orange in einen Spiegel, der zerbrach.

Ludwig II. kam selten nach Herrenchiemsee. Erst drei Jahre nach der Grundsteinlegung sah er sich den Bau an. Im September 1881 konnten ihm die beinahe fertigen Haupträume, Paradeschlafzimmer und Spiegelgalerie, gezeigt werden. Vom 7. bis 16. September 1885 hat er zum ersten- und letztenmal im Schloß gewohnt. Noch im selben Jahr wurde der Weiterbau aus finanziellen Gründen eingestellt. Ludwigs Versailles blieb ein Torso seines Traums vom Sonnenkönigtum.

Große Spiegelgalerie gegen Osten in Schloß Herrenchiemsee

Mit zweitausend Wachskerzen, die zu seinem Abschied im Spiegelsaal angezündet wurden, suchte er seine Vorstellungen zu illuminieren. Vielleicht ahnte er, daß es Trauerkerzen waren, die mit dem Begräbnis seiner Träume das Ende seines Lebens ankündigten.

Das Bauen war sein ein und alles geworden. Wenn er nicht mehr bauen konnte, mußte für ihn das Dasein seinen Zweck und das Leben seinen Sinn verlieren.

Denn er baute Schlösser nicht wie andere Monarchen als öffentliche Präsentation der Königswürde, für die Repräsentation des Staatsoberhauptes. Sie entstanden nicht in der Haupt- und Residenzstadt seines Landes, wo sie die beabsichtigte Wirkung und einen entsprechenden Nutzen hätten erzielen können. Sie standen weit entfernt von München, Linderhof in einem entlegenen Gebirgstal, Neuschwanstein auf einer Bergspitze, Herrenchiemsee auf einer Insel.

Er hatte sie für sich allein gebaut, zu seinem eigenen Nutz und Frommen, fernab einer Welt, die er und die ihn immer weniger verstand. Seine Schlösser waren Beschwörungen einer Vergangenheit, in der er sich weit mehr zu Hause fühlte als in der Gegenwart. Sie galten ihm als Gehäuse seiner Vorstellungen, in die er sich zurückziehen, in denen er sich abschließen, in seiner Traumwelt einschließen wollte.

Als Zeitgenosse des späten 19. Jahrhunderts, dem er trotz aller Fluchtversuche nicht zu entrinnen vermochte, ließ er seine Träume nicht, gleich einem Romantiker des frühen 19. Jahrhunderts, wie Wolken am Himmel dahinziehen. Er holte sie in sein Königreich herab, domestizierte sie in seinen Schlössern, materialisierte seine Wolkenkuckucksheime, machte sie greifbar, begehbar, bewohnbar und besitzbar, verwandelte Illusionen in Realitäten, ließ den Traum zu Leben gerinnen, verdichtete ihn zum Erlebnis, hielt ihn – »verweile doch, du bist so schön!« – in Gold und Marmor fest.

Als privilegierter Aussteiger konnte er vieles von seinen Utopien verwirklichen, mit den Mitteln, die dem König zur Verfügung standen. Aber selbst die enormen Summen, die er ausgab, reichten nicht hin, alle seine Träume in Schlösser zu fassen. Sie glichen dem seinerzeit beliebten Zyklorama, in dem »3000 Jahre Weltgeschichte« in Gestalt der für die jeweilige Epoche bezeichnenden Bauwerke am Betrachter vorüberzogen.

Ludwig wollte die Bilder anhalten und festhalten, in Steine bannen, die für ihn die Welt bedeuteten. So baute und baute er, und als er mit dem Bauen nicht mehr nachkam, ihm das Geld ausging, plante und plante er.

Für Linderhof projektierte er, in Anlehnung an das alte Münchner Residenztheater, ein Rokokotheater als eine weitere Bühne für seine Separatvorstellungen. Baupläne von Georg Dollmann, Adolph Seder und Julius Lange wurden nicht ausgeführt. An Stelle des Theaters wurde ein kleiner Venustempel errichtet.

Auf den Felskegel des Falkensteins bei Pfronten gedachte der König, eine spätgotische Raubritterburg zu setzen. Den Plan Dollmanns verwarf er, der Plan des fürstlich Thurn- und Taxisschen Oberbaurats Max Schultze sagte ihm zu. Eine Straße und eine Wasserleitung wurden gebaut, nicht mehr.

Das Byzantinische, das im Zusammenklang von Königtum und Priestertum im Thronsaal von Neuschwanstein bei ihm Anklang gefunden hatte, sollte in zwei von Georg Dollmann und Julius Hofmann entworfenen byzantinischen Palästen in der Bergeinsamkeit bei Linderhof voll ertönen. Es blieb beim Stimmen der Instrumente.

Das letzte Projekt war das im Januar 1886 von Julius Hofmann entworfene Chinesische Schloß, das am Plansee errichtet werden sollte. Als Modell diente der kaiserliche Winterpalast in Peking. Der König hatte sich Ansichten kommen lassen, studierte ein chinesisches Zeremonienbuch. Als »Sohn des Himmels« wollte er sich nach strengstem fernöstlichen Protokoll verehren lassen.

Hinter einer chinesischen Mauer suchte er sich zu verschanzen. Im Grunde hatten alle seine Bauten, gleich welchen Stils, auch die Funktion eines Schutzwalles gegen den Ansturm der anderen und gegen die Anfechtungen seines Ichs.

Da er sich, trotz aller Mauern, die er bereits gebaut hatte, immer unsicherer fühlte, baute und plante er wenigstens immer neue Schutzwehren, Fluchtburgen – und Traumschlösser. Denn innerhalb der Mauern wollte er in seinen Träumen leben, in ihnen Geborgenheit und Heilung suchen, ähnlich wie Rustan in Franz Grillparzers Drama »Der Traum ein Leben«. Da aber seine Vorstellungen so rasch wechselten wie Szenen im Theater, und er, immer mehr in Schuld und Verhängnis verstrickt, immer mehr nach Entsühnung und Erlösung verlangte, wurde das Bauen und Planen, das Realisieren und Projektieren seiner Wunschgebilde immer rastloser.

Schon schien es, als dünkte ihm der Prozeß wichtiger als das Resultat zu sein. »Der König hatte eigentlich mehr Freude am Bauen, als am Gebauten, am Entstehenden, als am Fertigen«, bemerkte Luise von Kobell. Marstallfourier Karl Hesselschwerdt erzählte, daß der König in den unvollendeten Räumen seiner Bauten lieber und länger verweilte als in den vollendeten.

Was vollbracht wurde, blieb einzig und allein dem seinen Bauideen huldigenden Bauherrn vorbehalten. »Die Schlösser«, berichtete Kabinettssekretär Friedrich von Ziegler, »wurden von Seiner Majestät als geweihte Stätten betrachtet und behandelt. Sie durften vom Volk nicht gesehen werden, weil ›der Blick des Volkes sie entweihen, besudeln würde‹.«

Solange er da war, wollte er seine Traumschlösser allein für sich haben. Und wenn er nicht mehr da wäre, sollten sie in die Luft gesprengt werden.

14

Verrückt?

Bei Kerzenschein weilte er am liebsten in seinen Schlössern. Er dämpfte die Farben und mäßigte die Formen. Ludwig scheute den Tag, dessen klares Licht alles unbarmherzig offenbarte, die Übertreibung im Interieur wie die Verunstaltungen seiner Person und Unzulänglichkeiten seiner Persönlichkeit. Er suchte die Nacht, die alles in ihren dunklen, sanften Mantel hüllte und seinen Geist zu umnachten begann.

»Bald bin ich ein Geist geworden, reiner Äther mich umwallt«, hatte er 1871 in sein Tagebuch geschrieben. Er glaubte sich von der Erde lösen, in höheren Sphären entschweben zu können, wo er Seligkeit zu finden hoffte. Doch die »splendid isolation« brachte zunehmend Frustration. Von der Welt abgestoßen, hatte er sich eine Ersatzwelt geschaffen, die sich nicht als die beste aller Welten herausstellte. Mehr und mehr wurde ihm die selbstgewählte Einsamkeit und das selbstverschuldete Alleinsein zur Qual.

»Würde ich mein Leben nicht wie ein Uhrwerk geregelt haben, ich ertrüge die Einsamkeit nicht und sie lastet oft schwer auf mir«, erklärte Ludwig. Vielleicht kam er sich wie die Figur einer Kunstuhr vor, die, mechanisch bewegt, den Ablauf der Zeit darstellte. Jedenfalls erschien er, als er sich dem vierzigsten Lebensjahr näherte, anderen nicht – wie auf der Uhr im Straßburger Münster – als der Krieger, der mit dem Schwert die drei Viertel, sondern fast schon als der Greis, der mit der Krücke die vier Viertel schlägt.

»Der Himmel war trüb, und der Tag ging zur Neige. Der König, bleich und finster, befand sich im Einklang mit dieser Stimmung, und der Eindruck, den er auf mich hervorbrachte, war beinahe der des Schreckens. Es lag etwas Unheimliches in der Art, wie diese Majestät sich mit schweren Schritten dahinbewegte.« So sah ihn, im November 1880 in München, Gottfried von Böhm zum letztenmal. Bald bekamen ihn nur noch, in der Abgeschiedenheit der Schlösser, seine Sekretäre und Lakaien zu Gesicht.

Seine Gestalt war unförmig geworden, auch körperlich aus der Form und Norm geraten. Schon vermochte er sich nicht mehr auf Pferde zu schwingen, auf deren Rücken für ihn viel Glück dieser Erde gelegen hatte.

Sein Gesundheitszustand, der nie der beste gewesen war, verschlechterte sich. Er klagte über Schmerzen im Kiefer und im Magen, »über einen dumpfen Druck im Gehirn«, wie Kabinettssekretär Ziegler berichtete. »Fast regelmäßig nahmen Seine Majestät vor dem Schlafengehen Chloralhydrat.« Ohne dieses Mittel könne er überhaupt nicht mehr schlafen, erklärte Ludwig.

Anfang der siebziger Jahre, so Ziegler, »standen Seine Majestät wenn auch spät, so doch vormittags auf. Die Stunde des Aufstehens fiel immer später. Im Jahre 1882 standen Seine Majestät selten vor abends 5 oder 6 Uhr auf. Es war manchmal morgens 7 Uhr, wenn Seine Majestät von einer Ausfahrt zurückkam.«

Ludwig lebte immer ungesünder, verschlang Speisen, die er nicht vertrug, schüttete Spirituosen in sich hinein. Er ließ sich immer mehr gehen, vernachlässigte seine Kleidung, lief nach dem Aufstehen lange im Nachthemd herum, warf sich nach der Rückkehr von einer Ausfahrt gestiefelt auf das Bett.

Sinnestäuschungen nahmen zu. So vermeinte er, verdächtige Geräusche wahrzunehmen, die Stallmeister Hornig, wie er versicherte, absolut nicht gehört

Fotografie König Ludwigs II., 1886

habe, worauf ihm Ludwig sagte: Das sei kein Wunder, er habe eben bei der Artillerie das Gehör verloren. Er solle das Messer wegnehmen, befahl er dem Kammerlakai Mayr, der antwortete, es liege ja gar kein Messer da, worauf er zu hören bekam: »Es soll aber eins da sein!«

Die Stimmungen wechselten schneller. Immer noch konnte er heiter und gelassen, fast ausgeglichen erscheinen. Aber immer häufiger und immer rascher schlug die Gefühlslage um, regte er sich auf, geriet außer sich, explodierte er in Zornausbrüchen und Wutanfällen.

Enttäuschungen verschafften sich Luft. Eine Erklärung gab Luise von Kobell: »Er wollte einen Staat nach seinem Ideal regieren, aber eine weitere Betrachtung zeigte ihm den Wechsel, der mit den Menschen und Dingen vorgegangen, zeigte ihm die jetzige Welt; dabei bemächtigte sich seiner bald Unmut, bald elegische

Trauer über sein tragisches Schicksal, die schrankenlose Macht, um Großes leisten zu können, durch lästigen Zwang ersetzen zu müssen.«

Aber auch das Idealreich, das er sich als Ersatz für das verlorene Realreich geschaffen hatte, vermochte ihn nicht zu befriedigen. Als desillusionierter Illusionist war er nicht nur mit der Welt, sondern auch mit sich selbst zerfallen. Die Passion war ihm zum Leid geworden, die Lust am Alleinsein zur Last der Vereinsamung.

»Manchmal«, gestand er Hofsekretär Bürkel, »wenn ich mich müde gelesen habe und alles so stille ist, dann habe ich das unwiderstehliche Bedürfnis, eine menschliche Stimme zu hören. Dann lasse ich mir irgendeinen Lakai oder Vorreiter rufen, der muß mir von seiner Heimat und seiner Familie erzählen . . . Ich würde ja sonst das Sprechen ganz verlernen!«

Lange konnte er andere nicht ertragen, bald schlug seine Leutseligkeit in Menschenverachtung um, entluden sich seine Frustrationen in Aggressionen gegen Bedienstete, die er nicht leiden, aber auch nicht entbehren konnte.

Die Lakaien, die er manchmal in türkische Gewänder steckte, schikanierte er mitunter wie ein Sultan. Sie durften ihn nicht ansehen, nicht husten, niesen, sich nicht schneuzen, auch nicht altbayerisch reden. Sie mußten sich in gebückter Haltung nähern, schließlich sogar auf Knien rutschen.

»Im Jahr 1882«, berichtete der Kammerlakai Mayr, »zog ich mir durch ein kleines Versehen das Mißfallen Seiner Majestät des Königs zu. Ich hatte es nämlich gewagt, als Seine Majestät mit der Fußbekleidung in der Hand auf mich zuzukommen geruhten, den Kopf zu erheben und Allerhöchstdieselben scharf ins Auge zu fassen; daraufhin mußte ich sofort das Zimmer verlassen, nachdem Seine Majestät bemerkt hatten, Sie wollten mein Verbrecherantlitz nicht mehr sehen.«

Über ein Jahr lang durfte sich Mayr der Majestät nur noch mit einer schwarzen Maske nähern. Der Kammerlakai Buchner, dessen Gesicht dem König zu dumm dünkte, mußte ein Lacksiegel auf der Stirne tragen, »zum Zeichen, daß sein Gehirn versiegelt ist«.

Es hagelte Schimpfworte, Ohrfeigen und Fußtritte. Hin und wieder ergoß sich das Wasser des Waschlavoirs über einen mißliebigen Diener. Bußen wurden verhängt, Arrest oder Entzug von Nahrungs- und Genußmitteln. »Da Rutz so schändlich schlecht sich aufgeführt hat, will Ich nichts von ihm wissen. 14 Tage Milch« wollte er den Chevauleger Wilhelm Rutz, den späteren Bürgermeister von Oberammergau, bestraft wissen. »Eigens dreimal extra anspeien, weil er so gemein war, das Befohlene nicht aufzuschreiben.«

Meistens blieb es beim Verdikt, wurde das Urteil nicht ausgeführt, begnügte sich der Monarch mit einer Entschuldigung. »Manchmal«, berichtete Kammerlakai Mayr, »war die Unterwürfigkeit der Verzeihungsbitte nicht hinreichend, und es mußte neuerdings in noch demütigerer Form um Verzeihung gebeten werden.«

Ludwigs Zorn war meist so schnell verraucht, wie er aufgelodert war. Seine Launen waren so wetterwendisch wie ein Turmhahn im Alpenland. Er mochte nicht zugeben, daß er die Contenance einer Majestät, auf die er soviel Wert legte, wenn auch nur für einen Moment, verloren hatte. Beim Versuch der Wiedergutmachung verfiel er oft in das andere Extrem, biederte sich bei Dienern an wie ein Bürgerkönig bei Bürgern.

Er lagerte mit Lakaien auf den Bärenfellen der Hundinghütte, veranstaltete für sie Waldfeste mit Spielen wie Ringstechen oder »Schneider, leih mit deine Scher«, nahm den einen oder anderen in die »Blaue Grotte« mit, überhäufte sie mit Geschenken.

An seinem Geburtstag wurde der Chevauleger Thomas Osterauer in Hohenschwangau zum König gerufen. »Majestät stand vor einem mit Blumen geschmückten Tisch, auf welchem ein Kuchen im Durchmesser von einem halben Meter, eine Majonnaise mit zwei Hechten, zwei Flaschen Wein, zwei Kisten Zigarren und noch anderes sich befanden. Der Kuchen oder die Torte wurde eigens in München angefertigt. Majestät sagte: ›So, lieber Kleiner, ich wünsch dir viel Glück zu deinem Geburtstag, behalte mich stets im Andenken, die Sachen gehören dir.‹«

Ein Chevauleger – ein leichter Reiter, wie in Bayern ein Dragoner genannt wurde –, der nach dem Königsdienst wieder als Offiziersbursche fungierte, wichste die Stiefel, ohne den Brillantring, den ihm Ludwig geschenkt hatte, dabei abzulegen. Der König hatte ihn zum Fotografen geschickt, um ein Bild von ihm zu behalten.

»Als der König bei seinem letzten Aufenthalte in München im April 1885 durch die Musik eines vorbeireitenden Zuges Chevaulegers aus dem Schlafe geweckt, an das Fenster trat, gefielen ihm vier Soldaten so sehr, daß er dieselben zu sich kommen ließ und sie zu seinen Kammerdienern machte«, erzählte Rittmeister von Haufingen. »Er nahm sie dann mit ins Theater, beschenkte sie mit Juwelen und anderen Kostbarkeiten, kurz, sie durften nirgends fehlen. . . .«

»Es ist Ihnen bekannt, daß König Ludwig neuerdings in seiner Zuneigung zu dem jüngeren Stallpersonal sehr energisch geworden ist«, berichtete Philipp Graf zu Eulenburg-Hertefeld, preußischer Gesandtschaftssekretär in München, am 14. Mai 1885 nach Berlin. »Des Königs Jugend beginnt zu fliehen. Er segelt auch noch einmal mit vollen Segeln auf den Liebeswogen hinaus – so unvernünftig, daß er kaum den naheliegenden Gedanken des Ertrinkens zu fassen vermag. Durch verwandtschaftliche Beziehungen zu dem einen seiner ›Lustbuben zu Pferd‹ war der Bursche eines Rittmeisters der Chevaulegers in das königliche Schloß geraten, wo er mit seinem Landesvater während einer langen Zaubernacht in den hängenden Gärten vertraulich wandelte . . .«

Der langjährige Favorit Ludwigs, Stallmeister Richard Hornig, der 1885 als Vierundvierzigjähriger in Ungnade fiel, erzählte von Nackttänzen der »Lustbuben«. Gottfried von Böhm, der als Beamter Einblick und als Biograph Überblick hatte, berichtete, daß ein Gegenstand aus der Schatzkammer, den der König einem seiner Günstlinge geschenkt hatte, später auf dem Klagewege zurückgefordert werden mußte.

Im Tagebuch Ludwigs wird am 7. Juni 1886 des Kammerdieners Alfons Welcker gedacht. »Wiedersehen mit Alphonse gefeiert, Mahl in der Grotte. Fahrt Ammerwald, Plansee . . .! 1. Juni definitivement dernière chute 2 mois 3 semaines devant 41. Souvenez-vous Sire, souvenez-vous, souvenez-vous désormais jamais! désormais jamais! désormais jamais!!! Juré au Nom du Grand Roy et invoquant l'aide puissant du Seigneur. Linderhof. Louis« (»1. Juni endgültig letzter Fall 2 Monate 3 Wochen vor dem 41. [Geburtstag]. Gedenken Sie, Sire gedenken Sie, gedenken Sie von nun an nie! von nun an nie! von nun an nie!!! Geschworen im Namen des Großen Königs und anrufend die mächtige Hilfe des Erlösers. Linderhof. Ludwig.«) Der Tagebucheintrag schließt mit dem Postscriptum: »(Auch der Küsse streng enthalten, je le jure au nom du Roy des Roys) Alfons.« Auch der Diener hatte den Schwur des Herrn zu unterschreiben.

Stets von neuem und immer vergebens gebot er sich und anderen, so am 15. April 1886: »Nie wieder (baisers sensuels)«, »sinnliche Küsse«. Am 16. Oktober 1881 hatte er in sein Tagebuch geschrieben: »Verflucht seien noch für immer die profanen Küsse.«

Zu dieser Zeit hatte die Freundschaft mit dem Schauspieler Joseph Kainz bereits geendet, die wahrscheinlich ein platonisches Verhältnis, vielleicht aber auch mehr als das gewesen war.

Einen idealen Freund glaubte der fünfunddreißigjährige Ludwig im dreiundzwanzigjährigen Joseph Kainz, der den jugendlichen Heldenliebhaber spielte, gefunden zu haben.

Der in Ungarn geborene Österreicher hatte die Augen eines Zigeunerprimas und die Stimme eines Zigeunerbarons. Jedoch entsprach er nicht dem alpenländischen Schönheitsideal Ludwig Ganghofers. Dem bayerischen Heimatschriftsteller mißfielen »die schlechte Nase und die mangelhaften Waden des jungen Mimen«, sowie der »Lockenschwall«, der ihm das Aussehen »eines Friseurgehilfen gab, der sein Meisterstück an sich selbst gemacht hat«.

Im August 1880 an das Münchner Hoftheater gekommen, durfte Kainz im Frühjahr 1881 an Separatvorstellungen für den König mitwirken. Am 30. April spielte er den Didier in Victor Hugos »Marion de Lorme«, den edlen Jüngling, der den lüsternen Saverny im Duell besiegte.

»Marion de Lorme! Didier tiefer Eindruck!« notierte Ludwig. Die Aufführung mußte am 4. und 10. Mai 1881 wiederholt werden. »Erschütternder, tief ergreifender Eindruck! ... – werd ich Dein Leben leuchtender verklären! ...?«

Kainz erhielt vom König nach der ersten Aufführung einen von Saphiren und Diamanten funkelnden Ring, nach der zweiten eine goldene Kette mit einem Schwan, nach der dritten eine Uhr mit Diamanten. Der Schauspieler durfte in der Gastloge zwei folgenden Separatvorstellungen beiwohnen. Und wurde nach Linderhof eingeladen.

Am 30. Mai »Nachts der Darsteller des ›Didier‹ gekommen, in der Grotte Ihn begrüßt, bis Morgens zusammen«, schrieb Ludwig in sein Tagebuch. »31. mit Ihm Kiosk dann Hundinghaus, Kahnfahrt, Klause, viel erzählt in das marrokanische Haus ... Zauber der wundervollen Stimme, 1. Juni: Fahrt nach d. Plansee, ...

teure, herrliche Stunden, 2. Juni, Graswangtal gefahren, Tafel auf der Linde (Braut von Messina) zum marrokanischen Haus, Kaffee etc. die himmlische Stimme wieder vernommen (Don Carlos durchgenommen), Grottenbeleuchtung, Kiosk ...«

Das Glück in Linderhof suchte Ludwig in weiteren Stichworten festzuhalten: »3. nach dem Brunnenkopf (Phaeton v. Calderon) zusammen nach dem Pürschling (Tell) Erinnerung ›Marion de Lorme‹ – Didier Mahl, (Börne, Hoffmann, Scheffel), Mährchen Arm in Arm hinab ... 4. Er Oberammergau ... dann Mahl, teuere Stunden, Dämmerung zurück ... 5. Pfingst-Sonntag, kleiner Spaziergang, Kiosk Tafel, sehr traute u. schöne Stunden, Fahrt Graswangtal (sehr heiter Decamerone) Grotte (Traumbecher geschenkt). 6. Juni Pfingstmontag ... Fahrt bis zur Umkehrstelle in Ammerwald.«

Die Zweisamkeit hatte bald, am 11. Juni, ein Ende. Ludwig sehnte sich danach zurück, wollte den Schauspieler erneut deklamieren hören, das melodische Organ vernehmen und die feurigen Gesten sehen, Kainz wieder um sich haben, in dem er – wie Hofsekretär Bürkel erklärte – einen Menschen gefunden zu haben glaubte, der ihn verstand.

Der König, der den Schauspieler mit Geschenken überhäufte, ihm überschwengliche Briefe schrieb, lud ihn zu einer gemeinsamen Reise in die Schweiz ein. Ludwig plante eine Neuinszenierung des »Wilhelm Tell«, wollte Kainz, der den Melchthal spielen sollte, den Schauplatz des Schillerschen Dramas zeigen.

Unter den Decknamen Saverny und Didier traten der König und der Schauspieler am 27. Juni 1881 die Reise an, begleitet von sechs Hofbeamten, drei Kammerdienern und zwei Mundköchen. Saverny wollte mit Didier möglichst allein sein, was in der Hochsaison am Vierwaldstätter See nicht einfach war. Sisikon, meldete der Quartiermacher, sei voll Preußen und Ungeziefer. Das Grandhotel Axenstein war Ludwig zu laut. Die Villa

Gutenberg in Brunnen, die der Schwyzer Buchhändler Benziger zur Verfügung stellte, gefiel ihm endlich.

Von diesem Standquartier aus pilgerten der Schiller-Liebhaber und der Melchthal-Darsteller zu den Tell-Stätten, vorzugsweise in der Nacht. Bei Mondenschein deklamierte Kainz auf dem Rütli die Schwurszene.

Schon hatte ihm Ludwig, für den mündlichen Verkehr, das »Du« angeboten. Das stieg dem blutjungen Schauspieler zu Kopf, der ohnehin den mitgeführten alkoholischen Getränken – zwei Fässer Münchner Hofbräu-Bier, einige Körbe mit je 200 Flaschen Wein, ferner Cognac und Liköre – reichlich zusprach. Von der Vertraulichkeit verführt, die ihm der König entgegenbrachte, begann er sich im Umgangston zu vergreifen.

Überdies fühlte er sich von Ansinnen Ludwigs überfordert. Auf einer zweitägigen Bergwanderung sollte er den von Schiller im zweiten Akt des »Tell« beschriebenen Weg von Attinghausen über den Surenenpaß und Juchlipaß bis Melchthal zurücklegen. Den zweiten Paß schenkte sich Kainz, weil er schon vom ersten genug hatte. Vergebens erwartete ihn am 5. Juli Ludwig in Melchthal; der Melchthal-Darsteller war im Wagen direkt an den Vierwaldstätter See zurückgefahren.

»Nun, wie war es?« fragte ihn der König, mit dem er in Buochs zusammentraf. »Scheußlich!« erwiderte Joseph, was Ludwig verstimmte.

Noch in derselben Nacht mußte Kainz mit auf das Rütli steigen. Bereits auf dem Schiff schlief er ein. Als er aufwachte, sah er den König vor sich stehen, der ihn mit einem Radmantel zugedeckt hatte und sagte: »Sie haben aber geschnarcht!« Auf dem Rütli schlief Kainz weiter, statt zu deklamieren. Ludwig ging allein umher, fuhr allein zurück.

Das gespannte Verhältnis riß am 11. Juli. Sie waren mit dem Schiff nach Stansstad gefahren. Vor der Rückkehr nach Brunnen wollte sich Ludwig auf dem Rütli die Melchthal-Szene vortragen lassen. Der Dampfer legte erst nachts um zwei Uhr am Rütli an. Kainz, der vor Müdigkeit fast keinen Ton herausbrachte, weigerte sich, die paar Verse, vierzig Zeilen, zu deklamieren. Ludwig bat ihn darum, der König befahl es ihm. Der Mime beharrte auf seinem Nein.

»Nun gut«, sagte Ludwig, »Sie sind müde, ruhen Sie sich aus.« Dann wandte er sich ab, ging zur Schiffslände, fuhr allein nach Brunnen zur Villa Gutenberg zurück. Noch am selben Tage reiste er ab.

Kainz folgte ihm nach Luzern. Der König empfing ihn am 13. Juli 1881 und ging mit ihm zum Photographen Synnberg. Die Bilder, die er zum Andenken an die so rasch verflossene Freundschaft machen ließ, zeigen Ludwig, von Enttäuschung gezeichnet, in schlecht sitzendem Mantel, den Hut in der Hand. Auf einem Photo steht er neben dem sitzenden Kainz, den Arm auf die Stuhllehne gelegt, als suche er noch Kontakt. Auf einem anderen Photo steht Kainz neben dem sitzenden König, mehr in seinem Rücken, als an seiner Seite, in Distanz zu Ludwig.

Er sehe darauf aus wie der Leibmohr Seiner Majestät, bemerkte Kainz, so schwarz sei sein Gesicht, so dumm der Ausdruck und so afrikanisch seine Haltung. Das Ende der Freundschaft, die angenehm gewesen und lästig geworden war, betrachtete er mit gemischten Gefühlen. Eine kunstvoll geschnitzte Meerschaumspitze versetzte er bei der Trödlerin Frieda Koblank in München.

Ein paar Briefe gingen noch hin und her. Als der Kontrakt des Schauspielers erneuert werden sollte, erklärte der König, daß er den Namen Kainz nicht mehr hören wolle. Er ließ die Separatvorstellung absagen, in der Kainz den Ottbert in Victor Hugos »Burggrafen« spielen sollte. Sogleich tat es Ludwig leid, und er schickte ihm ein Gemälde vom Vierwaldstätter See.

Kainz, in seiner Schauspielerehre gekränkt, wies das Geschenk zurück, demonstrierte Mannesstolz vor dem

Königsthron. Das traute er sich, weil er auf die alte Vertraulichkeit setzte, die es Ludwig verbot, so zu reagieren, wie es der König hätte tun müssen. »Er solle aufpassen«, drohte Kainz in Kreisen, die es weitertrugen, sonst würde er ihm »die dicksten« Wahrheiten sagen. Ludwig lenkte ein, lud den Schauspieler, den er nicht mehr auf der Bühne sehen wollte, in den Zuschauerraum zu Separatvorstellungen ein. Und schrieb ihm wieder Briefe, in denen mehr von der Erinnerung an die Freundschaft als von deren Erneuerung die Rede war.

Schließlich durfte Kainz wieder in Separatvorstellungen mitwirken, so in Grillparzers »Der Traum ein Leben« den Rustan spielen, mit dem sich Ludwig so gerne identifizierte. Dann lief der Kontrakt ab, der nicht mehr erneuert worden war, Kainz ging an das »Deutsche Theater« nach Berlin, wo er am 29. September 1883 als Ferdinand in Schillers »Kabale und Liebe« debütierte, am 10. und 11. November 1883 als Don Carlos Triumphe feierte.

»Wenn man die Berichte darüber liest«, bemerkte Gottfried von Böhm, »muß man fast annehmen, daß ihm hierbei auch seine in unmittelbarer Nähe einer Majestät gemachten Erfahrungen zustatten kamen.«

»Er war sehr reizbar«, resümierte Joseph Kainz, »und man durfte in ihm nicht den König mit einem unzarten Wort verletzen. So sagte er mir eines Tages von Richard Wagner: ›Ich kann nicht mit ihm verkehren; es ist zu schwer. Denken Sie, wenn er von seinen Feinden spricht, schlägt er mit der Faust auf den Tisch.‹«

Ludwig II. vereinsamte immer mehr. 1883 ging Joseph Kainz nach Berlin. Im selben Jahr starb Richard Wagner in Venedig.

Dem Fortissimo in der Mitte der sechziger Jahre war ein Meno forte gefolgt. Doch die Beziehung zu Richard Wagner war eine Grundmelodie seines Lebens geblieben, auch wenn sie, im letzten Jahrzehnt, nur noch im

König Ludwig II., stehend
neben dem sitzenden Schauspieler Josef Kainz, 1881

Geiste, in Briefen, kaum mehr in persönlichen Begegnungen erklungen war und von Mißtönen getrübt wurde.

Im Jahre 1876 war Ludwig II. in Bayreuth gewesen, im Jahre 1880 kam Richard Wagner nach München. Seite an Seite genossen sie am 10. November »Lohengrin« in einer Separatvorstellung. »Sehr gelungen und schön«, notierte Ludwig, und: »Am 12. Nachmittag 2 mal das wunderbar herrliche vom Schöpfer selbst dirigierte Vorspiel zu Parsifal gehört! Tief bedeutungsvoll.«

Er verschwieg, daß er zu diesem Separatkonzert eine halbe Stunde zu spät gekommen war. Wagner dirigierte auf Wunsch des Königs ein zweitesmal das Parsifal-Vorspiel. Als er aber auch noch das Lohengrin-Vorspiel verlangte, gab Richard Wagner den Taktstock an Hermann Levi weiter. Der König verließ seine Loge. Ludwig II. und Richard Wagner sollten sich nie wiedersehen.

Zum 68. Geburtstag des Meisters am 22. Mai 1881 sandte Ludwig indische Seidendecken. Ende 1881 – wie bereits 1879 – stellte er ihm einen Salonwagen für die Reise nach Italien zur Verfügung. In Palermo arbeitete Wagner an der Partitur des »Parsifal«, die am 13. Januar 1882 vollendet war.

Zur Uraufführung in Bayreuth am 26. Juli 1882 kam Ludwig II. nicht. »*Wer* begeisterte mich zu diesem höchsten und letzten Aufschwunge aller meiner seelischen Kräfte? Im steten Hinblick auf *Wen* führte ich Alles aus und durfte mich auf ein Gelingen freuen?« schrieb ihm Wagner. »Was ist mir alles, wenn ich *Ihn* damit nicht erfreuen kann?«

Der Meister war nicht damit zufrieden, daß ihm der Mäzen das Orchester und den Chor des Hoftheaters zur Verfügung gestellt hatte. Er hätte seinem »Bühnenweihfestspiel« durch die Anwesenheit Ludwigs II. gerne eine königliche Weihe geben wollen. Zu dessen 37. Geburtstag am 25. August 1882 sandte er ihm die Verse:

»Verschmähtest Du des Grales Labe,
Sie war mein Alles Dir zur Gabe.
Sei nun der Arme nicht verachtet,
der Dir nur gönnen, nicht mehr geben kann.«

Die Verse verstimmten den König. Kabinettssekretär Ziegler wurde beauftragt, Wagner das Allerhöchste »Erstaunen« auszudrücken. Dieser war verärgert, daß Ludwig II. seinen »Parsifal« nicht im Bayreuther Tempel belassen wollte, sondern ihn für Separatvorstellungen im Münchner Hoftheater reklamierte.

Am 10. Januar 1883 schrieb Wagner aus Venedig dem König: Eine Separatvorstellung des »Parsifal« in München sei unmöglich. Ludwig II. ließ ihm durch Hofsekretär Bürkel am 20. Januar mitteilen, daß er auf seinem durch vertragliche Bestimmungen und finanzielle Zuwendungen gerechtfertigten Wunsch beharre, »Parsifal« in seinem Hoftheater aufführen zu lassen, allerdings erst im Frühjahr 1884.

»Entsetzlich, fürchterlich!« rief Ludwig aus, als er die Nachricht bekam, daß Richard Wagner am 13. Februar 1883 im Palazzo Vendramin in Venedig gestorben war. »Lassen Sie mich allein«, sagte er Hofsekretär Bürkel, dem Überbringer der Botschaft. »Wagners Leiche gehört mir; ohne meine Anordnung soll wegen deren Überführung nichts geschehen.«

Die Witwe ließ den Toten, dem sie ihre langen Haare in den Sarg gelegt hatte, nach Bayreuth bringen. Der Zug wurde am 17. Februar in München umrangiert. Auf dem Bahnhof erschien Flügeladjutant Graf Lerchenfeld mit einem Palmenkranz, der die Inschrift trug: »Dem Dichter in Wort und Ton, dem Meister Richard Wagner von König Ludwig II. von Bayern.«

Ludwig dachte daran, was ihm Wagner geschenkt, aber auch an das, was er ihm gegeben hatte: »Den Künstler, um welchen jetzt die ganze Welt trauert, habe ich zuerst erkannt und der Welt gerettet.«

Vielleicht erinnerte er sich daran, was er im Jahre 1867 seiner Verlobten Sophie versichert hatte: »Du weißt, daß ich nicht viele Jahre mehr zu leben habe, daß ich diese Erde verlasse, wenn das Entsetzliche eintritt, wenn mein Stern nicht mehr strahlt, wenn Er dahin ist, der treu geliebte Freund; ja, dann ist auch meine Zeit aus, denn dann, dann darf ich nicht länger mehr leben.«

Wagner hatte ihm einmal geschrieben: Es sei ihm der Schleier von einem Abgrund weggezogen worden; er und sein Werk hätten keinen Boden in dieser Zeit. Ludwig, der keinen Halt in seinem Jahrhundert gefunden hatte, sah auch immer deutlicher diesen Abgrund, in den er stürzen würde.

Oder könnte er wie ein Adler, für den er sich manchmal hielt, über die Klüfte hinwegfliegen, in die Lüfte entschweben? Kaiserin Elisabeth von Österreich, die Wittelsbacherin, die ihm auch im Wesen verwandt war, hielt sich für eine Möwe, schickte ihm 1885 einen »Gruß von der Nordsee«:

»Du Adler, dort hoch auf den Bergen,
Dir schickt die Möwe der See
Einen Gruß von schäumenden Wogen
Hinauf zum ewigen Schnee.

Einst sind wir einander begegnet
Vor urgrauer Ewigkeit
Am Spiegel des lieblichsten Sees,
Zur blühenden Rosenzeit ...«

Elisabeth erinnerte ihn an eine gemeinsame Kahnfahrt auf dem Starnberger See im Jahre 1881. Ihr Mohr Rustimo hatte dabei Gitarre gespielt und fremdartige Lieder gesungen, für die beiden Fürstenkinder, die zwar zusammengekommen, aber allein geblieben waren, jedes für sich: »Stumm flogen wir nebeneinander/Versunken in tiefer Ruh ...«

Das Erinnerungsblatt hinterlegte Elisabeth im Juni 1885 auf der Roseninsel im Starnberger See. Dort fand es Ludwig im September 1885. Er antwortete mit einem Gedicht:

»Der Möwe Gruß von fernem Strand
Zu Adlers Horst den Weg wohl fand.
Er trug auf leisem Fittig-Schwung
Der alten Zeit Erinnerung,
Da Rosenduft umwehte Buchten
Möwe und Adler zugleich besuchten
Und sich begegnend in stolzem Bogen
Grüßend aneinander vorüberzogen ...«

Ludwig behielt ihr Bild so im Gedächtnis, wie er es sich in der rosaroten Jugendzeit gemalt hatte. Nun glich es einer Vignette in einem vergilbten Poesiealbum. Elisabeth, die ihn lange nicht ganz ernst genommen hatte, begann sich für ihn um so mehr zu interessieren, als sie sich selber in Seltsamkeiten verstrickte.

»Haben Sie nicht bemerkt«, erklärte sie ihrem griechischen Vorleser Christomanos, »daß bei Shakespeare die Wahnsinnigen die einzigen Verständigen sind. So weiß man auch im Leben nicht, wo die Vernunft und wo der Wahnsinn sich findet, so wie man auch nicht weiß, ob die Realität der Traum oder der Traum die Wirklichkeit ist. Ich neige dazu, jene Menschen für vernünftig zu halten, die man wahnsinnig nennt.«

Je mehr Elisabeths Familie vom »verrückten« Ludwig abrückte, desto mehr fühlte sie sich zu ihm hingezogen. Sie nahm für ihn und damit auch für sich Partei, verteidigte ihn, ohne große Hoffnung, damit Gehör zu finden:

»Den Verrückten als Propheten
Ehren hoch die Orientalen;
Aber hier in diesem Lande
Müssen beide stürzen fallen.«

Weder 1885 noch 1886 sahen sie sich am Starnberger See. Sie schrieben sich und dichteten sich an: die »Möwe«, die von Ort zu Ort flog, und der »Adler«, der mit versengten Schwingen in die Tiefe stürzte.

Bayern solle mit Österreich vereinigt werden, hatte Ludwig im März 1878 Kronprinz Rudolf geschrieben, dem Sohn Elisabeths. »Ich hänge an niemandem so fest und treu wie an Dir, und so ist es mein großer Wunsch, daß Du nach meinem Tod dereinst Bayern erhältst.«

Im Zweifelsfall sei Bayern bei Österreich besser aufgehoben als bei Preußen, hatte der Großvater, Ludwig I., erklärt. Nach den Erfahrungen im Hohenzollernreich teilte Ludwig diese Meinung, zu der er von Anfang an geneigt hatte, voll und ganz.

Selbst Richard Wagner, der vollmundig für das Reich plädiert, den volltönenden »Kaisermarsch« komponiert hatte, schien anderen Sinnes geworden zu sein. »So schnell haben sich es allerdings wohl nur wenige gedacht, daß die Öde des preußischen Staatsgedankens uns als deutsche Reichsweisheit aufgedrängt werden solle«, hatte der Meister am 10. Februar 1878 an Ludwig II. geschrieben und am 15. Juli 1878 betont: »Und so ekelt mich dieses neue Deutschland an! Das soll ein Kaiserreich sein? Ein ›Berlin‹ als Reichshauptstadt! Es ist ein reiner Spott von oben herab, der nun von unten herauf erwidert wird.«

Ludwig steigerte sich in Haß hinein. Es spuckte eine Büste Wilhelms I. an, die in Schloß Hohenschwangau stand, wo Königinmutter Marie, die Hohenzollerin, immer noch einen Wohnsitz hatte. Dem Marstallfourier Hesselschwerdt soll er, wie Stallmeister Hornig erzählte, befohlen haben, Banditen anzuwerben, die Kronprinz Friedrich Wilhelm in Mentone gefangennehmen und ihn, in Ketten gelegt, bei Wasser und Brot, in eine Höhle sperren sollten.

Anstelle des Hohenzollern Friedrich Wilhelm, den er für »das Haupt der Militärpartei in Preußen« hielt, hätte er lieber, wenn auch erst nach seinem Tode, Kronprinz Rudolf von Österreich-Ungarn als Oberherrn Bayerns gesehen: »In Deinem Haupte wohnt Maria Theresias und Josephs des Zweiten Geist.«

Kronprinz Rudolf von Österreich, 1874. Stahlstich aus »Über Land und Meer«

Maria Theresia war eine Gegnerin Preußens gewesen, und Joseph II. hatte Bayern an Österreich angliedern wollen. Wie anders hätte die deutsche Geschichte verlaufen können, wenn ihm das geglückt wäre! Preußen hatte es verhindert, mit dem Ergebnis, daß nun Bayern mehr oder weniger Preußen einverleibt war.

Seit 1870 war die bayerische Politik nur noch ein Reflex der preußisch-deutschen gewesen: im Konflikt mit Frankreich, den Ludwig bedauerte, im Kulturkampf, der ihm zu weit ging, in der Niederhaltung der Volksvertretung, was ihm nicht ungelegen kam. Denn selbst sein eigenes Volk war ihm nicht geheuer. Er wollte sie nicht mehr sehen, die Bayern, und schon gar nicht die Münchner. Schließlich soll er sich, wie Hornig behauptete, zu dem Wunsch verstiegen haben, daß das bayerische Volk nur einen Kopf haben möge, den man mit einem Streich abschlagen könnte.

Im Jahre 1880 wurde das siebenhundertjährige Jubiläum der Erhebung des Pfalzgrafen Otto von Wittelsbach zum Herzog von Bayern gefeiert – ohne den Wittelsbacher Ludwig II. Kabinettssekretär Ziegler, der ihn zur Teilnahme bewegen wollte, bekam zu hören: Der Majestät widerstrebe eine »Servilität nach unten«. Hofsekretär Bürkel, der ebenfalls in ihn drang, wurde abgewiesen: »Ich kann es nicht mehr ertragen, mich von Tausenden Menschen anstarren zu lassen, tausendmal zu lächeln und zu grüßen, Fragen an Menschen zu richten, die mich gar nichts angehen, und Antworten zu hören, die mich nicht interessieren.«

Um einen Erlaß an sein Volk, den sie ihm aufgesetzt hatten, kam er nicht herum: »Mit dem innigsten Danke verbinde Ich die Versicherung, daß das Glück Meines treuen Volkes das Ziel Meiner heißesten Wünsche, daß es die Bedingung Meines eigensten Glückes ist. Gleich Meinen in Gott ruhenden Ahnen, deren Andenken in diesen Tagen mit so rührenden Beweisen der Pietät geehrt wird, bin Ich von dem vertrauensvollen Bewußtsein durchdrungen, daß Mein Volk in allen Zeiten fest zu seinem Fürsten steht.«

Von einer »schwindenden Popularität des Königs« sprach der gutunterrichtete preußische Gesandte in München, Freiherr von Werthern. Es schadete ihm, daß er sich nicht mehr seinem Volke zeigte, das in diesen konstitutionellen Zeiten einen Anspruch zu haben meinte, den Monarchen in seiner Mitte zu sehen.

Ludwig II. schien es zu billigen, jedenfalls zuzulassen, daß sein Ministerium nach wie vor gegen die

Volksvertretung regierte, obgleich die königstreuen Konservativen im Jahre 1881 erneut die absolute Mehrheit im Landtag errungen hatten und damit noch stärker geworden waren. Während die Liberalen von 76 auf 68 Mandate im Landtag absanken, gewann die Patriotische Volkspartei 83 statt bisher 79 und die mit ihr verbündete neue evangelische Konservative Partei 7 Mandate.

Dennoch behielt der nur von den Liberalen gestützte Johann von Lutz das Amt des Vorsitzenden im Ministerrat, das ihm Ludwig II. im Jahre 1880 zusätzlich zu seinem Amt als Staatsminister des Innern für Kirchen- und Schulangelegenheiten übertragen hatte. Der König hielt an ihm fest, schrieb ihm am 23. Februar 1882 einen von Kabinettssekretär Ziegler, dem Vertrauensmann des Ministerpräsidenten, aufgesetzten, vom Adressaten vorher genehmigten Brief, in dem er ihn seines fortwährenden Vertrauens versicherte:

»Ich habe mit Bedauern die Schwierigkeiten verfolgt, welche in den letzten Monaten dem, wie ich weiß, nur auf das Wohl des Landes gerichteten Wirken Meiner Minister in den Weg gelegt wurden, und finde Mich bewogen, die bestimmte Erwartung auszusprechen, daß Sie und Ihre Amtsgenossen, die von Mir berufenen Räte der Krone, auch fernerhin fest ausharren und mit aller Kraft für die Rechte Meiner Regierung eintreten werden, wie es bisher geschah.«

In dieser Angelegenheit hatte Ludwig II. nicht nur auf Ziegler, das Sprachrohr des Ministerpräsidenten Lutz, sondern auch auf die Stimme des Reichskanzlers Bismarck gehört. Dieser wußte, wie immer, den Wittelsbacher zu nehmen. »In einer weiteren Entwicklung des Parlamentarismus in Deutschland durch ein parlamentarisches Ministerium könne er nur eine Gefahr erblicken«, hatte er dem bayerischen Gesandten in Berlin, Graf Lerchenfeld-Koefering, zum Weitermelden an Ludwig II. gesagt.

Der Monarch hatte sich ohnehin »gegen die Gelüste nach parlamentarischer Majoritätsregierung«, wie sie auch in Bayern aufgetaucht seien, ausgesprochen. Dabei wäre ein geeigneter und ihm genehmer Mann für die Bildung eines dem Mehrheitswillen entsprechenden Ministeriums vorhanden gewesen: der fränkische Zentrumspolitiker Georg Arbogast Freiherr von und zu Franckenstein, der seit 1881 auch Präsident der bayerischen Kammer der Reichsräte war. An seine Berufung hatte der König bereits 1875 gedacht; aber daraus war nichts geworden.

Nun hatte er erst recht nicht die Kraft zu einem Regierungswechsel, einem Entgegenkommen an die konservativen und monarchistischen Bayern, die überwiegende Mehrheit seines Volkes. Dies blieb nicht ohne Folgen für seine Volkstümlichkeit. Zunehmend wurde bezweifelt, ob er überhaupt das Heft in der Hand habe, und wenn, ob er willens und in der Lage sei, als König und Herr zu bestimmen.

Bereits 1871 hatte Graf Franz Pocci, der Oberstkämmerer war und Volksdichter dazu, Ludwig II. die Leviten gelesen:

»Willst Du ein König sein ›von Gottes Gnaden‹,
Glaubst Du, daß er die Krone Dir beschert
Als heilig gut und auserwähltes Lehen,
So zeige Dich der Gottesgnade wert.

Dem Volke zeige der Berufung Würde,
Bekenn, daß des Herrn Vasall Du bist,
Daß mit der Macht auch Pflichten Dir verliehen.
Und gehe Du voran als treuer Christ.
...
Zum Spielzeug ist das Szepter Dir geworden,
Ein Zauberstab für eitle Phantasien,
Nur Wundermärchenbilder zu gestalten
Scheint Dir die königliche Macht verlieh'n ...«

»Du und ich, wir können uns alles erlauben«, hatte ihm Elisabeth gesagt, welche die Privilegien einer Kaiserin von Österreich ausnützte, doch deren Pflichten sich entzog. Er anerkenne keine Pflichten, ließ Ludwig II. bereits 1867 durch ein Kabinettsschreiben den Großherzog von Sachsen-Weimar wissen, der – beim Austausch von Bildern der Wartburg und Hohenschwangaus – von gleichen Burgen, gleichen Banden und Pflichten gesprochen hatte.

»Ich bin der König, und was mir zu tun gefällt, ist wohl getan, so muß jeder gute Untertan denken und sich dem Herrscherwillen unterwerfen«, schrieb Ludwig II. Einem Monarchen gegenüber, erläuterte er Anton von Hirschberg, dem Juristen, mit dem er eine Zeitlang vertraulichen Umgang pflegte, gebe es kein Privatrecht; er könne auch über das Eigentum seiner Untertanen verfügen. Sein königliches Wort, erklärte er Hofsekretär Düfflipp, habe nur so lange Geltung, als er es halten wolle.

»In den Zeitungen werden die Pronomen ›Sein‹ und ›Er‹, wenn sie die Majestät betreffen, immer klein gedruckt«, teilte er Kabinettssekretär Ziegler mit und erteilte den Auftrag, »diesen Unfug«, der an Majestätsbeleidigung grenze, abzustellen.

Es gebe Momente, in denen die Königinmutter »die Mutter als solche etwas zu sehr herauskehrt und der König in ihren Augen zeitweise zu sehr in den Hintergrund zu treten scheint«, ließ er sie wissen und zurechtweisen: »Ich bin der Herrscher, und sie ist nur die Mutter, gleichzeitig Untertanin.«

Sein Majestätsbewußtsein steigerte sich zum Majestätswahn, und das um so mehr, als sein Herrschaftsanspruch und seine Herrschermöglichkeiten auseinanderklafften. Im »System Lutz« war das Königtum nur noch eine Art Ikonostase, hinter deren Bildern von Königswürde und Königsmacht die Staatsbürokratie die Staatshandlungen vollzog.

Nicht einmal in seinem Kabinett war der König der Herr der Lage. Aus Desinteresse an den Staatsgeschäften hatte er die Kabinettssekretäre schalten und walten lassen. Und wenn er einmal Interesse zeigte, wurde ihm bedeutet, daß alles bereits geregelt und verfügt war und er es nur noch zu versiegeln und zu verbriefen hatte.

Eine Zeitlang suchte Ludwig sich für die Majestätsbevormundung zu revanchieren, indem er die Kabinettssekretäre, die ihn im Sinne und im Auftrage des Ministeriums gängelten, nach Strich und Faden schikanierte.

Friedrich von Ziegler hatte er besonders aufs Korn genommen, den Kabinettssekretär von 1876 bis 1879 und von 1880 bis 1883. Der sich ihm als Musensohn nähernde Jurist, dem er offenherzig entgegengekommen war und das »Du« angeboten hatte, entpuppte sich als Karrierebeamter, der ihn zur Marionette des Ministeriums machen wollte und schließlich – beim Entmündigungsverfahren – Zeugnis wider ihn ablegte.

Als ob Ludwig dies vorausgesehen hätte, versuchte er Ziegler das schon vorab zu vergelten. Der Ministerialrat berichtete später der Untersuchungskommission: »Nicht einmal, sondern oft und oft argwöhnte Seine Majestät, ich hätte Allerhöchstdenselben beim Vortrage mit einem unziemlichen, besonderen Blick angesehen. Gleich nach dem Vortrag erhielt ich den Befehl, mich deshalb rechtfertigen zu müssen, und ich habe auf diese Rechtfertigungen unsägliche Zeit verwenden müssen.«

Einmal, während Ziegler Vortrag hielt, ergriff Ludwig einen Revolver und zielte auf den Kabinettssekretär. Schließlich legte er die Waffe wieder weg und sagte: »Es ist doch ganz merkwürdig, was für Dinge heutzutage fabriziert werden. Sehen Sie, wie täuschend hier ein Revolver nachgemacht ist, und es ist doch nur ein Thermometer!«

Ihr Verhältnis war unter den Nullpunkt gesunken. Schließlich gab Ziegler zu Protokoll: »Wie ich hörte, erhielt Hesselschwerdt den Auftrag, mich durch zwei Banditen in Bozen ermorden zu lassen.«

Marstallfourier Hesselschwerdt wußte über seinen königlichen Herrn und Gönner Erschreckliches zu berichten: Er habe ihm befohlen, den ehemaligen Hofsekretär Gresser nach Amerika zu deportieren und den ehemaligen Flügeladjutanten Hertling umzubringen, ihn zumindest tüchtig durchzuprügeln.

Kabinettssekretär Friedrich von Ziegler

Freiherr von Hertling hatte sich geweigert, einen Auftrag des Königs durch Brief eines Lakaien entgegenzunehmen. Seine Minister wollte Ludwig II. schon lange nicht mehr sehen. Nun begann er auch die Chargen in seiner nächsten Umgebung zu meiden.

Den allernotwendigsten amtlichen Verkehr ließ er durch Kammerbedienstete besorgen. Stallmeister Hornig fungierte als eine Art Privatsekretär, Marstallfourier Hesselschwerdt wurde »der Reichskanzler« genannt. Hoffriseur Hoppe war als Kurier des Königs unterwegs.

Eine gewisse Rolle spielte für Ludwig noch der Hofsekretär in seiner Eigenschaft als Kassenwart für die Bauten, die ihm als einziger Lebenszweck und letzte Daseinsfreude verblieben waren.

Doch die Beliebtheit des Hofsekretärs nahm mit dem Geld in der Kabinettskasse ab, die er zu verwalten hatte, und sie schlug in Ungnade um, als er sie nicht mehr aufzufüllen vermochte.

Eine Krise der Kabinettskasse, verursacht durch die Bautätigkeit Ludwigs II., hatte Hofsekretär Lorenz von Düfflipp vorausgesehen und war 1877 zurückgetreten. An seine Stelle trat Ludwig von Bürkel, der 1884 seinen Abschied nahm. Der König hatte ihm die Verantwortung für die Baufinanzen entzogen, nachdem er, angesichts anwachsender Schulden, auf Einsparungen gedrängt hatte.

Die Bauten wurden nicht aus der Staatskasse, sondern aus der Kabinettskasse des Königs finanziert. Sie war reichlich, doch für Ludwigs Projekte nicht hinreichend ausgestattet. Durch das Finanzgesetz vom 29. Juni 1876 verfügte der König jährlich über 4231044 Mark. Dazu kamen Entnahmen aus den Vermögensreserven, die von 1879 bis 1883 rund 5 Millionen Mark betrugen, und die Zuwendungen Bismarcks, die sich insgesamt auf gut 5 Millionen Mark beliefen.

Seit 1877 schrieb der Hofsekretär rote Zahlen. Anfang 1884 waren die Schulden auf 8,25 Millionen Mark angestiegen. Der König beauftragte Finanzminister Emil von Riedel mit einer Schuldenregelung. Er hätte eine Einmischung des Ministeriums in seine Privatangelegenheiten gerne vermieden, doch die Sorge, nicht mehr weiterbauen zu können, verleitete ihn zu einem Schritt, mit dem er seinen Sturz einleitete.

Die Minister hätten sich lieber aus den Finanzangelegenheiten des Monarchen herausgehalten. Als Juristen verwiesen sie auf das Zivil-Listen-Gesetz vom 1. Juli

1834, das die Kabinettskasse dem Eingriff von Ministerium wie Landtag entziehe. Als Administratoren durften sie es jedoch nicht zulassen, daß mit der Bonität des Königs die Reputation des Staates in Mitleidenschaft gezogen würde.

»Die Lage der k. Kabinettskasse ist eine sehr ernste«, berichtete am 19. April 1884 Finanzminister Riedel an das Hofsekretariat. »Wenn nicht baldigst die vorhandenen Schuldverbindlichkeiten getilgt werden, so ist zu befürchten, daß Hunderte, ja vielleicht noch mehr Existenzen dem ökonomischen Ruine verfallen, und dieser Umstand allein bringt schon eine große Gefahr, da die berechtigten Klagen der Betroffenen nicht bloß in ganz Bayern, sondern weit über dessen Grenzen hinaus einen Widerhall finden werden, welcher durch kein Mittel von den Stufen des Thrones ferne zu halten sein dürfte, was in einer Zeit, wie die gegenwärtige, wo die sozialen Verhältnisse mehr und mehr unterwühlt werden, doppelt bedenklich erscheint.«

Bayern war ein Verfassungsstaat, in dem der Monarch sein verfassungsmäßiges Amt so auszufüllen hatte, daß er seiner Würde nichts vergab und das Ansehen, das er dem Ganzen zu geben hatte, nicht beeinträchtigte.

Bayern war ein Rechtsstaat, in dem – ungeachtet der skurrilen Ansicht Ludwigs II., daß es einem Monarchen gegenüber kein Privatrecht gebe – jeder Bürger, dem die Kabinettskasse seine Forderungen nicht beglich, diese einklagen, den König hätte verklagen können. Es gab Richter, die imstande gewesen wären, die Zivil-Liste wenigstens teilweise beschlagnahmen, im Königshause pfänden zu lassen.

Um die Gefahr von Thron und Staat abzuwenden, schlug Finanzminister Riedel vor: Aufnahme eines möglichst rasch zu tilgenden Kredits, schnelle Befriedigung der Gläubiger und – vor allem – strikte Vermeidung neuer Schulden.

Das Ministerium tat das Seine, vermittelte im Mai 1884 bei der Hypotheken- und Wechsel-Bank, der Süddeutschen Bodenkredit-Bank und der Nürnberger Bank eine Anleihe von 7,5 Millionen Mark. Bismarck gab aus dem Welfenfonds eine zusätzliche Million dazu, »da in der Nichtbereinigung des königlichen Schuldenwesens eine erhebliche Gefahr für das monarchische Prinzip liege«.

Nun hätte Ludwig II. das Seine beitragen, sparen und nochmals sparen sollen. Er dachte nicht daran. Er wollte, er mußte weiterbauen. So wurde im Sommer 1885 ein neuer Schuldenstand der Kabinettskasse in Höhe von über 6 Millionen Mark festgestellt.

Hofsekretär Pfister war zurückgetreten. Den neuen »Hofquellensucher«, Hauptmann a. D. Franz Gresser, der nicht fündig wurde, überschüttete der König mit Vorwürfen und ließ ihn in Ungnade fallen.

Ludwig II. wandte sich am 29. August 1885 an Finanzminister Riedel: »Mein königlicher Wille ist es, daß die von Mir unternommenen Bauten nach Maßgabe Meiner getroffenen Anordnungen angemessene Fortsetzung und Vollendung finden. Dieses Mein Vorhaben erleidet aber eine wesentliche Hemmung infolge des ungünstigen Standes Meiner Kabinettskasse. Ich beauftrage Sie, Herr Minister, die nötigen Schritte zur Regelung der Finanzen zu tun und so Meine Unternehmungen zu fördern.«

Dies vermöge der König selber am besten dadurch zu tun, daß er durch Einschränkungen seine Finanzen in Ordnung bringe, schrieb Riedel am 3. September unmittelbar an den Monarchen. Die unbeschränkte Majestät reagierte mit einem Verweis für den Finanzminister und traf Anstalten, ihn zu entlassen. Sollte er das tun, würden sie alle zurücktreten, bedeuteten ihm die Minister. Ludwig II. ließ jedem einzelnen durch einen Adjutanten den Allerhöchsten Unwillen über eine solche Majestätsbeleidigung aussprechen.

Finanzminister Riedel erhielt bald darauf vom König ein besänftigendes Schreiben und Ministerpräsident Lutz kurz vor Weihnachten 1885 durch einen Lakaien den Auftrag, sich zu äußern, wie die königlichen Finanzen saniert werden könnten.

Lutz trat ungern aus seiner Deckung hervor. Er hatte sich hinter den Paragraphen des Zivil-Listen-Gesetzes verschanzt, welche die Kabinettskasse allein dem König überantworteten. Er scheute eine Auseinandersetzung mit Ludwig II., weniger aus Dankbarkeit für seine Erhebung in den erblichen Freiherrenstand im Vorjahr als wegen der Notwendigkeit, sich einen König zu erhalten, der bisher, wenn schon nicht immer ja, so doch stets amen zu seiner Politik gesagt hatte.

Einen solchen Protektor seiner Politik brauchte Lutz mehr denn je. In Bayern fiel es zunehmend schwerer, die konservative katholische Mehrheitspartei von der Regierung fernzuhalten. Im Reich verlor er an Rückhalt, seitdem Bismarck sich 1879 von den Nationalliberalen abgewandt und den Konservativen zugewandt hatte, sich der Zentrumspartei näherte und den Kulturkampf beendete. 1883 hatte Lutz den Schulkampf abblasen, die konfessionelle Volksschule zur Regelschule erklären müssen.

Lutz kam um eine Beantwortung der Anfrage Ludwigs II. nicht herum, mußte den Versuch unternehmen, eine Lawine aufzuhalten, die mit dem König den Ministerpräsidenten hinwegfegen könnte. Er tat es mit einer Behutsamkeit, die der Empfindlichkeit Ludwigs, nicht aber der Dramatik der Entwicklung angemessen war. Vorsichtshalber richtete er nicht, wie Riedel, der damit eine schlechte Erfahrung gemacht hatte, sein Schreiben vom 6. Januar 1886 unmittelbar an den König, sondern an Hofsekretär Ludwig Klug.

Den Versicherungen seiner Ergebenheit folgten Warnungen, das Parlament einzuschalten, das der Monarch prinzipiell beargwöhnte und der Ministerpräsident realiter zu fürchten hatte. Die Kasse des Königs und die Kasse des Staates müßten getrennt gehalten werden, erklärte Lutz; Steuergelder für die königlichen Bauten könnten weder befürwortet noch erwartet werden. »Die Minister halten die Vorlage an die Kammer behufs Erlangung irgendeiner Summe, sei es auch nur des zur Schuldenzahlung nötigen Betrags für unmöglich und würden die Verantwortung dafür, auch wenn sie befohlen werden sollte, nicht übernehmen können.«

Aus der Staatskasse, so Lutz, könne das Defizit der Kabinettskasse nicht bereinigt werden, und weitere Bankkredite seien kaum noch zu erhoffen. Denn die für die Bauten des Königs erforderlichen Summen stiegen ins Astronomische: »Die einen sprechen von 10, die anderen von 15 Millionen Mark als dem nötigen Betrag. Es handelt sich also um die Beschaffung von 20 und mehr Millionen Mark, oder, wenn nur die neu kontrahierten Schulden gedeckt werden sollen, um die Beschaffung von mindestens 6 Millionen Mark.«

Um gerichtliche Schritte von Gläubigern gegen den König und eine Versteigerung von Besitztümern der Majestät zu vermeiden, bliebe nur ein Ausweg: Ludwig II. müsse Bau und Ausbau seiner Schlösser zumindest so lange einstellen, bis die bisherigen Schulden zurückbezahlt seien.

Der König, der seine Schlösser schon unter den Hammer gebracht sah, wandte sich am 26. Januar 1886 an Innenminister Max von Feilitzsch, den er als energischen Mann kennengelernt hatte: »Das Allerärgste aber wäre es und diesem vorzubeugen lege ich Ihnen ganz besonders dringend an das Herz, wenn nicht einmal die Summe aufgetrieben würde, die nötig ist, um das Vergreifen an meinem Eigentum zu verhüten; denn würde dies nicht verhütet, so würde mich dies dermaßen empören, daß ich entweder mich töten, oder jedenfalls das schändliche Land, in welchem dies Schauderhafte geschah, sofort und für immer verlassen würde.« Denn: »Seit der beklagenswerte Zustand in der Kabinettskasse herbeigeführt wurde und die Stokkung bei meinen Bauten, an welchen mir so unendlich viel gelegen ist, eingetreten ist, ist mir die Hauptlebensfreude genommen ...«

Der Polizeiminister konnte ihn zwar vor Anarchisten, nicht aber vor Gläubigern schützen. Auch er sah keine Möglichkeit für die »Beschaffung von zwanzig Millionen zur Bereinigung vorhandener Passiva und beziehungsweise zur Herstellung weiterer Bauten«. Auch Feilitzsch konnte ihm nichts anderes empfehlen als Einschränkung der Hofhaltung und Einstellung der Bautätigkeit.

In seiner Verzweiflung verstieg sich Ludwig, der in seinen Briefen vernünftig zu schreiben und logisch zu argumentieren verstand, zu Tönen, die ihm schon bald als Symptome einer fortgeschrittenen Geisteskrankheit angelastet werden sollten.

Seinen Flügeladjutanten Graf Alfred von Dürckheim-Montmartin forderte er am 28. Januar 1886 auf, eine dem König fest und treu ergebene Leibgarde aufzustellen, die, »wenn es wirklich zum Äußersten kommen sollte und die nötige Summe nicht fließt, das rebellische Gerichtsgesindel hinauswirft«.

Adjutanten und Hofbedienstete wurden ausgeschickt, um Geld zu beschaffen, nach Regensburg zum Fürsten von Thurn und Taxis, nach Stockholm zum König von Schweden. Weitere Versuche sollten in Rio de Janeiro, London, Brüssel, Konstantinopel und Teheran unternommen werden. Als Bankanleihen ausblieben, dachte er an Bankraub in Stuttgart, Frankfurt, Berlin und Paris.

Nicht einmal seine nächste Umgebung nahm die sich überstürzenden Anweisungen noch ernst. Graf Dürckheim-Montmartin, der bis zuletzt zu ihm hielt, ohne freilich seine Entgleisungen zu billigen oder gar zu unterstützen, sollte nach England fahren, beim Herzog von Westminster zehn Millionen zu leihen versuchen. Der Flügeladjutant wollte dies dem König ausreden und sagte zum Marstallfourier Hesselschwerdt, der den Befehl mündlich überbracht hatte: »›Es ist gut, melden Sie Seiner Majestät, daß Sie mir den Auftrag ausgerichtet haben und daß ich morgen selbst in der Sache an Seine Majestät schriftlich berichten werde.‹ Darauf antwortete mir Hesselschwerdt: ›Herr Graf werden entschuldigen, aber ich kann heute nichts melden, ich bin nämlich eigentlich in Neapel!‹ ›Wieso?‹ fragte ich. ›Ja‹, erwiderte er, ›der König hat mich nach Neapel geschickt, aber das nutzt doch nichts, dorthin zu reisen, darum bin ich hiergeblieben; ich habe aber gesagt, ich ginge hin und käme Mittwoch zurück, daher kann ich vorher dem Könige nichts melden!‹«

Ludwig griff nach jedem Strohhalm, aber auch nach einem bewährten Halt: Otto von Bismarck, der ihm schon bisher Geld gegeben hatte und ihm noch mehr geben sollte. »Jemanden Verlässigen zu Bismarck!« rief der König aus. Am 6. April 1886 wandte er sich schriftlich an den Reichskanzler. Bismarck antwortete am 14. April: Selbst »das augenblickliche und dringliche Bedürfnis auf sechs Millionen Mark« könnte »nur gegen Sicherheiten« befriedigt werden, »und nur unter der Bedingung, daß durch Verzicht auf weitere Bauten die Mittel zur Verzinsung und Rückzahlung der Anleihe verfügbar gestellt würden. Da ein solcher Verzicht auf Fortsetzung der begonnenen Bauten nicht in Eurer Majestät Intentionen liegt, so habe ich weder in den Kreisen der Geldmänner noch in dem Hausministerium Seiner Majestät des Kaisers eine Aussicht gewinnen können, die nötige Summe aufzubringen.«

Der Enttäuschung, die er bereiten mußte, ließ Bismarck eine Ermutigung folgen: Ludwig II. solle seinem Ministerium befehlen, »die Bewilligung der erforderlichen Summen bei dem Landtage unter offener Darlegung des Sachverhältnisses zu beantragen«.

Seine Überlegung verschwieg Bismarck dem König, gestand sie einen Monat später dem bayerischen Gesandten Graf Lerchenfeld-Koefering: Entweder stimmte der Landtag einer Schuldendeckung zu, dann blieb der König unangefochten. Oder der Landtag – was wahrscheinlicher schien – lehnte ab, dann wäre ein Einschreiten der Minister parlamentarisch gedeckt gewesen, hätte »sich der Prozeß offen vor aller Augen« vollzogen und wäre nicht der Eindruck entstanden, daß seine eigenen Minister – so Bismarck – den König »schlachten« wollten.

Graf Dürckheim-Montmarin

Ludwig war Bismarcks Rat als »Ultima ratio«, als »letztes Mittel der Könige« erschienen. Am 14. April 1886 hatte der Reichskanzler ihm nahegelegt, das Parlament einzuschalten, am 17. April befahl der König seinem Ministerium: »Es ist Mein Wille, daß zur Ordnung der Verhältnisse Meiner Kabinettskasse von Meiner Regierung noch dem gegenwärtig versammelten Landtage eine Vorlage gemacht und mit tunlichster Beschleunigung die hierauf bezüglichen Vorschläge Mir unterbreitet werden.«

Dieses Schreiben schickte der König nicht nur an den liberalen Ministerpräsidenten Lutz, sondern auch an den Freiherrn von und zu Franckenstein, den möglichen Ministerpräsidenten einer katholisch-konservativen Mehrheitsregierung. Die amtierenden Minister waren alarmiert und stellten sich gegen Ludwig II.

An Unterstützung fehlte es ihnen nicht. Im Volk wurde der seltsame »Herr Huber« – wie in Wirtshäusern Ludwig II. genannt wurde – zunehmend kritisiert. Bürger mißbilligten Verschwendung und Verschuldung. Gewerbetreibende erklärten sich mit den Gläubigern des Königs solidarisch. Schon war eine erste Klage, von der Installationsfirma Wachter und Morstadt, beim Landgericht München I gegen die Zivil-Liste erhoben worden.

Die Presse hatte sich des Themas angenommen, aus eigenem Antrieb und mit Nachhilfe des Ministeriums. Auch oppositionelle Blätter artikulierten regierungsamtliche Argumente. Selbst Dr. Johann Baptist Sigl, Herausgeber des erzkonservativen »Bayerischen Vaterlands«, schwenkte vom angestammten König zur bisher attackierten »preußenfreundlichen Regierung« um.

Die liberale »Frankfurter Zeitung« wunderte sich: »Unbegreiflich ist es, wie eine Opposition, welche die Mehrheit hat, diese Gelegenheit vorübergehen lassen konnte, um dem von ihr seit nahezu 20 Jahren aufs schärfste bekämpften Ministerium Lutz eine peinliche Stunde zu bereiten. So verfährt keine oppositionelle Kammermehrheit, so operiert eine Fraktion, die um die Gunst des Ministeriums buhlt.«

Schon immer hatte ein regierungsfreundlicher Flügel der bayerischen Patrioten den Aufschwung der katholisch-konservativen Mehrheitspartei gelähmt. Und schon seit jeher hatte der König das liberale Ministerium favorisiert, obgleich es seine Herrschergewalt eingeschränkt und seine treuesten Anhänger von der Staatsregierung ferngehalten hatte.

Nun wollte das liberale Ministerium den König, der es gestützt hatte, vom Thron stürzen. Sollten ihm die Patrioten, die er im Stich gelassen hatte, zu Hilfe eilen? Sie hätten es wahrscheinlich getan, wenn Ludwig II. wahrhaft ein König gewesen wäre. Aber er spielte diese Rolle nur, ohne Publikum, einzig für sich allein, und hatte es dahin gebracht, daß mit diesem Monarchen die Monarchie auf dem Spiele zu stehen schien.

So fiel es Lutz nicht allzu schwer, die Opposition, jedenfalls die Führung, zum Mitmachen, zumindest zum Stillhalten zu bewegen. Bei einer Besprechung zwischen den Ministern und führenden Abgeordneten der Patriotenpartei erhielt der Ministerpräsident am 30. April 1886 die Gewißheit, daß die vom König geforderte Einschaltung des Landtages zur Ordnung seiner Vermögensverhältnisse auch von der Opposition nicht für opportun gehalten wurde. Wenn es zu einer Debatte gekommen wäre, hätten die Patrioten ihre Kritik an Ludwig II. offen aussprechen, seine Finanzforderungen ablehnen müssen.

Mit dieser Rückendeckung gingen die Minister zum Angriff über. Am 5. Mai 1886 teilten sie dem König mit, daß eine Finanzvorlage an den Landtag »den gewünschten Erfolg nicht haben, sondern nur unaussprechlichen und namenlosen Schaden für das Ansehen der Krone nach sich ziehen würde«. Die Minister »sehen sich deshalb außerstande, den in dem genannten Allerhöchsten Handschreiben enthaltenen Befehl zu vollstrecken, und sind vielmehr genötigt, um Allergnädigste Zurücknahme desselben zu bitten«.

Diese Befehlsverweigerung brachte Ludwig gegen Ministerium wie Landtag auf. »Die Schlechten in der Kammer müssen hinausgestoßen und durch Gute ersetzt werden, und wenn von den Ministern einer oder der andere nicht zieht, muß er weg. Es müsse so eine Art Staatsstreich werden«, ließ er durch den Kammerlakai Mayr dem Marstallfourier Hesselschwerdt mitteilen. Der König verfügte nicht mehr über Exekutoren seiner Macht, nur noch über Büttel seiner Ohnmacht.

Ludwig steigerte sich in eine Verfassung hinein, die als Geistesverwirrung bezeichnet, als Beweis für Regierungsunfähigkeit gewertet und als Grund für eine Entmündigung angegeben werden konnte.

Das System war in Gefahr, die Herrschaft der Minister und Bürokraten, die Existenz der Regierung Lutz und auch der Fortbestand der Monarchie. Sie galt in Bayern als Palladium, als ein heilig gehaltenes Schutzmittel, das den bayerischen Staat des 19. Jahrhunderts bewahren sollte wie im klassischen Altertum das Kultbild der Pallas Athene die ihr angelobte Stadt.

Ohne Monarchen konnten sich auch die regierenden Liberalen ihren Staat nicht vorstellen. Doch es sollte ein manipulierbarer Monarch sein, noch besser, ein Monarch, der sich königlichen Zerstreuungen hingab und die Kreise der Regierung nicht störte.

Mit Ludwig II. konnten sie zufrieden sein – bis zu dem Moment, da er seine Spielereien übertrieb und sein Vermögen überzog, mit der Achtung seiner Person das Ansehen der Monarchie und die Autorität des Staates aufs Spiel setzte. Wenn die Königskrise nicht zu einer Staatskrise eskalieren sollte, mußte eingeschritten werden. Aber wie? Reichskanzler Bismarck, der konsultiert wurde, erinnerte die bayerischen Minister an seinen Rat, den Landtag einzuschalten, damit ein »Vorgehen von oben« nicht als »eine Palastrevolution« gedeutet werden könnte.

Davor scheuten die Minister zurück, aus grundsätzlicher Mißachtung des Parlaments wie angesichts der für sie ungünstigen Mehrheitsverhältnisse. Sie vermeinten bereits das »Hört, hört!« zu vernehmen, das ihre Behauptung begleitete, die Regierungsgeschäfte, die noch gestern so reibungslos funktioniert hätten, seien von heute auf morgen wegen Regierungsunfähigkeit des Königs ins Stocken geraten. Die Minister mochten es nicht ausschließen, daß – trotz des Stillhaltens der Führung der Opposition – die Landtagsmehrheit doch noch Geld bewilligen könnte, unter der Bedingung, daß die Minderheitsregierung durch eine Mehrheitsregierung ersetzt würde, womit der König sicherlich sofort einverstanden gewesen wäre.

Erst recht nicht wollte das Ministerium dem König den Rücktritt anbieten, damit – wie beispielsweise der bayerische Gesandte in Berlin, Graf Lerchenfeld-Koefering, riet – »auch der Schein vermieden werde, als ob die Minister sich von persönlichen Rücksichten leiten ließen«. Vor allem Lutz wollte davon nichts wissen. »Er führte eine Reihe von Gründen dagegen an, die mich jedenfalls damals nicht zu überzeugen vermochten. Der eigentliche Grund seiner Abneigung gegen den Schritt wird wohl der gewesen sein, daß der König doch andere Minister finden möchte.«

Auch eine Abdankung wollten sie dem König nicht nahelegen, obwohl sie wußten, daß Ludwig II. des öfteren mit diesem Gedanken gespielt hatte. Es war jedoch zweifelhaft, ob er in einer Situation darauf eingegangen wäre, die ihn ja gelehrt hatte, daß nicht einmal die Mittel eines regierenden Königs ausreichten, am Königreich seiner Schlösser weiterzubauen. Und was wäre die Abdankungsurkunde eines Königs wert gewesen, der für geisteskrank hätte erklärt werden müssen! Eine solche Erklärung erschien Lutz und seinen Kollegen als die einzige Möglichkeit, sich dieses Königs zu entledigen und dabei ihre Ministersessel zu behalten, Monarchie und Staat vor einer Erschütterung zu bewahren.

Bereits am 23. März 1886 hatte der Ministerpräsident den Arzt Dr. Bernhard von Gudden rufen lassen. Der Obermedizinalrat und Professor war eine Koryphäe der Psychiatrie, ein Spezialist der Gehirnanatomie und Gehirnphysiologie. 1824 im rheinischen Kleve geboren, übernahm er 1855 die Leitung der unterfränkischen Kreisirrenanstalt Werneck und 1872 die Direktion der Kreisirrenanstalt für Oberbayern. Er entdeckte die Exstirpationsmethode zur Erforschung der Gehirnfaserung und arbeitete unter anderem über eine zuerst bei römischen Gladiatoren beobachtete Ohrblutgeschwulst.

Gudden, der den geisteskranken Prinzen Otto behandelte, sollte sich nun auch mit dessen Bruder, dem König, befassen. Lutz wies ihn am 23. März auf das seltsame Gebaren des Monarchen hin. »Ich schloß dann damit, daß freilich manche Personen mit dem Rätsel des Verhaltens Seiner Majestät leicht fertig würden, indem sie die Meinung aussprächen, Allerhöchstdieselben seien geistig krank. Darauf erklärte mir Herr von Gudden: Ja, seine Ansicht sei ganz bestimmt die, daß Seine Majestät originär verrückt seien.«

Die Unterredung hatte nicht einmal eine Dreiviertelstunde gedauert. Um seine so schnell gefaßte Diagnose zu untermauern, erbot sich Gudden, ein schriftliches Gutachten zu erstatten, anhand von Zeugenaussagen, die das Ministerium beizubringen hätte. Eine persönliche ärztliche Untersuchung des Patienten erschien nicht möglich, weil sich Ludwig II. eine solche sicherlich verbeten hätte. Gudden hielt sie auch gar nicht für nötig; für ein beweiskräftiges Gutachten genügte ihm einschlägiges Aktenmaterial.

Diese Methode des beamteten Arztes war ganz im Sinne der beamteten Juristen, die gelernt hatten: »Quod non est in actis, non est in mundo – was nicht in den Akten steht, ist nicht in der Welt«, und die diesen Grundsatz auch umkehrten: In der Welt, also tatsächlich und justifizierbar, sei nur das Aktenmäßige.

Im wissenschaftsgläubigen 19. Jahrhundert sanken Akademiker aller Fakultäten beinahe in die Knie vor gelehrten Koryphäen. Was diese *ex cathedra* verkündeten, wurde fast wie ein Evangelium aufgenommen,

Dr. Bernhard von Gudden

und wer auf dem Katheder stand, wähnte sich auf einer Kanzel. Professor Gudden galt und gerierte sich als Autorität in der Wissenschaft der Psychiatrie, die noch in der Phase vor Sigmund Freud stand.

Das Aktenmaterial zur ärztlichen Urteilsfindung und wissenschaftlichen Urteilsbegründung war nicht so einfach zu beschaffen. Menschen, die Zeugnis wider den menschenscheuen König ablegen konnten und wollten, gab es nur wenige. Flügeladjutant Graf Dürckheim-Montmartin, Hofsekretär Bürkel und zunächst auch Kammerlakai Mayr weigerten sich. Zur Verfügung stellten sich die Kabinettssekretäre Ziegler, Müller und Thelemann, Stallmeister Hornig, Marstallfourier Hesselschwerdt und Kammerdiener Welcker.

Auf die geschlechtlichen Beziehungen, wozu einige der Kronzeugen etwas hätten sagen können, erstreckte sich die Zeugenvernehmung nicht. Oberststallmeister Graf Holnstein, der durch Ludwig II. zu Geld und Ehren gekommen, doch rechtzeitig von ihm abgefallen war, wünschte das nicht – im Interesse des Monarchen wie des Personals, wie er sagte.

Kabinettssekretär Schneider wurde nicht vernommen, obwohl er es erwartet und sich darauf vorbereitet hatte, mit der Zusammenstellung von rund 300 Befehlen, die der König während der letzten drei Jahre dem Kabinett durch Kammerbedienstete zugehen ließ.

»Keiner von ihnen trug Spuren geistiger Störung«, konstatierte der spätere Vorstand des Geheimen Hausarchivs und des Geheimen Staatsarchivs, Ludwigs Biograph Böhm. Schneider, der auch persönlich keine Anzeichen von Geisteskrankheit wahrgenommen habe, »glaubte aus dem Umstand, daß an die kompetente Stelle niemals Befehle der beanstandeten Art ergingen, den Schluß ziehen zu dürfen, daß die in der Hitze und Aufregung an das Dienstpersonal gelangten nicht ernst gemeint waren.«

Derartige Befehle wurden jedoch gerade von der ärztlichen Kommission sehr ernst genommen, der außer dem königlichen Obermedizinalrat von Gudden der königliche Hofrat Dr. Hagen, der königliche Universitätsprofessor Dr. Grashey und der königliche Direktor Dr. Hubrich angehörten.

Ihr am 8. Juni 1886 erstattetes »Ärztliches Gutachten über den Geisteszustand Seiner Majestät des Königs Ludwig II. von Bayern« enthielt Belege von wirren Äußerungen und absonderlichen Verhaltensweisen Ludwigs, die als Anzeichen von Verrücktheit gewertet wurden, darunter aber auch Beispiele, die nicht unbedingt auf Geistesgestörtheit schließen ließen, etwa seine Vorliebe für die Farbe Blau, sein Respekt vor Bäumen oder sein Faible für Frankreich, das – quelle horreur! – so weit gegangen sei, daß er dessen Niederlage im Siebzigerkrieg bedauert habe.

Aus all dem zogen die vier Irrenärzte einstimmig den Schluß: »1. Seine Majestät sind in sehr weit fortgeschrittenem Grade seelengestört und zwar leiden Allerhöchstdieselben an jener Form von Geisteskrankheit, die den Irrenärzten aus Erfahrung wohl bekannt mit dem Namen Paranoia (Verrücktheit) bezeichnet wird. 2. Bei dieser Form der Krankheit, ihrer allmählichen und fortschreitenden Entwicklung und schon sehr langen, über eine größere Reihe von Jahren sich erstrekkenden Dauer ist Seine Majestät für unheilbar zu erklären und ein noch weiterer Verfall der geistigen Kräfte mit Sicherheit in Aussicht. 3. Durch die Krankheit ist die freie Willensbestimmung Seiner Majestät vollständig ausgeschlossen, sind Allerhöchstdieselben als verhindert an der Ausübung der Regierung zu betrachten und wird diese Verhinderung nicht nur länger als ein Jahr, sondern für die ganze Lebenszeit andauern.«

Trotz aller berechtigten Kritik an Einzelheiten des Verfahrens und der Begründung der Diagnose: Krank war Ludwig II. ohne Zweifel, bedingt durch die erbliche Belastung, gefördert durch die Erziehung, beschleunigt durch Lebensführung und Lebenserfahrungen, durch geistige und seelische Einflüsse, zu denen der russische Psychiater Kowalewsky die Wagnerische Musik zählte, die auf das menschliche Gehirn narkotisch wirken könne, »des Königs Verstand am meisten lähmte«.

Heutige Psychiater diagnostizierten im nachhinein »paranoide Schizophrenie« beziehungsweise »ererbte Schizophrenie«. Zu deren Krankheitsbild gehörte der Wechsel von hellen und dunklen Phasen, was die unterschiedlichen Beobachtungen über die geistige Verfassung Ludwigs erklärt. Den Krankheitsverlauf kennzeichnete ein immer schnellerer Wechsel dieser Perioden, wobei die lichten Momente immer kürzer wurden. Am Ende war ein Zustand der geistigen und seelischen Zerrüttung erreicht, der die Feststellung der Regierungsunfähigkeit, den Vollzug der Entmündigung und die Einsetzung eines Regenten rechtfertigte.

Einen König, der geistesgestört war und sein Amt nicht mehr ausüben konnte – das gab es nicht nur in Bayern. In Preußen mußte 1858 für den an einem Gehirnleiden erkrankten Friedrich Wilhelm IV. sein Bruder Wilhelm als Regent bestellt werden.

Auch die bayerische Verfassung sah – bei längerer Verhinderung des Monarchen an der Ausübung der Regierung – die Einsetzung einer Regentschaft vor. Die »Reichs-Verwesung« gebühre »demjenigen volljährigen Agnaten, welche nach der festgesetzten Erbfolgeordnung der Nächste ist«.

Das wäre Ludwigs Bruder Otto gewesen. Aber der Achtunddreißigjährige war bereits 1875 als unheilbar geisteskrank in Fürstenried interniert worden. Der Nächste in der Reihe war ein Onkel Ludwigs II., der 1821 geborene, fünfundsechzigjährige Prinz Luitpold.

Sein erster Bruder Maximilian war König von Bayern und der zweite Bruder Otto König von Griechenland geworden. Der dritte Sohn Ludwigs I. wurde Soldat, kommandierte 1866 eine bayerische Division, stieg zum Generalfeldzeugmeister und Generalinspekteur der bayerischen Armee auf und nahm im Hauptquartier Wilhelms I. am Siebzigerkrieg teil.

In seiner Jugend war Luitpold gerne gereist, bis in den Nahen Osten und nach Afrika. Nun begnügte er sich mit Abstechern in die Alpen, vergnügte sich mit Bergsteigen und Jagen. Auch für Kunst interessierte er sich, weniger aus eigenem Antrieb, als weil er dies dem Andenken seines Vaters, Ludwigs I., schuldig zu sein glaubte.

Luitpolds Verhältnis zu Ludwig II. war nicht das beste. Ihm mißfiel, wie der König das Ansehen und das Vermögen der Dynastie schädigte, wie er mit dem Senior umging. Nach einer Familientafel, bei der er den Neffen angeredet hatte, ließ ihn dieser durch einen Flügeladjutanten darauf aufmerksam machen, daß es unschicklich sei, seinen König anzusprechen.

Prinz Luitpold hatte zunehmend Ludwig II. bei offiziellen Anlässen vertreten müssen. Er tat es nicht gerne; denn er hätte sich am liebsten aus allen öffentlichen Angelegenheiten herausgehalten. Politik war ihm ein garstig Lied, vor allem die Politik, die in Bayern vom liberalen Ministerium gemacht wurde. Luitpold war streng katholisch, galt als ultramontan und österreichfreundlich; er war mit Augusta Ferdinande von Österreich-Toskana verheiratet.

Prinzregent Luitpold, um 1870

Zur Politik hatte er nicht nur keine Lust, sondern auch nicht das Zeug. Ihm fehlten Kenntnisse und Erfahrungen, Energie und Entschlossenheit. So zögerte er, zur Königskrise Stellung zu nehmen oder gar sich als Regent in Position zu bringen.

»Als erster Agnat der Krone Bayerns wäre doch Prinz Luitpold die erste Persönlichkeit, welche sich für diese, die bayerische Dynastie so nahe berührende Angelegenheit interessieren und in so ernsten Momenten seine Mahnung gewissen Ortes unterbreiten sollte«, wunderte sich der österreichische Gesandte, Karl von

Bruck, und konnte sich das nur damit erklären, »daß Prinz Luitpold fürchtet, seinen Pudel nicht mehr täglich nach Nymphenburg fahren zu können und seine wöchentlichen Kegelpartien aufgeben zu müssen.«

Den Ministern erschien dies nicht nur als ausreichende, sondern sogar als begrüßenswerte Qualifikation eines Regenten. Sie wollten weiterhin allein regieren. Unter einem König, der nur theoretisch Ludwig XIV. spielte, war ihnen dies möglich. Sie wollten dies nun auch unter einem Regenten tun, der nur auf Gamswild und nicht nach Macht jagte.

Zum Jagen nach der Regentschaft mußten sie ihn jedoch tragen. Die Minister taten es gerne, weil sie damit ihre Unentbehrlichkeit demonstrieren konnten. Denn die Annahme, daß der ultramontane Luitpold ein katholisch-konservatives Ministerium berufen könnte, war nicht von der Hand zu weisen.

Soweit ließ es Lutz nicht kommen. Wie bisher war der Ministerpräsident der Agierende, der Inhaber der Krongewalt, nun der Regent, der Reagierende. Schon bei den ersten Gesprächen mit Luitpold gelang es Lutz, dessen Vertrauen zu gewinnen, sein Amt zu sichern, das System zu stabilisieren. Überdies brachte es Lutz fertig, den Prinzregenten – vor den Augen einer skeptischen Mitwelt und einer kritischen Nachwelt – als Komplizen beim Königssturz hinzustellen.

Luitpold hatte lange gezögert, die ihm von Lutz zugedachte und durch die Verfassung zugefallene Rolle zu übernehmen. Nach Vorlage des ärztlichen Gutachtens blieb ihm nichts anderes übrig. Am 9. Juni 1886, in einer Konferenz im Ministerium, stimmte Luitpold der Entmündigung Ludwigs II. zu und übernahm die Regentschaft.

Der Senior des Hauses Wittelsbach hatte es bisher vermieden, auf Ludwig einzuwirken, ihm gut zuzureden, vielleicht eingedenk der Mahnung, daß ein König auch von einem Prinzen nicht angesprochen werden dürfe, wahrscheinlich auch in Erkenntnis der Aussichtslosigkeit eines solchen Bemühens, gewiß jedoch wegen der ihm eigenen Unschlüssigkeit.

Erst recht nicht wollte der Regent dem König gegenübertreten und ihm die Entmündigung verkünden. Er verfaßte ein Handschreiben, das eine Staatskommission dem in Neuschwanstein weilenden Ludwig II. überbringen sollte.

Als Trost war die Art der Mitteilung gedacht, die das Unumgängliche »zwar mit der durch den Zweck bedingten Klarheit darstellte, aber in der Form der, nach wie vor, der geheiligten Person des Monarchen gebührenden Ehrerbietung entsprach«.

Als Hohn aber mußte Ludwig II. Form wie Inhalt empfinden, wie auch die Zusammensetzung der Staatskommission. Neben dem Staatsminister des Königlichen Hauses und des Äußern, Freiherrn Krafft von Crailsheim, gehörten ihm der Irrenarzt Dr. Gudden und die zu Vormündern Ludwigs bestellten Kuratoren Graf Törring-Jettenbach und Graf Holnstein an – ausgerechnet der Stallober, der zum Judas geworden war.

15

Der Tod im See

In der Nacht vom 9. auf den 10. Juni 1886 kam die Staatskommission nach Hohenschwangau. Sie nahm Quartier im Schloß, vis-à-vis von Neuschwanstein, wo Ludwig II. ahnungslos seinen Träumen nachhing.

Die Emissäre, die ihm nach seiner staatspolitischen Einschränkung die zivilrechtliche Entmündigung verkünden sollten, waren so klammheimlich und geheimnistuerisch vorgegangen, daß sie es unterlassen hatten, die örtlichen Polizeibehörden und den Bezirkshauptmann in Füssen zu verständigen. Man hatte in Bayern noch keine Erfahrungen bei einem Königssturz gemacht, und die Bürokratie war zwar allmächtig, aber nicht allwissend und vor Fehlern nicht gefeit.

Vor dem schweren Gang nach Neuschwanstein stärkte sich die Staatskommission: Minister Crailsheim, die Vormünder Holnstein und Törring-Jettenbach, Oberstleutnant von Washington, der als Hofkavalier des internierten Königs vorgesehen war, Legationsrat Rumpler, der Protokollführer, und die Irrenärzte Dr. Gudden und Dr. Müller sowie vier Irrenpfleger. Sie verzehrten ein siebengängiges »Souper de Sa Majesté le Roi« – sozusagen eine Henkersmahlzeit der Henker ohne den Verurteilten – und tranken dazu vierzig Maß Bier und zehn Flaschen Champagner.

Dabei wurde die Prozedur besprochen. Zuerst sollten die Staats- und Hofbeamten vor den König hintreten und ihm die Erklärung über die Einsetzung der

Regentschaft verlesen. Dann sollten die Irrenärzte und Pfleger ihres Amtes walten, den Entmündigten in einen bereitgehaltenen Wagen komplimentieren und nach Linderhof bringen, das zunächst als Internierungsort vorgesehen war.

Wer sollte als erster vor den König hintreten? »Ich geniere mich nicht, ich gehe geradewegs hinein«, sagte Holnstein. Gegen 1 Uhr nachts befahl er dem Kutscher Osterholzer, der den Wagen für die übliche Nachtfahrt Ludwigs II. bereitstellte, die Pferde wieder auszuspannen. Als Osterholzer sich auf den Befehl des Königs berief, erwiderte Holnstein: »Der König hat überhaupt nichts mehr zu befehlen, sondern nur Seine Königliche Hoheit, Prinz Luitpold.«

Osterholzer lief auf einem Waldpfad nach Neuschwanstein hinauf, schlug Alarm, erbot sich, dem König bei einer Flucht behilflich zu sein. Warum solle er fliehen? entgegnete Ludwig. Wenn Gefahr im Verzuge wäre, hätte es ihm »Karl« sicherlich geschrieben – der Marstallfourier Karl Hesselschwerdt, der ihn längst schon verraten hatte. Vorsorglich befahl der König, das Schloß abzusperren und niemanden einzulassen, und ließ Gendarmen aus Füssen und Feuerwehren der umliegenden Dörfer herbeirufen.

Gegen vier Uhr morgens kam die Staatskommission vor dem Hauptportal in Neuschwanstein an. Hinter Regenschleiern und Nebelschwaden erschien das Schloß wie eine Gespensterburg. Wirklichkeit waren die Gendarmen, die der Kommission mit schußbereiten Gewehren gegenübertraten. Ein Irrenwärter ließ ein Fläschchen fallen, das nach Chloroform roch.

Gespenstisch wirkte eine Dame, Baronin Spera von Truchseß, eine alte Patientin Dr. Guddens, die in Hohenschwangau von dem Anschlag auf den von ihr hochverehrten König gehört hatte und ihm, mit einem Regenschirm bewaffnet, zu Hilfe kommen wollte. »Minister von Crailsheim, nie wieder spiele ich mit Ihnen Klavier!«, rief sie, und: »Graf Törring, Ihre Kinder müssen sich ja dereinst Ihrer schämen!«

»Muß das Malefizweib jetzt auch gerade daherkommen«, stöhnte Holnstein und trat mit der Kommission den Rückzug nach Hohenschwangau an. Sie fuhren am Wirtshaus »Zur Alpenrose« vorbei, wo sich gerade die Bauern versammelten, um sich um ihren König zu scharen.

»Da haben wir uns schön blamiert«, seufzte Dr. Gudden. Kaum hatten sich die Kommissare auf dem alten Schloß verschnauft, kam ein Gendarmeriewachtmeister mit acht Mann, wies einen vom König unterschriebenen Haftbefehl vor und führte Minister Crailsheim und die Kuratoren Holnstein und Törring nach Neuschwanstein ab. Sie wurden in die Dienerzimmer im Torbau gesperrt. Im Schloßhof konnten sie Feuerwehrleute beobachten und hören, die dem vom König gespendeten Freibier zusprachen.

Bald bekamen sie Gesellschaft von Ihresgleichen. Auch die übrigen Mitglieder der Kommission wurden eingeliefert, mit Ausnahme des Protokollführers, der durch Zufall der Verhaftung entgangen war.

»Als wir an der ›Alpenrose‹ vorbeikamen, standen dort ungefähr zwanzig sehr verdächtige Leute, denen man es ansah, daß sie gute Lust hatten, uns in Stücke zu hauen«, berichtete Dr. Franz Carl Müller, der Assistenzarzt Dr. Guddens. »Oben im Schloßhof wartete eine ganze Rotte ähnlicher Gestalten, Feuerwehrleute, Bauern, Holzknechte, durch deren Reihen wir geradezu Spießruten laufen mußten.«

Um die Mittagszeit des 10. Juni wurden sie, ohne Wissen des Königs, freigelassen, vom Füssener Bezirksamtmann, dem die am Morgen veröffentlichte Regentschaftsproklamation zur Kenntnis gebracht worden war. Heimlich, einer nach dem anderen, verließen sie Neuschwanstein. Am Abend waren sie wieder in München.

Inzwischen war in Neuschwanstein Flügeladjutant Graf Dürckheim-Montmartin eingetroffen, um seinem König beizustehen. Er riet ihm, sofort nach München zu fahren und sich dem Volke zu zeigen. Ludwig winkte ab: Er sei zu müde und abgespannt, vertrage die Stadtluft nicht. Auch den Vorschlag, in das nahe Österreich zu entweichen, lehnte er ab: »Was soll ich in Tirol machen?«

Aber um Hilfe solle telegrafiert werden, an Franckenstein und Bismarck. Der Reichskanzler telegrafierte zurück: Seine Majestät möge sich sogleich nach München begeben, vor das Volk und die Volksvertretung treten. »Ich rechnete so: Entweder ist der König gesund, dann befolgt er meinen Rat. Oder er ist wirklich verrückt, dann wird er seine Scheu vor der Öffentlichkeit nicht ablegen.«

Den bayerischen Zentrumspolitiker Franckenstein erreichte das Telegramm aus Neuschwanstein am 11. Juni in Marienbad. Er fuhr mit dem nächsten Zug nach München und erklärte dem Prinzregenten: Er sei bereit, Ministerpräsident zu werden und den König zur Abdankung zu bewegen.

In der Nacht vom 10. auf den 11. Juni hatte Flügeladjutant Dürckheim-Montmartin den Befehl des Kriegsministeriums erhalten, unverzüglich nach München zu kommen. Was er tun solle, fragte er den König. »Telegrafieren Sie meinem Onkel und fragen Sie an, ob er Sie mir läßt.« Ludwig schien die Regentschaft bereits als unabänderliche Tatsache hinzunehmen.

Sie ließen ihm nicht seinen letzten treuen Paladin. Dürckheim-Montmartin gehorchte, fuhr am Morgen des 11. Juni nach München und wurde am Bahnhof verhaftet. Die gegen ihn eröffnete Untersuchung wegen Hoch- und Landesverrats wurde vier Wochen später eingestellt, der Ex-Adjutant nach Metz versetzt.

Der König hatte ihn noch gebeten, ihm Gift zu beschaffen: »Ich kann nicht mehr leben!« Schon war ihm eine Flucht verbaut. Die Gendarmen, die ihn beschützt hatten, waren durch neue ersetzt worden, die ihn bewachten.

Ob er ihm Zyankali besorgen könne, soll Ludwig den Friseur Hoppe gefragt, und als dieser verneinte, erwidert haben: »Wenn du morgen kommst, um meinen Kopf zu frisieren, mußt du ihn in der Pöllatschlucht suchen.«

Von Zeit zu Zeit, erzählte Kammerdiener Weber, sei der König auf den Balkon hinausgetreten, habe den Kopf in die Hände gestützt, stumm und still in die Tiefe geschaut. Ein Hinabstürzen vom Turm, soll Ludwig zu Weber gesagt haben, zerschmettere den Toten, hingegen sei das Ertränken ein schöner Tod, der nicht entstelle.

Als die Nacht hereingebrochen war, trank er – wie Kammerlakai Mayr berichtete – ein Flasche Rum mit Gewürznelken und eine Flasche Champagner, »befand sich in großer Aufregung«.

Inzwischen war in München über sein Schicksal entschieden worden. Der für geisteskrank erklärte und entmündigte König sollte »wegen der erregten Stimmung der Bevölkerung« nicht in Neuschwanstein belassen und auch nicht nach dem nahen Linderhof gebracht werden. Als Internierungsort wurde Schloß Berg bestimmt, das weiter weg von den widerspenstigen Alpenbewohnern und unweit der Hauptstadt lag, so daß Dr. Gudden ihn beaufsichtigen könne, ohne seine Münchner Verpflichtungen zu vernachlässigen.

Der Irrenarzt hatte das letzte Wort behalten. Von Anfang an war er dagegen gewesen, daß man den Kranken wie einen Monarchen behandelte, dessen Person laut Verfassung »heilig und unverletzlich« war. Deshalb hatte Gudden gegen eine Staatskommission und für eine Ärztekommission plädiert. Nach dem Fiasko der ersten gab man ihm recht, schickte nur noch Irrenärzte und Irrenpfleger als »Fangkommission« aus.

Am 11. Juni 1886, gegen Mitternacht, traf sie in Neuschwanstein ein. Kammerlakai Mayr stürzte ihr entgegen: Der König wisse, daß etwas gegen ihn im Gange sei, denke an Selbstmord, habe den Schlüssel zum Turm verlangt, von dem er sich in die Tiefe zu stürzen gedenke.

Dr. Gudden und sein Assistent Dr. Müller, flankiert von Wärtern und Gendarmen, stürmten nach oben, in den Korridor zwischen Königswohnung und Schloßturm. »Plötzlich hörten wir feste Tritte«, berichtete Dr. Müller, »und ein Mann von imposanter Größe stand unter der Korridortür und sprach in kurzen, abgerissenen Sätzen mit einem in tiefster Verbeugung dastehenden Diener. Die Pfleger von oben und unten, ebenso wir gingen gegen die Tür zu und schnitten ihm den Rückweg ab. Mit großer Schnelligkeit hatten die Pfleger den König an den Armen untergefaßt ...«

Gudden eröffnete Ludwig II., daß vier Irrenärzte ihn für verrückt erklärt hätten und er deshalb in Schloß Berg in Gewahrsam genommen werden müßte, wohin er noch diese Nacht gebracht werden sollte.

»Der König«, so Dr. Müller, »stieß nur ein kurzes, schmerzliches ›Ach‹ aus und sagte dann immer wieder: ›Ja, was wollen Sie denn? Ja, was soll denn das?‹«

Der Patient wurde in sein Schlafzimmer geführt, wo sich, wie der Augen- und Ohrenzeuge Dr. Müller berichtete, ein Dialog zwischen Ludwig und Gudden entspann: »›Wie können Sie mich für geisteskrank erklären, Sie haben mich ja vorher gar nicht angesehen und untersucht?‹ – ›Majestät, das war nicht notwendig; das Aktenmaterial ist sehr reichhaltig und vollkommen beweisend, es ist geradezu erdrückend.‹ – ›So? So? Also Prinz Luitpold hat es jetzt glücklich so weit gebracht, dazu hätte er nicht so einen Aufwand von Schlauheit gebraucht, hätte er nur ein Wort gesagt, dann hätte ich die Regierung niedergelegt und wäre ins Ausland gezogen ...‹«

Sie ließen ihn, der stets allein hatte sein wollen, nicht mehr allein. Wärter blieben in seinem Schlafzimmer, in dem er auf und ab ging. Es schien, als sei er, wie der Wärter Bruno Mauder erzählte, »auch einmal in eine bessere Stimmung gekommen«, jedenfalls habe er »mit der rechten Hand Bewegungen gemacht, als den Takt zu Musik«.

Gegen vier Uhr morgens, am 12. Juni 1886, fuhr der Wagen vor, der von innen nicht geöffnet werden konnte. Ludwig, in dunklem Mantel und schwarzem Hut mit Brillantagraffe, stieg allein in den Wagen.

Zwischen Neuschwanstein und Berg mußte dreimal umgespannt werden. In der letzten Poststation, in Seeshaupt am Starnberger See, verlangte Ludwig ein Glas Wasser. Er bedankte sich bei der Posthalterin und sagte: »Diese Schmach überlebe ich nicht.«

In Berg traf Ludwig am 12. Juni 1886, 12 Uhr 12, am Pfingstsamstag ein, in seinem Königsschloß, das nun zu einer Privatirrenanstalt umfunktioniert wurde. Die Türen seines Wohn- und Schlafzimmers waren mit Gucklöchern versehen, die Türdrücker abgeschraubt, die Fensterläden verschließbar gemacht, eine Vergitterung in Auftrag gegeben.

Der König, der seine Freiheit über alles liebte, an Freizügigkeit gewöhnt war, wurde in seinen eigenen vier Wänden gefangengehalten. Ludwig, der am liebsten keinen Menschen um sich gehabt hätte, sah sich von Irrenärzten und Irrenwärtern umgeben, die ihn von allen Seiten beobachteten und jeden seiner Schritte überwachten.

»Was zuerst Majestät unangenehm berührte, waren die Gucklöcher an den zwei Türen«, erzählte Pfleger Mauder. »Majestät schaute dann öfters die Pfleger Hack und Schneller an, fragte, ob doch das ordentliche Leute seien, ob keine Preußen und welcher Religion, und ob ich sie schon länger kenne.«

Zum Mittagessen gab man ihm statt scharfer Tischmesser goldene Obstmesser. »Ja, das Obst kommt doch nicht am Anfang«, wunderte er sich. Nachmittags um drei Uhr legte er sich hin und befahl, ihn in neun Stunden zu wecken.

Dr. Hubert Grashey, Professor der Psychiatrie, der Schwiegersohn Guddens, gab Gegenbefehl: Dem Patienten müsse beigebracht werden, daß er nicht am Tage, wie er es gewöhnt war, sondern in der Nacht, wie es sich gehörte, zu schlafen habe. Als Ludwig gegen Mitternacht aufstehen wollte, erhielt er keine Kleider. Sogar die Zeiteinteilung schrieben sie ihm vor, die Mediziner, die sich über die Majestät erhoben hatten.

Am Morgen – es war Pfingstsonntag, der 13. Juni 1886 – wollte der König die Ärzte sprechen. Als erster erschien Dr. Gudden, dem er sagte: Das Härteste für ihn sei, daß er nicht mehr allein sein dürfe.

Dann kam Dr. Grashey, den er fragte, »wie lange die Sache dauern solle, ob denn für immer oder bis wann«; Dr. Gudden gebe nur ausweichende Antworten. Dr. Grashey entgegnete: Eine bestimmte Angabe über die Dauer der Behandlung könne nicht gemacht werden, doch sei mit mehr als einem Jahr zu rechnen. Er sei doch gar nicht krank, meinte Ludwig, er habe nur wegen ständiger Schlaflosigkeit oft Schlafmittel genommen.

Als Grashey das Zimmer verließ, begegnete er Gudden, dem er erklärte, daß er den Zustand Seiner Majestät nicht für rettungslos halte. Gudden, der Chef, sei – wie Freiherr von Washington, der dabei war, erzählte – darüber aufgebracht gewesen: »Darüber sprechen wir ein anderes Mal.«

Vor dem Mittagessen ging Dr. Gudden mit dem König auf dessen Wunsch im Park spazieren, von 11 Uhr 15 bis 12 Uhr 15. Ein Pfleger folgte im Abstand von ein paar hundert Schritten, blieb auf einen Wink des Arztes noch weiter zurück.

Gudden kam befriedigt zurück, erzählte beim Mittagessen den Kollegen, der König habe sich »wunderbar gut« in seine neue Lage gefügt. Er sei wie ein Kind. Am Abend werde er wieder mit dem König spazierengehen, und zwar diesmal allein.

»Den müssen wir einseifen«, sei ein Lieblingsausdruck Ludwigs gewesen, erinnerte sich der Freiherr von Washington. »Ich erwähne dieses, weil Gudden, nachdem er vorher bei S. M. war, zu uns kam und in seinem norddeutschen Dialekt sagte: ›Nanu! Eingeseift hat mich S. M. ordentlich, aber rasieren lasse ich mich nicht.‹«

Wie Ludwig seine Situation einschätzte, ließ er am frühen Nachmittag in einem Gespräch mit dem zu seiner Hofhaltung gehörenden Stabskontrolleur Friedrich Zanders durchblicken. »Der König kam auf mich zu, mit blitzenden Augen, energisch, lebhaft, wie in seinen besten Tagen.«

Er habe ihm die Gucklöcher und Riegel gezeigt, über die Behandlung der letzten Tage geklagt, seine Angst erkennen lassen, daß die, welche ihn gefangenhielten, ihn für immer gefangenhalten, vielleicht sogar töten würden, weil sie seine Rache fürchteten.

Als ob er sich letzte Gewißheit verschaffen wollte, ließ er anschließend Dr. Müller, den Assistenten Dr. Guddens, rufen. »Ich war etwas über ¾ Stunden beim König und muß offen gestehen, daß ich mehr gefragt worden bin als in meinem Staatsexamen.« Denn: »Man sah klar, daß es dem König nur darum zu tun war, sich zu vergewissern, ob er dem, der vor ihm stand, zutrauen könnte, daß er ihm Gift geben oder ihn sonstwie beseitigen würde.«

Den Irrenärzten schien er alles zuzutrauen, namentlich Dr. Gudden, dem Chef und Hauptverantwortlichen. Dieser hatte ihn, ohne ihn zu untersuchen, für geisteskrank erklärt. Er hatte ihn in Neuschwanstein festgenommen und nach Berg abgeführt. Der Psychia-

Die letzte Aufnahme von Ludwig II. vor seinem Tod

ter hatte sich zum Herrn über Leben und Tod der entmündigten und internierten Majestät aufgeschwungen, die Verachtung und den Haß des Gedemütigten zugezogen.

Gudden schien nicht bemerkt zu haben, was in Ludwig vorging, sich gegen ihn zusammenbraute. An diesem 13. Juni 1886, gegen 18 Uhr, telegrafierte der Psychiater von Berg aus an den Ministerpräsidenten Lutz in München: »Hier geht es bis jetzt wunderbar gut ...«

Der König hatte sich um 16 Uhr 30 zu Tisch gesetzt, »sehr viel gegessen, hierzu einen Becher Bier, zwei Glas Maiwein, drei Glas Rheinwein und zwei Gläschen Arrak getrunken«, berichtete der Pfleger Mauder. »Nach dem Kaffee ging Majestät auf und ab, wobei ich abservierte, und gab mir dann den Auftrag, Gudden zu rufen, um den bereits heute mittag besprochenen Spaziergang zu machen.«

Um 18 Uhr 45 traten Ludwig und Gudden den Spaziergang an, mit Hut, Mantel und Schirm, denn es war ein regnerischer Pfingstsonntag. Es dürfe kein Pfleger mitgehen, sagte Gudden zu Mauder. Der im Park postierte Gendarm Lauterbach beobachtete, wie der König und der Arzt das Schloß verließen und den nach Süden führenden Uferweg einschlugen.

Um 20 Uhr – der Regen war stärker geworden – waren sie noch nicht zurück. Der beunruhigte Dr. Müller veranlaßte mit Baron Washington und Schloßverwalter Huber eine Durchsuchung des Parks, an der sich gegen 20 Uhr 30 fast alle verfügbaren Bediensteten, Pfleger und Gendarmen beteiligten.

Gegen 22 Uhr fand der Hofoffiziant Ritter im See, ganz nahe am Ufer, den Überrock des Königs, in dem der Leibrock steckte, »so wie es der Fall ist, wenn man beide Röcke zugleich miteinander auszieht oder abwirft«. Fast gleichzeitig fanden der Hofoffiziant Rottenhöfer den Regenschirm und der Pfleger Schneller den Hut des Königs. In der Nähe lag der Hut Dr. Guddens.

Gegen 23 Uhr suchte Dr. Müller mit dem Schloßverwalter Huber in einem Fischerkahn das Seeufer ab. »Wir waren noch nicht lange auf dem Wasser, da stieß Huber plötzlich einen Schrei aus und sprang ins Wasser, das ihm bis an die Brust ging; er umklammerte einen Körper, der auf dem Wasser daherschwamm, es war der König in Hemdsärmeln; ein paar Schritte hinterdrein kam ein zweiter Körper« – die vollständig bekleidete Leiche Guddens. Die Uhr des Königs, die aus der Weste hing, war um 18 Uhr 54 stehengeblieben.

Gegen 2 Uhr in der Frühe erschien die aus Starnberg herbeigerufene Gerichtskommission, konstatierte zuerst den Tod des Königs, dann den Tod Dr. Guddens.

»Während der König«, stellte Dr. Müller fest, »am Körper nirgends Verletzungen zeigte (dagegen zeigte die Hutkrempe einen frischen Einriß), fanden sich an Guddens Gesicht, auf Stirn und Nase, mehrere schräg verlaufende Kratzwunden; über dem rechten Auge war ein nicht unbedeutender blauer Fleck, jedenfalls von einem Faustschlag herrührend. Ferner war der vordere Teil des Nagels am rechten Mittelfinger Guddens zur Hälfte abgetrennt.«

Dementsprechend wurde das Drama rekonstruiert: Der König habe den Spaziergang mit dem arglosen Irrenarzt dazu benützt, den Tod im See zu suchen. Er sei mit Gudden, der ihm in das Wasser folgte und ihn zurückhalten wollte, handgemein geworden, der kräftige Vierziger habe den schmächtigen Sechziger unter Wasser gedrückt und ertränkt. Dann sei Ludwig selber

Ludwig II. und Dr. Gudden bei ihrem letzten Spaziergang am Seeufer des Schloßparks von Berg. Zeichnung nach Aussagen des königlichen Personals

gestorben, wahrscheinlich nicht durch Ertrinken, sondern – erhitzt durch das Ringen, bei einer Wassertemperatur von nur 12 Grad – an einem Herzschlag.

Zu dieser Auslegung gelangten nicht nur Zeitgenossen, die bekannt gewordene Tatsachen auswerteten, sondern auch spätere Historiker, beispielsweise Dieter Albrecht in Max Spindlers »Handbuch der Bayerischen Geschichte«, der »bei kritischer Würdigung der hierüber vorliegenden Zeugnisse und Meinungen« abschließend feststellen zu können meinte, »daß der König weder fliehen wollte, noch entführt oder gar ermordet werden sollte«.

Dennoch bleibt ein Quentchen Ungewißheit, ganz im Sinne Ludwigs II., der gesagt hatte: »Ein ewiges Rätsel bleiben will ich mir und anderen.«

Bis heute wird an seinem Tod herumgerätselt. Die Motive reichen von der Weigerung bayerischer Patrioten, ihren König des Mordes beziehungsweise Totschlages an seinem Peiniger für fähig zu halten, bis zu einer auch bei der Affäre Mayerling – des Selbstmordes des österreichischen Kronprinzen Rudolf – zu beobachtenden Spekulierlust und Sensationsgier.

Wer hätte Ludwig II. auch töten wollen! Die Preußen schon gar nicht. Bismarck war zufrieden, in ihm einen Bundesfürsten zu haben, der Königsschlösser baute, anstatt seine Position im Reich auszubauen. Der Reichskanzler meinte, daß jeder Nachfolger »uns ungleich feindlicher und unbequemer wäre«. Der redliche Wilhelm I. wollte ihm »sowohl aus monarchischen Gründen wie aus persönlichem Interesse an Ludwig II.« aus seinen Finanznöten helfen, auch Kronprinz Friedrich Wilhelm, wenn auch aus weniger lauterem Motiv: Als Schuldner Preußens müßte der König von Bayern »tanzen, wie wir pfeifen, weil wir ihn sonst jeden Tag ruinieren können«.

Erst recht hatte Ministerpräsident Lutz, den mancher königstreue Bayer für einen Beelzebub hielt, keinen

Grund, Ludwig II., der bereits entmündigt war, auch noch umbringen zu lassen. Prinzregent Luitpold war über jeden Zweifel erhaben, auch deshalb, weil er, der nun im Namen des geisteskranken Königs Otto herrschte, so wenig wie vordem König Ludwig regierte, weil eben im bayerischen Staat die Minister bestimmten.

Gudden hatte überhaupt kein Motiv, seinen von ihm für verrückt erklärten Patienten in das kühle Grab zu ziehen und dabei Gefahr zu laufen, es mit ihm teilen zu müssen. Seine Diagnose wurde von der Staatsbehörde honoriert und von der Fachwelt anerkannt, von Obermedizinalrat Dr. Josef von Kerschensteiner im Sektionsbefund bestätigt: Die anatomische Untersuchung habe erwiesen, »daß sowohl abnorme Entwicklungsvorgänge als auch Prdukte chronischer Entzündungen älteren und neueren Datums an Schädel und Gehirn in mannigfaltiger Form vorhanden waren«.

Trotz alledem wurde und wird im »König-Ludwig-Lied« gesungen: »Und geheime Meuchelmörder,/ deren Namen man nicht kennt,/ habens ihn in' See neingstoßen,/ indem sie ihn von hintn angerennt.«

Auch die Vermutung, Ludwig hätte fliehen wollen, sei auf der Flucht umgekommen, entbehrt der Grundlage. Er hatte es vorgezogen, sich festnehmen zu lassen, anstatt von Neuschwanstein aus, wie ihm dringend geraten worden war, in das nahe Österreich zu entweichen.

Die Annahme, man habe seiner Unentschlossenheit zur Flucht durch eine Entführung nachhelfen wollen, ist ebenfalls unhaltbar. Kaiserin Elisabeth von Österreich, die damals in Feldafing, am anderen Ufer des Starnberger Sees, weilte, wurde mit derartigen Plänen in Verbindung gebracht.

»Diese Gerüchte«, konstatiert die Elisabeth-Biographin Brigitte Hamann, »finden in den Quellen keine Bestätigung, sind auch unglaubwürdig. Denn Elisabeth hatte kaum die Tatkraft, die zu einer derart spektakulären Entführung unter so komplizierten Umständen nötig gewesen wäre.« Allerdings habe sie vorgehabt, den internierten König zu sprechen, doch diese Absicht aufgegeben, als man ihr abriet.

Die Nachricht vom Tode des »Adlers« lähmte der »Möve« die Flügel. Elisabeth warf sich zu Boden. »Ich schrie laut auf«, erzählte ihre Tochter Valerie, »und krampelte mich in solcher Angst an sie, daß wir schließlich lachen mußten. Mama sagte, sie wolle nur in Reue und Demut für ihre rebellischen Gedanken Gott um Verzeihung bitten ...«

Ludwig sei besser in der Gruft als unter dem neuen Regime aufgehoben, meinte Elisabeth, stritt sich mit ihrer Mutter Ludovika, die behauptete, man könne nur hoffen, daß Ludwig wirklich verrückt gewesen sei, »um ihn nicht der so entsetzlichen und traurig vernachlässigten Verantwortung anklagen zu müssen, sein blühendes Land und fast unglaublich treues Volk so heruntergebracht zu haben«.

Er sei kein Narr, nur ein in seinen Idealwelten lebender Sonderling gewesen, erklärte Elisabeth, die wesensverwandt, ihn verstanden und mit ihm gelitten hatte. Sie beschuldigte den Prinzregenten und das Staatsministerium, Ludwig auf dem Gewissen zu haben, faßte deren Beweggründe und ihre Meinung in die Verse:

»Schergen sandten sie und Ärzte,
Den ›Verrückten‹ einzufangen,
Wie den Edelhirsch der Wilddieb
Meuchlings fällt in Strick und Stangen.

Freiheit wollten sie mir rauben,
Freiheit fand ich in den Fluten;
Besser hier im Herz erstarren
Als in Kerkerhaft verbluten!«

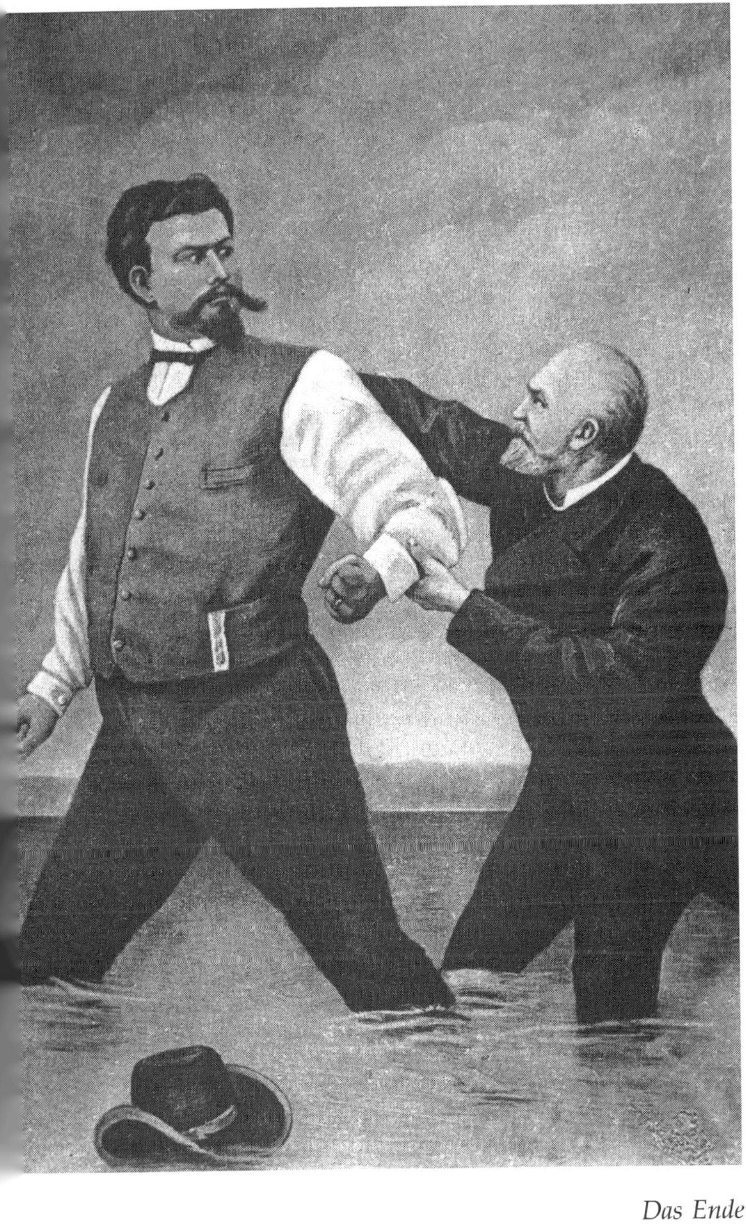

Das Ende

Elisabeth zweifelte nicht daran, daß Ludwig selber den Tod gesucht hatte. Der Gedanke an Selbstmord war ihm nie fremd gewesen. Er verwirklichte ihn, als das Dasein für ihn seinen Sinn verloren hatte: Er durfte nicht mehr seine Traumschlösser bauen, konnte nicht mehr in seinem Traumreich leben, sondern sollte sich den Gesetzen der Irrenärzte und den Schikanen der Irrenwärter unterwerfen.

Als einziger Ausweg blieb der Tod, die Flucht in die Hoffnung, in einer anderen Welt Erfüllung zu finden.

Der Tod Ludwigs II. wurde am 14. Juni 1886 in München bekanntgemacht, zugleich mit der Thronbesteigung König Ottos. »Da Allerhöchstderselbe durch ein schon länger andauerndes Leiden verhindert ist, die Regierung Allerhöchstselbst zu führen«, übernahm, wie beim Vorgänger, Prinz Luitpold die Reichsverwesung. Den Reichsherold wagte man nicht durch die Haupt- und Residenzstadt reiten zu lassen, den Staatsboten in blausamtenem, silbergesticktem Waffenrock, mit Federhut und Stab, der traditionsgemäß den Regierungsantritt eines neuen Monarchen zu verkünden gehabt hätte.

Trotz des Regens waren an diesem Pfingstmontag die Straßen und Plätze voll bestürzter und erregter Menschen. Die Stimmung der Münchner hatte sich schlagartig gewandelt: Ludwig II., als Lebender wenig populär, war als Toter volkstümlich geworden.

Wie immer, wenn Behörden Informationen zurückhielten, schwirrten Gerüchte. Es sei geputscht, Graf Holnstein erschossen worden, Ministerpräsident Lutz habe sich umgebracht, die Königinmutter der Schlag gerührt. Ludwig II. sei auf der Flucht umgekommen, von Schergen ermordet worden.

Die Haushälterin Gottfried von Böhms meinte, sie hätten den König wie Christus am Ölberg abgeholt. Aber nicht einmal ein Malchus hatte sich gefunden, der einem Häscher wenigstens ein Ohr abgehauen hätte. Ehe der Hahn krähte, war er von allen verraten worden.

Unmittelbar nach Ludwigs Tod sah der preußische Gesandtschaftssekretär Graf zu Eulenburg-Hertefeld in Berg die nur mit einem Hemd bekleidete Leiche: »Wirr hingen die dunklen Locken um die weiße Stirn. Der Tod hatte das aufgeschwemmte Gesicht des Königs straff gezogen, und die ganze Schönheit seiner edlen Züge war wieder erschienen. Nur ein merkwürdiges, unheimliches Lächeln umspielte seine bleichen Lippen...«

Nachdem er in Berg aufgebahrt worden war, in einem schlichten Bett, mit einer blauen Seidendecke bis an den Hals zugedeckt, berichtete der Korrespondent des »Münchener Fremdenblatts«: »Der Anblick der Leiche war ein vollkommen friedlicher, die Züge waren nicht im geringsten entstellt, vollkommene Ruhe lag über denselben ausgebreitet. Das Gesicht trägt einen halblangen Vollbart.«

In der Nacht vom 14. auf den 15. Juni 1886 wurde der tote König in seine Haupt- und Residenzstadt gebracht, in der er als Lebender so ungern geweilt hatte. In der Kapelle der Residenz wurde Ludwig II. auf dem »Paradebett« aufgebahrt, unter einem goldenen Kruzifix und einer echten Palme, in der schwarzen Tracht des Großmeisters des Hubertusordens. Das Haupt lag auf Hermelin, die linke Hand ruhte auf dem Schwert, die rechte Hand drückte einen Strauß von Jasmin, den Kaiserin Elisabeth in Feldafing gepflückt und als letzten Gruß gesandt hatte, an die Brust.

Zum toten König war Volk zugelassen. Drei Tage lang zogen Tausende an ihm vorbei, Frauen und Männer, Beamte, Bürger, Handwerker, Bauern, Fischer, Jäger und Holzknechte. Der eine und andere nahm den Verdacht mit, sie hätten an Stelle ihres »Kini« eine Wachspuppe in den Sarg gelegt.

Zehntausende säumten am 19. Juni 1886 die Straßen, durch die der Leichenzug von der Residenz zur St.-Michaels-Hofkirche ging. Die Farben Weiß und Blau waren mit schwarzen Trauerfahnen gedämpft. In das Geläut der Kirchenglocken und den Choralgesang mischte sich dumpfer Trommelklang und Donner der Kanonen.

Voraus marschierte Militär, gefolgt von Schülern und Lehrern, Mönchen und Nonnen, Domkapitularen und Bischöfen und fünfundzwanzig Gugelmännern in schwarzen Kapuzen, welche die Gesichter bis auf die Augen verhüllten. Der Leichenwagen wurde von acht schwarz verhüllten Pferden gezogen. Der Sarg war unter Blumen vergraben.

Hinter dem Leichenwagen schritten die hohen Hinterbliebenen und Mittrauernden: Prinzregent Luitpold, der preußische und deutsche Kronprinz Friedrich Wilhelm, der österreichische Kronprinz Rudolf und weitere Fürstlichkeiten, ferner Kronbeamte, Minister, Reichsräte und Abgeordnete.

Als der Sarg in die Fürstengruft gebracht wurde, entlud sich ein Gewitter über der Stadt. Ein Blitz fuhr auf die St.-Michaels-Hofkirche herab, zündete aber nicht. Der Donnerschlag war fürchterlich. Die Naturgewalten schienen anzudeuten, daß den hohen Hinterbliebenen keine gute Zukunft bevorstand. Prinzregent Luitpold blieb zeitlebens mit dem Kainsmal des Königstürzers behaftet, obwohl er die Reichsverwesung reibungslos führte, indem er, wie gehabt, Minister und Bürokraten gewähren ließ und nicht danach strebte, sich an Stelle des geisteskranken Königs Otto selber die Krone aufzusetzen.

Dies tat sein 1845 – im selben Jahre wie Ludwig II. – geborener Ältester, Prinz Ludwig, der nach Luitpolds Tod 1912 Prinzregent wurde und sich 1913 zum König erhob, obwohl König Otto noch lebte, in geistiger Umnachtung 1916 starb.

Ludwig III. herrschte nur fünf Jahre lang, davon vier Kriegsjahre. 1918 stürzte die Revolution die Wittelsbachermonarchie, die bereits durch Verhaltensweisen Ludwigs II. wie durch die Vorgänge um seine Entmündigung und die Mutmaßungen über seinen Tod diskreditiert worden war.

Die Mutter Ludwigs II., die Hohenzollerin Marie, war 1889 gestorben, drei Jahre nach dem Tode ihres Ältesten. Sie hatte ihn zwar nie verstanden, ihm aber immer wieder zu helfen versucht. Wenige Monate vor seinem Tod wollte sie ihm, zur Linderung seiner Fi-

König Ludwig II. im offenen Sarg
in der Uniform der Hubertusritter

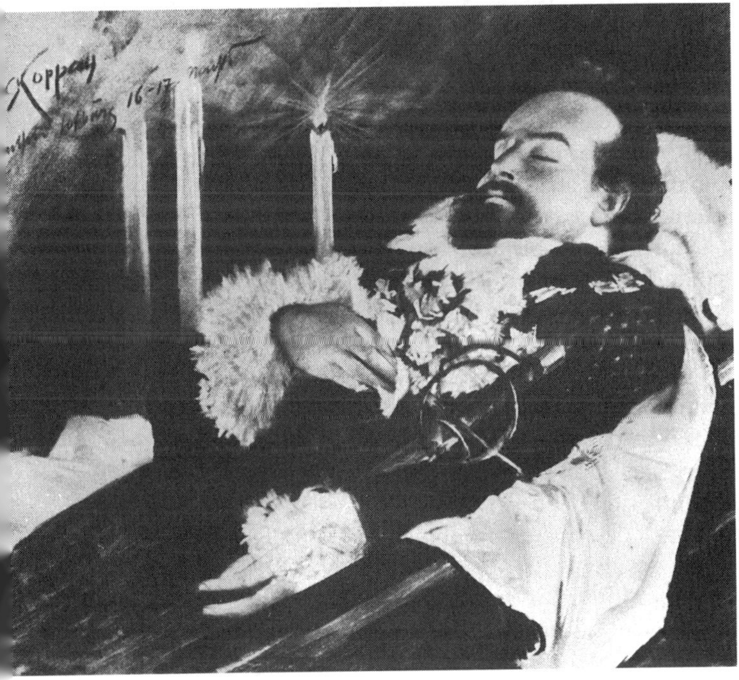

nanznöte, ihren Schmuck schenken. Der Sohn war gerührt, nahm ihn aber nicht an. In einem seiner letzten Briefe suchte er ihr Hoffnung zu machen: »Es kann alles geregelt werden.« Ihre letzten Worte waren: »Gott segne Bayern, Preußen und mein liebes Tirol.«

Der Vetter Maries, Wilhelm I., König von Preußen und deutscher Kaiser, verschied am 9. März 1888. Bereits am 15. Juli 1888, nach 99tägiger Herrschaft, starb, an Kehlkopfkrebs, der Nachfolger Friedrich III. – der ehemalige Kronprinz Friedrich Wilhelm, den Ludwig II. gehaßt hatte. Reichskanzler Otto von Bismarck wurde 1890 von Wilhelm II. entlassen. Er starb 1898, nicht ohne den Versuch gemacht zu haben, Ludwig II. in seinen »Gedanken und Erinnerungen« Gerechtigkeit widerfahren zu lassen.

Kronprinz Rudolf von Österreich-Ungarn, zu dem sich Ludwig II. hingezogen gefühlt hatte, den er am liebsten als Nachfolger in Bayern gesehen hätte, endete 1889 durch Selbstmord in Mayerling, unter ähnlich mysteriösen Umständen wie Ludwig II. 1886 in Berg. Kaiserin Elisabeth, die »Möve« des »Adlers« Ludwig, wurde 1898 in Genf von einem Anarchisten mit einer Feile erstochen.

Mit der Habsburgermonarchie endete 1918 das Vielvölkerreich Österreich-Ungarn. Das »Zweite Reich« von 1871, das Ludwig II. nicht gewollt, doch hingenommen hatte, lebte nach dem Sturz der Hohenzollern 1918 als Weimarer Republik weiter, wurde 1933 von Hitler zum »Dritten Reich« erklärt und 1945 zerstört.

Der bayerische Staat überlebte die bayerische Monarchie, das Hohenzollernreich wie das Hitlerreich, den Ersten und den Zweiten Weltkrieg, nach dem die Rheinpfalz, das Stammland der Wittelsbacherkönige, verlorenging.

Was Montgelas geschaffen und Lutz, der 1890 starb, in dessen Geiste ohne und gegen Ludwig II. erhalten hatte, überdauerte als Freistaat Bayern.

Eine Gedächtniskapelle ließ Prinzregent Luitpold an der Unglücksstätte bei Berg errichten. Oberhalb, auf dem Hügelrücken am Ostufer des Starnberger Sees, stand bereits ein Bismarckturm. Ludwig II. blieb im Schatten des Reichsgründers.

Ein Jahrzehnt später, 1910, wurde das Ludwig-Denkmal auf der Corneliusbrücke in München eingeweiht. Prinzregent Luitpold hatte kaum mit seiner Ansprache begonnen, als vorzeitig die Hülle fiel, Ehrensalut und Glockengeläut einsetzten. Es schien, als wäre der Geist Ludwigs II. dem »Prinzrebellen«, wie er den Reichsverweser genannt hatte, ins Wort gefallen, als hätte er sich ein Lob aus dessen Mund verbeten.

Das offizielle Bayern, die Staatsbürokratie, hielt sich an die Parole, die 1886 ausgegeben worden war, wie sie der ehemalige Ministerpräsident Fürst Hohenlohe ein paar Tage nach dem Tode Ludwigs II. formuliert hatte: »Im allgemeinen machte sich das Gefühl geltend, daß es gut sei, daß diese Regierung ihr Ende erreicht habe.«

Beamtete bayerische Historiker suchten dieses Urteil zu begründen, nicht allzu engagiert, denn am liebsten hätten sie diesen König von Bayern übergangen. »Es erübrigt sich für den Historiker, den Charakter, die seelischen Grundkräfte und Anlagen eines bemitleidenswerten Irren zu zeichnen«, befand Altmeister Michael Doeberl. »Der legendären Züge beraubt, bietet seine Lebensgeschichte ein erschütterndes Bild.«

Es gab Professoren, die den Monarchen ebenso nebensächlich behandelten, wie es die Minister getan hatten. Historiker, welche die Aktionen der Bürokratie mit wissenschaftlichen Mitteln fortsetzten, die Historiographie als zusätzliches Integrationsinstrument des bayerischen Staates einsetzten.

Schon bald mußten Staatsverwalter und Staatsgelehrte zur Kenntnis nehmen, daß ausgerechnet der König, der aus der Rolle gefallen zu sein schien, die ihm

Der Leichenzug König Ludwigs II. vor dem Karlstor in München

LUDWIG II

in der Verfassung zugeschriebene Aufgabe hervorragend erfüllte: den Staat zu symbolisieren und zu integrieren, das Volk zu veranlassen, daß es sich in der Person des Königs von Bayern mit dem bayerischen Staat identifizierte.

Auf Poesie sei die Sicherheit der Throne und Staaten gegründet, meinte Gneisenau, ein romantischer Preuße. Das Staatsgefühl, das der rational konstruierte und rationell administrierte bayerische Staat benötigte, wurde durch den Märchenkönig gefördert und gefestigt – über das Ende der Monarchie hinaus.

Wenn es noch heute ein bayerisches Staatsbewußtsein gibt, so ist dies auch Ludwig II. zuzuschreiben, genaugenommen der Wertschätzung, die die Bayern weniger dem lebenden als dem toten König entgegenbrachten.

Die Leute im Oberland hatten Ludwig II. schon zu Lebzeiten gemocht. Dieser König schätzte wie sie das Land und scheute die Stadt, liebte die Berge und Seen, verursachte, als Nichtjäger, keine Schäden in Wald und Flur, baute Schlösser, die vielen Arbeit und Brot gaben und darüber hinaus Platz für die Phantasie aller hatten.

Die Altbayern hielten König Ludwig für einen der Ihren, der ihre Vorlieben wie Abneigungen teilte und in dem von Neubayern – Franken, Schwaben und Pfälzern – regierten Staat wie in dem von Preußen beherrschten Reich anscheinend so wenig zu sagen hatte wie sie selbst.

Nach seiner für sie unverständlichen Entmündigung und seinem rätselhaften Tod verstärkte sich diese Vermutung, ergriff auch Neubayern. War Ludwig II. nicht, wie sein Volk, von den Mächtigen im Staate gegängelt worden? War dieser König nicht, wie so mancher einfache Mann, ein Opfer einer angeblich allwissenden, jedenfalls allgewaltigen Wissenschaft geworden?

König Ludwig II. von Bayern erschien als Märtyrer, würdig der Verklärung und der Verehrung, eines Kultes.

Bald interessierte der Monarch, der sich der Staatsräson verweigert und den Realitäten seines Jahrhunderts entzogen hatte, auch Zeitgenossen außerhalb Bayerns, die sich am liebsten wie er in ein Traumreich zurückgezogen hätten.

Wo der Rationalismus vorherrschte, bezauberte der Irrationalismus, faszinierte der Romantiker auf dem Throne, beispielsweise in Frankreich. Paul Verlaine, Vagant und Poet, ein Dichter des mystischen Symbolismus, widmete Ludwig II. – »le seul vrai roi de ce siècle«, dem Opfer der »Science«, der Wissenschaft – das schönste Gedicht, das Helmut Domke ins Deutsche übertragen hat:

»Sire, einziger König, würdig des
Jahrhunderts Achtung,
Ihr starbt, ein Recht auf Herrschaft,
das versagt Euch blieb,
Zu rächen, aber auch des Geists Umnachtung,
Darin Euch solche bittere Erkenntnis trieb.

Erkenntnis mörderisch für Poesie, Gesang,
Die Künste allesamt, Gebete schier,
Und so, in hochgemutem Überschwang
Habt sterbend Ihr getötet. Gruß Euch, Sire!

Ihr wart ein Dichter, ein Kämpfer, ein königliches Blut
In einer Zeit, wo Könige nichts bedeuten
als Entehrung,
Ein Märtyrer jenes Rechts, das im Glauben ruht.

Gruß Euch in dieser einzigartigen Verklärung!
Mög' Eure Seele wahren ihren strahlend stolzen Flug,
Zu dem Wagners Musik empor sie trug.«

Je mehr der Materialismus um sich griff, desto mehr faszinierte König Ludwig II. Menschen einer grauer und trister gewordenen Zeit, bewunderten, ja beneideten sie den Märchenkönig, der nicht nur die Phantasie, sondern auch die Mittel besaß, sich sein Märchenreich zu schaffen.

So wurde der Nostalgiker des 19. Jahrhunderts ein Inbegriff der Nostalgie im 20. Jahrhundert.

Als Ludwig II. sein Schloß Neuschwanstein verlassen mußte, sagte er zum Schloßdiener Stichel: »Sticherl, leben Sie wohl, bewahren Sie diese Räume als Heiligtum, lassen Sie es nicht profanieren von Neugierigen...«

Heute kommen Besucher aus aller Welt nach Neuschwanstein, Linderhof und Herrenchiemsee, auf der Suche nach einer schöneren und besseren Zeit, nach Bayern, das so glücklich ist, einen unglücklichen König zu haben.

ANHANG

Zeittafel

1845 25. August: Ludwig, als ältester Sohn des Kronprinzen Max II. und seiner Gattin Marie, Tochter des Prinzen Friedrich Wilhelm Karl von Preußen, in München-Nymphenburg geboren.

1848 Märzrevolution. Lola-Montez-Skandal und Abdankung König Ludwigs I. Regierungsantritt König Maximilians II.

1861 Ludwig besucht erstmals eine Wagneroper, die Aufführung des »Lohengrin«.

1864 10. März: Tod Maximilians II., Ludwig Thronnachfolger.
27. März: Eröffnung des Landtages, der seit 1863 vertagt war. Einladung sämtlicher Abgeordneter zur königlichen Tafel. Generalamnestie für alle, die an den Unruhen von 1848/49 beteiligt waren.
4. Mai: Erste Begegnung Ludwigs mit Richard Wagner.
Oktober: Wagner bezieht ein vom König gemietetes Haus in der Brienner Straße 21 in München.

1865 10. Juni: Uraufführung des »Tristan« in München. Nach einer Aufführung des »Tell« in München besucht Ludwig die Stätten der Tellsage in der Schweiz.
Dezember: Von allen Parteien gedrängt, muß der König Wagner entlassen, der dann München verläßt.

1866 Einmarsch Preußens in Holstein und Austritt aus dem Deutschen Bund. Kriegserklärung des Bundes. Bayern auf seiten des Bundes in der schleswig-holsteinischen Frage
27. Mai: Ludwig eröffnet den Landtag und ordnet die Mobilisierung der Armee gegen Preußen an.
3. Juli: Sieg der Preußen bei Königgrätz.
22. August: Abschluß des Berliner Friedens. Kriegsentschädigung und Grenzgebiete an Preußen. Geheimer Allianzvertrag zwischen Bayern und Preußen, ein Trutz- und Schutzbündnis.

1867 1. Januar: Verlobung Ludwigs mit seiner Kusine, der Herzogin Sophie, Tochter des Herzogs Max von Bayern. Im Herbst wird die Verlobung aus unbekannten Gründen aufgehoben.

Juli: Ludwig besucht die Weltausstellung in Paris. Gespräche mit Napoleon III. Ludwig lehnt ein süddeutsches Bündnis mit Frankreich aus nationaler Gesinnung ab.

1868 21. Juni: Uraufführung der »Meistersinger« in München. Erste Pläne für Neuschwanstein.

1869 Energisches Auftreten Ludwigs gegenüber dem Landtag. Trotz der dem Ministerium ungünstigen Wahlergebnisse entläßt er die Regierung nicht, sondern beruft lediglich einen neuen Kultusminister, der seinen unbeliebten Vorgänger ersetzt. Überparteiliche Stellung des Königs.

5. September: Grundsteinlegung zu Neuschwanstein.

22. September: Die Uraufführung des »Rheingold« in München.

1870 17. Januar: Eröffnung des neuen Landtages. Ludwig schwört Preußen Bündnistreue.

7. März: Ministerpräsident Hohenlohe muß seinen Abschied nehmen. Berufung des Grafen Bray.

26. Juni: Uraufführung der »Walküre« in München.

16. Juli: Ohne Vorwissen Brays verlangt Ludwig, über die Ereignisse in Ems unterrichtet, die Mobilmachung der Armee.

19. Juli: Kriegserklärung Frankreichs an Preußen. Kronprinz Wilhelm übernimmt das Kommando der bayerischen Truppen.

1. September: Schlacht bei Sedan. Niederlage der Franzosen.

30. September: Erste Pläne für Linderhof.

23. November: Versailler Vertrag. Bayern tritt dem neuen deutschen Bund bei und erhält Zugeständnisse in der Frage der föderativen Sonderregelungen.

30. November: Kaiserbrief Ludwigs an König Wilhelm I. von Preußen. Überreichung durch den Prinzen Luitpold.

1871 18. Januar: König Wilhelm I. zum Deutschen Kaiser in Versailles ausgerufen.

10. Mai: Friede von Frankfurt a. M.

16. Juli: Siegesparade in München. Zusammentreffen Ludwigs mit dem Kronprinzen.
1872 22. Mai: Grundsteinlegung zum Bayreuther Festspielhaus.
1873 Ludwig erwirbt die Herreninsel im Chiemsee.
1874 Reise Ludwigs nach Paris.
1875 Reise nach Reims wegen seines Interesses an der Geschichte der Jungfrau von Orléans.
1876 6./8. August: »Der Ring des Nibelungen« in Bayreuth uraufgeführt. Besuche Ludwigs in Bayreuth.
1878 21. Mai: Grundsteinlegung zu Schloß Herrenchiemsee.
1880 22. August: Letzte Proklamation des Königs an das bayerische Volk.
1881 Reise mit dem Schauspieler Josef Kainz in die Schweiz.
1882 26. Juli: Uraufführung des »Parsifal« in Bayreuth.
1883 13. Februar: Wagner stirbt in Venedig.
1886 8. Juni: Das Gutachten der vier von der bayerischen Regierung eidlich vernommenen Sachverständigen erklärt Ludwig für geisteskrank im fortgeschrittenen Stadium. Eine Staatskommission wird gebildet und beauftragt, dem König seine Absetzung mitzuteilen.
9. Juni: Prinz Luitpold wird zum Regenten ausgerufen.
12. Juni: Nach einem vergeblichen Versuch der Staatskommission, den König festzunehmen, gelingt es dem Irrenarzt Obermedizinalrat von Gudden, Ludwig von Neuschwanstein nach Schloß Berg am Starnberger See zu bringen.
13. Juni: Abendspaziergang Guddens mit Ludwig im Park des Schlosses. Fluchtversuch des Königs; Ringen mit dem Arzt endet im See, wo beide ertrinken.

Stammtafel

Karl August Christian in Pfalz-Zweibrücken
(Karl II. v. d. Pfalz)
* 1746 † 1795
ⓘⓘ Maria Amalie v. Sachsen
* 1757 † 1831

Marie Amalie
* 1752 † 1828
ⓘⓘ Friedrich August I. v. Sachsen
* 1750 † 1827

LUDWIG I. V. BAYERN
* 1786 † 1868
Kg. 1825-1848
ⓘⓘ Therese Charlotte
v. Sachsen-Hildburghausen
* 1792 † 1854

Auguste Amalia
* 1788 † 1851
ⓘⓘ Eugen
de Beauharnais
* 1781 † 1824

(Charlotte) Karoline Augusta
* 1792 † 1873
1. ⓘⓘ Wilhelm I. v. Württemberg
* 1781 † 1864
2. ⓘⓘ Franz I. (II.) v. Österreich
* 1768 † 1835

Carl Theodor
* 1795 † 1875

Ludwig
* 1831 † 1920
ⓘⓘ Henriette Mendel
* 1833 † 1891

Helene
* 1834 † 1890
ⓘⓘ Maximilian
v. Thurn u. Taxis
† 1867

Elisabeth
* 1837 † 1898
ⓘⓘ Franz Joseph I.
v. Österreich
* 1830 † 1916

Marie v. Wallersee
* 1858 † 1940
ⓘⓘ Georg Gf. Larisch
v. Moennich

MAXIMILIAN II.
* 1811 † 1864 Kg. 1848
ⓘⓘ Marie Friederike v. Preußen
* 1825 † 1889

Mathilde Friederike
* 1813 † 1862
ⓘⓘ Ludwig III. v. Hessen-Darmstadt
* 1806 † 1877

Otto
* 1815 † 1867
Kg. v. Griechenland
1833-1862
ⓘⓘ Amalie Marie v. Oldenburg
* 1818 † 1875

LUDWIG II.
* 1845 † 1886
Kg. 1864

OTTO I.
* 1848 † 1916 Kg. 1886
Regentschaft d. Luitpold

LUDWIG III.
* 1845 † 1921
Reg. 1912 Kg. 1913-1918
ⓘⓘ Maria Theresia v. Este-Modena
* 1849 † 1919

Rupprecht
* 1869 † 1955
1. ⓘⓘ Marie Gabriele v. Bayern
* 1878 † 1912
2. ⓘⓘ Antonia v. Luxemburg-Nassau
* 1899 † 1954

Adelgunde
* 1870 † 1958
ⓘⓘ Wilhelm
v. Hohenzollern-Sigmaringen
* 1864 † 1927

Albrecht
* 1905
ⓘⓘ Maria Draskovich v. Trakostjan
* 1904

Friedrich Michael v. Birkenfeld-Zweibrücken, Pfgr.
* 1724 † 1767
⚭ Marie Franziska v. Sulzbach * 1724 † 1794

Marie Anna v. Zweibrücken-Birkenfeld
* 1753 † 1824
⚭ Wilhelm
v. Zweibrücken-Gelnhausen
† 1837

MAXIMILIAN IV. JOSEPH V. PFALZ-BAYERN
* 1756 † 1825
Kf. 1799-1805 Kg. v. Bayern (I.) 1806-1825
1. ⚭ Auguste Wilhelmine v. Hessen-Darmstadt * 1765 † 1796
2. ⚭ Karoline Friederike v. Baden * 1776 † 1841

2 Elisabeth
* 1801 † 1873
⚭ Friedrich
Wilhelm IV.
v. Preußen
* 1795 † 1861

2 Amalie Auguste
* 1801 † 1877
⚭ Johann I.
v. Sachsen
* 1801 † 1873

2 Maria Leopoldine
* 1805 † 1877
⚭ Friedrich
August II.
v. Sachsen
* 1797 † 1854

2 Sophie
* 1805 † 1872
⚭ Franz Karl
v. Österreich
* 1802 † 1878

2 Ludovica Wilhelmine
* 1808 † 1892
⚭ Maximilian
in Bayern
* 1808 † 1888

Karl Theodor
* 1839 † 1909
1. ⚭ Sophie v. Sachsen
* 1845 † 1867
2. ⚭ Maria Josepha
v. Braganza
* 1857 † 1943

Marie Sophie
* 1841 † 1925
⚭ Franz II.
v. Neapel
u. Sizilien
* 1836 † 1894

Mathilde
* 1843 † 1925
⚭ Ludwig v. Trani
† 1886

Sophie
* 1847 † 1897
⚭ Ferdinand
v. Alençon-Orléans
* 1844 † 1910

Maximilian Emanuel
* 1849 † 1893
⚭ Amalia
v. Sachsen-Coburg
* 1848 † 1894

2 Elisabeth Valerie
* 1876 † 1965
⚭ Albert I. v. Belgien
* 1875 † 1934

2 Marie Gabriele
* 1878 † 1912
⚭ Rupprecht v. Bayern
† 1955

LUITPOLD
* 1821 † 1912
Prinzregent 1886
⚭ Auguste Ferdinande
v. Toscana
† 1864

Adelgunde
* 1823 † 1914
⚭ Franz V. v. Este-Modena
* 1819 † 1875

Adalbert Georg
* 1828 † 1875
⚭ Amalie Philippa v. Spanien
* 1834 † 1905

Leopold
* 1846 † 1930
⚭ Gisela v. Österreich
* 1856 † 1932

Arnulf Franz Joseph
* 1852 † 1907
⚭ Therese zu Liechtenstein
* 1850 † 1938

Ludwig Ferdinand
* 1859 † 1949
⚭ Maria de la Paz
v. Spanien
* 1862 † 1946

Alphons Maria
* 1862 † 1933
⚭ Luise v. Orléans
* 1869 † 1952

Maria
* 1872 † 1954
⚭ Ferdinand v. Bourbon-Neapel
* 1869 † 1960

Adalbert v. Bayern
* 1886 † 1970

STAMMBAUM DES KÖNIGSHAUSES BAYERN

Bibliographie

Ludwig II.: Biographisches

Hacker, Rupert: Ludwig II. von Bayern in Augenzeugenberichten. Düsseldorf 1966, TB München 2/1980. – Grein, Edir (Hrsg.): Tagebuch-Aufzeichnungen von Ludwig II., König von Bayern. Schaan/Liechtenstein 1925.

Böhm, Gottfried von: Ludwig II., König von Bayern. Sein Leben und seine Zeit. Berlin 1922, 2/1924.

Schaufert, Ludwig Rudolph: König Ludwig II., Bayerns Stolz und Bayerns Schmerz. Kaiserslautern 2/1886. – Hauffingen, Paul von: Ludwig II., König von Bayern. Sein Leben und Ende. Hamburg 2/1886. – Heigel, Karl von: König Ludwig II. von Bayern. Stuttgart 1893. – Steinberger, Hans: Ludwig II. von Bayern. Der Romantiker auf dem Königsthrone. Prien 1906.

Memminger, Anton: Der Bayernkönig Ludwig II. Würzburg 1919, 20/1925. – Wolf, Georg Jacob: König Ludwig II. und seine Welt. München 2/1926. – Linde, Fritz: Ich, der König. Der Untergang Ludwigs II. Leipzig 1926. – Richter, Werner: Ludwig II., König von Bayern. München 1939, 11/1985.

Sailer, Anton: Bayerns Märchenkönig. Das Leben Ludwigs II. in Bildern. München 1961, 3/1983. – Rall, Hans und Michael Petzet: König Ludwig II. München 1968, 6/1980.

Bainville, Jacques: Louis II de Bavière. Paris 2/1964. – Pourtalès, Guy de: König Hamlet. Ludwig II. von Bayern. Freiburg 1929. – Channon, Henry: The Ludwigs of Bavaria. London 2/1952. – Chapman-Huston, Desmond: Bavarian Fantasy. The Story of Ludwig II. London 1955. – Blunt, Wilfried: Ludwig II., König von Bayern. München 1970, TB München, o. J.

Keller, Hans K. E. L. (Hrsg.): Der König. Beiträge zur Ludwigsforschung. Festschrift zur Enthüllung des Münchner Ludwigdenkmals. München 1967. – Rall, Hans: Das Altarssakrament im Schicksal König Ludwigs II. von Bayern. In: Festgabe des Vereins für Diözesangeschichte von München und Freising zum Münchener Eucharistischen Weltkongreß 1960. München 1960. – Ders.: Ausblicke auf Weltentwicklung und Religion im Kreise Max II. und Ludwigs II. In: Zeitschrift für bayerische Landesgeschichte 27, 1964.

Roesle, Emil Eugen: Die Geisteskrankheit der bayerischen Könige Ludwig II. und Otto in der Sicht neuer genealogisch-erbbiologischer Methoden. In: Genealogisches Jahrbuch 2, 1962. – Robin, Gilbert: Louis II de Bavière vu par un psychiatre. Psychoanalyse de Louis II, Paris 1960. – Strohmayer, W.: Psychiatrisch-genealogische Untersuchung der Abstammung Ludwigs II. und Ottos I. von Bayern. (Grenzfragen des Nerven- und Seelenlebens, 13). Wiesbaden 1912.

Ranke, W.: Ludwig II. und sein Hofphotograph Josef Albert. München 1977.

Zeitgenossen: Biographisches und Autobiographisches

Bomhard, Ernst von: Staatsminister a. D. Eduard von Bomhard. München 1913. – Bray-Steinburg, Graf Otto von: Denkwürdigkeiten aus seinem Leben. Leipzig 1901. – Sexau, Richard: Fürst und Arzt. Dr. med. Herzog Carl Theodor in Bayern. Graz 1963. – Döllinger, Ignaz von: Briefe an eine junge Freundin. Hrsg. von Heinrich Schrörs. Kempten 1914. – Lenk, Leonhard: Georg Arbogast Freiherr von und zu Franckenstein. In: Lebensbilder aus Franken 6, 1960. – Hohenlohe-Schillingsfürst, Fürst Chlodwig zu: Denkwürdigkeiten. Hrsg. von Friedrich Curtius. 2 Bde., Stuttgart 1907. – Zittel, Bernhard: Joseph Edmund Jörg. In: Lebensbilder aus dem Bayerischen Schwaben 4, 1955. – Kobell, Luise von: Münchner Porträts. Nach dem Leben gezeichnet. München 1897. – Lerchenfeld-Koefering, Hugo Graf: Erinnerungen und Denkwürdigkeiten. Berlin 2/1935. – Bayern, Adalbert Prinz von: Vier Revolutionen und einiges dazwischen. Siebzig Jahre aus dem Leben des Prinzen Ludwig Ferdinand von Bayern, Infanten von Spanien. München 1932. – Grasser, Walter: Johann Freiherr von Lutz. München 1967. – Franz, Eugen: Ludwig Freiherr von der Pfordten. München 1938.

Bismarck, Otto von: Die gesammelten Werke. Friedrichsruher Ausgabe. 15 Bde. Berlin 1923–1932. – Ders.: Gedanken und Erinnerungen. Stuttgart 1898. – Gall, Lothar: Bismarck. Der weiße Revolutionär. Frankfurt 1980. – Delbrück, Rudolph von: Lebenserinnerungen. Leipzig 1905. – Kaiser Friedrich III.: Das Kriegstagebuch von 1870/71. Hrsg. von Heinrich Otto Meisner. Berlin 1926. – Mohl, Robert von: Lebenserinnerungen. 2 Bde., Stuttgart 1902. – Herre, Franz: Kaiser Wilhelm I. Der letzte Preuße. Köln. 1980.

Corti, Egon Caesar Conte: Elisabeth. »Die seltsame Frau«. Salzburg 1934. – Hamann, Brigitte: Elisabeth. Kaiserin wider Willen. Wien 3/1982. – Herre, Franz: Kaiser Franz Joseph von Österreich. Sein Leben – seine Zeit. Köln 1978.

Braun-Artaria, Rosalie: Von berühmten Zeitgenossen. Lebenserinnerungen einer Siebzigerin. München 1918. – Cornelius, Peter: Ausgewählte Briefe nebst Tagebuchblättern. 2 Bde., Leipzig 1905. – Dahn, Felix: Erinnerungen (1871–1888). Leipzig 1895. –

Dingelstedt, Franz von: Münchner Bilderbogen. Berlin 1879. – Dürck-Kaulbach, Josefa: Erinnerungen an Wilhelm von Kaulbach und sein Haus. München 1918. – Fechner, Hanns: Malerfahrten. Berlin 1912. – Ganghofer, Ludwig: Lebenslauf eines Optimisten. Stuttgart o. J. – Graf, Oskar Maria: Das Leben meiner Mutter. München 3/1984. – Grosse, Julius Waldemar: Ursachen und Wirkungen. Lebenserinnerungen. Braunschweig 1896. – Halbe, Max: Scholle und Schicksal. Geschichte meines Lebens. Bd. 1., München 1933. – Heyse, Paul: Jugenderinnerungen und Bekenntnisse. Stuttgart 5/1912. – Hierneis, Theodor: Aus meiner Lehrzeit in der Hofküche Ludwigs II. von Bayern. München 1940. – Holland, Hyazinth: Lebenserinnerungen eines neunzigjährigen Altmünchners. Niedergeschrieben von A. Dreyer. München 1920. – Kobell, Luise von: Unter den vier ersten Königen Bayerns. 2 Bde., München 1894. Einbändige Ausgabe, hrsg. von Kurt Wilhelm: Luise von Kobell und die Könige von Bayern. München 1980. – Miller, Ferdinand von: Erinnerungen an den Regenten. In: Süddeutsche Monatshefte 27, 1929/30. – Stollreither, Eugen (Hrsg.): Ferdinand von Miller erzählt. München 1932. – Pecht, Friedrich: Aus meiner Zeit. 2 Bde., München 1894. – Philippi, Felix: Münchner Bilderbogen. Erinnerungen. Berlin 2/1912. – Possart, Ernst von: Erlebtes und Erstrebtes. Erinnerungen aus meiner Bühnentätigkeit. Berlin 2/1916. – Schack, Adolf Friedrich Graf von: Ein halbes Jahrhundert. 3 Bde., Stuttgart 1887. – Thoma, Hans: Im Herbst des Lebens. Gesammelte Erinnerungsblätter. München 1909. – Thoma, Ludwig: Erinnerungen. München 3/1980. – Uhde-Bernays, Hermann: Im Lichte der Freiheit. Erinnerungen aus den Jahren 1880 bis 1914. München 2/1963. – Völderndorff, Otto Freiherr von: Harmlose Plaudereien eines alten Münchners. München 1894.

Bayern und Wittelsbach

Spindler, Max (Hrsg.): Handbuch der bayerischen Geschichte. 4 Bde., München 1968–1975 (vor allem Beiträge von Eberhard Weis, Max Spindler, Hans Rall und Dieter Albrecht in Bd. 4, Teil 1, und von Hans Fehn, Wolfgang Zorn und Wilhelm Messerer in Bd. 4, Teil 2).

Kraus, Andreas: Geschichte Bayerns. München 1983. – Hubensteiner, Benno: Bayerische Geschichte. München 6/1977. – Doeberl, Michael: Entwicklungsgeschichte Bayerns. Bd. 3: Vom Regierungsantritt König Ludwigs I. bis zum Tode Ludwigs II. Hrsg. von Max Spindler. München 1931. – Ders.: Ein Jahrhundert bayerischen Verfassungslebens. München 1918. – Huber, Ernst Rudolf: Deutsche Verfassungsgeschichte seit 1789. Bde. 1–4. Stuttgart 1957–1969. – Zorn, Wolfgang: Kleine Wirtschafts- und Sozialgeschichte Bayerns 1806–1933. München 1962. – Thränhardt, Dietrich: Wahlen und politische Strukturen in Bayern 1848–1953. Düsseldorf 1973. – Schärl, Walter: Die Zusammensetzung der bayerischen Beamtenschaft von 1806 bis 1918. Kallmünz 1955. – Wunder, Bernd: Privilegierung und Disziplinierung. Die Entstehung des Berufsbeamtentums in Bayern und Württemberg 1780–1825. München 1978.

Heigel, Karl Theodor: Die Wittelsbacher. München 1880. – Bayern, Adalbert Prinz von: Die Wittelsbacher. Geschichte unserer Familie. München 1979. – Ders.: Als die Residenz noch Residenz war. München 1967. – Reiser, Rudolf: Die Wittelsbacher in Bayern. München 1978. – Nöhbauer, Hans F.: Die Wittelsbacher. Bern/München 1979.

Glaser, Hubert (Hrsg.): Krone und Verfassung. König Max I. Joseph und der neue Staat. 2 Bde. (Katalog der Ausstellung Wittelsbach und Bayern III). München 1980. – Junkelmann, Marcus: Napoleon und Bayern. Von den Anfängen des Königreiches. Regensburg 1985. – Montgelas, Maximilian Graf von: Denkwürdigkeiten. 1799–1817. München 1908. – Weis, Eberhard: Montgelas. 1759–1799. Zwischen Revolution und Reform. München 1971.

Bayern, Adalbert Prinz von: Max I. Joseph von Bayern. München 1957. – Corti, Egon Caesar Conte: Ludwig I. von Bayern. München 7/1979. – Dirrigl, Michael: Ludwig I. König von

Bayern. 1825–1848. München 1980. – Ders.: Maximilian II. König von Bayern. 1848–1864. 2 Bde., München 1984. – Schultze, Marie: Marie, Königin von Bayern. München 2/1894.

Bauten, Kunst, Musik, Theater

Petzet, Michael: König Ludwig II. und die Kunst. (Katalog der Ausstellung in der Münchner Residenz). München 1968. – Kobell, Luise von: König Ludwig II. von Bayern und die Kunst. München 1898.

Kreisel, Heinrich: Die Schlösser Ludwigs II. von Bayern. Darmstadt 1955. – Ders.: Ludwig II. als Bauherr. In: Oberbayerisches Archiv 87, 1965. – Mercanton, Jacques: Die Traumschlösser König Ludwigs II. Starnberg 1964. – Baumgartner, Georg: Königliche Träume. Ludwig II. und seine Bauten. München 1981. – Russ, Sigrid: Neuschwanstein, der Traum eines Königs. München 1983. – Dies.: Bayerische Königsschlösser. Linderhof, Neuschwanstein, Herrenchiemsee. München 1977.

Strobel, Otto (Hrsg.): König Ludwig II. und Richard Wagner. Briefwechsel. 4 Bde., Karlsruhe 1936. 5. Bd.: Neue Urkunden zur Lebensgeschichte Richard Wagners 1864–1882. Karlsruhe 1939. – Röckl, Sebastian: Ludwig II. und Richard Wagner. 2 Bde., München 1913–1920. – Herzfeld, Friedrich: Königsfreundschaft. Ludwig II. und Richard Wagner. Leipzig 1939. – Kolb, Annette: König Ludwig II. von Bayern und Richard Wagner. München 2/1963. – Stemplinger, Eduard: Richard Wagner in München 1864–1870. München 1933. – Semper, Manfred: Das Münchner Festspielhaus. Gottfried Semper und Richard Wagner. Hamburg 1906. – Münster, Robert: König Ludwig II. und die Musik. Rosenheim 1980.

Gregor-Dellin, Martin: Richard Wagner. Sein Leben – Sein Werk – Sein Jahrhundert. München 1980. – Ders. (Hrsg.): Richard Wagner. Mein Leben. München 1976. – Ders. und Dietrich Mack (Hrsg.): Cosima Wagner. Die Tagebücher. 2 Bde., München 1976–1977. – Newman, Ernest: The Life of Richard Wagner. 4 Bde. New York 1933–1946.

Petzet, Detta und Michael Petzet: Die Richard-Wagner-Bühne König Ludwigs II. München 1970. – Hommel, Kurt: Die Separatvorstellungen vor König Ludwig II. von Bayern. München 1963. – Possart, Ernst von: Die Separatvorstellungen vor König Ludwig II. München 1901. – Wiegler, Paul: Josef Kainz. Berlin 1941. – Bierbaum, Otto Julius: Fünfundzwanzig Jahre Münchner Hoftheater-Geschichte. München 1892. – Perfall, Karl Freiherr von:

Ein Beitrag zur Geschichte der königlichen Theater in München. München 1894.

Schindler, Herbert: Große bayerische Kunstgeschichte. 2 Bde., München 1963. – Karlinger, Hans: München und die deutsche Kunst des 19. Jahrhunderts. München 1933. – Hederer, Oskar: Die Ludwigstraße. München 1942. – Ders.: Leo von Klenze. Leben und Werk. München 2/1981. – Oldenbourg, Rudolf und Hermann Uhde-Bernays: Die Münchener Malerei im 19. Jahrhundert. 2 Bde., München 1922–1925. – Bekh, Wolfgang: Maler in München. München 1964. – Wichmann, Siegfried: Franz von Lenbach und seine Zeit. Köln 1973.

Wolf, G. J. (Hrsg.): Ein Jahrhundert München. 1800–1900. Zeitgenössische Bilder und Dokumente. Leipzig 1935, Repr. Frankfurt 1980. – Kronegg, Ferd.: Illustrirte Geschichte der Stadt München. München 1903. – Dirrigl, Michael: Residenz der Musen. München 1968. – Obermeier, Siegfried: Münchens goldene Jahre. München 1976. – Gebhardt, Heinz: Königlich Bayerische Photographie 1838–1918. München 1978. – Ders.: Franz Hanfstaengl. Von der Litographie zur Photographie. München 1984.

Busley, Hermann-Joseph: Bayern und die deutsche Einigung 1870/71. (Katalog der Ausstellung des Bayerischen Hauptstaatsarchivs). München 1971. – Becker, Otto: Bismarcks Ringen um Deutschlands Gestaltung. Hrsg. von Alexander Scharff. Heidelberg 1958. – Doeberl, Michael: Bayern und die Bismarckische Reichsgründung. München 1925. – Rall, Hans: Bayern und Bismarcks Lösung der deutschen Frage. In: Zeitschrift für bayerische Landesgeschichte 22, 1959.

Franz, Eugen: König Ludwig II. von Bayern, das königliche Kabinett, das Ministerium und das bayerische Volk 1864–1866. In: Staat und Volkstum. Festgabe für Karl Alexander von Müller. Diessen 1933. – Bosl, Karl: Die deutschen Mittelstaaten in der Entscheidung von 1866. In: Zeitschrift für bayerische Landesgeschichte 29, 1966. – Rall, Hans: Bayern und die Entscheidung des Jahres 1866. In: Bayerische Verwaltungsblätter 8, 1966. – Müller, Karl Alexander von: Bayern im Jahre 1866 und die Berufung des Fürsten Hohenlohe. München 1909. – Gruner, Wolf D.: Bayern, Preußen und die süddeutschen Staaten 1866–1870. In: Zeitschrift für bayerische Landesgeschichte 37, 1974. – Schmidt, Jochen: Bayern und das Zollparlament. Politik und Wirtschaft in den letzten Jahren vor der Reichsgründung (1866/67–1870). Zur Strukturanalyse Bayerns im Industriezeitalter. München 1973. – Schieder, Theodor: Die kleindeutsche Partei in Bayern in den Kämpfen um die nationale Einigung 1863–1871. München 1936. – Roeder, Elmar: Der konservative Journalist Ernst Zander und die politischen Kämpfe seines »Volksboten«. München 1972.

Weis, Eberhard: Vom Kriegsausbruch zur Reichsgründung. Zur Politik des bayerischen Außenministers Graf Bray-Steinburg im Jahre 1870. In: Zeitschrift für bayerische Landesgeschichte 33, 1970. – Herre, Franz: Der bayerische Gesandte in Berlin, Freiherr Pergler von Perglas, und die Bismarckische Regierung. In: Festschrift für Franz Schnabel, Historisches Jahrbuch 74, 1955. – Stieler, Karl: Durch Krieg zum Frieden. Stimmungsbilder aus den Jahren 1870–71. Hrsg. von F. Ratzel. Stuttgart 1886. – Roeder, Elmar (Hrsg.): Wider Kaiser und Reich 1871. Reden der verfassungstreuen Patrioten in den bayerischen Kammern über die Versailler Verträge. München 1977.

Kaltenstadler, W.: König Ludwig II. von Bayern und Bismarck. In: Zeitschrift für bayerische Landesgeschichte 34, 1971. – Kobell, Luise von: König Ludwig II. und Fürst Bismarck im Jahre 1870. Leipzig 1899. – Müller, Karl Alexander von: Bismarck und Ludwig II. im September 1870. In: Historische Zeitschrift 111, 1913. – Ders.: Bismarck und Ludwig II. Aktenstücke aus den Papieren des Grafen Karl von Tauffkirchen. Berlin 1914.

Rall, Hans: Bismarcks Reichsgründung und die Geldwünsche aus Bayern. In: Zeitschrift für bayerische Landesgeschichte 22, 1959. – Philippi, Hans: König Ludwig II. und der Welfenfonds. In: Zeitschrift für bayerische Landesgeschichte 23, 1960. – Ders.: Zur Geschichte des Welfenfonds. In: Jahrbuch für niedersächsische Landesgeschichte 31, 1959. – Nöll von der Nahmer, Robert: Bismarcks Reptilienfonds. Mainz 1968. – Bismarck, Herbert Graf von: Aus seiner politischen Privatkorrespondenz. Hrsg. von Walter Bussmann. Göttingen 1964.

Weber, Margot: Das 1. Vatikanische Konzil im Spiegel der bayerischen Politik. München 1970. – Franz, Georg: Kulturkampf. Staat und katholische Kirche in Mitteleuropa von der Säkularisation bis zum Abschluß des preußischen Kulturkampfes. München 1954. – Schmidt-Volkmar, Erich: Der Kulturkampf in Deutschland 1871–1890. Göttingen 1962. – Lill, Rudolf: Vatikanische Akten zur Geschichte des deutschen Kulturkampfes. Leo XIII. Teil 1878–1880. Tübingen 1970.

Binder, Hans-Otto: Reich und Einzelstaaten während der Kanzlerschaft Bismarcks 1871–1890. Tübingen 1971. – Deuerlein, Ernst: Der Bundesratsausschuß für die auswärtigen Angelegenheiten 1870–1918. Regensburg 1955. – Barton, Irmgard von, gen. von Stedmann: Die preußische Gesandtschaft in München als Instrument der Reichspolitik in Bayern von den Anfängen der Reichsgründung bis zu Bismarcks Entlassung. München 1967.

Rummel, Fritz Freiherr von: Das Ministerium Lutz und seine Gegner. 1871–1882. Ein Kampf um Staatskirchentum, Reichstreue und Parlamentsherrschaft in Bayern. München 1935. – Rummel, Walter von: Ludwig II. Der König und sein Kabinettschef. München 2/1930.

Möckl, Karl: Die Prinzregentenzeit. Gesellschaft und Politik während der Ära des Prinzregenten Luitpold in Bayern. München 1972. – Schrott, Ludwig: Der Prinzregent. München 1962.

Müller, Karl Alexander von: Dokumente zur Geschichte der Entmündigung Ludwigs II. In: Süddeutsche Monatshefte 27, 1929/30. – Grashey, Hubert: Bernhard von Gudden. Nekrolog. In: Archiv für Psychiatrie und Nervenkrankheiten 17, 1886. – Ders.: Nachtrag zum Nekrolog auf Bernhard von Gudden. In: Archiv für Psychiatrie und Nervenkrankheiten 18, 1887. – Rehm, Ernst: König Ludwig II. und Professor von Gudden. In: Psychiatrisch-Neurologische Wochenschrift 38, 1936. – Müller, Franz Carl: Die letzten Tage König Ludwigs II. von Bayern. Nach eigenen Erlebnissen geschildert. Berlin 1888. – Ders.: Die letzten Tage Ludwigs II. Nach eigenen Erlebnissen geschildert. Hrsg. von Erich Müller. In: Süddeutsche Monatshefte 26, 1928/29. – Alexander, L.: The commitment and suicide of König Ludwig II. of Bavaria. In: The American Journal of Psychiatrie 111, 1954.

Dürckheim-Montmartin, Alfred Graf Eckbrecht von: Notizen zur Königskatastrophe 1886. München 1961. – Eulenburg-Hertefeld, Philipp Fürst zu: Das Ende König Ludwigs II. und andere Erlebnisse. Leipzig 1934. – Gerold, Otto (Hrsg.): Die letzten Tage König Ludwigs II. Erinnerungen eines Augenzeugen. Zürich 7/1914. – Hausner, Hermann M. (Hrsg.): Ludwig II. von Bayern. Berichte der letzten Augenzeugen. München 2/1962. – (Mauder, Bruno): Irrenwärter des Königs. Aus dem Tagebuch des Pflegers Bruno Mauder. In: Süddeutsche Sonntagspost 38, 1950. – Osterauer, Thomas: Persönliche Erinnerungen an König Ludwig II. In: Bayerische Heimat 12, 1930/31. – Washington, Karl Theodor Freiherr von: Die letzten Tage des Königs Ludwig II. von Bayern. In: Berliner Illustrirte Zeitung 41, 1932.

Müller, Karl Alexander von: Bismarck und die Königskatastrophe 1886. In: Süddeutsche Monatshefte 29, 1931/32. – Ettmayr, Corbinian: Die Gedächtniskapelle für König Ludwig II. München 1901.

Bildnachweis

Interfoto, München Seite 6, 9, 64, 65, 151, 241, 253

Archiv für Kunst und Geschichte, Berlin Seite 15, 27, 54, 55, 56, 61, 66, 67, 85, 91, 93, 117, 125, 149, 172, 181, 278, 279, 295, 297, 315, 354, 355, 401, 407, 443, 459

Süddeutscher Verlag, Bilderdienst, München Seite 19, 43, 48, 49, 51, 53, 56, 70, 75, 79, 87, 97, 111, 123, 146, 185, 192, 195, 198, 221, 225, 227, 272, 273, 287, 327, 331, 341, 359, 369, 375, 379, 383, 394, 395, 417, 461, 465, 469, 472, 473

Verlagsarchiv DVA, Stuttgart Seite 105, 162, 163, 212, 299, 423

Anton Sailer, Bayerns Märchenkönig. Das Leben Ludwigs II. in Bildern, München 1961 Seite 135, 141, 205, 247

F. Bruckmann Bildarchiv, München Seite 120

Rall/Petzet Seite 11

Personenregister

HEYNE BIOGRAPHIEN

HEYNE BÜCHER

Die Großen der Weltgeschichte – Politik · Kultur Wissenschaft

12/180

12/124

12/143

12/145

12/125

12/174

12/168

12/175